新版
起案例文集
【第2次改訂】
自治体法務研究所［編］

ぎょうせい

発刊に当たって

　近年、地方自治法、地方公務員法の改正、行政不服審査法の全面改正と自治体を取り巻く法律環境も大きく変化してきている。一方、地域主権一括法も第7次まで施行されて、自治体の条例による施策の実施の重要性がますます増大している。

　このような状況下で、各自治体の法的措置の必要性はますます増大しており、そのための文書起案も新しい必要性に迫られている。行政需要が多様化する中、種々の意思決定を早急にこなし、住民の要請に応えていかなければならない。

　本書は、従来より地方分権の推進を支援する立場から、職員の事務能率の向上に資するマニュアルとして、多くの自治体の職員の皆さんの期待に応えてきたものである。

　今回、前述の法律改正等を背景に全面的にみなおして、より実践的なマニュアルとして、「新版　起案例文集」の第2次改訂版として発刊するものである。多くの自治体において事務処理を進めるうえでの参考として活用していただければ、大きな喜びである。

　本書の活用が自治体法務・文書等の前進に少しでも寄与するよう更なる発展を図っていきたいので、読者諸賢の忌憚のないご意

見とご鞭撻をお願いするものである。
　なお、今回の改訂に当たって、東京都の榎本洋一法務担当課長のお力添えをいただいたのでここに記して感謝申し上げます。

　平成30年10月 1 日

　　　　　　　　　　　　　　　　　　自治体法務研究所
　　　　　　　　　　　　　　　　　　代表　江原　　勲

目　　次

第1　文書の起案

1　起案の基礎知識 …………………………………………… 1
　1　文書とは何か　1
　2　文書の特性　3
　3　文書には、どのような種類があるか　4
　4　文書の性質、処理過程における分類　7
　5　起案とは何か　10
　6　起案に関する知識の必要性と文書の取扱い　11
　7　起案の要領　11

2　起案文の基本書式例 ……………………………………27
　1　普通文の書式例　27
　(1) 照会の書式例／(2) 回答の書式例／(3) 諮問の書式例／(4) 答申の書式例／(5) 申請・願い・届けの書式例／(6) 建議・勧告・具申の書式例／(7) 進達・副申の書式例／(8) 通知・送付の書式例／(9) 報告の書式例／(10) 復命書の書式例／(11) 依頼の書式例／(12) 協議の書式例／(13) 正誤の書式例

　2　令達文の書式例　59
　(1) 訓令の書式例／(2) 訓の書式例／(3) 指令の書式例／(4) 通達の書式例

　3　法規文の書式例　64
　(1) 条例の書式例／(2) 規則の書式例

　4　公示文の書式例　72
　(1) 告示の書式例／(2) 公告の書式例／(3) 省令及び告示の正誤書式例

　5　裁決文の書式例　78

6 その他 79
(1) 証明書の書式例／(2) 憲章・宣言・決議・指定の書式例／(3) 書簡文等

第2 行政関係書式例

1 人事・給与・服務関係手続書式例……………………85

1 辞令書式例 91

(1) 辞令（人事異動通知書）／(2) 国家公務員の発令書式例／(3) 職員採用発令書式例／(4) 採用の際における服務の宣誓書式例／(5) 採用内定請書書式例／(6) 採用誓約書式例／(7) 身元保証書式例／(8) 他の委員会の職員の兼務任命発令書式例／(9) 議会・行政委員会職員の任命書式例／(10) 部、課（室、所）長の任免発令書式例／(11) 部、課（室、所）長事務取扱の任免発令書式例／(12) 部、課（室、所）長心得の任免発令書式例／(13) 課（室、所）長補佐、係長の任免発令書式例／(14) 他の係長の兼務任免発令書式例／(15) 本務と兼務を同時に発令する書式例／(16) 兼務だけの発令書式例／(17) 他の任命権者へ出向を命ずる発令書式例／(18) 事務嘱託の発令書式例／(19) 雇（よう人）の採用の発令書式例／(20) 昇格の発令書式例／(21) 転任（配置換）の発令書式例／(22) 任命換の発令書式例／(23) 昇給の発令書式例／(24) 臨時的任用職員採用の発令書式例／(25) 期限を付して職員以外の職に採用する場合の発令書式例／(26) 職員を他の団体へ派遣する場合の発令書式例／(27) 派遣を受ける団体の場合の発令書式例／(28) 職員派遣を解く発令書式例／(29) 非常勤嘱託の発令書式例／(30) 委員会委員委嘱の発令書式例／(31) 社会福祉協議会評議員委嘱発令書式例／(32) 出納員の任命発令書式例／(33) 病気による休職者の発令書式例／(34) 復職の発令書式例／(35) 研修派遣の発令書式例／(36) 停職の発令書式例／(37) 辞（退）職の発令書式例／(38) 退職の発令書式例／(39) 定年退職の発令書式例／(40) 勤務延長（繰上げ）の発令書式例／(41) 再任用の発令書式例／(42) 再任用の任期満了退職発令書式例／(43) 退職手当裁定通知書式例

／⑷　免職の発令書式例／⑸　一部事務組合関係の任命発令書式例

2　特別職の発令書式例　113

(1)　市町村議会議員／(2)　市町村長／(3)　副市（町村）長／(4)　その他の委員／(5)　副市（町村）長の選任発令書式例／(6)　副市（町村）長の解職発令書式例／(7)　長の退職申出書式例／(8)　副市（町村）長の退職（通常の場合）申出書式例／(9)　長の職務代理副市（町村）長の退職申出書式例／⑽　会計管理者の任命発令書式例／⑾　教育委員会委員の任命発令書式例／⑿　教育委員会委員の罷免発令書式例／⒀　監査委員の選任発令書式例／⒁　人事・公平委員会委員の選任発令書式例／⒂　固定資産評価審査委員会委員の選任発令書式例／⒃　選挙管理委員会委員の選挙事由発生通知書式例／⒄　教育委員会委員の失職通知書式例／⒅　審議会委員（条例による）の任命発令書式例／⒆　協議会（伺い定め）委員の委嘱発令書式例／⒇　消防団員の宣誓書式例／㉑　消防団長の任命発令書式例／㉒　消防副（分）団長の任命発令書式例／㉓　消防団員の任命発令書式例／㉔　消防団員の退職発令書式例

3　一般職の服務書式例　122

(1)　服務の根本基準／(2)　職務専念義務の免除／(3)　職務専念義務の免除の手続／(4)　職務専念義務免除願書式例／(5)　氏名変更届書式例／(6)　住所転籍（変更）届書式例／(7)　着任届書式例／(8)　赴任延期願書式例／(9)　兼職（業）承認（許可）願書式例／⑽　外郭団体等事務従事報告書式例／⑾　営利企業等従事許可願書式例／⑿　職員き章再交付願書式例／⒀　秘密事項発表許可願書式例／⒁　証言等許可申請書式例

4　人事評価の根本基準　130

(1)　人事評価／(2)　標準職務遂行能力／(3)　人事評価の実施／(4)　人事評価に基づく措置／(5)　人事評価に関する勧告

5　勤務時間　142

(1)　勤務時間に関する根拠／(2)　勤務時間／(3)　休憩時間／(4)　休日／(5)　休暇／(6)　休暇届書式例／(7)　病気（特別）休暇願書式例／(8)　忌引休暇願書式例／(9)　生理休暇申請書式例／⑽　産前・産

後休暇（延長）申請書式例／(11)　育児時間休暇願書式例／(12)　欠勤届書式例／(13)　遅刻（早退）届書式例／(14)　年次休暇簿書式例／(15)　特別・病気休暇願簿書式例／(16)　育児休業承認関係書式例

6　職員の福祉及び利益の保護　156

(1)　公務災害補償／(2)　勤務条件の措置要求／(3)　勤務条件措置要求書式例／(4)　勤務条件措置要求の取下げ申立書式例／(5)　審査及び審査の結果執るべき措置／(6)　不利益処分の審査請求／(7)　不利益処分の審査請求書式例／(8)　弁明書（答弁書、再答弁書）の書式例／(9)　宣誓の書式例／(10)　口述書の書式例／(11)　審査請求取下書式例／(12)　再審査請求書式例／(13)　職員組合の交渉申入れ書式例

7　職員の分限　168

(1)　分限の意義／(2)　職員の意に反する降任・免職・休職・降給の手続／(3)　分限の特例／(4)　分限についての内申書式例／(5)　処分説明書式例／(6)　事故発生報告書式例／(7)　免職処分の発令書式例／(8)　降任処分の発令書式例／(9)　病気による休職処分の発令書式例／(10)　起訴による休職処分の発令書式例／(11)　降給処分の発令書式例／(12)　始末書書式例／(13)　進退伺書式例

8　職員の懲戒　174

(1)　懲戒の意義／(2)　懲戒の手続／(3)　懲戒処分の取消し変更／(4)　懲戒処分の種類／(5)　懲戒処分の効果／(6)　懲戒事由発生報告書式例／(7)　考査意見書式例／(8)　免職処分による発令書式例／(9)　停職処分による発令書式例／(10)　減給処分による発令書式例／(11)　戒告処分による発令書式例

9　特別職の分限及び懲戒　177

(1)　特別職の分限／(2)　特別職の懲戒／(3)　市町村職員懲戒審査委員会の設置（特別職）／(4)　市（町村）長の給料減額議案書式例／(5)　市（町村）長の給与減額条例書式例

10　汚職をなくすにはどうすればよいか　182

(1)　汚職の防止／(2)　職員の心得／(3)　綱紀粛正のための実施事項／(4)　職員倫理条例／(5)　綱紀粛正の通達書式例／(6)　不祥事件防止の通知書式例

② **長の職務代理等の書式例** …………………………… 190
(1) 職務代理／(2) 権限の委任／(3) 補助執行／(4) 長の職務代理者指定書式例／(5) 長の職務代理者指定告示書式例／(6) 長の職務代理者指定の表示例／(7) 長の事務委任書式例（普通文書による場合）／(8) 長の事務委任告示書式例／(9) 長の臨時代理者指定の表示例

③ **事務引継関係書式例** …………………………… 194
(1) 長の事務引継ぎ／(2) 事務引継書／(3) 事務引継ぎの拒否／(4) 長の事務引継ぎ及附属書式例／(5) 会計管理者の事務引継ぎ及び附属書式例／(6) 一般事務引継書式例／(7) 公印引継書式例／(8) 更迭があった場合の事務引継要覧

④ **直接請求関係書式例** …………………………… 202

1 条例の制定又は改廃の直接請求 202
(1) 条例の制定（改廃）請求書式例／(2) 直接請求条例の議会付議書式例

2 監査の直接請求 205
(1) 事務監査請求書式例／(2) 監査請求受理通知書式例／(3) 監査請求公表書式例／(4) 監査請求結果報告書式例／(5) 監査請求結果通知書式例

3 議会解散の直接請求 209
(1) 請求権者／(2) 解散請求代表者証明書交付申請書式例／(3) 解散請求証明書交付告示書式例／(4) 解散請求代表者辞退告示書式例／(5) 署名審査申請書式例／(6) 署名の審査／(7) 署名簿縦覧告示書式例／(8) 署名者の有効総数告示書式例／(9) 異議の申出による決定修正告示書式例／(10) 縦覧による異議の申出のない場合の告示書式例／(11) 異議の申出のあった場合の告示書式例／(12) 解散請求代表者の住所氏名及び解散請求要旨告示書式例／(13) 解散投票期日の告示書式例／(14) 議会解散請求に関する弁明書式例／(15) 議会解散請求による議会の弁明書告示書式例

4 議員及び長解職の直接請求　217
5 主要公務員解職の直接請求　219
6 直接請求による告示及び公表一覧　222

5　**情報公開関係書式例** ……………………………………225
6　**審査請求関係書式例** ……………………………………226
1 行政不服審査法における不服申立て　226
(1)　審査請求／(2)　審査請求以外の不服申立て／(3)　処分に係る審査請求書式例／(4)　不作為に係る審査請求書式例／(5)　補正命令書式例／(6)　取下書式例／(7)　審理員指名通知書式例／(8)　弁明書式例／(9)　反論書式例／(10)　審理手続の終結等通知書式例／(11)　審理員意見書式例／(12)　諮問書式例／(13)　諮問通知書式例／(14)　答申書式例／(15)　裁決書式例

2 地方自治法に特別の定めのある審査請求　238
(1)　報酬給与等の審査請求／(2)　使用料、手数料等の審査請求／(3)　法定受託事務に対する審査請求／(4)　給与等に対する審査請求書式例／(5)　給与等の審査請求に対する長から議会への諮問書式例／(6)　給与等の審査請求に対する議会の答申書式例／(7)　給与等の審査請求に対する長の裁決書交付書式例／(8)　給与等の審査請求に対する長の裁決書式例／(9)　行政財産の使用許可取消処分の審査請求に関する諮問書式例／(10)　審査請求裁決書正本交付書式例／(11)　不服申立て書式例／(12)　行政財産の使用不許可処分の諮問書式例／(13)　行政財産の使用不許可処分の審査請求に関する諮問の答申書式例

7　**訴訟関係書式例** ……………………………………………244
(1)　訴状書式例／(2)　指定代理人書式例／(3)　訴訟委任契約書式例／(4)　訴え提起の議案書式例／(5)　和解の議案書式例／(6)　損害賠償の和解書式例／(7)　調停案諾否の議案書式例／(8)　民事調停申立書式例／(9)　訴訟上の和解に関する議案書式例／(10)　和解契約の議案書式例／(11)　示談書式例／(12)　訴訟提起前の和解に関する議案書式例／(13)　訴訟提起議案書式例／(14)　一時使用賃貸借土地明渡書式

例／⑮　一時使用賃貸借土地明渡念書式例／⑯　供託申請委任書式例

8　事務の委託、他機関への事務の委任及び勧告関係書式例
··264

⑴　事務の委託／⑵　委託することのできる事務／⑶　事務の委任及び補助執行／⑷　民法による事務委託／⑸　長の事務を他の執行機関に委任（補助執行）するための協議書式例／⑹　行政委員長から長への同意書式例／⑺　長から行政委員長への勧告書式例／⑻　行政委員長から長への協議書式例

9　区域変更関係書式例 ··268

⑴　字の区域（名称）設定（廃止、変更）の処分書式例／⑵　字の区域（名称）設定等の知事への届出書式例／⑶　土地改良、区画整理による区域設定等の申請書式例／⑷　区域変更の議案書式例／⑸　区域変更及び区域内の字の廃止書式例／⑹　市町村の字の区域（名称）設定（廃止、変更）議案書式例／⑺　字の廃止、新設を同時に行う議案書式例／⑻　市と町の境界変更議案書式例／⑼　新たに生じた土地の確認の議案書式例

10　住居表示関係書式例 ··274

⑴　実施市街地の区域及び実施方式を定める議案書式例／⑵　住居表示に関する法律に基づく住居表示の実施に伴う町の区域及びその名称を変更する場合の議案書式例／⑶　住居表示に関する区域決定の議案書式例／⑷　住居表示の告示書式例

11　各種団体の会則モデル書式例 ···································277

⑴　総合企画審議会条例書式例／⑵　調査会会則案書式例／⑶　観光連盟規約案書式例／⑷　推進委員会規約案書式例／⑸　協会会則案書式例／⑹　協会予算会書式例／⑺　協議会規約案書式例／⑻　連盟規約案書式例／⑼　親睦会規約書式例／⑽　自治会等「地縁団体」の認可申請関係書式例／⑾　町内会規約書式例／⑿　自治会館管理細則書式例／⒀　高齢者事業団定款書式例／⒁　高齢者事業団収支予算書式例／⒂　ＮＰＯ法人設立認証申請書式例

⑫　始末書・誓約書の書式例……………………………………316
　　(1)　届出等不提出の始末書式例／(2)　届出等不提出の始末書式例（契約方式の場合）／(3)　保証人付きの始末書式例／(4)　誓約書式例／(5)　居住人の債務承認及び特約履行誓約書式例

第3　財政関係書式例

① 　監査関係書式例 …………………………………………………319
　　(1)　監査委員の職務と権限／(2)　定例監査／(3)　監査の要領／(4)　指定金融機関等の検査及び補助団体の監査／(5)　長の要求監査／(6)　議会の要求監査／(7)　地方公共団体の財政の健全化に関する法律に基づく監査／(8)　住民監査請求／(9)　関係人の出頭要求書式例／(10)　関係人の資料提出要求書式例／(11)　定例監査結果報告提出書式例／(12)　議会の請求による監査の結果報告提出書式例／(13)　監査結果の公表書式例／(14)　損害賠償請求権等の放棄議決に関する監査委員の意見聴取／(15)　出納検査／(16)　例月出納検査結果報告提出書式例／(17)　決算審査／(18)　監査委員の決算審査意見書式例／(19)　決算の公表書式例／(20)　行政実績報告書式例／(21)　行為の停止勧告書式例／(22)　違法（不当行為）の住民監査請求書式例／(23)　事実のない監査結果通知書式例／(24)　職員の違法、不当（行為）の停止措置通知書式例／(25)　会計管理者の職員等の賠償責任に関する監査／(26)　決算不認定の場合における長から議会等への報告／(27)　監査結果の報告公表一覧

② 　指定金融機関 ……………………………………………………346
　　(1)　指定金融機関の設置／(2)　指定金融機関指定の手続／(3)　指定金融機関・指定代理金融機関と収納代理金融機関／(4)　指定金融機関契約の留意点／(5)　収納代理金融機関告示書式例

③ 　契約関係書式例 …………………………………………………349
　　(1)　契約の意義／(2)　契約の方法／(3)　契約の留意点／(4)　競争入札公告書式例／(5)　入札指名通知書式例／(6)　予定価格書式例／(7)

工事入札書式例／(8)　工事請負契約書式例／(9)　工事請負変更契約書式例／(10)　工事請負契約約款書式例／(11)　土地売買契約（土地を購入する場合）書式例／(12)　土地譲与契約書式例／(13)　土地賃貸借契約書式例／(14)　土地無償貸付契約書式例／(15)　土地交換契約書式例／(16)　建物賃貸借契約（一時使用のために建物を賃貸する場合）書式例／(17)　使用貸借契約書式例／(18)　賃貸借契約書式例／(19)　電話施設使用貸借契約書式例／(20)　権利消滅補償契約書式例／(21)　物件移転補償契約書式例／(22)　補償工事委託契約書式例／(23)　事業委託契約書式例／(24)　設計委託契約書式例／(25)　協定（踏切道拡幅）書式例／(26)　覚書（道路管理）書式例／(27)　請書書式例／(28)　委任状書式例／(29)　物品購入契約書式例／(30)　法人等からの事故始末書式例／(31)　登記承諾書式例

④　物品の呼称及び帳簿書式例 …………………………………402
(1)　備品の例／(2)　消耗品の例／(3)　備品受払簿書式例／(4)　物品供用簿書式例／(5)　物品供用引継書式例

⑤　財政状況公表書式例 ……………………………………………409

第4　議会の会議手続書式例

①　議会の招集関係書式例 …………………………………………411
(1)　定例会招集の告示書式例／(2)　臨時会の招集及び付議事件の告示書式例／(3)　議員からの臨時会招集請求書式例／(4)　議員の請求に基づく招集及び付議事件の告示書式例／(5)　付議事件の告示依頼書式例／(6)　再度招集及び付議事件の告示書式例／(7)　付議事件の追加告示書式例／(8)　議長宛定例（臨時）会招集通知書式例／(9)　議員宛定例（臨時）会招集通知書式例／(10)　議案、請願、陳情等の写し送付書式例／(11)　休会日の開議請求書式例／(12)　休会日の開議通知書式例／(13)　議員の開議請求書式例／(14)　議員の応招通告書式例／(15)　欠席届書式例／(16)　出席議員が定足数に達しないときの出席催告書式例／(17)　会議中定足数を欠いたときの出席催告書式例／

(18) 未応招又は欠席議員に対する招状の書式例／(19) 秘密会開会要求書式例

2 選挙及び議事一般関係書式例 …………………………424

(1) 会期及び審議予定表／(2) 一般選挙後初議会の議事日程書式例／(3) 議事日程の書式例／(4) 議事日程のない開議通知書式例／(5) 説明員の出席要求書式例／(6) 説明員の出席通知書式例／(7) 意見聴取書式例／(8) 発言通告書式例／(9) 発言取消し（訂正）申し出書式例／(10) 議員の被選挙権の資格決定要求書式例／(11) 議員の資格決定の委員会審査報告書式例／(12) 議員の被選挙権の資格決定書交付書式例／(13) 議員の兼業禁止規定による資格決定要求書式例／(14) 議員の兼業禁止規定による資格決定通知書式例／(15) 議員の兼業禁止規定による資格決定書式例／(16) 投票による表決要求書式例／(17) 投票の効力に関する決定交付書式例／(18) 投票の効力に関する異議に対する決定書式例／(19) 議会の決定に対する知事宛審査の申立書式例／(20) 議員の欠員通知書式例／(21) 正・副議長の辞職願書式例／(22) 議員の辞職願書式例／(23) 議運・特別委員会委員の辞任願書式例／(24) 議員の辞職許可通知書式例／(25) 当選告知書式例／(26) 当選承諾書式例／(27) 選挙管理委員会委員（補充員）の選挙要求書式例／(28) 長、選挙管理委員会への選挙結果の通知書式例／(29) 議長不信任決議（動議）書式例／(30) 委員会付託表書式例／(31) 議決（条例・予算）の長への送付書式例／(32) 議決書の整理書式例

3 会議録の書式例 ……………………………………446

4 議会の行う検閲・検査・監査及び100条調査関係書式例
……………………………………………………………448

(1) 事務検査を要求する場合の決議案書式例／(2) 事務の検閲・検査（自治法98条1項）動議提出書式例／(3) 長に対する事務検査（自治法98条1項）請求書式例／(4) 監査委員に対する監査及び結果（自治法98条2項）報告請求書式例／(5) 事務の監査請求（自治法98条2項）動議書式例／(6) 行政庁に対する議会の意見（自治法

99条）書式例／(7)　行政庁への意見書（自治法99条）提出議案書式例／(8)　自治法100条の事務調査要求書式例／(9)　団体等に対する照会又は記録請求書式例／(10)　証人出頭（議長に）要求書式例／(11)　記録提出（議長に）要求書式例／(12)　証人出頭・記録提出（自治法100条1項）請求書式例／(13)　宣誓書式例／(14)　官公署の疎明書式例／(15)　証言（記録提出）拒否についての声明要求書式例／(16)　告発要求書式例／(17)　議会が行う告発書式例

5　委員会関係書式例 …………………………………………462

(1)　委員会招集通知書式例／(2)　委員会招集請求書式例／(3)　委員会招集変更通知書式例／(4)　委員会における証人出頭要求書式例／(5)　公聴会開催承認要求書式例／(6)　公聴会開催告示書式例／(7)　公聴会公述人（申し出があった者）決定通知書式例／(8)　公聴会公述人出席要請書式例／(9)　公聴会公述人出席承諾書式例／(10)　公聴会の開催順序と公聴会席の配置／(11)　参考人の出席要請を議長に求める書式例／(12)　参考人出席要請書式例／(13)　参考人として出席の承諾書式例／(14)　説明員の委員会出席要求書式例／(15)　委員外議員の発言申し出書式例／(16)　委員外議員への委員会出席要求書式例／(17)　委員の修正案提出書式例／(18)　記録の提出要求書式例／(19)　所管事務の調査通知書式例／(20)　委員派遣承認要求書式例／(21)　所管事務の調査について執行機関宛の通知書式例／(22)　委員派遣承認書式例／(23)　所管事務の調査報告書式例／(24)　閉会中の継続審査（調査）申し出書式例／(25)　閉会中継続審査事件一覧表／(26)　連合審査会開会申入書式例／(27)　連合審査会開会同意（不同意）書式例／(28)　連合審査会開会通知書式例／(29)　委員会審査（調査）期限の通知書式例／(30)　委員会審査（調査）期限の延期要求書式例／(31)　委員会審査報告書式例／(32)　決算関係審査報告書式例／(33)　委員会調査報告書式例／(34)　少数意見の報告書式例／(35)　正・副委員長の辞任願書式例／(36)　正・副委員長の当選報告書式例／(37)　委員会の所属変更申出書式例／(38)　特別委員の辞任願書式例／(39)　委員会会議録書式例／(40)　議会運営委員会規程書式例／(41)　議会運営委員会設置

要綱書式例/⑷2 交渉団体（会派）結成届書式例/⑷3 会派役員選任（変更）届書式例/⑷4 会派所属議員異動届書式例/⑷5 政務活動費交付要綱書式例

6 請願・陳情関係書式例 …………………………………………496
⑴ 請願・陳情書式例/⑵ 請願受付整理簿書式例/⑶ 請願処理簿書式例/⑷ 請願の委員会付託文書表の書式例/⑸ 請願紹介議員の委員会出席要求書式例/⑹ 請願審査報告書式例/⑺ 請願の執行機関への送付書式例/⑻ 請願の処理経過及び結果報告請求書式例/⑼ 請願（陳情）書の取下げ願書式例/⑽ 請願の付託替え要求書式例/⑾ 請願の付託替え通知書式例/⑿ 請願（陳情）書の一部訂正願書式例/⒀ 請願（陳情）者への返却通知書式例/⒁ 請願者に対する結果通知書式例/⒂ 請願の紹介取消書式例

7 懲罰関係書式例 …………………………………………………506
⑴ 懲罰動議の書式例/⑵ 代理弁明要求書式例/⑶ 侮辱に対する処分要求書式例/⑷ 議員除名の動議書式例/⑸ 懲罰に対する審決の申請書式例/⑹ 懲罰委員会審査報告書式例/⑺ 戒告文案例/⑻ 陳謝文案例/⑼ 欠席議員に対する招状の書式例

第5 提出議案の書式例

1 議案の一般書式例 …………………………………………………511
⑴ 議案の意義/⑵ 議案の提出/⑶ 発案要件/⑷ 議員の提出議案の書式例/⑸ 修正動議提出書式例/⑹ 予算修正の別紙の書式例/⑺ 予算修正書式例/⑻ 議案の訂正（正誤）の提出書式例/⑼ 予算の一部訂正の書式例/⑽ 議案（動議）の撤回請求書式例/⑾ 議会の指定（自治法180条）する専決処分の議案書式例/⑿ 議会の指定した事項の専決処分の報告書式例（その1）/⒀ 議会の指定した事項の専決処分の報告書式例（その2）

2 条例・財務関係議案の書式例 …………………………………525
⑴ 長の議案送付書式例/⑵ 長提出の条例関係の議案書式例/⑶

決算認定の議案書式例／(4) 県有地の信託議案書式例／(5) 市（町村）有地処分の議案書式例／(6) 土地の処分議案書式例／(7) 土地の取得議案書式例／(8) 建物の取得議案書式例／(9) 負担付きの寄附の受け入れ承認議案書式例／⑽ 市役所（町村役場）の位置を定める条例議案書式例／⑾ 条例で定める契約締結の議案書式例／⑿ 諮問に対する答申書式例／⒀ 公有水面埋立に対する議会の意見を求める書式例／⒁ 公有水面埋立に対する議会の意見書式例／⒂ 道路線の認定（廃止）の議案書式例／⒃ 専決処分（自治法179条）の承認を求める議案書式例（その１）／⒄ 専決処分（自治法179条）の承認を求める議案書式例（その２）／⒅ 専決処分した上告提起の議案書式例／⒆ 学校の設置議案書式例／⒇ 区域外の地方公共団体内に公の施設を設置する議案書式例／㉑ 公の施設設置の協議を受けた団体の議案書式例／㉒ 他の団体の財産又は公の施設の使用議案書式例／㉓ 指定金融機関の設置議案書式例／㉔ 損害賠償の免除の議案書式例／㉕ 損害賠償の額を定める議案書式例／㉖ 自動車事故の損害賠償の議案書式例／㉗ 権利放棄の議案書式例／㉘ 寄附受領議案書式例／㉙ 議会の議決に付すべき事件の議案書式例／㉚ 人事委員会の意見聴取書式例／㉛ 市（町村）内の公共的団体の活動の総合調整の議案書式例／㉜ 財政調整基金の処分議案書式例／㉝ 一般財団法人施設整備センター出捐議案書式例／㉞ 農業共済損害防止特別積立金取崩し議案書式例／㉟ 土地改良事業施行議案書式例／㊱ 農業共済事業事務費賦課関係議案書式例／㊲ 消防自動車購入契約の追認議決書式例

③ 議会の同意を要する人事議案の書式例 ……………………551

(1) 副市（町村）長の選任同意議案書式例／(2) 教育委員会教育長（委員）の任命同意議案書式例／(3) 教育委員会教育長（委員）の罷免同意議案書式例／(4) 人権擁護委員候補者の推薦の意見書式例／(5) 監査委員、人事（公平）委員、各種行政委員等の選任同意議案書式例

④ 議会における特別議案の書式例 ……………………555

(1) 長の不信任議決議案書式例／(2) 長の不信任議決通知書式例／(3) 議会の解散通知書式例／(4) 議会の自主解散通知書式例／(5) 議会の解散の告示書式例／(6) 長の退職申し出の同意通知書式例／(7) 長の退職申立ての選挙管理委員会への通知書式例／(8) 再議による不信任解散通知書式例／(9) 再議（再選挙）請求書式例／(10) 収支執行不能の議決に関する再議の書式例／(11) 条例議決の知事に対する審査請求書式例／(12) 義務費の削除又は減額に関する再議の書式例／(13) 非常災害の応急復旧費又は感染症予防費の削除又は減額に関する再議の書式例／(14) 教育委員会の意見聴取書式例／(15) 議決の効力を失わせる議案の書式例／(16) 再議の一覧／(17) 議会の海外旅行承認書式例

第❻ 事務組合・協議会の設立手続書式例

① 事務組合に関する書式例……………………………………567
(1) 事務組合の設置議案書式例／(2) 事務組合の設置許可申請書式例／(3) 一部事務組合の規約書式例／(4) 複合事務組合の規約書式例／(5) 複合事務組合の理事会規程書式例／(6) 事務組合の設置の規約変更許可申請書式例／(7) 事務組合の規約変更の議案書式例／(8) 事務組合に新たに加入する団体の議案書式例／(9) 事務組合から脱退する団体の議案書式例／(10) 事務組合の解散の知事への届出書式例／(11) 事務組合の解散の議案書式例／(12) 事務組合の解散による財産処分の協議書式例／(13) 事務組合の財産処分の議案書式例／(14) 組合議員の辞職許可通知書式例／(15) 組合議員の当選通知書式例／(16) 組合議会招集告示書式例／(17) ○○年度○○広域市町村圏組合一般会計予算／(18) 事務組合予算告示書式例

② 協議会に関する書式例………………………………………581
(1) 協議会の設置議案書式例／(2) 協議会の知事への設置届出書式例／(3) ○○広域市町村圏協議会の規約書式例／(4) ○○年度○○広域行政推進協議会会計予算書式例

第7 書簡文・賞状等の例文

1 書簡文 ………………………………………………………591
(1) 書簡用語／(2) 案内状／(3) 礼状／(4) 依頼状／(5) 委嘱状／(6) 市(町村)長就任のあいさつ状／(7) 市(町村)長再選就任のあいさつ状／(8) 議長・副議長就任のあいさつ状／(9) 議長・副議長辞任のあいさつ状／(10) 部(課)長就任のあいさつ状／(11) 叙勲のあいさつ状

2 賞状・表彰状・感謝状 ………………………………………603
(1) 賞状／(2) 表彰状／(3) 感謝状

3 電子メール …………………………………………………617
(1) 表題は内容がひと目でわかるものに／(2) 本文の書き出しにはあいさつ文を／(3) 本文は体裁・内容とも読みやすくを第一に／(4) 送る前に見直す／(5) メール作成例

第8 接遇関係の例文

1 電話の応対のことば用例 ……………………………………621
(1) 一般的な原則／(2) 電話を受けたとき／(3) 電話を取り次ぐとき／(4) 電話をかけるとき／(5) 通話中のとき／(6) 電話のかけ方・受け方の注意事項／(7) 好ましい応対用語例

2 秘書役その他の応対の心得 ………………………………632
1 秘書役　632
2 一般職員　637

付　録

1 議会の権限に関する地方自治法上の規定 ………………640
2 中央官庁関係等住所一覧 …………………………………661

凡　例

1　内容現在

　本書の内容は、原則として平成30年10月1日現在の法令等によった。

2　法令名略語

　本文並びに（　）内の法令名は、以下に掲げる略語を用いた。それ以外のものは、原則としてフルネームで示した。

行審法	行政不服審査法
公選法	公職選挙法
自治法	地方自治法
情報公開法	行政機関の保有する情報の公開に関する法律
地教行法	地方教育行政の組織及び運営に関する法律
地公企法	地方公営企業法
地公企労法	地方公営企業等の労働関係に関する法律
地公法	地方公務員法
地財法	地方財政法
地税法	地方税法

第1 文書の起案

1 起案の基礎知識

1 文書とは何か

(1) 現在、OA機器の発達により、普段の仕事上も、すべてパソコン操作等で行うようになっている。ところが、パソコンで作成される内容は、ほとんどが何らかの意思決定に係る文書である。情報をメールに添付して送っても、結局は印刷して、文書として回付するのが通常である。そうした点でいえば、手書きからパソコンに変わっただけで、文書が重要な意思伝達方法であることに変化はない。

意思決定の内容を正確に相手方に伝達し、将来の仕事を進めていくためには、文書化しておくことが一番確実な方法であるからである。特に、官公署において使用される文書は、法令の根拠に基づいて作成されるものが大半である。文書の作成、保管の方法は異なってきているが、文書の重要性は何ら変化はないのである。

ところで、文書とは何であろうか。文書を定義することはなかなか困難である。現在、行政文書として最も問題となるのは「公文書等の管理に関する法律」であろう。同法においても、文書の定義はしておらず、行政文書及び法人文書の定義を行っている。すなわち、同法2条4項は、「「行政文書」とは、行政機関の職員が職務上作成し、又は取得した文書(図画及び電磁的記録を含む)であって……」として、文書一般の定義はしていない。

なお、同法4条は、次のように規定して行政機関の職員に文書の作

成を義務付けている。

　行政機関の職員は、第1条の目的の達成に資するため、当該行政機関における経緯も含めた意思決定に至る過程並びに当該行政機関の事務及び事業の実績を合理的に跡付け、又は検証することができるよう、処理に係る事案が軽微なものである場合を除き、次に掲げる事項その他の事項について、文書を作成しなければならない。

一　法令の制定又は改廃及びその経緯
二　前号に定めるもののほか、閣議、関係行政機関の長で構成される会議又は省議（これらに準ずるものを含む。）の決定又は了解及びその経緯
三　複数の行政機関による申合せ又は他の行政機関若しくは地方公共団体に対して示す基準の設定及びその経緯
四　個人又は法人の権利義務の得喪及びその経緯
五　職員の人事に関する事項

(2)　刑法上の文書偽造における文書については、「文字又はこれに代わる符号を用い、ある程度持続的に存続することのできる状態で、意思又は観念を表示したものをいう」とされている。この定義が、一般的に文書の定義として用いられている。このうち、象形的符号を用いたものを図画といっており、広義の文書の定義の中には、図画を含めて文書といっている。

(3)　そこで、狭義の文書の要件について、まとめてみると、次のようにいえるであろう。

　①　**文字又はこれに代わるべき符号を用いて記載されていること**
　　　必ずしも文字に限ることなく、点字や速記用又は電信用符号など、文字に変わるべきものとして、社会的に認められているものであればよい。
　　　また、文字又はそれに代わる符号を用いて記載されていれば、インク、ボールペン等の筆記具を利用したものでも、ワードプロセッサー、パソコン、タイプライター等を用いたものであってもよい。

　②　**特定の人の意思ないし思想が記載されていること**
　　　文書は、誰の意思を表明したものであるかがわかるものでなけれ

ばならない。文書作成者の名義が記載されていることは、必ずしも必要ではないが、文章のスタイルや筆跡等から誰が作成したかが判別できるものでなければならない。

かつては、文書の写しや謄本は文書ではないとされてきたが、最高裁の判例によれば、公文書の写真、コピーも文書本来の性質上それが原本と同様の権能と信用性を有しない場合を除き、原本と同一の意識内容を保存する原本作成名義人の公文書であるとしている（昭和51年4月30日）。すなわち、原本の名義人が写しの名義人であるとしている。

また、写真、地図、番号札等は、人の意思ないしは思想が表現されたものではないので、文書から区別され、準文書と呼ばれている。

③ **永続すべき状態において、ある物体の上に記載されていること**

文書は意思伝達機能を有するものであるから、伝達機能と保存機能を有することが必要である。このため、材料は必ずしも紙に限らないが、ある程度持続性のあるものに限られる。紙、木、石、陶器、金属、皮等のいずれに書いたものでもよいが、砂浜に書いたものは除かれる。また、黒板に書いたものでもよいし、マイクロフィルムも文書である。

2　文書の特性

(1) 伝達性
文書は、広範囲に時間を超えて、多くの人たちに当該表示の内容を伝達することができる。

(2) 客観性
文書は、口頭で述べる等の他の意思伝達方法に比して、伝達する側の感情や態度あるいは受け取る側の主観によって左右されることが少ないなど、客観的性格を有する。

(3) 保存性
文書は、その表示された内容を将来にわたって保存できる。そし

4　第1　文書の起案

て、平成21年7月1日、公文書等の管理に関する基本的事項を定める「公文書等の管理に関する法律」が制定され、行政文書等の適正な管理、歴史公文書等の適切な保存及び利用が図られることとなった。

(4) 確実性

文書は、他の手段に比して、内容について確実性を有する。したがって、文書は、他の手段より当該事実の証明力が高い。このため、訴訟等でも確実な証明方法（書証）として用いられている。

3　文書には、どのような種類があるか

文書は、作成者、記載事項、作成目的等に応じて、次に述べるような種類に分類することができる。

(1) 公文書と私文書

一般に、公文書とは、公務員がその職務の遂行として、その権限に基づいて作成した文書をいい、それ以外の文書を私文書という。国、地方公共団体が取り扱う公文書と私文書の区別については、広義と狭義のものとがある。

狭義の公文書は、刑法上の公文書の規定から分類されるものをいい、次のような要件を有するものである。

①　公務員又は公務所の作成すべき文書であること

公文書であるためには、その作成名義が、国や地方公共団体の機関や公務員でなければならない。すなわち、有印公文書偽造とは、公務所あるいは公務員の印章や署名を偽造して、又は偽造した公務所・公務員の印章や署名を使用して公文書を偽造することをいう。公務員の印章は、公印のほか、私印も含まれる。

②　公務員が職務上作成する文書であること

公文書は、職務上作成権限を有する公務員が作成するものであり、作成権限は、法令によると、内規又は慣例によるとを問わないが、当該公務員の作成権限内のものでなければならない。例えば、公務員が作成したものであっても、退職届は、職務上作成するものではないから公文書といえない。

1　起案の基礎知識　5

　公務員であっても、作成権限のない文書を作成したり、その職務の執行と関係なく作成した場合は、当然有形偽造となる。

　また、作成権限がある公務員が虚偽の公文書を作成した場合は、虚偽公文書作成罪になる。

　一方、刑法上の私文書は、すべての私文書が刑罰の対象となるのではなく、権利義務に関する文書、又は事実証明に関する文書のみが、私文書偽造の対象となる。

　これに対して、民事訴訟法では、公務員がその職務遂行として、権限に基づいて作成した文書を公文書といい、文書成立の真正性が推定される（民事訴訟法228条）。公正証書など作成について法の規定がある場合は、それに従って作成されたもののみが公文書として取り扱われる。また、内容証明郵便のように、証明部分と通信部分で作成者が異なる文書では、郵便官署の証明部分は公文書、それ以外の部分が私文書となる。

　官公庁で取り扱う文書をすべて公文書と考える場合があり、これを広義の公文書と称している。例えば、文書事務上は、職務に関連する文書をすべて公文書として、文書を管理している。この広義の公文書には、私人名義で提出される各種の申請書や届書等が含まれる。各地方公共団体の文書管理規則で対象としている文書とは、通常、前記のような広義の公文書を意味する。

(2)　私法上の文書と公法上の文書

　この区別は、文書の内容が公法上の法律関係によるものか私法上の法律関係によるものかによる区別である。公文書と私文書の区別と、公法上の文書と私法上の文書とは、異なる分類である。例えば、地方公共団体の締結した土地売買契約書は、公文書であると同時に私法上の文書である。

(3)　公用文書と私用文書

　公用文書とは、国や地方公共団体が使用し、あるいは使用する目的で保管する文書をいい、それ以外の文書を私用文書という。文書の作成名義や文書の内容が公法関係であるかどうかを問わない。したがって、私人名義の文書でも公務所で現に使用されていれば、公用文書で

ある。また、公用文書には、偽造した文書や未完成の文書も含む。

〔注〕

1) 公文書とは

　　公務所又は公務員がその名義をもってその権限内において、所定の形式に従い作成すべき文書にして、その権限が法令によると内規又は慣例によるとはこれを問うことなく、あまねくその職務執行の範囲内において作成せらるることを要す（明治45.4.15大審院判例）。

2) 罰則

　　刑法――文書偽造の罪

（詔書偽造等）

第154条　行使の目的で、御璽、国璽若しくは御名を使用して詔書その他の文書を偽造し、又は偽造した御璽、国璽若しくは御名を使用して詔書その他の文書を偽造した者は、無期又は3年以上の懲役に処する。

2　御璽若しくは国璽を押し又は御名を署した詔書その他の文書を変造した者も、前項と同様とする。

（公文書偽造等）

第155条　行使の目的で、公務所若しくは公務員の印章若しくは署名を使用して公務所若しくは公務員の作成すべき文書若しくは図画を偽造し、又は偽造した公務所若しくは公務員の印章若しくは署名を使用して公務所若しくは公務員の作成すべき文書若しくは図画を偽造した者は、1年以上10年以下の懲役に処する。

2　公務所又は公務員が押印し又は署名した文書又は図画を変造した者も、前項と同様とする。

3　前2項に規定するもののほか、公務所若しくは公務員の作成すべき文書若しくは図画を偽造し、又は公務所若しくは公務員が作成した文書若しくは図画を変造した者は、3年以下の懲役又は20万円以下の罰金に処する。

（虚偽公文書作成等）

第156条　公務員が、その職務に関し、行使の目的で、虚偽の文書若しくは図画を作成し、又は文書若しくは図画を変造したときは、印章又は署名の有無により区別して、前2条の例による。

（公正証書原本不実記載等）

第157条　公務員に対し虚偽の申立てをして、登記簿、戸籍簿その他の権利若しくは義務に関する公正証書の原本に不実の記載をさせ、又は権利若しくは義務に関する公正証書の原本として用いられる電磁的記録

に不実の記録をさせた者は、5年以下の懲役又は50万円以下の罰金に処する。
2 公務員に対し虚偽の申立てをして、免状、鑑札又は旅券に不実の記載をさせた者は、1年以下の懲役又は20万円以下の罰金に処する。
3 前2項の罪の未遂は、罰する。

（偽造公文書行使等）

第158条 第154条から前条までの文書若しくは図画を行使し、又は前条第1項の電磁的記録を公正証書の原本としての用に供した者は、その文書若しくは図画を偽造し、若しくは変造し、虚偽の文書若しくは図画を作成し、又は不実の記載若しくは記録をさせた者と同一の刑に処する。
2 前項の罪の未遂は、罰する。

（私文書偽造等）

第159条 行使の目的で、他人の印章若しくは署名を使用して権利、義務若しくは事実証明に関する文書若しくは図画を偽造し、又は偽造した他人の印章若しくは署名を使用して権利、義務若しくは事実証明に関する文書若しくは図画を偽造した者は、3月以上5年以下の懲役に処する。
2 他人が押印し又は署名した権利、義務又は事実証明に関する文書又は図画を変造した者も、前項と同様とする。
3 前2項に規定するもののほか、権利、義務又は事実証明に関する文書又は図画を偽造し、又は変造した者は、1年以下の懲役又は10万円以下の罰金に処する。

4 文書の性質、処理過程における分類

(1) 文書の性質による分類

① **法規文書**　　条例、規則、規程
② **令達文書**　　訓令、通達、依命通達、指令
③ **公示文書**　　告示、公告
④ **往復文書**　　照会、回答、報告、通知、申請、進達、副申等
⑤ **その他の文書**　　証明書、表彰文書、契約書、協定書、争訟関係文書、請願書、陳情書等

(2) 文書事務の処理過程による分類

① **収受文書**　外部から送達された文書について、文書主管課長が所定の手続により収受した文書

② **配付文書**　文書主管課から主務課へ配付した文書

③ **起案文書**　地方公共団体の機関あるいは公務員の発意によって、事務処理原案を記載した文書

④ **合議（回議）文書**　起案者が起案者の直属の上司の承認又は同意を受ける過程を回議といい、起案内容に関係ある部課長の承認又は同意を受ける過程を合議（ごうぎ）という。

　なお、合議をする場合は、あらかじめその内容について合議先と打ち合わせるか、写しを送付するなどして（これらを下合議という。）、合議時間の節約や不要なトラブルを避けるよう心がける必要がある。

⑤ **供覧文書**　処理の手続を要しないものや処理に当たって上司の指示を要するため上司の供覧に供する文書

⑥ **決裁文書**　最終的に意思決定を行う権限のある者の決裁を受けた文書

⑦ **発送文書**　決裁文書を浄書し、公印の押印等の手続を完了し、相手方に郵送又は使送等の方法により発送する文書

⑧ **完結文書**　施行される事案の処理が完結したもの

⑨ **保存文書**　一定期間保管しているもの

⑩ **廃棄文書**　保存期間が経過したため廃棄する文書

(3) 一般文書と例規文書

① 一般文書には、往復文書、照会、回答、通知、報告、送付、申請、進達、副申、願、届、勧告、諮問、答申等がある。

② 一般文書以外には、例規文書がある。例規文書を分類すると、法規文書と令達文書及び公示文書がある。法規文書は、条例、規則、規程、要綱、取扱い、定め、内規類であり、令達文書は、団体又はその機関が、その意を下級の行政機関又は特定の職員に下命、内訓、通達及び指令などがある。そして公示文書には、団体が、一定の事項を広く住民に知らせるための公告、公示、告示等がある。

1 起案の基礎知識 9

回議・合議の順序

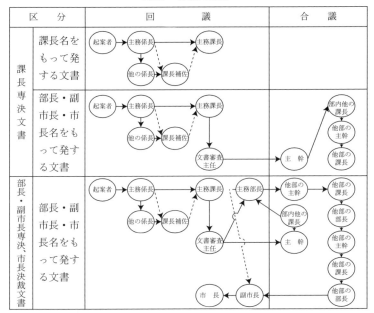

回(合)議の方式　流れ方式（回議、合議を受けた者が押印後次の者に回付する）
　　　　　　　　……………軽易なもの
　　　　　　　　持ち回り方式（起案者が回議、合議先を次々に回る）…………
　　　　　　　　…重要かつ緊急で説明を要するもの
　　　　　　　　ピストン方式（起案者→回議者→起案者→回議者）……………
　　　　　　　　重要なもの

③　その他部内文書として、行政機関の内部における文書に、上申書、内申書、復命書、事務引継書、辞令書、進退伺、始末書、てん末書がある。また儀礼文書、争訟関係文書、契約関係文書等がある。
　　一般文書について、便宜次のように文例が示されている。
　　通達　法令その他の権限に基づいて発する文書
　　移達　上級機関又は他官庁からの通達を、所轄又は下級機関に移し伝達する文書

通知	通達以外のもので、一定の事実、処分、意思を伝達する文書
指令	許可、認可、承認、認証又は補助金交付につき、特定の者に対して権限のある者の名をもって発する文書
依頼	依頼に関する文書
照会	回答を要求する文書
協議	他の官公庁等に対する協議に関する文書
回答	依頼、協議、照会等に対して回答する文書
報告	法令等に基づいて、官公庁、上司その他に報告する文書
諮問	審議会又は協議会等に対する権限のある者からの諮問に関する文書
上申	人事の上申に関する文書
伺い定め	権限のある者の決裁を経て、規定、基準、内規等を定める文書
内簡	公印を押さない簡単な事務連絡等簡易なもの及び礼状等
契約	契約関係の締結に関する文書
証明	事実の存在を証明する文書
その他の伺い	資料作成、経費支出、予算要求その他上記に掲げるもの以外の伺いに関する文書

5　起案とは何か

　起案とは、公文書の原案をつくることをいう。すなわち、地方公共団体又はその機関の意思を決定し、あるいは事業を実施するための基盤となる文書の案文をつくることである。これを「立案」又は「発案」ともいう。

　意思決定の手続としては、まず起案文書を作成して、その決裁手続を経なければならない。

　起案に当たっては、内容の難易軽重により、事前に打ち合わせる必要のあるものは打ち合わせをし、結論又は内容について上司の指示を受けるべきものはその指示を受け、十分に案を練ってから起案すべきである。

　このため担当者は常に担当事務の内容を研究し、関係法令、例規、通

達等に精通することはもちろん、起案要領をマスターしておくことが必要である。

6 起案に関する知識の必要性と文書の取扱い

どのような行政事務も、事務の第1段階は、まずその事案の起案から始まる。その起案事務の巧拙、内容の良否は、行政の効果、能率の向上に大きな影響を及ぼす。すなわち、行政事務は、文書を通じて正確に、かつ、適切に伝達又は執行されることが大切で、行政運営の目的が達せられるかどうかは、その文書によって、ある程度左右されるものということができる。

「根拠法令」に反するか、根拠のない、あるいは根拠の誤った文書は、不当、違法若しくは無効の問題が生じる。

公文書には、その種類、性格等に応じて、それぞれ「形式」がある。それに適合しなければ、もしそれが法令に定める要件である場合は、有効か無効かの問題が起きることが考えられる。

また、公文書の「処理手続」を誤ると、文書の効力の発生の有無の問題が起きる。

公文書の取扱いを誤ると、刑罰に触れることもある（6頁〔注〕参照）。

7 起案の要領

(1) 準備
ア 起案文のアウトラインを考える。そして、内容とその表現のおおよその順序も考える。

（ポイント）
① 事実の正確を期すること。
② 必要な資料を十分に収集したうえで構想を立てること。
③ 起案した文書はどのような目的に使われるか。
④ 起案の重点をどこにおくべきか。

⑤ 法令の根拠はどうか。違法な箇所はないか。
⑥ 通達、行政実例、判例を調べたか。
⑦ 上司の意図を反映しているか。
⑧ 関係課との連絡又は下打ち合わせをどうするか。
⑨ 過不足はないか。
⑩ 事務の所管はどこか。

イ 起案文の形式を決める。

（ポイント）

① 通知又は指令か、訓令か通達か等を検討する。
② 公文例はどうなっているか。
③ 決裁区分はどうなっているか。
④ 合議を行う部課はどこか。
⑤ 発信者名、宛名をどうするか。
⑥ 法令、例規等に違反しないか。

ウ 起案文の内容を検討する。

（ポイント）

〔法律的検討〕

① 法定の要件を満たしているか。
② 期限、条件、時効の問題はどうか。
③ 議会の議決事項かどうか。
④ 経過措置は適法か。

〔行政的検討〕

① 公共の福祉を害しないか。
② 従前の例はどうか。
③ 世論の動向はどうか。
④ 裁量の余地はあるか。
⑤ 実施の時期は適当かどうか。

〔財政的検討〕

① 予算上、財源等の的確な見込みがあるか。
② 収支の予想は、適正か。
③ 予算科目は、適正か。

④ 契約を進める時点は、いつか。

(2) 起案の心得と起案の組立て

起案は、所定の起案用紙を用いる。すなわち、一定の帳票の定められているもの及び定例又は軽易な事案で直ちに処理案を記録できるもの以外のものについて起案する場合は、起案用紙を用いて起案しなければならない。起案は、原則として1行おきに記入する。

なお、起案用紙をパソコンの様式に取り込んでいる場合は、それを使用してもよい。

起案に当たっては、決裁をするに当たって適正な判断をするに必要最小限の理由に限らず、①起案の要旨・概要、②案を執行した場合の効果・問題点、③案を執行する時期、④その他案を決裁するに当たっての判断事項となるものを記載し、案全体は、正確に、簡潔に行うことを心がける。

ア 起案の心得

（ポイント）

① その文書を受ける身になって起案しているか。

　起案文が決裁され施行されると、住民の利害に直接又は間接に影響することを常に考えて、親切に、省略などなるべくしないでわかりやすく書くこと。

② 発信者の立場に立って起案するようにしているか。

　その文書の発信者が市町村長の場合は市町村長、また部長課長のときは部長課長になったつもりで、自分がその責任者であるという自覚をもって、その立場で起案すること。

③ 文章はわかりやすく、ていねいに書いているか。

　一般の人々に親しまれていない役所用の言葉は避けること。特権意識や独善的姿勢等はとり去ること。

　いつ、だれが、だれに、どこで、なにを、なんのために、どんな方法で、どうするか、という関係をはっきりさせるように工夫する。

④ 起案文書は、次の点に留意するのがよい。

・事務分掌との関係

- 発信者名と受信者名
- 法令に定められた形式や要件
- 施行方法及び施行時期
- 用字・用語例
- 合議すべき部課
- 決裁区分

イ 起案の組立て

　起案は、通常、標題、伺い文、文案（文書記号、番号、年月日、発信者名、宛先、標題、本文）及び別記又は別表で構成され、特に必要な場合は、参考書類、参照条文及び資料を添付する。

　2以上の箇所、機関にあてる文書で、本文の大半の文句が違うものは「案の1」「案の2」のようにして、別案にする。

① **標題**……公文書の内容を示すための題名。今までは、「何々に関する件」と表示していたので「件名」と呼ばれてきたが、最近は、「何々について」と改められ、標題と呼ばれている。

　標題は、その題名により内容を明確に推察できるものであるとともに、できるだけ短文で最も内容を具体的に表現するものでなければならない。

　標題の次に（　）して表示するものは、一般的に次のような種類のものが用いられる。

　照会、請求、督促、協議、回答、諮問、答申、伺い、建議、進達、副申、通知、供覧、報告、復命、通達、依命通達など。

② **伺い文**……起案の理由、処理の方針、根拠法令、経過、予算、手続などを説明し、上司の意思を伺い決定を求める文章である。

　事務文書は民間事業体で作成される文書を指すのに比べ、地方公共団体の公務員が職務上作成するのを公文書というが、書式が決まっているものと、書式の自由なものとがある。例えば、書式にしても、縦書き、横書きとも年月日と発信者名及び宛名を初めに記載するもの

1 起案の基礎知識 15

と、その反対に末尾に記載するものとがある。なお、現在、国、地方公共団体の文書はA4横書きとされている。

それらは、その団体の示された書式例によればよい。

<記載例>
(横書き)(その1)

```
                                        ○○年○月○日
 宛 名
                                        発 信 者 名
 ……………………………………………………………について
 謹啓…………………………………………………………………………
 ………………………………………………………………………………
 ………………………………………………………………………………
                                        敬具
```

(横書き)(その2)

```
 ……………………………………………………………について
 謹啓…………………………………………………………………………
 ………………………………………………………………………………
 ………………………………………………………………………………
                                        敬具
                                        ○○年○月○日
 宛 名
                                        発 信 者 名
```

<参考例> 伺い文の書式例

```
    何々について(伺い)
  何々のことについて調査したところ、何々のとおりであるので、△△条
 例(規則)第 条の規定に基づき、下記のとおり承認してよろしいか伺い
 ます。
                    記
 1 何々…………
 2 何々…………
  なお、決裁のうえは、下記の案により○○○に通知してよろしいか、あ
```

わせて伺います。

```
                                案
                                         文書記号・番号第○○号
                                             ○○年○月○日
  ○○○○長　宛
                      ○○市（町村）長　氏　　　　　名　㊞
   何々について（通知）
   ○○年○月○日○○第○○号で提出のありました何々のことについて、
  承認します。
```

③　**発信者名**……国、都道府県、市町村間の往復文書は、知事名又は市町村長名を用いるのが原則である。

部局相互間、部局と国の出先機関あるいは各種団体との事務上の往復文書については、特別の理由がある場合を除いては、部長名及び市町村長名が用いられる。

部課長名文書は、委任事項及び軽易なものに用いられる。事務連絡等は、課長名若しくは担当係名で発信しても差し支えない。

令達文書は、当然全般的に知事名・市町村長名を用いる。

なお、職氏名は、令達文書等のように、当然必要として公文例にあるもののほかは、一般の往復文書では、相手方が職名だけの場合は、当方も職名だけが記載されることが多い。

部課長名を連記する場合は、その事務を主管するか、又は関係の最も多い部課長名を先にし、その他は編成順（組織規則における部課の規定順）に記載する。

④　**宛名**

- 同一文書を2人以上に宛てて1通の文書を出す場合

```
  × × × × × ┐
  × × × × × │
  × × × × × ├ 宛
  × × × × × ┘
```

（連名）→朱書する

- 2人以上に別々に出す場合

  $\left.\begin{array}{l}\times\times\times\times\times\\ \times\times\times\times\times\\ \times\times\times\times\times\\ \times\times\times\times\times\end{array}\right\}$ 宛

  （各通）→朱書する

- 一つの起案ですべての出先機関に同一文書を発送する場合

  各出先機関の長宛

- そのうち、一部機関には発送しない場合

  各××××　宛

  （……を除く）

- 文書がある機関を経由して発送される場合

  （主務課経由）、（何々支所長経由）などのように経由機関を便宜記載しておく。

- 受信者は、個人の場合はその氏名を、団体の場合はその機関の長の職氏名を記載するのが原則であるが、官公庁間の往復文書で軽易なものは、単に、職名だけを記載するのが通例である。なお、内部組織の各課長（室長・園長・館長を含む。）に事務連絡文書を出す場合の受信者名は、

  $\left.\begin{array}{l}\text{各課（室）長}\\ \text{各出先機関の長}\end{array}\right\}$ 殿又は様とする。

- 宛先が連名の場合の記載方法は、一般的には、下級の者から書き起こすのが例（文書が縦書きの場合は反対）であるが、公文書の場合は、通常、次のように用いられている。

  宛先に上級、下級の区別がないとき――その文書の内容によって主として対象としている宛先の順とする。

  特に上下の段階のない部課又は事務所等を連記する場合――編成順に記載する。

〔注〕 書簡文の場合は、後付として日付、発信者及び宛名がつけ加えられるが、後付の例は、通常次のようである。

```
          何        某  上
          何        某  中
          何        某  下
上  何        某 様
中  何        某 様
下  何        某 様
```

- ⑤ **参照条文**……本文中に引用した法規の条文、関係書類の内容などを抜き書きして、起案の末尾に記載する。
- ⑥ **予算関係**……事業を伴うものは、必ず予算があってはじめて実施できるのであるから、予算について款項目並びにその金額を朱書しておく。
- ⑦ **その他**……起案用紙には、そのほか起案年月日、起案者、起案者電話、決裁区分、審査、決裁年月日、浄書、照合、発送等の事項が記入される。

(3) 文案の書き方

　起案文書は、ペン又はボールペンのような容易に消えない筆記具で書き、消えやすいものは避けるのがよい。現在はパソコン利用が多いが、同音異字の誤りが多くなっているので注意すること。

ア　やさしい用字

① 漢字

　常用漢字表（平成22年内閣告示第2号）

　公用文における漢字使用等について（平成22年内閣訓令第1号）及び法令における漢字使用等について（平成22年内閣法制局長官決定）が公表されているが、公用文及び法令の漢字使用は常用漢字とされた。

　なお、常用漢字の字数は、2,136字である。

② 仮名文字

　現代仮名遣い（昭和61年内閣告示第1号）

　送り仮名の付け方（昭和48年内閣告示第2号）

③ 数字

原則としてアラビア数字（算用数字）を用いること。

④ 記号、符号

句読点には、「。」及び「、」「,」を用いること。

ピリオド「.」は、単位を示す場合、見出し記号に付ける場合及び省略符号とする場合に用いること。

そのほか、：（コロン）、〜（なみがた）、傍点及び傍線等が用いられる。

イ　わかりやすい用語

用語は原則として、

公用文における漢字使用等について（平成22年内閣訓令第1号）

法令における漢字使用等について（平成22年内閣法制局長官決定）によること。

（ポイント）

① 耳で聞いて、意味のすぐわかる用語を用いる。

② 目的に合った用語を選ぶ。

③ 読む相手方のレベルその他を考える。

④ 「その」「これ」などの代名詞は、何を指しているのか、はっきりしている場合にだけ使う。

⑤ 日常一般に使われているやさしい言葉を用いる。

⑥ 音読して、意味が2とおりにとれるものは、なるべく避ける。

⑦ 時、場所の起点を示すには、「から」を用い、「より」は比較を示す場合にだけ用いる。

（例）	東京から大阪まで 1時から5時まで 何々より重い

⑧ 重複したむだなことばは用いない。

（例）	被害を被る　　犯罪を犯す 多年の宿望 今の現状では

⑨　無意味な紋切り型の語句は、用いない。

> （例）　失敗をきたし―失敗し
> 　　　　混雑を呈し　―混雑し
> 　　　　確定をみた　―確定した
> 　　　　警戒を加え　―警戒し
> 　　　　妥結をみるに至らなかった
> 　　　　　―妥結しなかった

⑩　人員の表示は、統一して「○人」を用い「○名」は用いない。

⑪　文語体を直訳した表現は使わない。

> （例）　これが処理　　―その処理
> 　　　　せられんことを―されるよう
> 　　　　ごとき　　　　―のような
> 　　　　いまだ　　　　―まだ
> 　　　　何々せしめる　―何々させる
> 　　　　主なる　　　　―主な
> 　　　　だろう　　　　―であろう

⑫　わざわざ難しい用語等は使わない。
・漢語、外国語、専門語をむやみに使わないこと。
・流行語は使わないこと。
・方言はなるべく使わないこと。
・かたくるしいことばは避けること。

⑬　抽象的な語句は避ける。
・不自然な使い方をしない（例　会議を持つ）。
・大げさな用語は避ける（例　絶対、最高、極度）。
・意味のあいまいな用語は、使わない。

ウ　正しい文体

　文体は、「である」を基調とする口語文を用いる。ひとしく口語文といっても、種々の文体があるが、公用文として多く用いられるのは、「である体」と「ます体」の二つである。このうち、「である体」は、法律、政令、省令、訓令、通達などに用い、「ます体」

1　起案の基礎知識　21

は、通知、依頼、照会、回答、諮問、答申、賞状、表彰状、感謝状などに用いる。

　なお、往復文書の場合には、対人関係になるので、相手に対し礼を失しない程度の敬語は用いるのがよいが、あまり丁寧になるとかえってよくない。

① 文法が違っていないか。
　・時、格が違っていないこと。
　・主語があること。
　・主語と述語が合っていること。
② 口語文の中に、文語脈が入っていることはないか。
　（悪い例）……でございますので、……願いたい。
③ 文の意味が不明瞭ではないか。
④ 理解しやすいか。
　・文を短く切る。
　・なるべく箇条書きを励行する。
　　内容に多くのことを含んでいる場合は、本文に「次のとおり」又は「下記のとおり」と表示し、記以下を箇条書きにする。
　　なお、項目を細別するときは、
　　第1
　　　1
　　　　(1)
　　　　　ア
　　　　　　(ア)
　　　　　　　a
　　　　　　　　(a)
　とし、イロハ順は用いない。

エ　簡明、平易な文章

① 簡潔で、論理的な文章とする。
② 主語と述語が離れすぎていないか（近いほどよい）。
③ 複雑すぎはしないか。
　・回りくどい表現は、用いないこと。

22　第1　文書の起案

　　　・文章を区切って、できるだけ箇条書きにする。
　　　・段落を多くする。図を入れる。
　　④　単純すぎはしないか。
　　⑤　むだな語句が入っていないか。
　　⑥　必要な語句が抜けていないか。
　　⑦　句読点が少なくて、冗長になっていないか。
　　⑧　どこに重点がおかれているのか、はっきりしないことはないか。
　　⑨　抽象的すぎはしないか。
　　⑩　全体的に、筋が通っているか、まとまっているか。
　オ　その他
　　①　ていねいに書く、きれいに書く。
　　②　個人色を出さないようにする。
　　③　書式は、原則として左横書きとする。
　　④　文字の書体をくずしたり、略さない。
　　⑤　文字は、なるべく大きい文字（1行に20字程度）を用いる。
　　⑥　知らせたい重点事項は早目に書き、説明はあと回しにするようにする。
　　⑦　次の文章が「ただし」で始まるときと、「この場合」などのように「この」、「その」で付け加えるときは、行を改めない。
　　⑧　文章の配列、順序はそのままでよいか、もう一度検討してみる。

(4) 起案文の作成後の手続

　ア　総合検討
　　①　必要事項は網羅されたか、もう一度確かめてみる。
　　②　論理に矛盾は生じていないか。
　　③　決裁区分・合議先に誤りはないか。
　　④　取扱いの指定（秘、親展、至急、公印省略、期限○月○日、市報登載、例規、書留、速達、配達証明、内容証明、使送、主務課発送など）は行ったか。
　　⑤　内容に応じ、起案理由、参照条文、関係法規、予算等の関係

事項を付記する。

　また、通知の写し、調査書、条例、図面その他参考となる資料及び添付書類を、起案の末尾に添える。
⑥　留意したい事項
・文書番号
・日付は、施行文が外部に実際施行された日
・受信者名は、施行文の宛名であり、団体の場合にはその代表者の職氏名とし、個人の場合には氏名とする。ただし、地方公共団体内部の往復文書の場合には、単に職名のみとしてもよい。
・受信者としての名宛人を誰にするかは、施行文の内容に関し受信者として一番ふさわしい者とするとともに、発信者名との均衡を配慮するのがよい。
・文書管理規程等により縦書きとすることとされている文書以外のものは、左横書きを原則とする。
・起案文書は左とじとするが、左とじのできないものは裏とじ（背中合わせ）とする。
・文書をとじる順序は、上から順に、起案用紙、法令、通達、官報、県報等の参考文書、さらに、回答文の場合には、それに対応する照会文その他参考文書を時間の経過順につづる。

＜参考例＞
条例案（規則案）参照条文

○○○○○条例案（規則案）参照法律条文
地方自治法（昭和22年法律第67号）第252条の19（指定都市の権能）
　○○。
一　○○○○
二　○○○○
三　○○○○
四　○○○○

24　第1　文書の起案

```
　五　〇〇〇〇
　・　〇〇〇〇
　・　〇〇〇〇
2　省略
同条第1項の指定都市の指定に関する政令（昭和31年政令第254号）
　〇〇〇〇〇〇〇〇〇〇〇〇〇〇〇〇〇〇〇〇〇〇〇〇〇〇〇〇〇
　〇〇〇〇〇〇〇〇〇。
```

〔注〕　国の法令の書式は縦書きであるが、地方公共団体においては固有の考え方で定めてよい。横書きとするのも少なくない。
　　　なお、電子政府の総合窓口（http://www.e-gov.go.jp）では、法令データも横書きである。

条例案（規則案）新旧対照表
　〇〇〇条例（規則）の一部を改正する条例案（規則案）の新旧対照表

新	旧

〔注〕　原則として縦書きの書式によることとし、関係条文が長い等の場合は、関係条文を$\frac{改正前}{改正後}$にすることができるものとする。

イ　回議及び合議
　①　起案ができたら、回議又は合議する。

　　回議とは、直属系統の上司の承認を受けるため、その順序を経て書類を回し、認印を受けること。

　　合議とは、直接の所属関係のない他の部課の関係者から、順序を経て、その案の妥当性について承認を受け、認印を受けること。

　②　通常、係員、係長、課長補佐、課長、部長の順に行われる。

③ 起案文書は、原則として関係のある部課長に合議しなければならない。合議は、事務事業の連絡統一を図るうえの重要な手段である。

④ 他の部の課長に合議するときは、まず主務部長の決裁を経た後にする。

ウ 決裁

① 起案文書は、決裁権限ある者の決裁を経て、はじめて確定し、地方公共団体の意思が決定される。

> 決裁とは、伺い等で指示命令を仰いだ場合に、上司がこれに対して承認、決定、裁定、指定等を与えること。

② 地方公共団体の意思又は各機関の意思は、特別の場合を除き、すべてその長又は各機関の決裁を経て確定されるのが原則である。しかし、すべての事案について長の決裁を経ることは、不便、不都合であることも少なくないので、決裁手続の簡素化、事務処理の能率化から専決規程、代決規程を定め、それに基づき決裁が行われる。

エ 公印

① 発送する文書には、公印を押印すべきであるが、軽易な文書については省略してよい。例えば、県、任意団体等が主催する研修会や事務打合わせ会議に関する出欠等の回答文書や軽易な事項に関する地方公共団体相互間の照会、回答文書、あるいは行政資料に関する文書、そして内部組織へ発する事務連絡用の文書など。

② 公印を印刷する必要のあるのは、定形的で一時に多数印刷することが適当であるものに限られる。

③ 市町村長印と市役所、町村役場の印を取り違えた場合は、無効だから必ず作成し直す。

④ 割印と契印があるが、割印は、起案文書とそれに基づいて作成された施行文書とを照合し、文書の施行を証明、発信件数の明示、また、偽造文書の防止のために行うものである。契印

は、文書が2枚以上になる場合は、とじ目又は継ぎ目に両方かけて押印し、抜き取りや差し込みを防止するために行うものである。
⑤ 公印の押し方は、一般的には発信者名の最後の一字に3分の1程度かけて、その印影の右端が一字空くようにするのがよいとされているが、賞状、表彰状、感謝状等の場合は、最後の一字にかからないように押す。なお、公印には庁印と職印があるが、庁印は市役所、町村役場の印であり、職印は市町村長等の印である。

オ 文書の作成

決裁によってその内容が確定するが、浄書、校合、公印の押印、発送、公報登載等を経てその効力が発生する。
① 発送方法には、郵送、使送、宅配便等種々あるほか、文書の発送に代えて、電報、電話、ファクシミリ等の方法による場合もある。
② 公報は、地方公共団体の管轄区域内に広く周知されるべき事項を公表することを目的として発行される当該地方公共団体の機関紙であって、例えば、「○○県報」「○○市公報」などである。公報登載は、公告式条例や公報発行規則で定められ、通常、条例、予算、決算、財政事情の公表、規則、告示など不特定多数の者に広く周知するために行われる。なお、周知期間については特別の規定がない。

2 起案文の基本書式例

　ここに掲載した例文は、ほんの一例にすぎない。各自においてそれぞれの目的に合わせ、実情に合うよう工夫する。
　特に、公用文の書式としては、その書き方において各県、各市町村によってまちまちであり、これもそれぞれの団体の文書管理規程の定めるところによるべきである。ここでは、一応現在多く用いられている形を例とした。

1　普通文の書式例

```
                                        暦年数字記号第○○号
                                          ○○年○月○日

受信者（職氏　　　名）殿

                              発信者（職氏　　　名）印

…………………………………………………………ついて（・・）
………………………………………………………………………………
………………………………………………………………………………
……………………………。
　なお、
………………………………。
                    記
1　………………………………………。
2　………………………………………。
```

注1　文書番号と年月日は、文書の右上に書き、終わりは、1字分空ける。
　2　受信者（職氏名）は、1行空け、書き出しは、1字分空ける。
　3　発信者は、1行空け、公印を押した後1字分空くようにする。
　4　標題（件名）は、1行空け、3字分空けて4字目から書き出し、書ききれな

いときは、2行目に書き終字を切り上げず第2行目の初字を4字目とする。
5　文書の種類を明らかにするため、標題の末尾に「(照会)」、「(報告)」等と記載する。
6　本文の書き出し及び行を改めるときは、1字分空けて書き出す。
7　文言としては、「但し」は「ただし」、「通り」は「とおり」、「致します」は「します」を用いる。また「より」は「から」がよく、この場合は時間・空間の起点を表わす場合に用いる。
8　「記」は中央に書く。「記」の部分がないときは、「下記」としないで、「次の」としたほうがよい。
9　この書式は、照会、回答、通知、報告、通達、副申、申請、願い、届けの文書に用いられる基本形式である。
10　宛名は、従来は「殿」であるが、国語審議会から建議された中に「これからの敬語は様に統一することが望ましい」とあり、相当数の団体では公文書においても「様」に統一している例もある。「殿」より「様」の方が親しみやすく、「殿」は「様」より敬意が軽いなどという人もいる。

＜参　考＞

埼玉県における公文書の名あて人に付ける敬称を参考に掲載する（昭和53年4月1日施行）。

公文書の名あて人に付ける敬称を「殿」から「様」に改める
ことについて（通達）

従来、公文書の名あて人に用いる敬称は、「殿」を用いていたが、公文書の名あて人に付ける敬称の取扱いに関する訓令（昭和53年埼玉県訓令第4号）等に基づき、原則として「様」を用いることになるので、文書の作成に当たっては、これらの訓令等及び下記事項に留意の上、貴所属職員に周知し、その運用に遺憾のないようにされたい。

記

1　公文書に用いる敬称

公文書の名あて人に付ける敬称の取扱いに関する訓令の公布に併せて公文例規定の一部も改正し、昭和53年4月1日以後公文書に用いる敬称は、「様」とする。ただし、次に掲げるものは除く。

(1)　政令・省令等県以外の機関が定めるもので、これによらなければならないもの
(2)　「御中」、「各位」又は「君」を用いるもの

(3)　敬称を用いないもの
　(4)　その他特に総務部長が、認めたもの（この場合は、あらかじめ総務部長に協議すること。）
2　現行条例等で定める敬称の改正
　　現に制定されている条例、規則、訓令及び告示並びに上記によらない要綱、規程及び要領等の様式で「殿」と定めているものは、昭和54年3月31日までに所掌する課所において、他の改正に併せて「様」に改めるものとする。
3　現行規則等が改正されるまでの間の取扱い
　(1)　規則で定めるもの
　　　「規則で定める様式における敬称の取扱いに関する規則」が制定されたことにより、上記2の改正が行われるまでの間、「殿」を「様」に読み替えて適用される。ただし、知事が適当でないと認めたものについては除く。
　(2)　訓令及び告示で定めるもの
　　　「訓令で定める様式における敬称の取扱いに関する訓令」及び「告示で定める要綱、規程等の様式における敬称の取扱いについての告示」が公布されたことにより、上記2の改正が行われるまでの間、「殿」を「様」に読み替えて適用される。
　(3)　その他規則、訓令及び告示以外で定めるもの
　　　上記(1)及び(2)以外の要綱、規程及び要領等読み替え適用されないものについては、上記2の改正が行われるまでの間支障のない限り「様」を用いるものとする。
　　　なお、これらの規則等に基づき、昭和53年4月1日現在、現に「殿」と印刷済みの用紙については、当分の間使用できるが昭和53年度内を目途に切り替える。
4　実施期日
　　昭和53年4月1日以後施行するものから実施する。
5　その他の留意事項
　(1)　従来、起案文書の処理案では、名あて人の敬称部分に「あて」と表示していたが、昭和53年4月1日以後は、「あて」としないで具体的な敬称を記入する。
　(2)　現に制定されている規則等の様式で名あて人の敬称部分に「あて」と表示されているものは、用紙作成の際「様」と印刷する。

30   第1 文書の起案

(1) 照会の書式例

　照会は、職務を執行するため、行政機関又は個人、団体などに対して、問い合わせる文書である。

① 市（町村）長→他市（町村）長

```
                                                文 書 番 号
                                                ○○年○月○日
  ○○市（町村）長　氏　　名　殿（様）
                ○○市（町村）長　氏　　　　名　印
      …………について（照会）
  …………について、………でありますので、下記により御照会しますの
  で、なにぶんの御回答を願います。
                              記
  1  …………について
```

注1　宛先及び発信者ともに氏名を省略してもよい。
　2　照会事項を明瞭にし、簡単なものは、本文に記載しても差し支えない。
　3　回答の書式を同封するのも方法である。
　4　急ぐときは「至急」、「折り返し」、「○月○日までに」のように記載する。
　5　事務担当課・係及びその氏名並びに電話番号を記入するのも親切な方法である。

② 課長→課長、部長→団体の長

```
                                                文 書 番 号
                                                ○○年○月○日
  氏　　　　　名　殿（様）
                                    総　務　課　長　印
      何々の調査について（照会）
    ○○省何局長から別紙のとおり依頼がありました。下記の要領で調査の
  うえ御回答ください。
                              記
  1  調査方法  　調査用紙（別紙）に記載してある業者について各調査事
                項を記載する。
  2  調査期日  　○月○日現在
```

2 起案文の基本書式例　31

```
3　回答期限　　○月○日
```

注1　箇条書きの方法をとって理解しやすいようにする。なお、この場合「1」「2」というように「.」は付けないで1字分空ける。
　2　照会する事項がはっきりとわかるように記載し、他の不必要な文章は、できるだけ省略する。
　3　照会する事項が複雑な場合は、様式を定めて、記載例を示して記載上の注意を掲げ、照会先を調査し、記入に当たって疑義を生じないようにする。
　4　回答の限期を定めるときは、調査、報告（回答）作成、郵送等の期間を考慮して無理のない日とする。

③　部長→団体の局長、課長→課長

```
　　　　　　　　　　　　　　　　　　　　　　　　　文　書　番　号
　　　　　　　　　　　　　　　　　　　　　　　　　○○年○月○日
○○協会事務局長　殿（様）
　　　　　　　　　　　　　　　　　　　　　　総　務　部（課）長　㊞

　　各種団体の調査について（照会）
　○○の事務処理上必要がありますので、別紙様式により○月○日までに
御回答ください。
（別紙略）
```

注1　標題には、「に関する件」は「について」とし、文書の性質を表すことばをかっこ書きにして「(照会)」というように加える。
　2　本文中「標記の件（こと）について……」は省いたほうがよい。
　3　儀礼的な文書でない限り「御手数ながら」「御多忙中恐れ入りますが」のような文句は、省いたほうがよい。
　4　単に「事務処理上必要」として照会するよりは、「何の事務処理上必要」として照会の意図を明らかにしたほうが、より適切な回答を得ることができる。
　5　「至急御回答願いたく重ねてお願いします」等と用いることが多いが、これは省くか、又は「すみやかに（何月何日までに）御回答ください」と簡単に言い切る。

④　議会事務局長→他市（町村）議会事務局長

```
　　　　　　　　　　　　　　　　　　　　　　　　　文　書　番　号
　　　　　　　　　　　　　　　　　　　　　　　　　○○年○月○日
```

32　第1　文書の起案

```
○○市（町村）議会事務局長　殿（様）
　　　　○○市（町村）議会事務局長　氏　　　名　㊞
　宿泊所あっ旋希望について（照会）
　先に通知いたしました○○研修会（会議）の開催期間中、出席者に対し
下記のとおり宿泊所をあっ旋いたしますので、御希望の有無を○月○日ま
でに当事務局あてに御回報ください。
　　　　　　　　　　　　　　記
1　宿泊所　　○○ホテル（同封パンフレット御参照ください）
2　宿泊料　　○○○○円（1泊2食付）
```

⑤　部（課）長→課長・局長

```
　　　　　　　　　　　　　　　　　　　　　　　　　文　書　番　号
　　　　　　　　　　　　　　　　　　　　　　　　　○○年○月○日

　各課室・所長　　　　　｜
　　　　　　　　　　　　｝殿（様）
　行政委員会事務局長　　｜

　　　　　　　　　　　　　　　　　　　　　総　務　部（課）長　㊞
　　○○年第○回（○月）定例会（又は臨時会）に提出する議案につい
　て（照会）
　○○年○月に招集される○○年第○回（○月）定例会（又は臨時会）に
提出を予定している貴部（課）関係の議案があれば、下記により○月○日
までに御回答ください。
```

⑥　市部長→県部長

```
　　　　　　　　　　　　　　　　　　　　　　　　　文　書　番　号
　　　　　　　　　　　　　　　　　　　　　　　　　○○年○月○日

　○○県○○部長　殿（様）

　　　　　　　　　　　　　　　　　　　　　○○市○○部長　㊞
　　○○法第○条の解釈について（照会）
　上記のことについて、下記のとおり疑義がありますので御教示くださ
い。
　　　　　　　　　　　　　　記
1　○○○○○○○○○○○○。
2　○○○○○○○○○○○○。
```

2 起案文の基本書式例

⑦ 県課長→他県主管課長

```
                                    文 書 番 号
                                    ○○年○月○日
各都道府県文書主管課長　殿（様）
                                    ○○県○○課長　㊞

    保存文書の管理状況について（照会）
  上記のことについて、事務処理の参考にしたいので、別紙記載の事項に
ついて貴都道府県の状況をお知らせください。
  なお、当県の状況は、別紙のとおりです。
        ⎛事務担当○○部○○課○○係                        ⎞
        ⎝　電話（○○○）○○○－○○○○　内線○○○⎠
```

⑧ 県部長→会社社長

```
                                    文 書 番 号
                                    ○○年○月○日
○○○○株式会社
取締役社長○○○○　様
                                    ○○県○○部長　○○○○　㊞
    ○○年度○○県民所得推計のための資料提供について（照会）
  本県では○○年以来「○○県民所得推計」を作成し、各種行財政施策を
立案する上で広く利用しております。
  つきましては、御多忙中恐縮ですが、「○○県民所得推計」の作成に必
要がありますので、別紙調査表に記入の上、○月○日までに御回答くださ
るようお願いします。
        ⎛事務担当○○部○○課○○係                        ⎞
        ⎝　電話（○○○）○○○－○○○○　内線○○○⎠
（別紙略）
```

⑨ 人事課長→各課長

```
                                    ○ ○ 号 外
                                    ○○年○月○日
各　課　長　殿（様）
                                    人　事　課　長　㊞
```

34　第1　文書の起案

> 　　　第○回監督者研修の受講者について（照会）
> 　この研修の受講者の予定を立てたいので、貴所属の係長について、別紙様式で、○月○日までに回答してください。
> 　なお、この研修は、○月○日から○月末日までの間に行う予定です。
> （別紙略）

(2) 回答の書式例

　回答は、照会、依頼、協議などに対し応答する場合に用いる文書である。

① 市（町村）長→一般

> 　　　　　　　　　　　　　　　　　　　　　　　　　文　書　番　号
> 　　　　　　　　　　　　　　　　　　　　　　　　　○○年○月○日
> 氏　　　　名　様
> 　　　　　　　　　○○市（町村）長　氏　　　　　名　㊞
> 　　…………について（回答）
> 　○○年○月○日付け第○○号で照会のあった上記のことについては、別紙のとおりです。
> （別紙略）

注1　要求された回答事項は、明確に記載する。なるべく箇条書きにする。
　2　回答事項以外の文句は、できるだけ省いて簡潔に記載する。
　3　回答期限に注意する。

② 市部長→団体会長

> 　　　　　　　　　　　　　　　　　　　　　　　　　文　書　番　号
> 　　　　　　　　　　　　　　　　　　　　　　　　　○○年○月○日
> ○○県物産振興会長　様
> 　　　　　　　　　　　　　　　　　○○市○○部長　㊞
> 　　漆器展示即売会の後援名義の使用について（回答）
> 　○○年○月○日付け○○第○○号で依頼のありました上記のことについて、下記のとおり使用して差し支えありません。
> 　　　　　　　　　　　　　　　記
> 後援名義「○○県」「○○市」

(3) 諮問の書式例

諮問は、一定の機関（審議会等）に対し、法令上定められた事項について調査審議を依頼したり、意見を求める場合に用いる文書である。

① 市（町村）長→審議会会長(i)

```
                                            文 書 番 号
                                            ○○年○月○日

○○市（町村）特別職報酬等審議会会長
氏         名  様
                  ○○市（町村）長  氏         名  印
   特別職の報酬等の額の改定について（諮問）
 ○○市（町村）議会議員並びに市（町村）長、副市（町村）長の報酬及
び給料の額を下記のように改定することについて、貴審議会の意見を求め
ます。
                        記
 議 長       報酬月額        円
 副議長       報酬月額        円
 議 員       報酬月額        円
 市（町村）長    給料月額        円
 副市（町村）長   給料月額        円
```

② 市（町村）長→審議会会長(ii)

```
                                            文 書 番 号
                                            ○○年○月○日

○○市（町村）特別職報酬等審議会会長
氏         名  様
                  ○○市（町村）長  氏         名  印
 ○○市（町村）議会議員の報酬の額及び○○市（町村）長、副市（町
村）長の給料の額を改定する必要があると思われるので意見を求めます。
```

(4) 答申の書式例

答申は、諮問を受けた機関が、その諮問事項につき調査審議して意

見を述べる場合に用いる文書である。

① 審議会会長→市（町村）長(i)

```
                                    答申第    号
                                    ○○年○月○日
○○市（町村）長　氏　　名　殿（様）
                    ○○市（町村）特別職報酬等審議会会長
                            氏　　　　　名　㊞
　○○市（町村）議会議員等の報酬等の額について（答申）
　○月○日、当審議会に対し意見を求められた○○市（町村）議会議員の報酬の額及び○○市（町村）長、副市（町村）長の給料の額について、別紙のとおり答申します。
（別紙略）
```

注1　この種の審議会は、自治法202条の3の規定に基づき条例で定めることができる（昭39.5.28自治省次官通知）。
　2　諮問した機関は、答申を尊重すべきことは当然であるが、法律上は必ずしも、それに拘束されるものではない。しかし、ある機関が一定の行為をするについて、特定の機関に諮問しなければならないと法定されている場合に、諮問を欠いた場合は、その諮問を欠いた行政行為が無効となる場合がある。例えば、利害関係者の立場を保護するために、諮問すべきことが法定されている場合などである。

② 審議会会長→市（町村）長(ii)

```
                                    答申第    号
                                    ○○年○月○日
○○市（町村）長　氏　　名　殿（様）
                    ○○市（町村）○○審議会会長
                            氏　　　　　名　㊞
　○○○○について（答申）
　○○年○月○日付○○第○号で諮問のあったことについては、当審議会の意見は別紙のとおりです。
（別紙略）
```

注　必要なときは、理由を明記する。

(5) 申請・願い・届けの書式例

申請・願い・届けは、一般的に、住民が行政機関に、又は行政庁が他の行政庁に対し、許可、認可、補助等の一定の行為を求める場合に用いる文書である。

ア 申請の書式例

① 市（町村）長→大臣

```
                                              文 書 番 号
                                              ○○年○月○日
  国土交通大臣  氏    名  殿（様）
                    ○○市（町村）長  氏        名 ㊞
    ○○年度公営住宅建設事業国庫補助金交付について（申請）
    ○○年度公営住宅建設事業について国庫補助を受けたいので、下記のと
  おり申請します。
                        記
  1  ……………
  2  ……………
```

注　法令の規定又は通知に基づく申請書は、その定める形式に従う。

② 知事→市（町村）長

```
                                              文 書 番 号
                                              ○○年○月○日
  ○○市（町村）長  氏    名  殿（様）
                              ○○県知事  ○○○○ ㊞
    普通財産の貸付けについて（申請）
    下記のとおり普通財産の貸付けを受けたいので、申請します。
                        記
  1  貸付けを受けようとする普通財産
```

所　　　　在	地　番	地　目	地　積	備　考
○○郡○○村大字○○	○○○	○○	○○○ m²	

```
  2  使用の目的
      ○○県防災行政無線○○中継所用地として
  3  希望貸付期間
```

38　第1　文書の起案

　　○○年○月○日から○○年○月○日まで
4　そ　の　他

注1　書類に誤りがあれば受理しないで補正事項を指示して、補正させたうえで再提出をさせるようにする。
　2　普通財産の無償貸付又は減額貸付については「無償貸付条例」による場合は、議会の議決は要らないが、これに該当しない貸付けは議会の議決が必要である（自治法237条）。

イ　証明願の書式例

```
┌──────────┐
│ 収　入 │                                    文　書　番　号
│ 証　紙 │                                    ○○年○月○日
└──────────┘

○○県知事　殿（様）                            ○○市○○町○○番地
　　　　　　　　　　　　　　　　　　　　　　学校法人○○学園
　　　　　　　　　　　　　　　　　　　　　　理事長　○○○○　㊞

                        証　　　明　　　願

　学校法人○○学園所有に係る下記物件の取得の登記を申請するに当たり、登録免許税法（昭和42年法律第35号）第○条第○項に定める非課税の取扱いを受けたいので、当該物件が同法別表第○第○号（建物）及び第○号（土地）の登記に該当するものであることを証明してください。
                              記
不動産の表示
　建物　○○市○○町○○番地
　　　　寄宿舎　鉄筋コンクリート造陸屋根二階建　　○○○㎡
　土地　○○市○○町○○番
　　　　宅　地　○○○㎡
```

注　願いは、申請と同じ意味に用いられることもあるが、多くは入学、入所、受験等を願い出る場合である。法規等で書式が定められていれば定められた書式による。

ウ　受験願の書式例

```
　　　　　　　　　　　○○○○試験受験願書
                                            ○○年○月○日
○○県知事　殿（様）
```

2 起案文の基本書式例

```
                        住所　○○市○○町○○
                             ○○○○㊞
```

　○○○○試験を受けたいので、○○県○○条例施行規則（○○年○○県規則第○号）第○条第○項の規定により、関係書類を添えて出願します。

エ　拾得物届の書式例

```
                        文 書 番 号
                        ○○年○月○日
```

○○県○○警察署長　殿（様）

```
                        ○○県水産部長　㊞
```

　拾得物について（届出）
　第2種○○漁港（漁港管理者　○○県）の漁港施設用地内に所有者不明のヨット及びボート各○隻が放置され、漁港管理上支障となっておりますので、遺失物法（平成18年法律第73号）第○条第○項の規定に基づき、別紙のとおり届け出ます。
（別紙略）

オ　境界変更届の書式例

```
                        文 書 番 号
                        ○○年○月○日
```

総務大臣　○○○○　殿（様）

```
                        ○○県知事　○○○○　㊞
```

　○○市町村との境界変更について（届出）
　上記のことについて、地方自治法（昭和22年法律第67号）第7条第1項の規定により、○○年○月○日から○○市と○○郡△△町（村）との境界の一部を変更する処分をしたので、次の関係書類を添えてお届けします。
1　理　由　書
2　専決処分書の写し
3　○○県知事の処分書
4　関係市町村議会の議決書の写し及び会議録の写し
5　人口及び面積の異動調書
6　関係図面

7　官報登載用原稿

$$\left(\begin{array}{l}事務担当　○○部○○課○○係\\電話（○○○）○○○—○○○○内線○○○\end{array}\right)$$

(6) 建議・勧告・具申の書式例

　建議は、その附属する行政機関又は他の関係行政機関に対し、将来に向けて意見や希望を申し出る場合であり、勧告は、行政機関がその権限に基づいて、相手方に対し、特定の事項についてある処置を勧め又は促す場合の文書をいう。具申（上申・内申）は、職員又は下級行政機関が、上司又は上級行政機関に対して意見又は希望を申し出る場合に作成する文書である。特に人事関係の申し出を内申ということが多い。

① 建議の書式例

```
                                    文 書 番 号
                                    ○○年○月○日
○○県知事　○○○○　殿（様）

                                    ○○県○○協議会
                                    会長　　○○○○
　　青少年の非行防止について（建議）
　最近の青少年犯罪の増加とその悪質化の傾向は、全国的なものでありその原因の究明と防止策については、各方面で熱心に検討されています。
　当協議会でも、本県における最近の青少年犯罪の実態を調査研究し、別紙のような結果を得ました。
　ついては、この調査結果に基づいて、速やかに必要な処置をとられるよう建議します。
（別紙略）
```

② 勧告の書式例(i)

```
                                    文 書 番 号
                                    ○○年○月○日
○○市○○町○○
○○○○　様
```

2 起案文の基本書式例

```
                    ○○市（町村）長　○○○○　㊞
              雑草等除去勧告書
  あなたが所有（管理）している下記空き地は、良好なる生活環境を保全
し、健康で安全な市民生活を確保する上で好ましくないので、○○年○月
○日までに雑草等を除去されるよう○○市あき地管理条例（○○年○○市
条例第○号）第○条の規定に基づき勧告します。
                    記
1　所在地
2　面　積
3　その他
  なお、雑草等の除去については、市に有料で委託する方法もあります。
除去が完了したときは、市に連絡願います。
          ⎛ 連絡先　○○部○○課○○係　　　　　　　⎞
          ⎝　　　　　電話　○○○―○○○○内線○○○ ⎠
```

③　勧告の書式例(ii)

```
                              文　書　番　号
                              ○○年○月○日
○○○○会社
代表取締役　○○○○　様
                     ○○県○○部○○課長　㊞

    特定施設等の改善について（勧告）
  貴工場からの排出水は、下記のとおり水質汚濁防止法（昭和45年法律第
138号）第○条に規定する排出水の排出の制限に違反しており、今後もこ
れが継続するおそれがありますので、排出水が同法第○条第○項に規定す
る排水基準（同法第○条第○項の規定に基づく上乗せ排水基準を含む。）
に適合するよう早急に改善してください。
  なお、別紙により改善計画書を○○年○月○日までに提出してくださ
い。
  おって、改善が完了したときは、その旨を報告してください。
                    記
             （省　　　　略）
```

④　具申の書式例（知事→大臣）

```
                                        文 書 番 号
                                        ○○年○月○日
 ○○大臣  ○○○○  殿(様)
                              ○○県知事  ○○○○  ㊞
   藍綬褒章の授与について(具申)
  下記の者は、○○○○○を歴任し、長年にわたり地方自治の育成発展に
 貢献し、その功績顕著であると認められますので、褒章条例(明治14年太
 政官布告第63号)に基づいて藍綬褒章を授与されるよう関係書類を添えて
 具申します。
                     記
 住 所  ○○県○○郡○○町大字○○○○番地
 氏 名  ○  ○  ○  ○
```

注 褒章条例は政令として位置づけられている。

⑤ **上申の書式例(知事→長官)**

```
                                        文 書 番 号
                                        ○○年○月○日
 ○○庁長官  ○○○○  殿(様)
                              ○○県知事  ○○○○  ㊞
   ○○年春(秋)の叙勲及び賜杯候補者の推薦について(上申)
  ○○年春(秋)の叙勲及び賜杯候補者として下記の者を推薦するので、
 よろしくお取り計らい願います。
                     記
                        ふり    がな
 1  類(順位)          氏    名      (番  号)
                        ふり    がな
 2  類(順位)          氏    名      (番  号)
```

(7) 進達・副申の書式例

　進達は、経由すべきものとされている他の官公庁や住民からの申請書等を上級庁に取り次ぐ場合に用いる文書である。

① 進達の書式例(市(町村)長→知事)

```
                                        文 書 番 号
                                        ○○年○月○日
 ○○県知事  氏    名  殿(様)
```

```
                                    ○○市（町村）長  氏      名 印
     ……………………………について（進達）
  何某から、別紙のとおり何々申請書の提出があったので、進達します。
 （別紙略）
```

② 副申の書式例（事務所長→部長）

```
                                              文 書 番 号
                                              ○○年○月○日
 ○○部長  殿（様）
                                         ○○○○事務所長
     ○○年度林業構造改善事業の地域指定申請について（副申）
  ○○町長○○○○から、別紙のとおり申請がありましたので、意見書を
 添えて進達します。
 （別紙略）
```

注　「副申」は、申請書を進達する際に、経由行政庁が参考意見を添える場合など
　　に付せられる。

(8) 通知・送付の書式例

通知は、ある一定の事実、処分又は意思を特定の相手方に知らせる場合に用いる文書で、その方法、効果等は種々である。

ア　会議開催の通知例（市（町村）長→一般）

```
                                              文 書 番 号
                                              ○○年○月○日
  氏        名  様
                       ○○市（町村）長  氏      名 印
     ………………会議の開催について（通知）
  ………の会議を下記（次）のとおり開催しますから、御出席ください。
                      記
 1  日  時  ○月○日午前（後）○時から○時まで
 2  場  所  ○○会議室
 3  議  題
  (1)  ○○○○の取扱いについて
```

44　第1　文書の起案

 (2)　……………………について
 (3)　その他

注1　法令に基づく通知の効果には、
 (1)　単に相手方に念のため知らせる意味で、処分又は法律行為の効果に直接影響のない場合
 (2)　相手方に対する対抗要件である場合
 (3)　通知が一連の手続の一部として行われる場合
 (4)　通知により、一定の特別の効果が発生する場合
 (5)　処分そのものが通知によって行われる場合
 等があり、法令の規定により異なる。
 2　法令に基づかない普通の通知は、原則として単なる通知行為にとどまる。
 3　「通報」は通知と異なり、通常、通報による法律上の効果は期待していない。また意思の通知を含まず、ただ、一定の事実を他人に知らせるだけの事実行為である。

イ　ハガキによる通知例（市（町村）長→他市（町村）長）

```
                                            文 書 番 号
                                            ○○年○月○日
○○市（町村）長　氏　　名　殿（様）
                ○○市（町村）長　氏　　　　名　印
    ………会議開催について（通知）
日　時　　○月○日（○曜日）午前○時又は午後○時
場　所　　……会館○階○号室
議　題　　ア　…………
　　　　　イ　…………
備　考
```

```
                                    氏　名
                                    住　所
○月○日の　　　　　会議に
    出席
        します
    欠席
（注）出席、欠席のどちらかを○で囲んでください。又は、不要な字は
　　消してください。
```

注1　簡単な通知状ならハガキでよい。
　2　時刻は、午前10時又は午後1時のように書く。会議全体についてあらかじめ記載しておくのが親切である（例　午前10時～午後3時）。
　3　会議通知には、持参すべき参考資料を書く。なお昼食の用意の有無又は、出席者負担金の必要な場合は金額を記載しておく。
　4　本人欠席の場合に他の者を出席させる場合を考えて「出席しうるようお取り計らいください。」、「出席させてください。」とか、「御派遣ください。」としてもよい。
　5　よくあるが、「開催します。」でよいのを「開催いたします。」としているのを見受けるがその必要はない。
　6　相手方の記入する欄には「御意見」、「御住所」、「芳名」などはやめて、「意見」、「住所」、「氏名」、「出席」、「欠席」などと記すだけでよい。
　7　返信用のハガキのあて先には「○○行」、「○○会社」が通例。受け取った者の返信は、そのような字に対して「○○○○様」、「○○○○殿」、「○○○○御中」と書き加えるのがよい。

ウ　調査実施の通知例

①　課長→局長等

```
　　　　　　　　　　　　　　　　　　　　　　　　　　文　書　番　号
　　　　　　　　　　　　　　　　　　　　　　　　　　○○年○月○日
議会事務局長
教育委員会教育長
監査委員事務局長　｝殿（様）
本庁各課、所長
各出先機関の長

　　　　　　　　　　　　　　　　　　　　　　　　総　務　課　長
　　地方公務員給与実態調査の実施について（通知）
　統計法（平成19年法律第53号）第2条に規定する基幹統計を作成するため、○○年○月○日現在をもって地方公務員給与実態調査が行われることとなったので、貴職所属職員にかかる調査票及び記入要領を別添のとおり送付しますから、記入要領に基づき作成のうえ、きたる○月○日までに提出してください。
　なお、調査票作成についての説明会を別紙要領により実施しますから、庶務担当者の出席をお願いします。
```

②　部（課）長→所属部（課）長

```
　　　　　　　　　　　　　　　　　　　　　　　　　　文　書　番　号
```

○○年○月○日

所属部（課）長　殿（様）

　　　　　　　　　　　　　　　　　　　総　務　部（課）長

　　職員研修の実施について（通知）
　上記のことについて、下記のとおり実施するので、貴所属該当職員を派遣されるようお取り計らい願いたく通知します。
　　　　　　　　　　　　　　　記
1　日　　時　○○年○月○日○時から○時まで○時間
2　場　　所　○○市（町村役場）役所会議室第○号室
3　講　　師　○○大学教授　氏名
4　研修項目　地方公務員の使命

注　例えば携帯するものとして、自治六法とか、市（町村）例規集を携行のごとくその講義によっては、明示しておくのもよい。

③　会長→局長

　　　　　　　　　　　　　　　　　　　　　　　　文　書　番　号
　　　　　　　　　　　　　　　　　　　　　　　　○○年○月○日

○○市（町村）議会事務局長　殿（様）

　　　　　　　　　　　　　　○○府（県）市（町村）議会議長会会長
　　　　　　　　　　　　　　　　　　　　　　氏　　　　名　㊞

　　第○回職員研修会の実施について（通知）
　別途会長名をもって貴市（町村）議会議長宛に御通知いたしましたとおり、第○回（又は本年度）○○職員の研修会を下記のとおり実施することになりましたので、御出席方御配慮を願い、かつ出席者職員氏名を○月○日までに御報告くださるようお願いします。
　　　　　　　　　　　　　　　記
1　日　　時　○○年○月○日○時から○時まで
2　会　　場　○○市（町村）会館
3　研修課題　地方議会の運営について
4　講　　師　職名　氏　　　名
5　対象者　市（町村）議会事務局職員

注1　講師及びゼミナールなど実施方法についても記載しておく。
　2　筆記用具、六法全書を携行する。
　3　出席負担金を徴収する場合はその金額を記載する。

4 質疑事項については提出期限を付ける。
5 本文例は団体が主催するときの会長名のものである。

④ 市（町村）長→一般

```
                                        文 書 番 号
                                        ○○年○月○日
○○市（町村）○町○丁目○番地
氏     名 様
            ○○市（町村）長 氏        名 ㊞
  土地立入りについて（通知）
 ○○市（町村）道第○号線拡幅工事に伴う測量実施のため、やむを得ず
貴殿所有の土地に立ち入りますので、道路法第66条第2項の規定により通
知します。
              記
1 測量を実施する日  ○○年○月○日
             午前○時から午後○時まで
2 測量を行う者
    当市（町村）建設課所属職員○名
3 測量を行うため立ち入る土地
    ○○市（町村）○町○丁目○番地及び○番地（箇所づけ添付）
```

⑤ 市（町村）長→知事

```
                                        文 書 番 号
                                        ○○年○月○日
○○県知事  氏   名 殿（様）
            ○○市（町村）長 氏        名 ㊞
  事業準備のための土地立入りについて（通知）
 本市（町村）立保育所建設事業準備のために下記により土地立入りを行
うので、土地収用法第11条第1項の規定により通知する。
              記
1 事業の種類 市（町村）立保育所の建設
2 立ち入ろうとする土地の区域
  土地の表示
  ○○市（町村）○町○丁目○番地
```

注　土地の占有者の住所氏名は、知事への通知要件ではないが、記載すればわかりやすい。

⑥　市（町村）長→一般

```
                                          文 書 番 号
                                          ○○年○月○日
○○市（町村）○町○丁目○○番地
氏　　　　　　名　　　様
              ○○市（町村）長　氏　　　　　　名　㊞
    違反建築物の使用停止について（通知）
  貴殿の所有にかかる下記の建物の使用は、建築基準法第7条の6の規定に違反するから、同法第9条第1項の規定に基づき、当該建物の使用禁止を命ずる予定であるので、同条第2項の規定により通知する。
  なお、あなたは本件の意見書を提出できます。意見書を提出する場合は当庁宛に○月○日までに提出してください。
                    記
建築物の所在地
      ○○市（町村）○町○丁目○○番地
```

エ　委員会、審議会開催の通知例（会長→委員）

```
                                          文 書 番 号
                                          ○○年○月○日
各　委　員　殿（様）
              ○○市（町村）○○審議会会長　氏　　　名
    ○○審議会の開催について（通知）
  上記のことについて、下記により開催いたしたいので、公私ともに御多忙のところ恐縮に存じますが、万障お差し繰りのうえ御出席くださるよう御案内申し上げます。
                    記
1　日　時　○○年○月○日（○曜日）○時から○時まで
2　場　所　○○市（町村）○○会議室
```

注　審議会、調査会、委員会は多くの場合執行機関の附属機関として法律又は条例により設置することができる。おおむね諮問機関であって、対外的な意思表明はできないものもあり、行政庁的性格は持たない。

2 起案文の基本書式例　49

オ　案内の通知例（課長→課長）

```
                                    文　書　番　号
                                    ○○年○月○日
　○○課長　氏　　　名　殿（様）
                                    総　務　課　長
　　第○回情報通信フェア開催について（案内）
　このたび国産情報通信機器を一堂に集める第○回情報通信フェアが下記
のとおり開催されます。何かと参考になることもあろうかと存じますので
お知らせします。
                        記
1　と　き　○月○日～○月○日午前10時～午後5時まで
2　ところ　○○国際貿易センター（1号館）
```

カ　事務連絡の通知例（係→関係各課）

```
                                    文　書　番　号
                                    ○○年○月○日
　関　係　各　課　殿（様）
                                    ○○市○○課○○係
　　○○年度○○○○実態調査の一部訂正について（連絡）
　○○年度○○○○実態調査の集計結果に一部誤りがありましたので、別
紙のとおり訂正してください。
（別紙略）
```

キ　試験合格の通知例

```
                                    文　書　番　号
                                    ○○年○月○日
　○○○○　様
                                    ○○市長　　○○○○　㊞
　　○○市職員採用候補者資格試験合格通知について（通知）
　あなたは、先に実施した本市職員採用試験に合格し、○○市職員採用候
補者名簿に登載したので通知します。
```

ク　法令集の送付例

```
                                    文　書　番　号
```

50　第1　文書の起案

```
                                        ○○年○月○日
  各市町村長　殿（様）
                                   ○○県○○部長　㊞
    市町村税関係条例（例）について（送付）
  上記のことについて、総務省自治税務局から送付されたので、お送りします。
  なお、折り返し受領書を返送願います。
```

ケ　事故発生状況の送付例

```
                                        文　書　番　号
                                        ○○年○月○日
  各県事務所長
              殿（様）
  各市町村長
                                   ○○県○○課長　㊞
    春の全国交通安全運動期間中の交通事故発生状況について（送付）
  上記のことについて、○○県警察本部が別添のとおり資料を取りまとめたので、交通事故防止のため、活用願います。
```

(9) 報告の書式例

　報告は、ある事実についてその経過を特定の人又は機関に知らせることをいうが、法令、契約などで報告すべきことが義務付けられている場合が多い。

① 依頼に基づかない報告の場合（市（町村）長→知事）

```
                                        文　書　番　号
                                        ○○年○月○日
  ○○県知事　氏　　　名　殿（様）
                    ○○市（町村）長　氏　　　　名　㊞
    …………について（報告）
  上記のことについては、下記のとおり御報告します。
                    記
  1　……………
  2　……………
```

② 依頼に基づく報告の場合（市（町村）長→知事）

```
                                    文　書　番　号
                                    ○○年○月○日
○○県知事　氏　　　名　殿（様）
                    ○○市（町村）長　氏　　　　　名　㊞
　…………について（報告）
　○○年○月○日付第○号で依頼のあったことに対し、下記のとおり報告
します。
                        記
1　……………
```

注1　法令等で報告が義務付けられている場合は、その根拠を明記するようにする。
　2　依頼に基づく報告（又は回答）は、依頼文書の日付、文書番号を記載する。
　3　件名の末尾に（報告又は回答）を括弧書にする。
　4　報告（回答）者側は、報告（回答）に際し、不必要な敬語、儀礼的な表現は省略する。
　5　定例的報告の場合は、「報告します。」はやめて、「○○については、下記のとおりです。」で結んでよいし、報告書の書式が法令等で定められているときは、その様式に従う。直接記入する場合は、定型的であることと、集計に便であることから、そのように定めであるので、他の用紙によらずに、その用紙に記入して返送する。

③ 報告資料の場合（課員→課長・部長・市（町村）長）

```
                                    ○○年○月○日
　　　他市（町村）の○○○の実状について（報告）
                                    ○○部○○課
　上記のことについて各市（町村）に照会中のところ、別添のとおり回答
がありました。
　この回答をとりまとめた結果は、次のとおりです。
1　○○○の概要
　　　（略）
2　各照会項目別の実状
　　　（略）
3　所　見
```

（略）
4　添付資料
 (1) 照会市（町村）・回答市（町村）の一覧表
 (2) 各市（町村）の○○○の一覧表
 (3) 送付された資料

④　アンケート実施結果の場合（課長→市（町村）長）

　　　新規採用職員に対するアンケート実施結果について（報告）
　本年度に採用した職員の勤労意欲・生活の状況、市（町村）に対する希望・意見などを調査した結果は、別紙のとおりです。
（別紙略）

⑽　復命書の書式例

　復命書は、出張等を命ぜられた者が、その結果を上司に報告する文書である。

①　旅行復命の場合（職員→市（町村）長）

```
　　　　　　　　　　　復　命　書
　　　　　　　　　　　　　　　　　　　　○○年○月○日
○○市（町村）長　氏　　名　殿（様）
　　　　　　　　　　　　　○○部○○課
　　　　　　　　　　　　　　職名　氏　　　名　㊞
　命により旅行したところ、その概要は下記のとおりでありますので、復命します。
　　　　　　　　　　　　　記
1　期　間　　○○年○月○日から
　　　　　　○○年○月○日まで
2　用務先
3　用　務　　○○管理状況の調査
4　概　要　　別紙のとおり
```

②　会議復命の場合（職員→市（町村）長）

```
　　　　　　　　　　　復　命　書
```

2　起案文の基本書式例　53

> 　○月○日、○○市（町村）で開かれた○○○○会議に出席しましたが、その概要は下記のとおりでした。
> 　　○○年○月○日
> ○○市（町村）長　氏　　　名　殿（様）
> 　　　　　　　　　　　○○部○○課
> 　　　　　　　　　　　　職名　氏　　　　名　㊞
> 　　　　　　　　　　記

注1　復命すべき上司は、旅行命令権者とするのが通例である。
　2　軽易な用件の場合は、口頭で復命してもよいが、できる限り文書にすることがよい。書式は①、②のどちらでもよい。
　3　2人以上が同一内容について復命するときは、連名であるが、順序は上席者からする。
　4　復命事項は、問題点を箇条書するなどをして要点をまとめること。
　5　復命の処理は、事務決裁規程等による専決権者に止める。

(11)　依頼の書式例

　依頼は、行政機関又は個人、団体等に対して一定の事項を頼む場合（資料の送付等を依頼）に用いる文書である。

①　市（町村）長→部（課）長

> 　　　　　　　　　　　　　　　　　　　　　文　書　番　号
> 　　　　　　　　　　　　　　　　　　　　　○○年○月○日
> ○○県○○部（課）長　氏　　　名　殿（様）
> 　　　　　　　　　　○○市（町村）長　氏　　　　名　㊞
> 　　講師派遣について（依頼）
> 　このたび、別紙実施要領により、○○年度市（町村）職員研修を開催します。ついては、その講師として貴課○○係長○○○○氏に下記により依頼したいので、派遣くださいますようお願いします。
> 　　　　　　　　　　　記
> 1　期　　間　　○○年○月○日から○月○日まで
> 2　時　　間　　○時から○時まで
> 3　場　　所　　○○○○
> 4　経　　費　　主催者負担

54　第1　文書の起案

②　市（町村）長→講師

```
                                          文 書 番 号
                                          ○○年○月○日
氏　　　　　　名　様
                     ○○市（町村）長　氏　　　　　名　㊞
　研修会の講師について（依頼）
謹啓　○○の候、先生にはますます御清栄のこととお慶び申し上げます。
　平素は○○の運営のために格別の御高配を賜り感謝に堪えないところで
あります。早速で恐縮に存じますが、恒例による○○研修会を下記により
開催することになり、については、御多忙中とは存じますが、御講話をお願
い致したく何分ともよろしくお願い申し上げます。
                                              敬具
                          記
1　時　　期　　○○年○月○日○時から○時まで○時間
2　場　　所　　○○市（町村）○○会館
3　講演題目　　○○○○について
4　受講者　　　○○人の予定
```

注1　講師で勤務先の肩書のある人に対しては肩書を記載（○○大学教授、○○会
　　社役職名、評論家など）、ないときは氏名のみでよい。
　2　講師の自宅あて又は勤務先のいずれあてでもよいが、会場までの案内略図、
　　列車、バス等の時刻表、所要時間、電話番号及び主催者の担当者名を同封して
　　おく。
　3　近いところなら直接持参するのがよいが、遠隔地の場合は郵送する。

③　主催者→講師

```
                                          文 書 番 号
                                          ○○年○月○日
氏　　　　　　名　様
                           主催者名　氏　　　　　名
　講師について（依頼）
　このたび、○○研修（別紙要領により）を実施することになりましたの
で、御多忙のところ恐縮ですが、よろしく御指導くださるようお願いしま
す。
```

```
                          記
1  日   時      ○○年○月○日○時○分から○時○分まで
2  場   所      ○○市（町村）○○会館○階○○会議室
3  研修対象者    初任級職員
4  参加人員      ○○人
```

注　文例②のような注意が必要である。その前に本人と会って依頼するか、電話で了解を求めるのがよい。

④　部長→課長

```
                                          文 書 番 号
                                          ○○年○月○日

○○課長　氏　　　名　殿（様）
                            部長　氏　　　　名

    会議に付議する案件について（依頼）
　…………の会議の特別部会に付議する案件については、その配布資料として従来30部提出するよう依頼してありましたが、事務上の必要により、さらに10部増とされたので、今後の分から計40部提出されるようお願いします。
```

⑤　研修会終了の御礼の場合（市（町村）長→講師）

```
                                          ○○年○月○日
氏　　　　　名　様
                  ○○市（町村）長　氏　　　　　名
    研修会終了について御礼
謹啓　○○の候、先生にはその後ますます御健勝にわたらせられることと拝察申し上げます。
　さて、過日の本市（町村）主催による第○回○○職員研修会の講師として御依頼申し上げたところ、極めて御多用中にもかかわらず御快諾くだされ、有益なる御講義をいただきましたことを衷心より感謝申し上げているところであります。
　平素私共は、住民サービスの向上に努力し、常に研修会を設けて公務能率の向上に励んでおりますが、特に今回の研修においては先生の豊富な知識と御経験によるお話であっただけに聴講者一同非常な感銘と卓越された
```

56　第1　文書の起案

話術に魅了された感がありました。向後ともいっそうの御指導を仰ぎたくお願い申し上げ御礼の御挨拶とします。

注　書簡文形式の場合は文書番号を省略するのが例。

⑥　市（町村）政懇談会への出席依頼の場合（市（町村）長→一般）

> 　　　　　　　　　　　　　　　　　　　　　　　　文　書　番　号
> 　　　　　　　　　　　　　　　　　　　　　　　　〇〇年〇月〇日
>
> 氏　　　　　名　　様
> 　　　　　　　　　〇〇市（町村）長　氏　　　　　　名　㊞
>
> 謹啓　ますます御清栄のこととお慶び申し上げます。このたび、市（町村）民の方々の市（町村）政に対する御意見をお聞かせ願うため、市（町村）政懇談会を開催いたすこととなりました。
> 　ついては、当懇談会において市（町村）政に対するきたんのない御意見を承りたいと存じますので、御多用中恐縮ながら、御出席くださるようお願い申し上げます。
> 　なお、会場の準備の都合等もございますので、下記を御参照のうえ、同封はがきにより出欠をお知らせくださるようお願いします。
> 　　　　　　　　　　　　　　　　記
> 1　日　時　　〇〇年〇月〇日午後〇時から〇時まで
> 2　場　所　　〇〇市（町村）庁舎〇階〇号室

⑦　施設見学の依頼（市（町村）長→会社）

> 　　　　　　　　　　　　　　　　　　　　　　　　文　書　番　号
> 　　　　　　　　　　　　　　　　　　　　　　　　〇〇年〇月〇日
>
> 株式会社〇〇〇〇
> 代表取締役〇〇〇〇　様
> 　　　　　　　　　　　　　　　〇〇市（町村）長　〇〇〇〇　㊞
>
> 　　〇〇施設見学について（依頼）
> 　新緑の候、ますます御発展のこととお慶び申し上げます。日ごろは市政に格別の御協力を賜り、厚くお礼申し上げます。
> 　さて、本市では新規採用職員研修の一環として、市内諸施設の見学を行っており、公害防止に効果をあげている貴社の〇〇を見学させていただきたいので、御多忙中恐縮ですがよろしくお取り計らいくださるよう、お願い申し上げます。

2 起案文の基本書式例

　　　　　　　　　　　　　　　記
1　見学希望日時　○○年○月○日（火）
　　　　　　　　　午後○時○分～○時○分（1時間）
2　見学者及び人数　本年度新規採用技術職員（高校卒業）○人及び引率
　　　　　　　　　者○人　計○人
3　見学の目的　　　新規採用技術職員に市内の技術関係主要施設を見学
　　　　　　　　　させるため
4　そ　の　他

⑿　協議の書式例

　行政機関が特定事項の決定とか、あるいは一定の行為をする場合に、それに関連して他の行政機関に協議するための文書である。協議の目的は、主として法令、契約等に基づき、相手方に意見又は合意を求めるためである。

①　採取計画協議の書式例

```
　　　　　　　　　　　　　　　　　　　　　　　文　書　番　号
　　　　　　　　　　　　　　　　　　　　　　　○○年○月○日
○○市（町村）長　○○○○　殿（様）
　　　　　　　　　　　　　　　　　　　○○県知事　○○○○㊞
　　岩石の採取計画の認可について（協議）
　　採石法（昭和25年法律第291号）第○条の規定により下記の者から別紙
　のとおり採取計画認可申請がありましたので、意見を求めます。
　　なお、回答は○○年○月○日までにお願いします。
　　　　　　　　　　　　　　　記
　1　認可申請者名　○○○○
　2　採取場の区域　○○○○
```

注　協議する場合、法令、条例、規則、要綱等の根拠を明記しておくのがよい。

②　協議の回答書式例

```
　　　　　　　　　　　　　　　　　　　　　　　文　書　番　号
　　　　　　　　　　　　　　　　　　　　　　　○○年○月○日
○○県知事　○○○○　殿（様）
```

58   第1　文書の起案

```
                    ○○市（町村）長　氏　　　　　名 ㊞
  ○○○○○について（回答）

  ○○年○月○日○○第○号で協議のあった上記のことについては ｛同意
                                                                 異議
                                                                 支障
します。      ｝
ありません。
ありません。
```

注1　文書番号は、収受したときの番号を用いる。
　2　文書の発送日を記入する。
　3　必要に応じて担当部、課、係名を記載しておく。

⒀　正誤の書式例

　既に印刷又は発送した通知その他の文書で誤りを発見したときは、ただちに訂正しなければならない。その場合の正誤の表示に用いられる文書である。

①　規則及び告示の正誤の例（1か所）（課長→報道関係者・委員）

```
  ○○年○月○日○○第○○号（○○○○○の一部を改正する○○）中○○ページ○○段○○行「○○○○」は「○○○○」の原稿の誤り。
```

②　規則及び告示の正誤の例（2か所以上）（部長→委員会）

```
  ○○年○月○日○○第○○号（○○○○○の一部を改正する○○）中を下記のとおり訂正する。
```

記

ページ	段	行	誤	正	正誤の区分
					原　稿
					印　刷
					印　刷
					原　稿

注1　正誤が2か所以上の場合で、「原稿の誤り」の場合は、「いずれも原稿の誤り」とするものとする。
　2　書式は文書規則に従う。

2　令達文の書式例

　令達文は、官公庁が行政機関としての意見を下級機関若しくは特定の職員に下命し、又は特定の相手方に対し、行政行為を行う場合に発する文書である。

(1) 訓令の書式例

　訓令は、上級庁が下級庁に対してその権限を行使するために発する命令及び上級の職員が下級の職員を指揮するために発する命令で、原則として公表された日又は命令された日から効力を生ずる。

　上級庁が下級庁に対して、その権限を行使するために発する命令が訓令である。下級庁の職務の執行の方針や手続を定めたりする場合がこれに当たる。

　下級庁は、その権限を行使するに当たっては、訓令の命ずるところに従わなければならない。しかし、訓令は、行政機関の内部を拘束するものであり、法令としての性質はもたないから、直接住民を拘束するものではない。

① 規程形式をとる場合

```
                              ○○市（町村）訓令第○号
                                  本　　　　庁
                                  出　先　機　関
                              （令達先を記載する。）
  何々規程を次のように定める。
    ○○年○月○日
              ○○市（町村）長　氏　　　名　㊞

      何々規程
    （　　）
    第1条　………………………（以下略）
```

② 規程形式をとらない場合

```
                              ○○市（町村）訓令第○号
```

60　第1　文書の起案

```
                              本　　　　庁
                              出　先　機　関
                           （令達先を記載する。）
何々…………しなければならない。
　○○年○月○日
                    ○○市（町村）長　氏　　　　名　印
```

注1　訓令は、次の有効要件を備えたものでなければならない。
　(1)　指揮監督権を有する上級庁から発せられたものであること。
　(2)　下級庁の権限に属する事項に関するものであること。
　(3)　訓令の内容が不能なものでないこと。訓令の内容に、事実上実施できない事項や法律上その効果の発生が否定されている事項を規定している場合は、有効な訓令とはいえない。
　(4)　その他一般行政行為に通ずる有効要件を備えていること。
　2　訓令番号は、暦年ごとに第1号から起こす。

(2)　訓の書式例

訓の書式は、訓令の書式に準ずる。

訓の意義等については、訓令の場合と同一であるが、次の点において訓令と相違する。

- 訓令は公表を要するが、訓は公表を要しない。
- 訓令は一般的に令達先が広いが、訓の場合は狭い。
- 重要度の点において、訓令のほうが高く、訓のほうが低い。

(3)　指令の書式例

指令は、個人、団体又は下級庁からの申請その他の要求に対して、権限に基づいて許可、認可等の行政行為を行う場合に発する文書である。

したがって、次のような私法上の法律行為に属するものは、指令の内容とならない。

- 寄附の申込みに対して発する寄附承諾書
- 物件等の譲渡申請に対して発する譲渡承諾書
- 貸付金の貸付申請に対して発する貸付承諾書等

① 通常の場合

2 起案文の基本書式例

```
                    ○○市（町村）指令暦年数字記号第○号
                          住         所
                          氏         名
  ○○年○月○日付け（第○号）で申請の何々については、○○○○法
（○○年法律第○号）（○条例等）第○条の規定により、（申請のとお
り、）許可する。（認可する。承認する。許可できない。等）
    ○○年○月○日
              ○○市（町村）長　氏        名 ㊞
```

注1　令達先は、指令番号の下に1行空くように、住所は氏名の上に末尾を2字分空けて書く。
  2　本文は2字目から書き出し2行目以下は1字目から書く。
  3　日付は、本文の末行の次の行の3字目から書く。
  4　令達者職氏名は日付の下に1行おいて、日付の初字よりも右に寄せ、適当に間をとり、職名と氏名の間は1字分空け、末尾の字が終わりから4字目ぐらいになるように書く。
  5　職印は、令達者職氏名の末尾の字に半分程度かかり、かつ、職印を押した後が1字分空くように押す。
  6　条件が2以上あるときは、令達者職氏名の下に1行おいて1を1字目に書き、点を打たないで1字分空けて書き出す。

②　補助金交付の場合

```
                    ○○市（町村）指令暦年数字記号第○号
                          住         所
                          氏         名
  ○○年○月○日付け（第○号）で申請の何々に対して（何補助規程によ
り、）何補助金として何円を交付する。
    ○○年○月○日
              ○○市（町村）長　氏        名 ㊞
```

注　補助金の交付申請に対して発する補助金交付に関する書類は、許認可等の行政行為と性質は異なるが、一般に補助指令書として扱われており、そのほか公法上の契約に基づくもの、例えば公の施設の使用の許可等も指令の形式をもって取り扱われている。

③　奥書き指令の場合（申請書、願書等の副本に奥書きする）

```
                    ○○市（町村）指令暦年数字記号第○号
```

62   第1　文書の起案

```
申請のとおり許可する。
  ○○年○月○日
                   ○○市（町村）長　氏        名　㊞
```

注　この書式は、指令を発する際に、別の指令の文書を作成せず、申請書そのものに必要事項を記載して、そのまま指令書に代わる場合に用いられる。

④　指令に条件（附款）を付ける場合

```
○○市（町村）指令暦年数字記号第○号
                                    令　達　先
  ○○年○月○日付け○○第○○号で申請のあった何々については、○○
条例（○○年○○市（町村）条例第○号）第○条第○項の規定により次の
条件を付して許可（認可、承認）する。
条件
1  何々…………
2  何々…………
  ○○年○月○日
                   ○○市（町村）長　氏        名　㊞
```

注1　○○年○月○日までに…………しないときは、許可の効力を失う。
　2　…………の完成後でなければ、開始してはならない。
　3　許可の有効期限は、○○年○月○日とする。
　4　許可の日から○日以内に○○○○の施設を完備しなければならない。
　5　次の事項を守らなければならない。
　　(1)　…………………………………………………………………。
　　(2)　…………………………………………………………。
　6　次の事項に違反したときは、許可を取り消すことがある（略）。

⑤　不許可の場合

```
○○市（町村）指令暦年数字記号第○号
              住　所　○○市○町○─○○○
              名　称　○○○○
              代表者　職名　氏        名
  ○○年○月○日付第○○号で申請のあった…………については、○○
○○○法（○○年法律第○号）第○条第○項の規定により次の理由によ
り、許可しない。
```

〇〇年〇月〇日
　　　　　　　　　〇〇市（町村）
　　　　　　　　　〇〇市（町村）長　氏　　　　　名　㊞
理　由
　1　……………………………………………………………………
　　………………。
　2　…………………………………………………………。
　　　　　　　　　教　　　　　示
　この処分について不服がある場合は、〇〇法第〇条の規定により、この処分のあったことを知った日の翌日から起算して3か月以内に、〇〇〇〇に対して審査請求をすることができる。

(4)　通達の書式例

　通達は、上級行政機関が下級機関に対し、又は上司が所属職員に対し、法令の解釈及び運用の方法、職務執行上の細目的事項を指示し、その他一定の行為を命ずる場合に発する文書をいう。

①　通達の書式例

　　　　　　　　　　　　　　　　　　　　　文　書　番　号
　　　　　　　　　　　　　　　　　　　　　〇〇年〇月〇日
　本庁各課長　殿（様）

　　　　　　　　　　　　　　　　　　　　　〇〇部長
　　県庁舎内に掲げるポスター等の取扱要領について（通達）
　〇〇県庁内管理規則（〇〇年〇〇県規則第〇〇号）第〇条第〇項第〇号に基づくポスター、はり紙等の掲示許可については、今後は次の要領により取り扱ってください。
　1　許可基準　〇〇〇〇
　2　許可申請の手続　〇〇〇〇
　3　条件付き掲示板の取扱い　〇〇〇〇
　4　違反行為に対する措置　〇〇〇〇

注　一定の意思を特定の相手方に通知することは、通知と同じであるが、通達は上位から下位への訓令的な性質を持ち、ことがらは拘束力が強い。

②　依命通達の書式例

64　第1　文書の起案

　　　　　　　　　　　　　　　　　　　　　　　　　　文　書　番　号
　　　　　　　　　　　　　　　　　　　　　　　　　　○○年○月○日
本 庁 各 課 長
　　　　　　　殿（様）
各出先機関の長
　　　　　　　　　　　　　　　　　　　　　　　総　務　部　長

　　年末年始における綱紀の保持について（依命通達）
　上記のことについて、下記のとおり決定されたので、所属職員に十分周知徹底し、遺漏のないようにしてください。
　　　　　　　　　　　　　　　記
1　年末年始における虚礼廃止について
　(1)　公舎等における新年宴会及び形式的な年始のあいさつ回りは、行わないこと。
　(2)　職員相互間の贈物の授受は、厳に慎むこと。
　(3)　職員相互間の忘年会及び新年宴会については、節度を保ち、県民の批判を受けることのないようにすること。
　(4)　形式的な年賀状は、廃止すること。
2　健康管理について
　　年末年始の休日及び休暇は、有効に利用し、心身の保養に努めること。
3　公務納め及び公務始めの当日における勤務について
　　公務納め式は○月○日（○）に、公務始め式は○月○日（○）に行われることとなるが、両日とも平常の勤務日であり、執務態勢について県民から批判を受けることのないようにすること。

注　依命通達は、本来市町村長が、自己の名で発すべきものを、その補助機関が命令を受けた特定事項について、補助機関の名で発するものについていう（例えば、市町村長の決裁を受けて副市（町村）長名で発するような場合）。

3　法規文の書式例

(1)　条例の書式例

　条例の起案形式については、各地方公共団体の「公文例規程」等によって起案されるのが普通であり、公布については、「公告式条例」

2 起案文の基本書式例

等によって行われるのが通例である。規則もおおむね条例に準じて起案すればよい。

条例は、地方公共団体が、その議会の議決を経て制定する自治法規である。したがって、その効力の及ぶ地域は原則として、当該地方公共団体の区域内に限られる（自治法14条参照）。

条例を議会に提案することのできるのは、知事、市町村長、常任委員会及び議員であり、長だけの提案権、議員だけの提案権並びに長及び議員の双方に提案権の属するものに大別でき、常任委員会は議会の議決すべき事件のうちその部門に属する事務に関するものにつき、議案を提出することができる。

条例の公布手続については、当該普通地方公共団体の長の署名、施行期日の特例その他条例公布に関し必要な事項は、条例で定めなければならないとされている（自治法16条4項）。規則・規程で公表を要するものは原則としてこの規定が準用される。

ア 新制定の条例の場合

```
○○市（町村）○○条例をここに公布する。
    ○○年○月○日
                    ○○市（町村）長　氏        名
○○市（町村）○○条例第○号
    ○○○条例
目次
    第1章………（第1条―第○条）
    第2章………（第○条―第○条）
      第1節………（第○条―第○条）
        第1款………（第○条―第○条）
    附則
      第1章………
    （………）
第1条 …………
    ……………
  2 …………
    ……………
    ……………
```

```
  3 ……………
    ……………
    ……………
   (1) ……………
   (2) ……………
     ア …………
     イ …………
     ウ …………
    第2章………
      第1節………
        第1款…………
    (………)
第10条……………
   ……………
      附　則
  1  この条例は、公布の日から施行する。
  2  ………………………………………………
  3  ………………………………………………
```

注1　条例起案上の注意　条例案は、形式を整えるとともに内容的にも十分検討しなければならない。なお、条例の起案に当たっては、条例の施行規則案も同時に起案して、内容の検討をする。また、一部改正案のときには、条文の「新旧対照表」を添付するようにする。

(1) 当該条例は、法令に基づき制定しなければならない事項か、又はすることのできる事項であるか。

(2) その条例の目的、趣旨は、市（町村）の施策として適切であり、有効であるか。

(3) 目的実現の方法として、条例の制定以外に方法はないか。

(4) 制定した後も終始継続的に実施していく自信と方策があるか。

(5) 法令で示された範囲を超えないか。内容に漏れている点はないか。

(6) 表現は、その条例の制定目的を達成するうえで最も正確適切であり、しかも全体として整っているか。

(7) 法令にある条文をそのまま規定したり、同じ内容の規定をおいたりしてはいないか。

(8) 行政法的な注意だけでなく、私法的な注意も十分にされているか。

(9) 許可、認可、届出事項等の検討が慎重にされているか。

(10) 使用料、手数料等については、財源の面からその額を決定するだけでな

く、本来の公益性の面からも検討されているか。
(11) 予算上の手続はどうか。
(12) 罰則規定は、他の一般の刑罰体系と矛盾していないか。また制裁の限度は、他の同様の義務違反との間に均衡が保たれているか。
(13) 犯罪の構成要件は、明確であるか。
(14) 経過的措置を必要としないか。
2 条例の公布は公告式条例によるが、条例等の施行については、条例に特別の定めがあるものを除くほか、公布の日から起算して10日を経過した日からこれを施行する（自治法16条3項）。
(1) 公布とは、条例等を一般に周知させる目的でこれを公示することである。
(2) 施行というのは、それまで未発動の状態にあった条例等の効力が、現実に発動し、作用することである。
(3) 条例等の施行期日が公布の日からと明示されたとき、この公布の日とはいつからかということが論議され、官報に登載された日とする判例がある。法律の場合と同様に条例も公報の登載の日又は掲示板に掲示された日と考えてよいが、実際公報が一般の人の周知状況からすると数日後になるので、住民の直接利害関係にあるものは、「公布の日から施行する」方法は避けたほうがよい。
(4) 施行期日は、原則として、民法の期間計算の規定による。したがって、その期間が午前零時にはじまるときに限り、初日が算入される。

3 条例の起案要領

条例の基本方式

呼　　　称	1-22	初字の位置その他
公　布　文	何何○○○○○○○○○○○○ ○○を公布する。 　　元号○○年○月○日 　　　　　　○○市（町村）長　×　×　×　×	（2字目） （折り返し） （1字目） （3字目） （6字目以　下）
条 例 番 号	○○第　号	（1字目）
題　　　名	○○○○○○○○○○○○○○○ 　　　○○○○○	（4字目） （折り返し4字目）
目　　　次	目次 　第1編　何何 　　第1章　何何 　　　第1節　何何 　　　　第1款　何何（第何条―第何条） 　　　　第2款　何何（第何条―第何条） 　　　第2節　何何（第何条―第何条） 　　第2章　何何（第何条―第何条） 　　第3章 　　　第1節　何何（第何条―第何条） 　　　（中略） 　附則	（1字目） （2字目） （3字目） （4字目） （5字目）
本　　　則	第1編　何何 　　第1章　何何 　　　第1節　何何 　　　　第1款　何何	（2字目） （3字目） （4字目） （5字目） （6字目）
（見出し） （第1条第1項）	・Ⅰ 　（何何） 第1条　○○○○○○○○○○○○。	（2字目） （1字目） （2字目）
（第1条第2項） ・Ⅰ条　名 ・Ⅱ本　文 ・Ⅲただし書 ・Ⅳ前　段 ・Ⅴ後　段 ・Ⅵ第×条第1号	2　○○○○○○○○。ただし、○○○○○。 　（何何） 第何条　○○○○○○○。○○○○○○○○。 第何条　○○○○○○。 　・Ⅵ 　○○○○○○○○○○。 　二 　（中略）	（1字目） （2字目） （2字目） （3字目）
附　　　則	附　則 1　○○○○○○○○○○○○○。 2　○○○○○○○○○○○○○。	（4字目） （1字目） （2字目）

2 起案文の基本書式例

イ 条例の一部改正の場合

① 条文中の一部改正と追加、削除する改正

○○市(町村)○○○条例の一部を改正する条例をここに公布する。
　平成　　年　　月　　日
　　　　　　　　　　　　○○市(町村)長　氏　　　　名
○○市(町村)条例第　　号
　　○○市(町村)○○○条例の一部を改正する条例
　○○○条例(平成　　年○○市(町村)条例第○号)の一部を次のように改正する。
　第○条中「…………」を「…………」に改める。
　第○条の次に次の1条を加える。
第○条の2…………
　第○条何項中「…………」を削る。
　　　附　則
　この条例は、公布の日から施行する。

② 題名、目次、見出し等の改正

○○市(町村)○○条例の一部を改正する条例をここに公布する。
　平成　　年　　月　　日
　　　　　　　　　　　　○○市(町村)長　氏　　　　名
○○市(町村)条例第　　号
　　○○市(町村)○○条例の一部を改正する条例
　○○市(町村)条例(平成　　年○○市(町村)条例第○号)の一部を次のように改正する。
　題名を次のように改める。
　　…………条例
　目次中「…………」を「…………」に改める。
　第○条の見出しを次のように改める。
　　(…………)
　第○条を次のように改める。
第○条…………
　第○条第3項の次に次の1項を加える。
4 …………
　　　附　則

ウ 2以上の条例の一部改正の場合

> ○○市（町村）何々条例等の一部を改正する条例をここに公布する。
> 　平成　　年　　月　　日
> 　　　　　　　　　　　　○○市（町村）長　氏　　　　　名
> ○○市（町村）条例第　　号
> 　　　○○市（町村）何々条例等の一部を改正する条例
> 第1条　○○市（町村）何々条例（平成　　年○○市（町村）条例第○号）の一部を次のように改正する。
> 　第○条から第○条までを次のように改める。
> 　第何条　何々
> 　第何条　何々
> 第2条　○○条例（平成　　年○○市（町村）条例第○号）の一部を次のように改正する。
> 　第○○条第2項を次のように改める。
> 　2　何々
> 　○○条例（平成　　年○○市（町村）条例第○号）の一部を次のように改正する。
> 　第○条　削除
> 　第7条を削り、第8条を第7条とする。
> 　　　附　則
> 　この条例は、公布の日から施行する。ただし、改正後の○○条例第○条の規定は、平成　　年　　月　　日から施行する。

エ 本則を条に分けないときの条例廃止の場合

> ○○市（町村）○○条例を廃止する条例をここに公布する。
> 　平成　　年　　月　　日
> 　　　　　　　　　　　　○○市（町村）長　氏　　　　　名
> ○○市（町村）条例第　　号
> 　　　○○市（町村）○○条例を廃止する条例
> 　○○市（町村）○○条例（平成　　年○○市（町村）条例第○号）は、廃止する。
> 　　　附　則
> 1　……………

オ　本則に条を置くときの条例廃止の場合

　○○市（町村）○○条例及び○○市（町村）○○条例等を廃止する条例をここに公布する。
　　平成　　年　　月　　日
　　　　　　　　　　　　○○市（町村）長　氏　　　　名
○○市（町村）条例第○号
　　○○市（町村）○○条例等を廃止する条例
第1条　○○市（町村）○○条例（平成　　年○○市（町村）条例第○号）は、廃止する。
第2条　○○市（町村）○○条例（平成　　年○○市（町村）条例第○号）は、廃止する。
　　附　則
1　……………

カ　附則で他の条例を廃止する場合

　　附　則
1　……………
2　……………条例（平成　　年○○市（町村）条例第○号）は、廃止する。

(2)　規則の書式例

　規則は、知事（市町村長）が、その権限に属する事務について、法令に違反しない範囲内で、定めるものである（自治法15条参照）。
　規則で規定できる事項は、次のとおりである。
① 　地方公共団体の事務で知事（市町村長）の専属的権限とされている事項
② 　法令によって規則で規定することとされた事項
③ 　法令によって知事（市町村長）に委任された事務に関する事項
④ 　条例によって委任された事項
　規則起案上の注意及び規則の起案要領は、条例の場合とほぼ同様である。

4　公示文の書式例

　公示文書は、官公庁が、一定の事項を広く一般人に周知させるために発する文書で、告示と公告がある。

(1) 告示の書式例

　告示は、公の機関が法令の規定又はその権限に基づいて決定又は処分をした事項を広く管内一般に公示する場合に用いる形式である。

ア　法令の形式をとる場合

①　告示の基本書式例

告示番号	○○市（町村）告示第○号
告示文	×○○法（平成○年法律第○号）第○条第○項第○号の規定により、○○○○規程を次のように定める。
告示年月日	××平成○○年○月○日
告示者職・氏名	○○市（町村）長×○○○○××
題名	×××○○規程
本則	×（○○○○○） 第1条×○○○○○○○○○○○○○○○○○○○ ×○。 ×（○○○○○○○） 第2条×○○○○○○○○○○○○○○○○○○ ×○○○○○○○○○○○○○。
附則	×××附×則 ×この規程は、平成○年○月○日から施行する。

注　告示番号、告示文、告示年月日、告示者職・氏名、題名、本則及び附則が必要。

②　規程、要綱等の書式例

```
                    ○○市（町村）何々規程
  （・・）
第1条 ……………… （以下略）
```

イ 法令の形式をとらない場合

① 規定形式を用いない書式例

告 示 番 号	○○市（町村）告示第○号
件　　　　名	×××○○○○について
告　示　文	×○○法（平成○年法律第○号）第○条第○項の規定により、○○○○○○○○○○○○○○○を次のように○○する。
告 示 年 月 日	××平成○○年○月○日
告示者職・氏名	○○市（町村）長×○○○○××
告 示 内 容	1 ×○○○○○○○ 2 ×○○○○○○○ 3 ×○○○○○○○

② 通常方式の書式例

㋐ 通常方式によるもの

```
○○市（町村）告示第○号
……………………………………………………………………………
…………………………………………する。（………………………
…………した。等）
  平成　　年　　月　　日
               ○○市（町村）長　氏　　　　　　　名　㊞
```

注1　告示は、条例又は規則と異なり、法規的性質をもたず、住民はこれによって何ら拘束を受けない。したがって、告示自体で新たな法律関係を定めたり、住民の権利義務を規制することはできない。
　2　法令の規定に基づいて行う告示の場合は、その法令の題名及び根拠となる条文（第○条第○項のように）を明記する。

　　告示の場合根拠法令の引用として、例えば、

```
  ○○市（町村）何々条例（平成　　年○○市（町村）条例第
○号）第○条第○項の規定により……を次のように○○する。
```

74　第1　文書の起案

　　　のようにする。条例番号は平成〇〇年とし、月日までは入れない。

　　　従前の告示を引用する場合は、その告示に題名がある場合は、例えば、

```
　〇〇市（町村）何々規程（平成　　年〇〇市（町村）告示第
〇号）
```

　　告示に題名がない場合は、

```
　平成　　年〇〇市（町村）告示第〇号（……………………
………………………）
```

　　とし、かっこの中に、その告示を表す題名を記入する。
　(イ)　別記方式によるもの

```
〇〇市（町村）告示第〇号
　何々を定める。（する。した。）
　　平成　　年　　月　　日
　　　　　　　　　　　〇〇市（町村）長　氏　　名　㊞
　　　　　　　　　　　　　　　記
　何々
```

注1　告示の場合は、条文の構成をとらないこと及び告示には題名がないのが通例（議会の招集の例）であって、一種の法律行為といわれる。
　2　条例、規則を除くほか、市（町村）長の定める規程を公表しようとするときは、公表の旨の前文、年月日及び市町村長名を記入して公印を押すのが例である（公告式条例）。

　(ウ)　議会招集の告示書式例

```
〇〇市（町村）告示第〇号
×地方自治法（昭和22年法律第67号）第101条第2項の規定により、第〇
回〇〇市（町村）議会定例（臨時）会を次のとおり招集する。
××平成〇〇年〇月〇日
　　　　　　　　　　　　　　　　　〇〇市（町村）長×〇〇〇〇××
1×招集の日×平成〇〇年〇〇月〇〇日
2×招集の場所×〇〇市（町村）議会議事堂（議場）
```

2 起案文の基本書式例 75

```
  3 × 付議事件（臨時会の場合のみ）
　×(1)×○○○○○○○○○○○○○○○
　×(2)×○○○○○○○○○○○○○○○○
```

注　告示の例としては、法令の授権に基づいて、その内容を定めるもの、一定の行政行為を表示するもの、一定の事実を表示するもの等があり、具体的な起案に当たっては、告示すべき内容によって告示文を適宜変更すればよいこととなる。

　(エ)　固定資産課税台帳縦覧の告示書式例

```
○○市（町村）告示第○号
×地方税法（昭和25年法律第226号）第415条第2項の規定により、平成○
年度固定資産課税台帳の縦覧の場所及び期間を次のとおり定めた。
××平成○年○月○日
　　　　　　　　　　　　　　　　○○市（町村）長×○○○○××
1×場所×○○○○○○○
2×期間×平成○○年○月○日から
　　　　平成○○年○月○日まで
```

注1　市町村長は、毎年4月1日から4月20日又は当該年度の最初の納期限の日のいずれか遅い日以後の日までの間、台帳を縦覧に供する場所をあらかじめ公示しなければならない。
　2　公示は、一般に周知させることを必要とするために法令により義務づけられているもので、一定の法律効果の発生要件とされているものが多い。
　3　本書式例は告示の表現で行っている。強いて言えば公示である。

(2)　公告の書式例

　公告は、一定の事実（生徒の募集、試験の施行等）を公表して一般に周知させる場合に用いる公表の形式である。

①　基本的な公告の場合

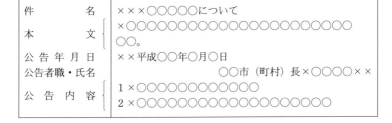

第1 文書の起案

注 公告はおおむね題名（件名）、本文、公告年月日、公告者職・氏名及び公告内容を書く。

```
×××争議行為の通知の公表について
×○○○組合執行委員長○○○○から次のとおり争議行為を行う旨の通知
が平成○○年○月○日あったので公表する。
××平成○○年○月○日
                              ○○市（町村）長×○○○○××
1×事件×○○○○
2×日時×○○○○
3×場所×○○○○
4×概要×○○○○
```

② 宅地分譲公告の場合

```
                    宅地の分譲公告
                              平成　　年　　月　　日
    次のとおり、宅地を分譲します。希望者は、申し込んでください。
              ○○市（町村）長　氏　　　　　名　㊞
1　宅地の所在地・面積・価格
  (1) 所在地          （略）
  (2) 面　積          （略）
  (3) 価　格          （略）
2　代金の支払方法      （略）
3　申込資格            （略）
4　申込期間            （略）
5　申込場所            （略）
6　分譲人の決定        （略）
```

注1 必要に応じて、この文例のように、公告の内容を要約した題名をつける。
　2 告示と公告とは、次のように区分される。
　(1) 告示は、法令で告示する旨規定されているもの、法令で告示する旨規定されてはいないが、一般に、公示することが適当であると認められるもののうち、重要度又は必要度の高いものに用いる。
　(2) 公告は、法令で公告（公表・公示）する旨規定されているもの、法令には明文で規定されていないが、一般に公示することが適当であると認められるもののうち、告示される場合に比して重要度又は必要度の低いものに用いる

(議会の公聴会及び住居表示で公示としている)。
　(3) 告示は、その内容に拘束されることがあるが、公告は、単に一定の事実について公示するものであり、拘束力をもたない事項をその内容とする。
 3 公告は、市町村公報に登載して行うほか、掲示場に掲示したり、新聞に登載したりする場合もある。
 4 公告の形式は、告示に準ずるが、公告番号は付けない。

③ 試験合格公告の場合

```
　　　　　　　　　　　　　公　　告
　　　　　　　　　　　　　　　　　　　平成　　年　　月　　日
　平成　　年 月 日に実施した○○○試験の合格者は、次のとおりです。

　　　　　　　　　　○○市（町村）長　氏　　　　　名　㊞

| 受　験　番　号 | 氏　　　　　　　　　名 |
|---|---|
|  |  |
|  |  |
```

(3) 省令及び告示の正誤書式例

正　　　　誤			
ページ (3字分)	段 (2字分)	行 (3字分)	誤 (7字分)	正 (7字分)

（例1）
　平成○○年○月○○日公布自治省令第○○号（○○○○○の一部を改正する○○）
（例2）
　平成○○年○月○○日自治省告示第○○号（○○○○○の件）
（原稿誤り）

ページ	段	行	誤	正
10	3	14	○○○○	○△△○
〃	〃	終わりから 3〜4	○○○○	○○△○
13	2	14	｝○○	△○
〃	〃	16		

78　第1　文書の起案

（印刷誤り）

注1　字詰は22字詰とし、正と誤の欄は各7字詰とするものとする。
　2　ページ、段及び行等の表示は漢数字を用い、「十」の場合は「󠄀」とし、行数が次の行にまたがるときには波ダッシュ（〜）を用い、同ページ、同段、同行等の表示にはディットマーク（〃）を用いるものとする。
　3　行数の数え方の表示は終わりから10行以下の場合は終わりから何行と表示するものとする。
　4　ページ、段及び行等が違い同じ誤りを表示する場合には行数の下はブレース（―――）で囲み中央に誤り及び正を表示するものとする。

5　裁決文の書式例

審査請求に対して、処分庁の最上級行政庁等が審査し、裁決等を行う場合に発する文書である。

```
                                        ○第○○号××
            裁　　　　　決
                        審査請求人
                        住　所　○○○○○○○○○××
                        氏　名　○○○○○○○○×
                        (名称○○○○○○)
                        (代表者氏名○○○○)
×××主文
×本件審査請求は、棄却する。（却下する。容認し、○○○○×○○○○
○○○○○処分を取り消す。）
×××請求の趣旨
×○○○○○○○○○○○○○○○○○○○○○○○○○○○○○○○
○○○。
×××理由
```

```
×○○○○○○○○○○○○○○○○○○○○○○○○。
×よって、○○○○法第○○条第○○項の規定により主文のとおり裁決する。
×○○年○月○日
                          ○○県（都道府）知事×○○○○㊞×
```

注　書式例中×××の表示は空白とする箇所を示したものである。起案の場合このような感じで記載する例を示したものである。

6　その他

以上、起案文の基本となる主な書式例を掲げたが、そのほかに、次の例がある。

(1) 証明書の書式例

① 一般的な証明の場合

```
                                    文　書　番　号
                ○○○○証明書（証書）
                          氏　　　名
 ○○○○○○○○を証明する。（証する。）
   ○○年○月○日
                ○○市（町村）長　氏　　　　名　㊞
```

② 町名地番変更証明の場合

```
                    証　明　願
                ○○市（町村）○○町○○丁目○○番○号
                          氏　　　名　㊞
 ○○市（町村）○○町○○番地は、○○年○月○日から○○市（町村）
○○町○○丁目○○番○号に変更になり、現在に至っていることを証明願
います。
            ─────◇─────
                                    記号第　　号
 上記のとおり相違ないことを証明する。
   ○○年○月○日
                ○○市（町村）長　氏　　　　名　㊞
```

③ 新聞広告掲載証明の場合

```
選証第○号
                  新聞広告掲載証明書
                  候補者
                  住　所
                  氏　名
　上記の者は、○○年○月○日執行○○県○○市（町村）議会議員選挙の
候補者であって、公職選挙法第149条第1項の規定による新聞広告をする
ことができるものであることを証明する。
　　○○年○月○日
                          ○○県○○市（町村）議会議員選挙
                                選挙長　氏　　　　　　名　印
```

広告掲載希望年月日	○○年○月○日
広告掲載新聞社名	新聞社

(2) 憲章・宣言・決議・指定の書式例

　憲章及び宣言は、普通、相手方を予想しないで、広く観念又は意思を外部に表示することを指しており、これらは一般的に法的効果をもつものではない。決議は、特定の事項について、合議体の機関が決定した意思表明で、一般的決議は、憲章、宣言と同じく法的効果はない。指定は、特定のことについて、市（町村）として決め広く公表し徹底を期すことを目的としている。

① 市（町村）民憲章制定書式例

```
第○号議案
　　　市（町村）民憲章制定について
　別紙のとおり市民憲章を制定し、○○年○月○日から施行するものとす
る。
　　○○年○月○日提出
                    ○○市（町村）長　氏　　　　　　名　印
提案理由
（別紙略）
```

注1 この書式例は、議案形式としているが、法的根拠はなく、長の判断で定めるもの、議会の議決を求めるものなど随意。
 2 内容についても箇条書のもの、簡明に記述したものなどである。

② 都市宣言書式例

```
○○市（町村）告示第○号
 本市（町村）は次のように宣言する。
  平和都市宣言
  交通安全都市宣言
  ○○年○月○日
            ○○市（町村）長  氏    名 ㊞
```

注1 通常特定の相手方を予想しないで、観念又は意思を外部に表示する行為を宣言という。町村で都市宣言の文字を用いることは自由選択である。
 2 多くの宣言は、庁舎、駅前広場、主要道路の市境などの「宣言塔」「立看板」として、あるいは「横断幕」「ポスター」「市の封筒類」に見受けられる。
 3 都市宣言の第1号は、佐世保市の「平和宣言」（昭和25年1月）である。
 4 議会の議決を求める事例もあれば、議会の全員協議会で了解されたものを宣言するもの、あるいは市長単独で決定し宣言しているなど区々である。
 5 声明は、憲章、宣言、決議と異なり、一定の事項についての見解とか意見とか一定の事項についての特定の相手方に対する意思表示等を、一般国民その他不特定多数の人々に対して発表することである（自治法100条5項）。

③ 請負契約の自粛決議書式例

```
  公共事業の請負契約に関する自粛決議
 本市議会議員は、市（町村）民の代表者として、市政全般にわたって、誠心誠意これにこたえていかなければならない責務を痛感している。
 しかるに、近時、議員の兼業禁止に関連して、地方自治法第92条の2の運用に当たって市（町村）民の疑惑若しくは厳しい批判が行われていることに鑑み、常に自粛自戒を旨として議員の行動を律してきているところであるが、なお一層議員の公共事業の請負契約については、市（町村）民の疑惑を排除するために、今後本市（町村）の行政執行に当たり、執行機関、議決機関ともどもより一層厳正に取り組むものであることをここに決議する。
  ○○年○月○日
                  ○○市（町村）議会
```

注 提出者は、議員専属とは限らない。

④ 市の木、市の花、市民の木の指定書式例

```
○○市告示第○号
    市の木、市の花及び市民の木の指定について
  緑化思想を普及し、緑豊かな街づくりに資するため、次のとおり市の
木、市の花及び市民の木を指定する。
    ○○年○月○日
                              ○○市長  氏    名 ㊞
  市の木
  市の花
  市民の木
```

注　市長の権限で行うことでよい。

⑤ 市旗の指定書式例

```
○○市告示第○号
  ○○市旗を次のように定める。
    ○○年○月○日
                              ○○市長  氏    名 ㊞
（市旗の図案）
```

⑥ 市歌の指定書式例

```
○○市告示第○号
  ○○市歌を次のように定める。
    ○○年○月○日
                              ○○市長  氏    名 ㊞
（市歌）
```

(3) 書 簡 文 等

① 書簡文——案内状、礼状、依頼状、委嘱状など
② 賞状、辞令文——表彰状、感謝状、辞令
③ あいさつ文——式辞、告辞、祝辞、弔辞
④ そのほか、目的等に応じてそれぞれいろいろな文書がある。例え

ば、法令に基づく行政機関、議会等手続関係の文書、争訟関係文書——審査請求書、弁明書、あるいは契約文等多くの文書があるが、これらについては、事例ごとに、具体的な場合に応じた書式例を、次章以下に掲げることとする。

第2 行政関係書式例

1 人事・給与・服務関係手続書式例

(1) 任命権者

任命権者は、単に任命権を行使するだけでなく、職員の休職、復職、退職及び免職を行うとともに、職員の懲戒をし、職員の身分上に広い権限をもつものである。

市町村での任命権者は、①市町村長、②議会の議長、③選挙管理委員会、④代表監査委員、⑤教育委員会、⑥人事・公平委員会、⑦消防長である。

(2) 職員に適用される原則

地公法は職員に適用される基準として、任用、人事評価、給与、勤務時間、その他勤務条件、分限及び懲戒、服務、退職管理研修、福祉及び利益の保護等を確立することを規定している。

① 平等取扱いの原則（地公法13条）

国民はこの法律の適用に当たって、法の下に平等であって、人種、信条、性別、社会的身分又は門地により、政治的、経済的又は社会的関係において差別されない。

公務員の平等取扱いの原則とは、就職後は、試験、任用、給与、懲戒、分限、服務等職員の勤務関係の全分野にわたり、公平、公正であることが保障されなければならないものとするものである。

② 情勢適応の原則（地公法14条）

公務員に適用される基準のうち、給与、勤務時間その他の勤務条件についての原則であり、これらは条例で定めなければならない。

また、常に社会一般の情勢に適応するように、随時、適当な措置を講じなければならない。

(3) 職員の任用（地公法15条）

職員の任用は、地公法の定めるところにより、受験成績、勤務成績その他の能力の実証に基づいて行わなければならない。

職員の採用及び昇任は、競争又は選考のいずれかによる。いずれの方法によるべきかは、任命権者の裁量に任せられている。しかし、成績主義の原則に立って、それぞれ具体的事情に即応した方法をとることが求められている。

(4) 人事関係用語

① **採用** 現に公務員の職についていない者を、新たに公務員の職に任命することをいう。

② **任命換** 特別職に属する者を一般職に任命する場合、又はその反対の場合、一般職の非常勤の職にある者を常勤の職に任命する場合、又はその反対の場合をいう。

③ **転職** 職員としての身分を中断することなく、同一任命権者のもとにおいて職員、教諭等の職制相互間で職員を異動させる場合をいう。

④ **転任** 職員としての身分を中断することなく、任命権者を異にする他の機関から異動してきた職員を任命する場合をいう。

⑤ **出向** 職員としての身分を中断することなく、任命権者を異にする他の機関の職へ異動させる場合をいう。

⑥ **兼職** 一つ又は数種の職種にある職員をその職にあるままで、さらに他の職へ任命する場合をいう（併任ともいう）。

⑦ **兼職解除** 兼職中の職員の職を解く場合をいう。

⑧ **補職** 法令その他の規定に基づいて定められる主事、技師、係長、課長、部長等の職につける場合をいう。

⑨ **昇任** 職級を法令、条例、規則その他の規定により公の名称（職務の級、組織上の地位）が与えられている職で、現に有するものより上位のものにつける場合をいう。

⑩ **降任** 昇任の反対の場合をいう（職員の意に反する降任について

は、分限に当たるので注意が必要)。
⑪ **昇格** 職務の級を同一給料表の上位の職務の級に変更する場合をいう。
⑫ **降格** 昇格の反対の場合をいう。
⑬ **配置換** 同一任命権者のもとにおいて、職員に勤務場所又は職務の担任の変更を命ずる場合をいう。
⑭ **戒告** 地公法29条の規定により、懲戒処分として戒告する場合をいう。
⑮ **減給** 地公法29条の規定により、懲戒処分として一定期間本給を減ずる場合をいう。
⑯ **停職** 地公法29条の規定により、懲戒処分として職員としての身分を保有するが、職務に従事させない場合をいう。
⑰ **懲戒免職** 地公法29条の規定により、職を免ずる場合をいう。
⑱ **免職** 地公法28条の規定により、職員の意に反して職を免ずる場合をいう。
⑲ **昇給** 同一の職務の級内で号給の上がる場合をいう。ただし、給料調整による場合を除く。
⑳ **降給** 同一の職務の級内で号給の下がる場合をいう。ただし、給料調整による場合を除く。
㉑ **辞職** 職員の自発的意思により職を退く場合をいう。
㉒ **解職** 地公法28条の規定により、職制若しくは定数の改廃又は予算の減少により、廃職又は過員を生じた場合に職員の意に反して免ずる場合をいう。
㉓ **失職** 地公法16条の欠格規定により、当然に職を失う場合をいう。
㉔ **退職** 失職及び懲戒免職の場合を除いて、職員が離職することをいう。
㉕ **定年退職**
　ア　職員が定年に達したときは、その年度内に退職するが、この定年とは、職員が一定の年齢に達したことを理由として自動的に退職する制度である。

イ 当該本人の一定の年齢（満年齢）をいい、定年に達したときというのは、それぞれの職員が、定年の満年齢に達する前日の午後12時（年齢計算法）を指す。

ウ 定年について、地公法28条の2第2項は、国の職員につき定められている定年を基準として、条例で定めるとしている。職員が実際退職するのは、定年に達した日以後における最初の3月31日までの間で条例で定める日である。

エ 定年退職者については、辞令の交付は法的な要件ではないので不必要であるが、職員にとっては重要な身分上の変更であるので、事実を確認する意味で辞令を交付している例が多い。

オ 一般的には、60歳が定年であるが、医師65歳、庁舎監視（守衛、用務員等）63歳が国の例であるので、地方公共団体もそれに対応して条例で定める。

カ 地方公共団体で定める定年に関する条例は、退職の具体的な日、定年、定年の特例、定年の延長、定年退職者の再任用及び更新等である（昭57.10.8行実）。

キ 市町村で、定年条例を制定しないとすれば違法で、知事は助言・勧告をするべきである。

㉖ **条件付採用（地公法22条1項）**

ア 職員の任用はすべて、競争又は選考試験によって採用されるが、当該職員の職務遂行能力が完全に判定されるまで、6か月の条件付採用とし、成績良好ならば正式採用とする。この間は正式職員ではないから、身分保障は異なった取扱いを受ける。

イ 条件付採用期間中の職員の転任、降任はあるが、昇任は許されない。

㉗ **臨時的任用（地公法22条2項）**

ア ①緊急な場合、②臨時の職に関する場合、③任用候補者名簿のない場合に限られる。期間は原則として6か月を超えない期間、更新は許されるが再度の更新はできない（1年まで）。

イ 臨時的任用は正規の任用ではない。

ウ 臨時的任用の職員は、その職を占めている事実に基づいて、昇

任、降任、辞任がない。
　エ　正規任用に際しては、現に臨時的職を占めているという理由で他の者より有利な取扱いを受けることは許されない。
　オ　身分保障についても正式職員と異なった取扱いを受ける。
㉘　**経験年数**　職員が職員として、同種の職務に在職した年数をいう。
㉙　**必要経験年数**　職員の職務の級を決定する場合の資格として必要な経験年数をいう。
㉚　**在級年数**　職員が同一の職務の級において、引き続き在職した年数をいう。
㉛　**単純労務者**　一般職に属する単純な労務に雇用される者をいう。その範囲については法的に不明確であるが、実際には、昭和26年2月に制定公布されその後廃止された「単純な労務に雇用される一般職に属する地方公務員の範囲を定める政令」に準じると解されている。

〔注〕
1）任免行為の効力の発生の時期については、行政庁の処分は、法に特別の規定のない限り、これを相手方に告知することによって、その効力が発生するのを本則とすべきことは、当然である。その告知があったというためには、一般に、処分の相手方が不特定である場合、又はそれが特定しているとしても、その所在を知ることができない場合等、その処分を受けた相手方に通告することが不可能な場合を除いては、当該処分に関する意思表示が相手方に到達することを必要とし、したがって、その処分が効力を発生するのは相手方にこれが到達したときと解される（昭25.11.18法制意見）。ただし、例外がある。
2）地公企法39条の企業職員については、地公法の任用規定が適用されるが、管理、監督者以外の者の任用については、地方公営企業労働関係法7条の昇職、降職、転職、免職、先任権等の基準に関する事項は団体交渉を行うことができる。
3）特に法令で任用上の資格を定めてあるときは、それに従うべきである。例えば市町村の消防長は、市町村長の任命権（消防組織法15条）に属するが、消防長及び消防署長は、政令で定める資格を有するものでなければならないとしているので、資格のない者の任命行為は違法の任命

で取り消すべきである。常勤の消防長を市町村長が兼務することができない（自治法141条2項、昭32.10.1行実）。現に兼務している市町村は制度の確立に努めるべきである。

1 辞令書式例

(1) 辞令(人事異動通知書)

　辞令とは、任命権者が、職員の任用、退職の際、及び給与、勤務場所の異動等の場合にその旨を認めて職員に交付する文書をいう。

　辞令の発令書式は、横書き方式である。国家公務員においては、人事異動通知として、人事院の定めに基づいて横書きに統一されているのに対し、地方公共団体では、逐次横書き化されているので、本書においても横書きとし、かつ、国家公務員の書式を参考に掲げる。

　なお、職と身分については、地公法では、特定の職に就けることが任用であると理解され、身分と職とは一体のものと観念されている。

(2) 国家公務員の発令書式例

人事異動通知書	
(氏　名) ○　○　○　○	(現官職)
(異動内容) 　　総務事務官に任命する 　　行政職㈠○級に決定する○号給を給する 　　大臣官房総務課勤務を命ずる	
○○年○月○日 　任命権者　　総務大臣　氏　　　　　　　　　名　[印]	

(A4)

注1　この辞令は、人事院規則8—12（職員の任免）53条から58条の規定による「人事異動通知書」を掲げたものである。
　2　国家公務員は、左横書きタイプ打ちである。
　3　名前は左側、官職は右側に書く（府県、市町村ではその逆もある）。

92　第2　行政関係書式例

4　事務改善により簡略化しているが、これを墨書きとし縦書きで行うも任意である。

(3) 職員採用発令書式例

```
（氏名）○○○○
○○市（町村）職員に任命する
○級○○号給を給する
何部何課（室、所）勤務を命ずる
主事（技師）に補する（を命ずる）
　○○年○月○日
　　　　　　　　　　　　　　○○市（町村）長　氏　　　　名　㊞
```

注1　国家公務員の発令書式例参照のこと。
　2　辞令に、句とう点をつけないこと。
　3　勤務辞令及び給料等は、それぞれを別紙とすることもある。
　4　（行政職）は記載しなくてもよい。
　5　職員の任用は、行政行為か又は公法上の契約のいずれであるかについては、行政行為であるとする見解が通説である。なお、任命と任用とは同義語であり、具体的には、採用、昇任、降任、転任を指し、併任は前の採用以外の三つに含まれている。

(4) 採用の際における服務の宣誓書式例

```
　私は、ここに、主権が国民に存することを認める日本国憲法を尊重し、かつ、擁護することを堅く誓います。
　私は、地方自治の本旨を体するとともに、公務を民主的かつ、能率的に運営すべき責務を深く自覚し、全体の奉仕者として誠実かつ、公正に職務を執行することを宣誓します。
　○○年○月○日
　　　　　　　　　　　　　　　　　　　氏　　　　名　㊞
```

注1　発令の際、宣誓させるのがよい（地公法31条）。
　2　職員の服務の宣誓に関する条例に基づき宣誓書に署名してから職務を行う。宣誓の表現は各団体によって若干違う。

(5) 採用内定請書書式例

```
                                          ○○年○月○日
        殿（様）

                        住　所
                        氏　名　　　　㊞
                    請　　　　書
  今般貴市より採用内定の御通知を確かに承りました。
  ついては、下記事項を誓約のうえ採用内定をお請けいたします。
                      記
 1　私の都合により採用内定の承諾を取り消しません。
 2　次の場合は採用内定の取消しを受けても異存ありません。
  (1)　来年3月末日までに卒業できない場合
  (2)　貴市に提出した誓約書・履歴書又は面接時の口述事項について、相
     違ある事実が判明した場合
  (3)　健康上の支障その他の事由により、入市について適格でないと貴市
     が認めた場合
 3　選考時の提出書類の記載事項について異動又は変更があったときは遅
   滞なく貴市に連絡いたします。
```

注　承知した旨を記載した書面を請書という。

(6) 採用誓約書式例

```
                    誓　約　書
  今般貴庁職員として採用されましたについては服務規律を遵守し誠実勤
 勉にその職務を尽くすとともに下記の場合においては貴庁からいつ一方的
 に解職せられるも異存ありません。
                      記
 1　採用後6か月の条件付採用期間中貴庁において勤務成績不良又は職
   員として適当でないと認められた場合
  上記誓約いたします。
    ○○年○月○日
                        氏　　　　名　㊞
```

(7) 身元保証書式例

```
               身 元 保 証 書
                    本 人 住 所
                         氏　名　　　　　㊞
                         ○○年○月○日生
  上記の者貴庁職員として採用になったうえは、服務規律及びその他服務
上の諸規程を遵守し誠実職に従事し、万一本人に関し公務の内外を問わず
貴庁に御迷惑を及ぼしたときは、保証人連帯をもってその責任を負いま
す。
   ○○年○月○日
                         保証人
                           現住所
                           本人との関係
                           氏　名　　　　　㊞
                           ○○年○月○日生
                         保証人
                           現住所
                           本人との関係
                           氏　名　　　　　㊞
                           ○○年○月○日生
```

(8) 他の委員会の職員の兼務任命発令書式例

```
（氏名）○○○○                         ○○市（町村）職員
○○委員会（委員）事務職員（書記）に兼ねて任命する
　○○年○月○日
                          ○○委員会（委員）      ㊞
```

注１　自治法180条の３の規定によって、職員を委員会の補助職員と兼ねさせる場合
　は、その発令の権限は当該委員会又は委員である。
　２　給与の重複支給はできない（地公法24条４項）。

(9) 議会・行政委員会職員の任命書式例
ア　議会事務局書記の任命書式例

> （氏名）○○○○
> 議会事務局書記に任命する
> 　何級に決定する何号給を給する
> 　主事に補する（を命ずる）
> ○○年○月○日
> 　　　　　　　　　　○○市（町村）議会議長　氏　　　名　印

注　兼務の場合は(8)の書式に準ずる。

イ　教育委員会任命書式例

①　教育長を任命する場合の議会同意の書式例

> 　　　教育委員会教育長の任命について
> 　地方教育行政の組織及び運営に関する法律第4条第1項の規定により、次の者を教育委員会教育長に任命したいので、議会の同意を求める。
> 　　○○年○月○日提出
> 　　　　　　　　　　○○市（町村）長　氏　　　名　印

注　議案第○号形式の議会もあるし、選挙第○号形式の議会もあるが、選挙第○号の方がよい。

②　教育委員長職務代理者の指定の書式例

> 議案第○号
> 　　　教育委員会教育委員長職務代理者の指定について
> 　地方教育行政の組織及び運営に関する法律第25条第4項の規定により指定を行うものとする。
> 　　○○年○月○日
> 　　　　　　　　　○○市（町村）教育委員会教育長　氏　　　名　印

③　職員の採用辞令

> 　　　　　　　　　　　　　　　　　　　　　　（氏名）○○○○
> ○○市（町村）教育委員会事務局事務職員に任命する
> 　○○年○月○日
> 　　　　　　　　　　　　　　　○○市（町村）教育委員会　印

注1　市（町村）教育委員会（事務職員、技術職員、その他職員）に任命することで

もよい。
2 規程（則）等に、主任、主査、補佐、課長、参事、部長等の職名が定められている。

④ 職員の給与辞令

```
                                     職名（氏名）○○○○
職務の級を○○職○級に決定する
  ○号給を給する
  ○○○に補する
  ○○課勤務を命ずる
  ○○年○月○日
                              ○○市（町村）教育委員会　印
```

⑤ その他職員の採用辞令

```
                                        （氏名）○○○○
○○市（町村）教育委員会事務局○○を命ずる
  ○○年○月○日
                              ○○市（町村）教育委員会　印
```

⑥ その他職員の給与辞令

```
                                     職名（氏名）○○○○
職務の級を○○職○級に決定する
  ○号給を給する
  ○○を命ずる
  ○○課勤務を命ずる
  ○○年○月○日
                              ○○市（町村）教育委員会　印
```

⑦ 補職（係長以上）辞令

```
                                     職名（氏名）○○○○
職務の級を○○職○級に決定する
  ○号給を給する
  ○長に補する
  ○○課（○○）長を命ずる
```

1 人事・給与・服務関係手続書式例

```
　　　　〇〇年〇月〇日
　　　　　　　　　　　　　　〇〇市（町村）教育委員会　印
```

⑧ 新卒者等の採用（条件付）辞令

```
　　　　　　　　　　　　　　　　　職名（氏名）〇〇〇〇
〇〇市（町村）教育委員会（職員）に任命する
　地方公務員法第22条第１項の規定により〇〇年〇月〇日から〇〇年〇月〇日まで条件付とする
　〇級〇号給（〇〇、〇〇〇円）を支給する
　〇〇部〇〇課勤務を命ずる
　〇〇年〇月〇日
　　　　　　　　〇〇市（町村）教育委員会教育長　氏　　名　印
```

注　教育委員会が教育委員会規則で任命権の一部を教育長に委任した場合。なお、委任命令書又は決裁文書によって、委任内容を明示するとともに、公報等により対外的に明らかにしておくのがよい。

⑨ 教員（県職員）を教育指導主事等、市（町村）職員として採用辞令

```
　　　　　　　　　　　　　　　　　職名（氏名）〇〇〇〇
〇〇市（町村）教育委員会職員に任命する
　〇級〇号給（〇〇、〇〇〇円）を支給する
　〇〇部〇〇課（主　　査／課長補佐／課　　長）を命ずる
　〇〇年〇月〇日
主査以下の場合　　〇〇市（町村）教育委員会教育長　氏　　名　印
管理職の場合
　　　　　　　　　　　　　　〇〇市（町村）教育委員会　印
（課長補佐以上）
```

注１　主査、係長の場合は教育長名、管理職の場合は教育委員会名。
　２　配置換えの場合、高校・大学等の新卒者等を新規に教育委員会で採用する場合でも、自動車運転員・学校用務員・給食調理員等の採用以外は、まず市長部局で採用し、出向という形をとっている例も多い。したがって、市（町村）長より「〇〇市（町村）教育委員会に出向を命ずる」との辞令を受ける。

3 このほか、新規採用者の辞令には、条件付であること及び給与月額を示す内容が加わる。

(10) 部、課（室、所）長の任免発令書式例

```
（氏名）〇〇〇〇                              〇〇市（町村）職員
何部何課（室、所）長を命ずる（免ずる）
  〇〇年〇月〇日
                        〇〇市（町村）長　氏　　　　名　印
```

注1　〇〇を免じ△△課長を命ずる場合は、前職を免じる旨記載することとしてもよいが、そのまま新しい職への発令でもよい。
　2　他の部、課（室、所）長の兼務発令は「〇〇職員何某に対して何部何課（室、所）長兼務を命ずる」か「兼ねて何部何課（室、所）長を命ずる」がよい。
　3　係長を命ずる場合「主事を免じて係長に補する（命ずる）」という発令書式をとるところもある。

(11) 部、課（室、所）長事務取扱の任免発令書式例

```
（氏名）〇〇〇〇                              〇〇市（町村）職員
何部何課（室、所）長事務取扱を命ずる（免ずる）
  〇〇年〇月〇日
                        〇〇市（町村）長　氏　　　　名　印
```

注　事務取扱は、当該部課長等の欠員、長期出張又は長欠中に上級の職の者にその職務を代行させる場合等に行われる。

(12) 部、課（室、所）長心得の任免発令書式例

```
（氏名）〇〇〇〇                              〇〇市（町村）職員
何部何課（室、所）長心得を命ずる（解く）
  〇〇年〇月〇日
                        〇〇市（町村）長　氏　　　　名　印
```

注　資格不足の者に一時的に部課長の職務を執行させる場合は、心得を用いる。

⒀ 課（室、所）長補佐、係長の任免発令書式例

```
（氏名）○○○○　　　　　　　　　　　　○○市（町村）職員
何課（室、所）長補佐（何係長）を命ずる（免ずる）
　○○年○月○日
　　　　　　　　　　　　○○市（町村）長　氏　　　　名　㊞
```

注　主事及び技師を係長に発令するときは、「主事（技師）を免じ何係長を命ずる」とする例が正しいが、「免じ」を省略して「何係長を命ずる」とする例もある。

⒁ 他の係長の兼務任免発令書式例

```
（氏名）○○○○　　　　　　　　　　　　○○市（町村）職員
何課（室、所）何係長兼何係長を命ずる（免ずる）
　○○年○月○日
　　　　　　　　　　　　○○市（町村）長　氏　　　　名　㊞
```

⒂ 本務と兼務を同時に発令する書式例

```
（氏名）○○○○　　　　　　　　　　　　○○市（町村）職員
何課（室、所）兼何課（室、所）勤務を命ずる（免ずる）
　○○年○月○日
　　　　　　　　　　　　○○市（町村）長　氏　　　　名　㊞
```

注１　兼務を本務になおし本務を命ずる場合は、「何課（室、所）勤務を免じ何課（室、所）本務を命ずる」とする。
　２　現に勤務している者を他の部、課（室、所）に兼務を命ずる場合は、「兼ねて何部何課（室、所）勤務を命ずる」がよい。

⒃ 兼務だけの発令書式例

```
（氏名）○○○○　　　　　　　　　　　　○○市（町村）事務嘱託
何課（室、所）勤務（兼務）を命ずる（解く）（免ずる）
　○○年○月○日
　　　　　　　　　　　　○○市（町村）長　氏　　　　名　㊞
```

注1　併任の発令は、任命権者間で事前協議を要する。
　2　併任者は、重複給与が禁止されているので、特に辞令に無給と書く必要がない。

⑴７　他の任命権者へ出向を命ずる発令書式例

```
（氏名）○○○○　　　　　　　　　　　　　　　○○市（町村）職員
○○委員会事務局（議会事務局）に出向を命ずる
　○○年○月○日
　　　　　　　　　　○○市（町村）長　氏　　　　　　名　㊞
```

注1　地公法6条に規定する他の任命権者の所属（同一地方公共団体の各任命権者間）へ異動する場合は、「依願退職」でなく、「出向」が通例。
　2　出向により受け入れた任命権者では、新規採用の形で発令する。
　3　出向を命じた場合の発令日と受入れ側の発令日は同日とする。

⑴８　事務嘱託の発令書式例

```
（氏名）○○○○
△△△の事務を嘱託する（嘱託を命ずる）
何級に決定する何号給を給する
何部何課（室、所）勤務を命ずる
　○○年○月○日
　　　　　　　　　　○○市（町村）長　氏　　　　　　名　㊞
```

注1　嘱託解職の場合は、「願いにより○○事務の嘱託を解く」でよい。
　2　「願いにより」を「事務の都合により」とする方法もある。
　3　嘱託を転勤させる場合は、あらためて嘱託の任用換えをする。つまり事務の嘱託であるから、当初の採用と同様の扱いとなろうが、便宜の措置として一般の異動と同様が多い。
　4　「行政職」と書くところは職種のたくさんあるところであり、1個しかないところは特に書かなくてもよい。

⑴９　雇（よう人）の採用の発令書式例

```
（氏名）○○○○
```

1 人事・給与・服務関係手続書式例　101

```
　　雇（よう人）を命ずる
　　何級に決定する何号給を給する
　　○○課（室、所）勤務を命ずる
　　　○○年○月○日
　　　　　　　　　　　　○○市（町村）長　氏　　　　　名　印
```

注1　「主事補、技師補を命ずる」「用務員を命ずる」「事務補佐員を命ずる」の例が多い。
　2　採用例としては、「雇」「用務員」等の文字が用いられている例も多い。
　3　市町村によって区々であるが、技能職員、雇、用務員、道路用務員、木工用務員、衛生用務員、防疫用務員、度量衡用務員、警備用務員と庁達で規定している等区々である。

⒇　昇格の発令書式例

```
　（氏名）○○○○　　　　　　　　　　　　　　○○市（町村）職員
　　何級に昇格する（何級に決定する何号給を給する）
　　　○○年○月○日
　　　　　　　　　　　　○○市（町村）長　氏　　　　　名　印
```

注　昇格の特例としては、次の場合がある。
　⑴　国の競争試験合格の場合
　⑵　学歴、免許等の取得による場合
　⑶　生命をとして職務を遂行し、危篤となった場合
　⑷　昇格したが、昇格した最低号俸に達しないときは、新等級の初号
　⑸　級が昇任したときは、給料の号給もあわせて発令する。

⒈　転任（配置換）の発令書式例

```
　（氏名）○○○○　　　　　　　　　　　　　　○○市（町村）職員
　　何部何課（室、所）勤務を命ずる
　　　○○年○月○日
　　　　　　　　　　　　○○市（町村）長　氏　　　　　名　印
```

⒉　任命換の発令書式例

```
　（氏名）○○○○　　　　　　　　　　　　　　○○市（町村）職員
```

主事を免じ社会福祉主事を命ずる
　　○○年○月○日
　　　　　　　　　　　　　○○市（町村）長　氏　　　　　名　印

⑵ 昇給の発令書式例

① 通知書による書式例

○○年○月○日
（氏名）○○○○

　　　　　　　　　　　　　　　　　　　　　　職　員　課　長　印

　　　　　　　　　昇　給　通　知　書
下記のとおり昇給したので通知します
　　　　　　　　　　　　　　記
○号給（　　　円）を給する

注　職員課長から該当課長を経由して本人に交付するのが通例。町村長から直接交付でもよい。

② 一般の書式例

（氏名）○○○○　　　　　　　　　　　○○市（町村）職員又は
　　　　　　　　　　　　　　　　　　　雇（用務員）主事（技師）補
何級に決定する何号給を給する
　　○○年○月○日
　　　　　　　　　　　　　○○市（町村）長　氏　　　　　名　印

注1　昇給の場合は、何号給だけの表現でも差し支えない。あるいは通知簿に押印して通知に換えてもよい。
　2　昇給期は、1月、4月、7月、10月の4回が多くの例である。
　3　特別昇給は、研修成績良好、職務上の功績等による表彰、退職に伴う場合がある。退職の場合は前日発令がよい。
　4　もし仮に1月30日に採用した場合の次期昇給期は翌年の4月1日、5月2日の採用者の次期昇給期は翌年の7月1日である。

⑵ 臨時的任用職員採用の発令書式例

（氏名）○○○○

> 地方公務員法第22条第2(5)項の規定により臨時に事務補佐員(事務雇員)を命ずる
> 月額(日額)　　円を給する
> 任用期間　○○年○月○日から○○年○月○日までとする
> ○○課(室)勤務を命ずる
> 　○○年○月○日
> 　　　　　　　　　　　○○市(町村)長　氏　　　名　印

注1　緊急な場合、臨時の職、任用候補者名簿のない場合に6月を超えない臨時的任用を行うことができる。
　2　任用期間が満了すれば「任用期間の満了により失職したので通知する」とする。政治的に採用され、この措置が問題であるので法に基づいて措置すべきである。
　3　給料は月額、日額と明示する。期末勤勉手当は支給しない。

(25) 期限を付して職員以外の職に採用する場合の発令書式例

> (氏名)○○○○
> 事務補佐員を命ずる
> 何級に決定する何号給を給する
> 任用期間　○○年○月○日から○○年○月○日までとする
> ○○課(室)勤務を命ずる
> 　○○年○月○日
> 　　　　　　　　　　　○○市(町村)長　氏　　　名　印

注1　任用期間が満了して引き続き採用する場合も、改めて発令するものとする。
　2　期間が満了すれば、失職通知を行う。

(26) 職員を他の団体へ派遣する場合の発令書式例

> (氏名)○○○○　　　　　　　　　　　　○○市(町村)職員
> 何市(町村)派遣勤務を命ずる
> 　(派遣期間は○○年○月○日から○○年○月○日までとする)
> 　○○年○月○日
> 　　　　　　　　　　　○○市(町村)長　氏　　　名　印

注1　災害派遣等で一時的に発令する場合（自治法252条の17）。なお、県職員を市町村の副市（町村）長に派遣することはできない。
　2　市町村から府県へ研修派遣する場合も準ずる。一度退職する形となる。
　3　主事（技術）補も準ずる。
　4　当事者は、長、委員会、委員の執行機関である。

⑵⁷　派遣を受ける団体の場合の発令書式例

```
（氏名）○○○○　　　　　　　　　　○○市（町村）事務（技術）吏員
何市（町村）職員に併せて任命する
主事（技師）に補する（を命ずる）
（○○課勤務を命ずる）
　○○年○月○日
　　　　　　　　　　　○○市（町村）長　氏　　　　名　㊞
```

注1　自治法252条の17の職員派遣によること。
　2　給料、手当、旅費等は派遣を受けた団体で支払う。

⑵⁸　職員派遣を解く発令書式例

```
（氏名）○○○○　　　　　　　　　　　　○○市（町村）職員
何市（町村）職員を免ずる
　○○年○月○日
　　　　　　　　　　○○市（町村）長　氏　　　　名　㊞
```

注1　派遣が終了した場合は、派遣を受けた団体の辞令である。
　2　派遣した団体では「○○市（町村）派遣勤務を免ずる」でよい。

⑵⁹　非常勤嘱託の発令書式例

```
（氏名）○○○○
母子相談員を嘱託する
月手当　　　　円を給する
　○○年○月○日
```

　　　　　　　　　　　○○市（町村）長　氏　　　　名　㊞

(30) 委員会委員委嘱の発令書式例

```
（氏名）○○○○
○○市（町村）何々委員会委員（幹事）に委嘱（任命）する
　　　　　　　　　　　　　　　　　　　　　　　　を解く
　○○年○月○日
　　　　　　　　　　　○○市（町村）長　氏　　　　名　㊞
```

注1　自己の所管外にある公務員又は民間人に対しては「委嘱」が例である。
　2　氏名のほか役職名を記載するのは、それぞれの法令において、関係公職者、関係行政機関、その他それぞれの機関の内から選任するように規定されている場合において、そのことを明確にするためであって、その者がその役職から離れた場合当然失職したものとして取り扱われるのが例である。
　3　任期を記載してもよい（例　任期は、○○年○月○日から○○年○月○日まで）。また、「委嘱する」の次に「ただし、○○法（条例・規則）第○条第○項の規定により前任者の残任期間とする」と記載すれば明確である。

(31) 社会福祉協議会評議員委嘱発令書式例

```
住　所
氏　名
　社会福祉法人○○社会福祉協議会評議員に次のとおり委嘱します
　任期　　○○年○月○日から○○年○月○日まで
○○年○月○日
　　　　　　　　　　　社会福祉法人○○社会福祉協議会
　　　　　　　　　　　　理事長　氏　　　　名　㊞
```

(32) 出納員の任命発令書式例

```
（氏名）○○○○　　　　　　　　　　　　　　○○市（町村）職員
出納員を命ずる
　○○年○月○日
　　　　　　　　　　　○○市（町村）長　氏　　　　名　㊞
```

注　出納員及びその他の会計職員は普通地方公共団体の長の補助機関の職員のうちから、長が任命する。

(33) 病気による休職者の発令書式例

```
（氏名）○○○○　　　　　　　　　　　　　　　　○○市（町村）職員
地方公務員法第28条第2項第1号の規定により休職を命ずる
　休職の期間は　○○年○月○日から　○○年○月○日までとする
　休職の期間中給料及び扶養手当額、何々の合計額の百分の何を支給する
　　○○年○月○日
　　　　　　　　　　　　　○○市（町村）長　氏　　　　　名　印
```

(34) 復職の発令書式例

```
（氏名）○○○○
　　　　　　　　　　　休職 ｛○○市（町村）職員
　　　　　　　　　　　　　　 雇（用務員）主事（技師）補、嘱託
復職を命ずる
何部何課（室、所）長を命ずる
　　○○年○月○日
　　　　　　　　　　　　　○○市（町村）長　氏　　　　　名　印
```

注1　休職期間中も職を保有させることとしている場合は、「復職を命ずる」だけの発令とする。
　2　課長補佐、係長、主事等の復職発令は本例にならう。

(35) 研修派遣の発令書式例

```
（氏名）○○○○　　　　　　　　　　　　　　　　○○市（町村）職員
自治大学校○部第○期生として派遣を命ずる
研修期間
　○○年○月○日から○○年○月○日まで
　　○○年○月○日
　　　　　　　　　　　　　○○市（町村）長　氏　　　　　名　印
```

注1　本例は自治大学校への研修派遣であるが、県公務員研修所及び市町村職員中央研修所への派遣についても、これに準じて行えばよい。
　2　自治体によっては、このような発令をしないで、伺書の決裁に基づいて口頭で伝達しているところもある。
　3　履歴事項としては、終了（卒業）後関係書の整理を行い、記載する。

⒂　停職の発令書式例

```
（氏名）○○○○　　　　　　　　　　　　　　　　　○○市（町村）職員
地方公務員法第29条第１項第○号の規定により○か月の停職を命ずる
　○○年○月○日
　　　　　　　　　　○○市（町村）長　氏　　　　名　㊞
```

注1　停職とは、職員の身分の異動をしないが、職務に従事することを禁止するものであり、懲戒処分である。
　2　停職する場合は、①法令に違反した場合、②職務上の義務違反又は職務怠慢、③全体の奉仕者としてふさわしくない非行
　3　戒告、減給の場合もこれに準ずる。

⒄　辞（退）職の発令書式例

```
　　　　　　　　　　　　　　　　　　　　　　　　　　○○年○月○日
○○市（町村）長　氏　　　名　殿
　　　　　　　所属部課所
　　　　　　　　○○市（町村）職員　氏　　　　名　㊞
　　　　　　　　辞（退）職　　願
　私は、次の理由により、○○年○月○日付けで辞（退）職したいので御承認願います
　理　由
```

注1　退職願の提出者に対し、免職辞令の交付があり、免職処分が有効に成立した後においては撤回することは認められない（昭34．6．26最高裁）。しかし、明文規定がない。
　2　原則として辞職を希望する日の２週間前までに提出のこと。

⑶⑻　退職の発令書式例

```
（氏名）○○○○　　　　　　　　　　　　　　　○○市（町村）職員
願いにより本職を免ずる
　○○年○月○日
　　　　　　　　　　　　○○市（町村）長　氏　　　　名　㊞
```

注1　辞職を承認するという例もある。
　2　職員の申し出に基づいて任命権者がいったん発令した免職の辞令は公定力を生じ、取消しすることはできない。
　3　職員の辞職の場合も、その職を離れるので行政行為である。また、退職の効力の発生時期は、死亡のときは当然死亡のときで、それ以外は辞令が交付されたときで、本人が了知したとき又は了知しうべき状態におかれたときである。
　4　退職辞令を受け取る前に退職願を撤回することができるとしているが、この場合信義則に反しない限り自由である（昭34. 6.26最高裁）。

⑶⑼　定年退職の発令書式例

```
（氏名）○○○○　　　　　　　　　　　　　　　○○市（町村）職員
地方公務員法第28条の2第1項の規定により○○年3月31日限り定年退職
　○○年○月○日
　　　　　　　　　　　　○○市（町村）長　氏　　　　名　㊞
```

注1　「定年」とは、職員が一定の年齢に達したことを理由として、自動的に退職する制度（定年制）における当該一定の年齢（満年齢）をいう。
　2　「定年に達したとき」とは、職員が定年の満年齢に達する前日の午後12時を指す（当該前日）。
　3　辞令の交付は法律上の要件ではないが、職員にとっては重要な身分上の変更であるので、事実を確認する意味で辞令を交付するのが適当であるとされている。

⑷⓪　勤務延長（繰上げ）の発令書式例

```
（氏名）○○○○　　　　　　　　　　　　　　　○○市（町村）職員
（例1）　○○年○月○日まで勤務を延長する
（例2）　勤務延長の期限を○○年○月○日まで延長する
（例3）　勤務延長の期限を○○年○月○日に繰り上げる
```

> (例4)　地方公務員法第28条の3及び○市（町村）職員の定年等に関する条例第○条の規定による期限の到来により○○年○月○日限り退職
> 　○○年○月○日
> 　　　　　　　　　　　　　○○市（町村）長　氏　　　名　㊞

⑷1　再任用の発令書式例

> （氏名）○○○○
> ○○に再任用する
> 　任期は○○年○月○日までとする
> 　○○に任命する
> 　○○職○級に決定する
> 　○号給を給する
> 　○○課（室・所）勤務を命ずる
> 　○○年○月○日
> 　　　　　　　　　　　　　○○市（町村）長　氏　　　名　㊞

注　再任用の任期を更新する場合は「再任用の任期を○年○月○日まで更新する」とする。

⑷2　再任用の任期満了退職発令書式例

> （氏名）○○○○
> 　地方公務員法第28条の4及び○○市（町村）職員の定年等に関する条例第○条の規定による任期の満了により○○年○月○日限り退職
> 　○○年○月○日
> 　　　　　　　　　　　　　○○市（町村）長　氏　　　名　㊞

⑷3　退職手当裁定通知書式例

> 　　　　　　　　　　　裁　定　通　知　書
> 　　　　　　　　　　　　　　　　元職名○○市（町村）職員
> 　　　　　　　　　　　　　　　　氏　名

```
退職手当金        円
○○市（町村）職員の退職手当に関する条例の規定により、上記のとおり支給する
  ○○年○月○日
                    ○○市（町村）長  氏      名  印
```

⑷ 免職の発令書式例

```
（氏名）○○○○                          ○○市（町村）職員
地方公務員法第28条（第29条）第1項第○号の規定により本職を免ずる
  ○○年○月○日
                    ○○市（町村）長  氏      名  印
```

注　免職の理由としては、①人事評価又は勤務の状況を示す事実に照らして勤務成績不良、②心身の故障による職務遂行の困難、③職員としての不適格性、④職制又は定数の改廃、予算の減少による廃職又は過員、⑤懲戒免職

㊺　一部事務組合関係の任命発令書式例
①　常勤職員採用の場合

```
○○組合事務職員に任命する
主事を命ずる
一般職何級に決定する何号給を給する
○○勤務を命ずる
  ○○年○月○日
                          管理者  氏      名  印
```

②　市町村から出向している職員の場合

```
○○組合事務職員に併任する
○○園長を命ずる
  ○○年○月○日
                          管理者  氏      名  印
```

③ 組合派遣辞令書式例

```
（氏名）○○○○                              ○○市（町村）職員
○○○組合へ派遣を命ずる（派遣を解く）
  ○○年○月○日
                        ○○市（町村）長  氏      名  ㊞
```

注1　派遣団体で派遣辞令を交付する。
　2　派遣を受けた組合で、正規の採用辞令を交付する。
　3　派遣を解く場合は、派遣を受けた組合で、免職辞令を交付する。
　4　派遣した団体で、派遣を解く辞令を交付する。
　5　派遣を解いた後、採用辞令については、一般採用辞令形式により交付する。

④ 派遣を受けた組合の辞令書式例

```
（氏名）○○○○
○○組合事務職員に任命する
主事を命ずる
  ○級○号給を給する
  ○○年○月○日
                        ○○組合管理者  氏      名  ㊞
```

⑤ 派遣を受けた組合を退職する辞令の書式例

```
（氏名）○○○○
○○○○組合事務職員を免ずる
  ○○年○月○日
                        ○○市（町村）長  氏      名  ㊞
```

⑥ 団体内の行政委員会への出向辞令の書式例

```
（氏名）○○○○
○○○○組合への派遣を解く
○○市（町村）教育委員会へ出向を命ずる
  ○○年○月○日
                        ○○市（町村）長  氏      名  ㊞
```

注　同一団体内の任命権者間で異動する場合出向の表現をとる。

⑦ 他の任命権者からの出向者を採用する辞令の書式例

```
（氏名）○○○○
○○市（町村）教育委員会事務局（指導主事／職員）に任命する
○○（課長／課長補佐／係長）に補する
○級に決定する○号給を給する
  ○○年○月○日
                              ○○市（町村）教育委員会
```

⑧ 組合職員が市（町村）職員を併任する場合

```
                              ○○組合消防職員
                                 氏        名
併せて○○市（町村）職員に任命する
○○市（町村）消防団長事務取扱いを命ずる
  ○○年○月○日
          ○○市（町村）長　氏        名　㊞
```

注1　自治法287条2項の規定により、組合の職員は、組合を組織する市（町村）の職員と兼ねることができる。

2　併任は、消防職員（職員その他）である限り組合内の市町村職員を兼ねることができる。

3　「○○を命ずる」「任する」「補する」などがあるが「命ずる」が多い。

⑨ 消防組合の消防職員採用の場合

```
○○組合消防職員に任命する
消防士に任ずる
行政職○級に決定する○号給を給する
○○消防署（○○分署）勤務を命ずる
  ○○年○月○日
          ○○組合消防長　氏        名　㊞
```

注1　消防職員の任命権者は、地公法6条に「市町村の消防長」とあるので、消防長名で発令する。

2　採用に当たって「命ずる」又は「任命する」「任用する」など書式としては

区々であるが、趣旨としては、任命権者が特定の人を特定の職につかせる行為をいう。
3 特に「任用」の場合は広く用いられ、現に職にある者を別の職につける場合（転任、降任、昇任）と職員でない者を職員として採用し、特定の職につける場合がある。任用はこれらの二つの場合を合わせ含む概念である。
4 市消防職員もほぼ同じ形式となる。

⑩ 消防職員人事異動通知書式例

```
（氏名）○○○○
                    （現職） 予防課指導係長
                            消防司令補
消防司令に任命する
○○署○○分署長に任命する
行政職○級に決定し○号給を給する
    ○○年○月○日
                            ○○市消防長　氏　　　名　印
```

注1 このような形式もある。
2 消防長事務取扱者○○市副市長名の発令もある。

⑪ 消防分団員発令書式例

```
                    辞　　　　　令
○○市消防団員に任命する
第○分団団員を命ずる（第○○分団に配属する）（第○分団長を命ずる）
    ○○年○月○日
                            ○○市消防団長　氏　　　名　印
```

2 特別職の発令書式例

特別職の選任は、一般職と異なる扱いを受けることとなる。

(1) 市町村議会議員

議員は選挙によって選ばれる（自治法17条）。身分の取得については当選告示の日から取得するものである（公選法102条）。当選人で、①法律の定めるところにより、当該選挙に係る議員又は長と兼ねるこ

とができない職にある者が、当選人決定の告知の規定により当選の告知を受けたときは、その告知の日にその職を辞したものとみなす。②公選法96条の当選人の更正決定又は同法97条の当選人の繰上補充により当選人が定められたものについては、当該選挙に係る議員又は長と兼ねることのできない職にあるものが当選の告知を受けたときは選挙管理委員会に対し、その告知を受けた日から5日以内にその職を辞した旨届け出しないときは職を失う。当該公務員の退職申出の日が議員の身分の取得の日となる（同法103条）。なお、任期は一般選挙の日から起算されるが、任期満了前に行われ前任者がいるときは、満了の日の翌日からとなる（同法258条）。

(2) 市町村長

選任及びその身分の取得は、市町村議会議員と同様である。なお、公選法104条の議員又は長で請負等をやめない場合は、当選人の失格となるから、その届出のあった日に身分を取得する（公選法104条）。

(3) 副市（町村）長

市町村長が市町村議会の同意を得て選任する（自治法162条）。身分の取得については、発令前に就任承諾があれば発令の日であり、発令の日以後就任承諾をした場合は、承諾の日であるとする行政実例がある（昭25.2.4行実）。次の(5)副市（町村）長の選任発令書式例の注を参照のこと。

(4) その他の委員

他に教育委員会委員、監査委員、人事・公平委員会委員、農業委員会委員（議会推薦の委員）、固定資産評価審査委員会委員、及び市町村職員懲戒審査委員会委員（自治法施行規程16条）等は議会の同意を得なければ、選任又は任命することができない。

(5) 副市（町村）長の選任発令書式例

```
（氏名）○○○○
副市（町村）長に選任する
　○○年○月○日
　　　　　　　　　　　○○市（町村）長　氏　　　　名　㊞
```

注1　議員の職にある者を副市（町村）長等に選任する場合は、発令する直前において辞職することは差し支えない。
　2　議員の場合は常勤職に兼職することは禁止されているが、議会の同意の時点においては未だ任命前であるから議員を辞職しなくてもよい。

(6) 副市（町村）長の解職発令書式例

```
（氏名）○○○○
副市（町村）長を解職する
　○○年○月○日
　　　　　　　　　　　○○市（町村）長　氏　　　　名　㊞
```

注1　自治法163条により、長は任期満了前に解職することができる。
　2　選任の場合は、議会の同意が必要で議案書式例を参照のこと。

(7) 長の退職申出書式例

```
　　　　　　　　　　退　職　申　出　書
　このたび一身上の都合により（何々との理由により）、（○○年○月○日に）退職したいので申し出ます。
　　○○年○月○日
○○市（町村）議会議長　氏　　　名　殿（様）
　　　　　　　　　　○○市（町村）長　氏　　　　名　㊞
```

注1　申出書でも届でもよいが、法律は申し出とあるので申し出がよい。
　　　知事が退職の申し出をした日の翌日から30日目、市（町村）長は20日目で議長に申し出をすれば、期間満了とともに自然退職となる（自治法145条）。
　（例）市（町村）長が4月21日退職しようとするときは、申し出の日との間に少なくとも19日置けばよいので、4月1日がぎりぎりの申し出の日付となる。

2 退職の申し出には、その期日を明示することは法律の要件ではないが、期間内に早く辞めるときは書いたほうがよい。
3 法定期間内に退職したいときは、議会の同意が必要。その場合、議会閉会中なら、長はそのための臨時会の招集も可能である。
4 長の退職が法定期間内のときは、そのための必要な審議手続とる者は議長にある。
5 長が欠けたときは、欠けた日から5日以内にその団体の議会の議長から当該市町村の選挙管理委員長に通知しなければならない（公選法111条）。なお、法定期日前の退職は、急施性に乏しいので、7日（町村3日）の告示をする。

(8) 副市（町村）長の退職（通常の場合）申出書式例

```
                退 職 申 出 書
  このたび一身上の都合により（何々の理由により）、（○○年○月○日
に）、退職したいので申し出ます。
    ○○年○月○日
  ○○市（町村）長　氏　　名　殿（様）
        ○○市（町村）副市（町村）長　氏　　　　名　㊞
```

注 任期満了以前において退職する場合は、退職しようとする日の前20日までに長に申し出なければならない。期日前の退職にあっては、長の承認によって可能である（自治法165条）。

(9) 長の職務代理副市（町村）長の退職申出書式例

```
                退 職 申 出 書
  このたび一身上の都合により（何々の理由により）、（○○年○月○日
に）、退職したいので地方自治法第165条の規定により申し出ます。
（承認されるよう願います。）
    ○○年○月○日
  ○○市（町村）議会議長　氏　　名　殿（様）
        ○○市（町村）長職務代理者副市（町村）長　氏　　　名　㊞
```

注1 長の職務代理の副知事、副市（町村）長が退職しようとする場合は、その退職しようとする日の前20日までに議会の議長に申し出なければならない（自治法165条）。期日前の退職は議会の承認によって可能である。
2 期日前の退職承認のための臨時会の急施性はそれに該当しない。

⑽ 会計管理者の任命発令書式例

```
（氏名）○○○○                          ○○市（町村）職員
会計管理者を命ずる
  ○○年○月○日
                    ○○市（町村）長　氏　　　　名　印
```

注　会計管理者の任命は、議会の同意を要しない。任命権は長にある。

⑾ 教育委員会委員の任命発令書式例

　　委員は人格高潔で、教育、学術及び文化に関し、識見を有する者のうちから、市町村の長が、議会の同意を得て任命する（地教行法4条）。

```
（氏名）○○○○
○○市（町村）教育委員会委員に任命する
  ○○年○月○日
                    ○○市（町村）長　氏　　　　名　印
```

注1　教育委員は、議会の同意を得て任命するので議案書式例を参照のこと。
　2　教育委員は、長及び委員会の同意を得て辞職することができる。

⑿ 教育委員会委員の罷免発令書式例

```
（氏名）○○○○
地方教育行政の組織及び運営に関する法律第7条第○項の規定により○
○市（町村）教育委員会の委員を免ずる
  ○○年○月○日
                    ○○市（町村）長　氏　　　　名　印
```

注1　罷免を求めるための議会の同意についての議案書式例を参照のこと。
　2　心身の故障により職務遂行に支障がある場合、又は職務上の義務違反その他委員たるに不適格と長が認める場合、議会の同意を得て罷免できる。

(13) 監査委員の選任発令書式例

委員は、市町村長が議会の同意を得て議員及び知識経験者のうちから、政令市4人、その他の市及び町村2人（議員のうちから選出する委員は、定数4人のときは2人又は1人、その他の市及び町村にあっては1人）を選任する。ただし、条例で定数を増加したり、議員選出の監査委員を選任しないことができる（自治法195条、196条）。

```
（氏名）〇〇〇〇
〇〇市（町村）監査委員に選任する
　〇〇年〇月〇日
　　　　　　　　　　　〇〇市（町村）長　氏　　　　名　印
```

注　識見を有する者のうちから選任される監査委員の数が2人以上である普通地方公共団体にあっては、少なくともその数から1を減じた人数以上は、当該普通地方公共団体の職員で政令で定めるものでなかった者でなければならない（自治法196条2項）。

(14) 人事・公平委員会委員の選任発令書式例

委員は人格高潔で、人事行政に関し識見を有する者のうちから、議会の同意を得て市町村長が選任する（地公法9条）。公平委員が死亡、辞職、罷免などで任期の途中で離退職した場合の補欠委員の任期は、前任者の残任期間である。委員を欠員のまま空白にすることは長の責任となり、法定の要件を満たすときは、自治法179条の専決処分も可能。2人の委員でも会議は有効。

```
（氏名）〇〇〇〇
〇〇市（町村）人事（公平）委員会委員に選任する
　〇〇年〇月〇日
　　　　　　　　　　　〇〇市（町村）長　氏　　　　名　印
```

(15) 固定資産評価審査委員会委員の選任発令書式例

住民、市町村税の納税義務がある者又は固定資産の評価について学識経験を有する者のうちから、市町村議会の同意を得て、市町村長が選任する（地税法423条）。

```
（氏名）○○○○
○○市（町村）固定資産評価審査委員会委員に選任する
　○○年○月○日
　　　　　　　　　　○○市（町村）長　氏　　　　　　名　印
```

注1　議会の閉会中委員が欠けた場合は、長は補欠委員の選任を行い、次の議会において事後承認を求める。承認されないときは罷免する。
　2　固定資産評価審査委員会は、執行機関である（自治法180条の5）。また収用委員会等とともに議会の説明員の対象である（自治法121条）。ただし、執行機関の附属機関（自治法138条の4の3）である調停、審査、諮問又は調査の委員会等は執行機関に入らない。

(16) 選挙管理委員会委員の選挙事由発生通知書式例

委員は、市町村の議会において、選挙権を有する者のうちから選挙し、身分取得は就任の承諾のあった日である（自治法182条）。

```
　　　　　　　　　　　　　　　　　　　　　　文　書　番　号
　　　　　　　　　　　　　　　　　　　　　　○○年○月○日
○○市（町村）議会議長　氏　　　名　殿
　　○○市（町村）選挙管理委員会委員長　氏　　　　　名　印
　　選挙管理委員の選挙を行うべき事由の発生について
○○年○月○日下記のとおり選挙管理委員の選挙を行うべき事由が生じたので、地方自治法第182条第8項の規定により通知します。
　　　　　　　　　　　　　　　　記
```

(17) 教育委員会委員の失職通知書式例

```
　　　　　　　　　　　　　　　　　　　　　　文　書　番　号
　　　　　　　　　　　　　　　　　　　　　　○○年○月○日
氏　　　　　　名　殿
　　　　　　　　○○市（町村）長　氏　　　　　　名　印
　　　　　　　　　教育委員会の委員の失職通知書
　貴殿は、○○年○月○日何々の事由により地方教育行政の組織及び運営に関する法律第9条第1項第○号に該当し、教育委員会の委員を失職され
```

(18) 審議会委員（条例による）の任命発令書式例

```
（氏名）○○○○
○○市（町村）○○審議会委員に任命する
　○○年○月○日
　　　　　　　　　　　　○○市（町村）長　氏　　　　名　㊞
```

注　規程に任命とあれば任命の形式による。非常勤の委員会の委員は委嘱の例が多い。

(19) 協議会（伺い定め）委員の委嘱発令書式例

```
（氏名）○○○○
○○市（町村）○○協議会委員に委嘱します
　○○年○月○日
```

注1　条例による審議会の委員の発令形式としては、「任命」「委嘱」「選任」などがあるが、それらは、その条例の規定に従う。
　2　非公式の協議会、調査会、委員会の委員、幹事等の場合は委嘱がよい。
　3　委員に（を）委嘱するのどちらでもよい。

(20) 消防団員の宣誓書式例

```
　　　　　　　　　宣　誓　書
　私は、忠実に日本国憲法及び法律を擁護し、命令、条例及び規則を遵守し、不公平並びに偏見を避け、何人をも恐れず良心に従って忠実に消防の義務を遂行することを厳粛に誓います。
　○○年○月○日
　　　　　　　　　○○市（町村）消防団　氏　　　　名　㊞
```

(21) 消防団長の任命発令書式例

```
（氏名）○○○○
```

1 人事・給与・服務関係手続書式例

```
○○市（町村）消防団長に任命する
  ○○年○月○日
                    ○○市（町村）長　氏　　　　名　印
```

注　消防組織法22条により市町村長が消防団の推薦に基づき任命する。

(22) 消防副（分）団長の任命発令書式例

```
（氏名）○○○○
○○市（町村）第○消防副（分）団長を命ずる
  ○○年○月○日
                         ○○市（町村）消防団長　印
```

注　市町村長の承認を得て消防団長が任命する。

(23) 消防団員の任命発令書式例

```
（氏名）○○○○
○○市（町村）消防団員に任命する
第　　分団に配属する
  ○○年○月○日
                         ○○市（町村）消防団長　印
```

注　前掲(22)に同じ。

(24) 消防団員の退職発令書式例

```
（氏名）○○○○
退職を承認する
  ○○年○月○日
                         ○○市（町村）消防団長　印
```

注　消防長発令の注意点

消防長の資格は、政令に定められている。もし、政令にある資格を満たさない任命は瑕疵ある行為である。市長の発令行為は無効ではないが、取消原因にとどまり、本人からの取消請求がない限り、何人も発令の取消しを主張することはできな

いから、そのまま消防長としての職務を行って差し支えないと解されている。本来資格不足の者の場合には、消防長事務取扱か、あるいは通常「消防長心得」として発令するべきである。

3 一般職の服務書式例

(1) 服務の根本基準

服務は、職員の勤務についての規律であって、地公法30条から38条に規定するところのもので、職員としての義務及び行為の制限をいうのである。

具体的には、①服務の根本基準、②服務の宣誓、③法令及び上司の職務上の命令に従う義務、④信用失墜行為の禁止、⑤秘密を守る義務、⑥職務に専念する義務、⑦政治的行為の制限、⑧争議行為の制限、⑨営利企業等の従事制限をいう。

服務についての規定は、職員であることに基づく特別の義務を規定したものであり、その違反者は、懲戒の対象となる。

(2) 職務専念義務の免除

職務専念義務の免除の事由は、法律又は条例に定められる（地公法35条）。

①職員として研修を受ける場合、②職員の厚生計画に関する計画に参加する場合、③職員が勤務条件又は不利益処分の審査を請求する場合（同法46条及び49条）、④職員団体の代表として市町村の当局と交渉する場合（同法55条１項）、⑤給与勤務時間その他の勤務条件に関し、その他社交的又は厚生的活動を営むため、市町村の当局と交渉する場合

以上の場合にあっては、その申し出があった場合には、任命権者はこれを許可するように努める。

(3) 職務専念義務の免除の手続

職務専念義務の免除を受けようとする場合は、申請書を任命権者に提出し、任命権者は、その承諾若しくは不承諾を所属長を通じて本人

に通知書を交付するものである。

ア 法令又は条例に休暇に関する規定がある場合は、専念義務免除の手続を必要としない。

イ 職務に専念する義務を免除され、他の業務に従事した場合には、特に承認を受けた場合のほか、これに対する報酬又は給与を受けてはならない。なお、給与条例を参照。

ウ 職員は、職務専念義務の免除につき、承認を受けた期間の中途において、承認を受くべき事由が消滅し、又は申請書記載の内容に変更を生じたときは、書面をもって任命権者にその旨を届け出、新たに承認申請の手続をとること。

エ 職務に専念する義務の遂行は、勤務時間中に限られるので、その従事時間が勤務時間外である場合には、承認を受ける必要はない。

オ 職員が同一市町村の他の一般職の職を兼ねる場合は、職務に専念する義務に何ら影響するものではない。

カ 次の場合は、いつでも取り消すことができる。

　①申請書の内容が虚偽である場合、②申請書の内容の変更があったにもかかわらず、その変更手続を経なかった場合、③従事事務が現在の職務遂行に重大な影響を与えると認められるに至った場合

(4) 職務専念義務免除願書式例

職務専念義務免除願			
市長　　様			年　　月　　日
		所属	
		職氏名　　　　　印	
次のとおり職務に専念する義務の免除を申請します。			
職務専念義務の区分及び内容	(1) 研修を受ける場合	(2) 厚生に関する計画の実施に参加する場合	(3) 市長が定める場合
	内容		

124　第2　行政関係書式例

理由	
日時	○○年○月○日○時○分から ○○年○月○日○時○分まで （　　　日　　　時間　　　）
所在場所	
所属長の意見	印

1　この申請書は、所属長を経由して提出すること。
2　同一の理由等により一括して複数の者が申請する場合その他この様式により難い場合は、この様式に準じて作成すること。
注1　任命権者又は、その委任を受けた者の承認を得て職務専念の義務を免除されることのできる場合として各市町村の条例にあるが、おおむね、①研修を受ける場合　②厚生計画の実施に参加する場合　③特に任命権者が認める場合である。
　2　本書式例では、日付、市（町村）長名、所属課名、職名、氏名の順になっているが、⑿職員き章再交付願書式例では、末尾に日付、所属課名、職名、氏名並びに市（町村）長名となっていて不揃いであるので、それぞれの団体で形式をできるだけどれかの例に整えるのがよい。特別の根拠はない。

(5)　氏名変更届書式例

```
　　　　　　　　　　氏　名　変　更　届
　下記のとおり戸籍抄本を添えてお届けします。
　　　　　　　　　　　　　記
旧　籍
新　籍
旧氏名
新氏名
　　○○年○月○日
○○市（町村）長　氏　　名　殿（様）
```

```
                      所属課名　職名　氏　　　　　名　㊞
```

注　職員服務規則に基づいて提出するのが通例である。

(6) 住所転籍（変更）届書式例

```
                 住所転籍（変更）届
   下記のとおりお届けします。
                      記
     　本籍
   新　住所

     　本籍
   旧　住所
   ○○年○月○日
   ○○市（町村）長　氏　　　名　殿（様）
                      所属課名　職名　氏　　　　　名　㊞
```

注　前掲(5)に同じ。

(7) 着任届書式例

```
                   着　任　届
   私は、下記のとおり着任いたしましたので、お届けします。
                      記
   1　発令年月日
   2　辞令受領年月日
   3　着任年月日
   ○○年○月○日
   ○○市（町村）長　氏　　　名　殿（様）
                      所属課名　職名　氏　　　　　名　㊞
```

(8) 赴任延期願書式例

```
                  赴　任　延　期　願
   私は、下記により赴任を延期したいので、御承認くださるようお願いし
  ます。
```

```
                        記
1  発令年月日
2  辞令受領年月日
3  延期の事由
4  延期の日数
   ○○年○月○日
   ○○市(町村)長  氏    名 殿(様)
                  所属課名 職名 氏     名 ㊞
```

(9) 兼職(業)承認(許可)願書式例

```
              兼職(業)承認(許可)願
 私は、下記により兼職(業)いたしたいので、御承認(許可)くださる
ようお願いします。
                        記
1  兼職(業)について
 (1) 場  所
 (2) 兼ねる職(業)名
 (3) 兼ねる職(業)務内容と勤務状態並びに必要性
 (4) 兼ねることにより受ける給与又は報酬(利益見込み)
 (5) 職務上の支障の有無及び措置
2  兼職(業)に従事する期間
3  その他に兼務又は兼業している職務の有無
4  その他必要事項
   ○○年○月○日
   ○○市(町村)長  氏    名 殿(様)
                  所属課名 職名 氏     名 ㊞
```

注 職員は職務専念の義務及び営利企業等の従事制限があるので、任命権者の許可がなければ報酬を得て、事業や事務に従事してはならない(地公法38条)。

(10) 外郭団体等事務従事報告書式例

	所属長認印	

○○年○月○日

○○市（町村）長　氏　　　名　殿（様）
　　　　　　　　　所属課名　職名　氏　　　　名　㊞
　下記のとおり団体の事務に従事するので報告します。
　　　　　　　　　　　　記
1　従事する団体名
2　就任する役職名
3　職務内容
4　期　　　間　　自○○年○月○日至○○年○月○日
5　実従事日数（時間）
　　　　　　　　年○回○日○○時間
　　　　　　　　月○回○日○○時間
　　　　　　　　週○回○日○○時間
　　　　　　　　　　○日○○時間
6　従事する団体と市（町村）との関連性
7　報酬の有無

注1　職務内容は具体的に記載すること。
　2　定款又は規程等によって任期のあるものは、その期間。

(11) 営利企業等従事許可願書式例

　　　　　　　　　　　　　　　　　　　　　○○年○月○日
○○市（町村）長　氏　　　名　殿（様）
　　　　　　　　　所属課名　職名　氏　　　　名　㊞
　下記のとおり営利企業等に従事したいので、許可されたくお願いします。
　　　　　　　　　　　　記
1　事　由
2　従事する事業名
3　所在地
4　事業等の内容
5　役職名
6　職務内容
7　期　間
8　実従事日数（時間）

```
                    年○回○日○○時間
                    月○回○日○○時間
                    週○回○日○○時間
                        ○日○○時間
```
9　報酬の額
10　所属長の意見
　　○○年○月○日

　　　　　　　　　　　　　　　職名　氏　　　　名　㊞

注1　営利を目的とする私企業を営む会社、団体などの役員、相談役、参与、その他それに準ずる地位を兼ね、又は自分で営利事業を営んだり、報酬を得て事業や事務に従事するときは、任命権者の許可を受けなければならない（地公法38条1項）。

2　任命権者は、職務の適正な執行に悪影響を及ぼさないと判断したときは、従事することを許可する。許可に当っては、①本来の職務に支障がないこと、②本来の職務と従事しようとする営利企業等の職務の間に特別な利害がないことである。

3　勤務時間中に、営利企業等の従事許可を受ける場合は、併せて職務専念義務免除の承認若しくは年次休暇届を提出しなければならない。

⑿　職員き章再交付願書式例

職　員　き　章　再　交　付　願	
職員き章の番号	
再交付願の理由	
添　付　物　件	損傷したき章1個
上記のとおり職員き章を亡失／損傷したので再交付願いたくお願いします。 ○○年○月○日 　　　　　　　　　　所属課名　職名　氏　　　　名　㊞ ○○市（町村）長　氏　　　　名　殿（様）	

⒀ 秘密事項発表許可願書式例

職員が地公法34条2項の規定により、職務上秘密に属する事項を発表しようとするときは、許可を受けなければならない。

秘密事項発表許可願

〇〇年〇月〇日

〇〇市（町村）長　氏　　名　殿（様）
　　　　　　　　　所属課名　職名　氏　　　　名　㊞

下記のとおり職務上の秘密事項を発表したいので、許可されたく申し出ます。

記

1　発表を必要とする理由
2　発表内容
3　発表期日

⒁ 証言等許可申請書式例

証言等許可申請書

私は、下記のとおり証言等を求められたので職務上の秘密に属する事項の発表について許可されるよう申請します。

〇〇年〇月〇日

　　　　　　　　　　　　　　　　所属

　　　　　　　　　　　　　　　　職名

　　　　　　　　　　　　　　　　氏名　　　　　　　　印

　　　　　　　　様

証言等を求められた機関	

証言等の日時及び場所	
証人又は鑑定人等の別	
証言等を求められた事項	
発表しようとする証言等の内容	
備考	

4　人事評価の根本基準

(1) 人事評価

　職員の人事評価は、公正に行われなければならない（地公法23条1項）。

　任命権者は、人事評価を任用、給与、分限その他の人事管理の基礎として活用するものとする。

(2) 標準職務遂行能力

　職制上の段階の標準的な職（職員の職に限る。以下同じ。）の職務を遂行する上で発揮することが求められる能力として任命権者が定めるものをいう。

(3) 人事評価の実施

　職員の執務については、その任命権者は、定期的に人事評価を行わなければならない。

　人事評価の基準及び方法に関する事項その他人事評価に関し必要な事項は、任命権者が定める。

　この場合において、任命権者が地方公共団体の長及び議会の議長以

人事評価と人材育成

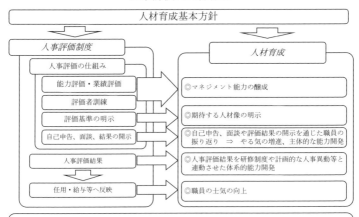

外の者であるときは同項に規定する事項について、あらかじめ、地方公共団体の長に協議しなければならない。

① 評価の基本ルール

　人事評価は、一定のルールのもとに、基準に沿って管理職が行う本来業務であり、評価者の付帯的な業務でも、期末だけに行う業務でもなく、日常のマネジメント活動の一部であることを認識しなくてはならないが、評価のためということで、特別に被評価者の職務行動を観察・把握する必要はない。評価者が日常行っている業務管理の中で、被評価者の職務行動のうちの顕著な行動等について、評価項目及び行動や着眼点を通して把握し、評価の材料として収集すれば足りると考えられている。

　このように上司の個人の判断や感情で行うものではなく、公正で納得性のある評価を行うため、次に示すような人事評価の基本ルールを明確にして公開する必要がある。

ア　仕事上の行動や結果を評価する

人事評価は、仕事上の行動や結果、その過程を評価するもので、性格や人柄などを評価する「人物評価」を基に人事評価を行ってはいけない。

イ　事実評価の原則（事実に基づいた評価）

想像や憶測ではなく、客観的な業績や職務遂行上の行動等の事実に基づき評価を行う必要があるので、噂や想像により上司は評価の対象としてはいけない。また、何かに特化した秀でた能力を有する職員でもそのスキルが職務遂行上の行動や業績としてあらわれていない場合には評価の対象とすることはできない。

また、曖昧な「記憶に頼る評価」ではなく、「記録による評価」により公正な評価を行う必要がある。評価期間中の被評価者の行動や良かった点や改善すべき点などの成果をその都度記録しておくことで、公正さが増す。

なお、記録は秘密裏に行われるものではなく、その都度、被評価者本人に伝えることで、被評価者の納得性も高まる。

ウ　評価期間独立の原則（定められた期間内での評価）

過去の業績や勤務時間外の行動等にとらわれることなく、評価対象期間の職務遂行の状況や結果に基づき評価を行わなければならない。例えば、前年度に大失敗していても、本年度の評価に影響はないし、反対に、前年度に優れた業績や行動があっても本年度の評価に影響はない。

エ　業務に関係する行動を評価する

人事評価の対象になるのは業務に関係する行動であり、私生活など職務に関係のないことは評価の対象にならない。ただし、私的な行動であっても、職務に影響があれば、その部分は評価対象となる。

オ　評価基準に基づく評価を行う

評価基準に照らして評価を行うこととし、評価基準に無い項目での評価は行わない。例えば、「積極性」に関する評価項目が無い場合に、積極性の無さを理由に評価を下げることはできない。

カ　期待成果（業務結果）に対する評価はありのまま行う

期待成果の評価とは「仕事の結果を評価すること」であるが、これは、環境変化や理由を考慮せず、結果をありのままに評価する。評価期間中の色々な事情は成果を出すためにとった行動やプロセスとしての期待行動や勤務態度などで評価する。

② 組織目標の共有

業績評価においては、「達成目標」が評価基準として重要であるが、これは場合によっては、目標の独り歩きや自己目的化をもたらす危険性がある。先述したように個々が勝手な自己満足な行動をとっているようでは高いパフォーマンスは期待できない。組織全体で共通のビジョンを持ち、同じ方向に向かって邁進する必要がある。そこで、全職員が「組織目標」を共通認識することは必要不可欠であり、その上で、各自の目標設定を行う際は、組織目標とのリンクを意識しなければならない。

③ 目標の管理に重要な面談

被評価者の評価に対する信頼感、納得性を確保し、人事評価による職員の能力開発をより確実なものとするためには、評価者と被評価者間のコミュニケーションは必要不可欠である。特に被評価者が目標を定める時期と業績などを評価する時期には必ず面談を行うことが重要となる。

ア 期初面談

評価者と被評価者との間で行い、評価期間中の被評価者の業務上の目標などを明確にして、認識の共有化を図るために行う。

イ 期中面談

年度前半の業務の進捗状況を把握し、良い点は褒め、改善すべき点の指導を促す場であり、日頃のコミュニケーションだけでは補えない業務に対する認識のズレを修正するために行う。

ウ 期末面談

被評価者の職務意識の向上、主体的な能力開発・能力発揮や業務遂行を促進するために行う。そして、評価者は被評価者の自己評価を尊重し、評価者から被評価者に対し評価結果を踏まえた助言・指導などを行う。

④ 人事評価の実施等

平成26年法律第34号による改正地公法では、任命権者は職員の執務について「公正に」（23条1項）かつ「定期的に」（23条の2第1項）人事評価を行わなければならないこと、及び人事評価の基準及び方法は任命権者が定めること（同条2項）を想定している。

23条は、人事評価の根本基準を新たに規定したものであるが、人事評価は、職員の執務の状況を把握・記録するものであり、任用、給与、分限その他の人事管理の基礎とするツールとして機能していくためには、これが公正であることが基本であり、また、公正に行われた人事評価は、人事管理の基礎として活用される必要があるため、「人事評価については、公正に行われなければならない」こと、「人事評価を任用、給与、分限その他の人事管理の基礎として活用する」ことが根本基準として定められている。

今般の改正においては、23条の2第1項において「職員の執務については、その任命権者は、定期的に人事評価を行わなければならない」と規定されているが、これは、改正前の地公法40条1項における「職員の執務について定期的に勤務成績の評定を行い…」との規定を引き継ぐものと考えられる。

これを踏まえ、人事評価の具体的な実施方法等については、運用通知において次のアからオのような考え方が示されている。

ア　評価対象者

評価の対象は、地方公務員法上のすべての職員であり、任命権者は、職員の執務について、定期的に人事評価を行わなければならない。

イ　評価者

評価の実施に当たっては、評価の客観性を確保するため、一次評価者、二次評価者等の重層的な評価体制を設けることが適当である。

また、評価者の設定においては、所属長（課室長）等を基本としつつ、組織規模や業務の実態などの実情に応じ、評価を補助する者を置くなどの方法を工夫することが望ましい。

ウ 評価期間

　国の能力評価については、当該職位に求められる職務行動が安定的にとられているかどうかを評価するための観察期間や任用・昇給への活用を念頭に年1回（10月から翌年9月）、業績評価については、勤勉手当への活用を念頭に年2回（10月から翌年3月、4月から9月）としている。

　各地方公共団体においては、このような国の取扱いを参考にしつつ、各団体の実情に応じて評価期間を設定すること。

エ 自己申告、面談等

　人事評価に当たっては、人事評価制度の納得性を確保するため、被評価者自らの認識その他評価者による評価の参考となるべき事項について自己申告を行わせ、また、業績評価の目標内容の明確化や認識の共有を行うための期首面談や、原則として評価結果を開示して、被評価者に対して指導・助言を行うための期末面談などを行うことが適当である。

　特に、評価結果が下位区分に該当する場合には、人材育成観点からも、面談により改善に向けた助言・指導をすることが重要である。

オ 評価者訓練

　人事評価制度の円滑かつ適切な運用のため、評価者が人事評価制度の意義や評価方法、評価の実例等についての評価者訓練等の受講経験を得られるよう努める。

(4) 人事評価に基づく措置

　任命権者は、人事評価の結果に応じた措置を講じなければならない。

(5) 人事評価に関する勧告

　人事委員会は、人事評価の実施に関し、任命権者に勧告することができる。

等級別基準職務表と等級別・職名別の職員数の公表のイメージ

等級	職務（例）	合計		内訳					
		人数	（%）	職名	人数	職名	人数	職名	人数
9級	本庁の困難な業務を行う部長の職務	10	0.2%	部長	…				
8級	本庁の部長の職務 本庁の困難な業務を行う部の次長の職務	27	0.6%	部長	…				
7級	本庁の次長の職務 本庁の困難な業務を行う課長の職務 困難な業務を行う出先機関の長の職務	54	1.3%	次長	…	次長	…	支庁長	…
6級	本庁の課長の職務 出先機関の長の職務	260	6.1%	課長	…	総合事務所長	…		
5級	本庁の困難な業務を行う課長補佐の職務 出先機関の次長又は困難な業務を行う出先機関の課長の職務	871	20.4%	課長補佐	…	総合事務所次長	…	支庁の課長	…
4級	本庁の課長補佐又は主幹の職務 出先機関の課長の職務	1044	24.4%	課長補佐	…	主幹	…	総合事務所の課長	…
3級	本庁の係長又は主査の職務	1392	32.6%	係長	…	主査	…		
2級	主任の職務 高度な知識又は経験を必要とする業務を行う職務	339	7.9%	主任	…	主事	…		
1級	定型的な業務を行う職務	227	6.5%	主事	…				

（6級 ←）

注1 職員の給与には、その職務と責任に応ずるものでなければならない。（地公法24条1項）
2 給料表には、等級ごとに明確な給料の幅を定めていなければならない。（地公法25条4項）
3 等級別基準職務表には、職員の職務の等級への分類の基準となるべき職務の内容を定めていなければならない。（地公法25条5項）

(参考) 国の「級別標準職務表」

○人事院規則9－8（初任給、昇格、昇給等の基準）

（級別標準職務）

第3条　給与法第6条第3項に規定する職務の級の分類の基準となるべき標準的な職務の内容は、別表第一に定める級別標準職務表に定めるとおりとし、同表に掲げる職務とその複雑、困難及び責任の度が同程度の職務は、それぞれの職務の級に分類されるものとする。

別表第一　級別標準職務表（第3条関係）

イ　行政職俸給表（一）級別標準職務表

職務の級	標準的な職務
1級	定型的な業務を行う職務
2級	1　主任の職務 2　特に高度の知識又は経験を必要とする業務を行う職務
3級	1　本省、管区機関又は府県単位機関の係長又は困難な業務を処理する主任の職務 2　地方出先機関の相当困難な業務を分掌する係の長又は困難な業務を処理する主任の職務 3　特定の分野についての特に高度の専門的な知識又は経験を必要とする業務を独立して行う専門官の職務
4級	1　本省の困難な業務を分掌する係の長の職務 2　管区機関の課長補佐又は困難な業務を分掌する係の長の職務 3　府県単位機関の特に困難な業務を分掌する係の長の職務 4　地方出先機関の課長の職務
5級	1　本省の課長補佐の職務 2　管区機関の困難な業務を処理する課長補佐の職務 3　府県単位機関の課長の職務 4　地方出先機関の長又は地方出先機関の困難な業務を所掌する課の長の職務

6級	1 本省の困難な業務を処理する課長補佐の職務
	2 管区機関の課長の職務
	3 府県単位機関の困難な業務を所掌する課の長の職務
	4 困難な業務を所掌する地方出先機関の長の職務
7級	1 本省の室長の職務
	2 管区機関の特に困難な業務を所掌する課の長の職務
	3 府県単位機関の長の職務
8級	1 本省の困難な業務を所掌する室の長の職務
	2 管区機関の重要な業務を所掌する部の長の職務
	3 困難な業務を所掌する府県単位機関の長の職務
9級	1 本省の重要な業務を所掌する課の長の職務
	2 管区機関の長又は管区機関の特に重要な業務を所掌する部の長の職務
10級	1 本省の特に重要な業務を所掌する課の長の職務
	2 重要な業務を所掌する管区機関の長の職務

備考
1 この表において「本省」とは、府、省又は外局として置かれる庁の内部部局をいう。
2 この表において「管区機関」とは、数府県の地域を管轄区域とする相当の規模を有する地方支分部局をいう。
3 この表において「府県単位機関」とは、1府県の地域を管轄区域とする相当の規模を有する機関をいう。
4 この表において「地方出先機関」とは、1府県の一部の地域を管轄区域とする相当の規模を有する機関をいう。
5 この表において「室」とは、課に置かれる相当の規模を有する室をいう。

1 人事・給与・服務関係手続書式例　139

業績評価シート（目標管理シート）の例

評価期間	年 月 日～平成 年 月 日		被評価者	所属：		職名：		氏名：	

| 期首面談 | 年 月 日 |
| 期末面接 | 年 月 日 |

	所属・職名：	氏名：	1次評価記入日： 年 月 日
1次評価者	所属・職名：	氏名：	2次評価記入日： 年 月 日
2次評価者	所属・職名：	氏名：	確 認 日： 年 月 日
確認者			

(Ⅱ 業績評価：共通)

【1 目標】

番号	業務内容	目標 (いつまでに、何を、どの水準まで)	困難	重要	自己申告 (達成状況、状況変化その他の特筆すべき事情)	1次評価者 (所見)	(評語)	2次評価者 (任意)
1								
2								
3								
4								

140　第2　行政関係書式例

| 被評価者 | 所属： | 職名： | 氏名： |

【2　目標以外の業務への取組状況等】

番号	業務内容	自己申告 (目標以外の取組事項、突発事態への対応等)	1次評価者
		(所見)	(所見)

【3　全体評語等】

1次評価者		2次評価者	
(所見)	(全体評語)	(所見)	(全体評語)

小規模団体における人事評価の実施例

団体名 (導入時期)	人口 (H25.3.31現在)	職員数 (H25.4.1現在)	具体的な取組内容
福井県美浜町 (平成21年度)	10,385	192	・能力評価と目標管理型の業績評価を管理職及び一般職で実施。 ・評価基準等の明示、評価者訓練、自己申告、面談、結果開示、苦情対応を実施。 ・評価結果を昇給・勤勉手当、昇任・昇格、配置転換へ反映。
長野県松川町 (平成19年度)	13,919	106	・能力評価と目標管理型の業績評価を管理職及び一般職で実施。 ・評価基準等の明示、評価者訓練、自己申告、面談、結果開示、苦情対応を実施。 ・評価結果を昇給・勤勉手当、昇任・昇格、降任・降格へ反映。 ・毎年度職員アンケートを実施し、意見聴取の機会を確保。
岐阜県輪之内町 (平成18年度)	9,972	89	・能力評価と目標管理型の業績評価を管理職及び一般職で実施。 ・評価基準等の明示、自己申告、結果開示を実施。 ・評価結果を昇給・勤勉手当、昇任・昇格、配置転換へ反映。

5　勤務時間

(1) 勤務時間に関する根拠

地方公務員についても、労働基準法（32条、32条の2、33条）が適用されるものとされている（地公法58条）。

職員の勤務時間、休日、休暇等に関する直接の根拠としては、地方公務員法24条5項に基づいて条例で定めなければならない。条例で定める場合、労働基準法に違反しないように定めなければならない。

(2) 勤務時間

勤務時間は1週間について40時間を超えてはならない。正規の勤務時間とは、通常の場合は、週38時間45分と定められ、休憩時間を除き実働月曜日から金曜日までは午前8時30分～午後5時00分までとされている。ただし、例外として、職務の性質によって、別扱いの定めをすることができる。

(3) 休憩時間

休憩時間は6時間の勤務を超える場合には45分、8時間を超えるときは1時間与えなければならない。

(4) 休　　日

地方公共団体の休日は、日曜日、土曜日、国民の祝日に関する法律に規定する休日、条例で定める年末又は年始における日等である（自治法4条の2）。

休日において、正規の勤務時間中に勤務した場合には、その勤務の全時間に対して1時間当たりの給与額の135％を休日給として支払われるべきである。また、正規の勤務時間外の勤務の場合は休日給は支給されず、時間外勤務手当が支給されなければならない。

(5) 休　　暇

休暇は有給・無給に区別できる。有給休暇は、年次有給休暇とその他の有給休暇に分けられる。

ア　年次有給休暇

① 職員は暦年により1年を通じて20日与えられる。ただし、2月以降において新たに職員となった者のその年の休暇は月割で与えられる。

② 年の途中の採用者の休暇日

採用＼月	1	2	3	4	5	6	7	8	9	10	11	12
その年に与える年次休暇日数	20	18	17	15	13	12	10	8	7	5	3	2

③ 休暇は、原則として、1日又は半日を単位とするが、1時間を単位として与えることができる。

④ 年次有給休暇は職員の権利であるから、職員から請求のあった場合には、事務に支障のない限り与えられなければならないと解される。

⑤ 年次有給休暇は労働基準法115条に規定する時効によって消滅（2年）しない限り、原則として翌年に繰り越されるものと解されている。

イ　その他の有給休暇

① 選挙権その他公民権を行使する場合
② 証人、鑑定人、参考人等として国会、裁判所、地方公共団体の議会その他官公署へ出頭
③ ドナー休暇
④ ボランティア休暇
⑤ 結婚休暇
⑥ 産前・産後休暇
⑦ 育児時間
⑧ 妻の出産

⑨　子の看護
⑩　忌引
⑪　父母の祭日
⑫　夏季休暇
⑬　風水震災火災その他の天災地変による職員の現住居の滅失又は破壊
⑭　風水震災火災その他の非常災害による交通遮断
⑮　その他交通機関の事故等の不可抗力の事故

ウ　介護休暇

　介護休暇は、職員が負傷、疾病又は老齢により2週間以上にわたり日常生活を営むのに支障があるものの介護をするため、勤務しないことが相当であると認められる場合の休暇となっている（一般職の職員の勤務時間、休暇等に関する条例）。

　この場合の介護の対象者は以下の者に限られている。

①　配偶者、父母、子及び配偶者の父母
②　同居の祖父母、孫及び兄弟姉妹
③　同居の父母の配偶者、配偶者の父母の配偶者、子の配偶者、配偶者の子（人事院規則第15—14第23条第1項第2号及び「職員の勤務時間、休日及び休暇の運用について」（平成6年7月27日職職—328）第13の6）

　なお、介護休暇は無給の休暇であり、その勤務しない1時間につき、給与額が減額される。これに対して、扶養手当をはじめそれ以外の手当については支給されることになるが、通勤手当及び特別調整額については月の初日から末日まで1日も出勤がなかった場合には支給されない。また、勤勉手当についても、介護休暇の期間が30日を超える場合には、期間率計算の勤務時間からその全期間が除算される。

　また、介護休暇を取得するためには、任命権者の承認が必要であり、任命権者は、事由に該当すると認める場合には、介護休暇の取得を承認しなければならないが、「当該請求にかかる期間のうち公務の運営に支障がある日又は時間」については、承認しないことができる。

以上は国家公務員に係る法律等であり、地方公務員は上記に準じて条例による。

エ　育児休業

　職員（非常勤職員等を除く。）は、任命権者の承認を受けて、その3歳に満たない子を養育するため、当該子が3歳に達する日まで、育児休業をすることができる（地方公務員の育児休業等に関する法律2条1項）。育児休業の承認を受けようとする職員は、育児休業をしようとする期間の初日及び末日を明らかにして、任命権者に対し、その承認を請求する。任命権者は、育児休業の承認の請求に係る期間について当該職員の業務を処理するための措置を講ずることが著しく困難である場合を除き、育児休業を承認しなければならないこと。

　育児休業をしている職員は、当該育児休業の期間の延長を請求することができ、当該延長は、特別の事情がある場合を除き、1回に限られる。

　育児休業をしている職員は、職を保有するが、職務に従事せず、したがって育児休業をしている期間については、給与を支給しない。

　なお、次に掲げる職員は、育児休業をすることができない。

① 　非常勤職員
② 　臨時的に任用される職員
③ 　育児休業法6条1項の規定により任期を定めて採用された職員
④ 　職員の定年等に関する条例第〇条第〇項又は第〇項の規定により引き続いて勤務している職員
⑤ 　育児休業により養育しようとする子について、配偶者が育児休業法その他の法律により育児休業をしている職員
⑥ 　⑤に掲げる職員のほか、育児休業により養育しようとする子を職員以外の当該子の親が常態として養育することができる場合における当該職員

オ　部分休業制度の創設

①　**修学部分休業制度の創設（地公法26条の2）**

　　・大学その他条例で定める教育施設で学ぶ場合、勤務時間を短

縮する制度が創設された。
- 部分休業が認められる場合は、
  i 公務の運営に支障がないこと。
  ii 当該職員の公務に関する能力の向上に資すると認めるときであること
  iii 当該職員が、大学その他の条例で定める教育施設における修学のためであること
  iv 2年を超えない範囲内において条例で定める期間中であること
- アからエを満たし、任命権者が承認すれば、1週間の勤務時間の一部について、勤務しないことが認められる。ただし、休職・停職処分を受けると失効する。
- 給与については、条例で定めるところにより、減額支給される。

② **高齢者部分休業制度の創設（地公法26条の3）**
- 定年退職5年前から定年退職までの間、勤務時間を短縮する制度が創設された、
- 部分休業が認められる場合は、
  i 公務の運営に支障がないこと
  ii 定年退職5年前から定年退職までの間であること
  iii 2年を超えない範囲内において条例で定める期間中であること
- アからウを満たし、任命権者が承認すれば、1週間の勤務時間の一部について、勤務しないことが認められる。なお、休職等の処分を受けた場合及び給与の取扱いは、①の場合と同じ。

カ 自己啓発等休業

職員は、別に法律で定めるところにより自己啓発等休業、育児休業及び大学院修学休業ができる（地公法26条の4）。

任命権者は、職員（臨時的に任用される職員その他の法律により任期を定めて任用される職員及び非常勤職員を除く。）が申請した場合において、公務の運営に支障がなく、かつ、当該職員の公務に関する能力の向上に資すると認めるときは、条例で定めるところに

より、当該職員が、3年を超えない範囲内において条例で定める期間、大学等課程の履修（大学その他の条例で定める教育施設の課程の履修をいう。）又は国際貢献活動（国際協力の促進に資する外国における奉仕活動（当該奉仕活動を行うために必要な国内における訓練その他の準備行為を含む。）のうち職員として参加することが適当であると認められるものとして条例で定めるものに参加することをいう。）のための休業をすることを承認することができる（地公法26条の5）。

キ　配偶者同行休業制度

　　職員が、外国での勤務等により外国に住所又は居所を定めて滞在するとき、その配偶者と、当該住所又は居所において生活を共にする場合、配偶者に休業が認められる。

　　休業期間は3年を超えない範囲で条例で規定する。

ク　育児休業及び大学院修学休業

　　別に法律で定めるところによる。

ケ　組合休暇

　　組合休暇は、職員が任命権者の承認を得て登録職員団体の業務に従事する期間で、無給である。在籍専従の期間は5年以内に限られている（地公法55条の2）。

＜参考＞組合休暇願書式例

```
　　　　　　　　　組　合　休　暇　願
　　　　　　　　　　　　　　　　　　　　○○年○月○日
○○都（道府県）知事　殿（様）
　　　　　　　　　　　所属課名　職名　氏　　　　名　㊞
　下記のとおり休暇を受けたいので、承認されたくお願いします。
　　　　　　　　　　　　　　記
1　職員団体名
2　従事する業務の内容
3　休暇期間　　○○年○月○日から
　　　　　　　（○時○分から）　　　　　○○日間
　　　　　　　　○○年○月○日まで
　　　　　　　（○時○分まで）
```

(6) 休暇届書式例

```
              休     暇     届
                          ○○年○月○日
(所属長名) 氏    名  殿 (様)
                    所属課名 職名 氏    名 ㊞
わたくしは、次のとおり休暇を受けたいので、お届けいたします。
                    記
期    日   ○○年○月○日から
          ○○年○月○日まで (○○日間)
```

注1　条例で20日の年次有給休暇を与えているのが通常である。
　2　休暇届で処理されているのが実情。ただし、当局に「時季変更権」がある。
　3　年次有給休暇の権利は労働基準法115条の請求権として2年間の消滅時効の適用があるとして、その翌年に限り繰り越すことができる職場もある。
　4　時間単位の年次有給休暇が行われている職場もある。

(7) 病気（特別）休暇願書式例

```
              病気
              特別 休  暇  届
                          ○○年○月○日
(所属長名) 氏    名  殿 (様)
                    所属課名 職名 氏    名 ㊞
                            病気
わたくしは、次のとおり 特別 休暇を受けたいので御承認願います。
1  期     間   ○○年○月○日から○○年○月○日まで○○日間
2  理     由
3  添 付 書 類
4  備     考
```

注1　何日（定めるところにより）以上にわたる傷病休暇には医師の診断書を添えること。
　2　産前産後の休暇の場合は、医師又は助産婦の証明書を添えること。
　3　特別休暇は、労働基準法、市（町村）の条例又は地方公営企業の職員若しくは単純労務職員の場合の規程若しくは団体協約に基づくものに分けることができる。

4 地方公共団体が条例等で認めている特別休暇の主なものはおおむね次のとおりである。
① 感染症予防法による交通しゃ断又は隔離
② 風水震火災その他の非常災害による交通しゃ断
③ 風水震火災その他の天災地変による職員の現在住居の滅失又は破壊
④ その他、交通機関の事故等の不可抗力の事故
⑤ 証人、鑑定人、参考人等として国会、裁判所、地方公共団体の議会等の官公署への出頭。選挙権その他公民としての権利行使
⑥ ドナー休暇
⑦ ボランティア休暇
⑧ 結婚休暇
⑨ 妻の出産
⑩ 子の看護
⑪ 父母の祭日
⑫ 忌　引
⑬ 夏季休暇

(8) 忌引休暇願書式例

```
　　　　　　　　　　忌　引　休　暇　願
　　　　　　　　　　　　　　　　　　　　　　　　〇〇年〇月〇日
（所属長名）氏　　　　名　殿（様）
　　　　　　　　　　　　　　所属課名　職名　氏　　　　名　㊞
　わたくしは、次のとおり忌引休暇を受けたいので、御承認願います。
1　休暇を受ける期日
2　休暇を受ける理由
3　休暇地及び連絡先
```

(9) 生理休暇申請書式例

```
　　　　　　　　　　生　理　休　暇　申　請　書
　　　　　　　　　　　　　　　　　　　　　　　　〇〇年〇月〇日
（所属長名）氏　　　　名　殿（様）
　　　　　　　　　　　　　　所属課名　職名　氏　　　　名　㊞
　下記により休暇を受けたいので申請します。
```

```
記
1  理     由
2  期     間
```

(10) 産前・産後休暇（延長）申請書式例

```
              産前・産後休暇（延長）申請書
                                    ○○年○月○日
  （所属長名）氏    名  殿（様）
                      所属課名  職名  氏    名  ㊞
    わたくしは、次のとおり産前（産後）の休暇（延長）を受けたいので、
  別紙医師の診断書（助産婦の証明書）を添えて申請します。
  1  出産予定日（分娩日）
  2  休暇を受ける期間
  3  休暇地及び連絡先
```

注 出産（予定日）が変わったことにより、延長が必要となったときは、上記の例にならって、出産休暇の延長願を提出する。
　　（例）　延長期間

(11) 育児時間休暇願書式例

```
               育 児 時 間 休 暇 願
                                    ○○年○月○日
  （所属長名）氏    名  殿（様）
                      所属課名  職名  氏    名  ㊞
    わたしくは、次のとおり、育児のため休暇を受けたいので、御承認くだ
  さるようお願いします。
  1  休暇時間  毎日
         午前○時○分から30分間
         午後○時○分から30分間
  2  休暇期間
         ○○年○月○日から○○年○月○日まで○○日間
```

```
3 育児に係る子に関する事項
 ① 氏      名
      (生年月日)
 ② 続      柄
```

(12) 欠勤届書式例

```
               欠   勤   届
                          ○○年○月○日
 (所属長名) 氏    名 殿 (様)
                  所属課名 職名 氏      名 ㊞
  わたくしは、次のとおり欠勤いたします (いたしました) ので、お届け
 します。
 1 欠勤の期日
 2 欠勤の理由
 3 連 絡 先
```

注1 職員が欠勤届を提出できない場合又は提出しない場合は、所属長が、欠勤者職氏名、職務内容、事由、欠勤期間を欠勤報告書にまとめ提出する。

 2 承認がなく欠勤した期間は、給与の減額の対象となる。

(13) 遅刻 (早退) 届書式例

```
               遅 刻 (早 退) 届
                          ○○年○月○日
 (所属長名) 氏    名 殿
                  所属課名 職名 氏      名 ㊞
  わたくしは、次のとおり遅刻 (早退) いたしたいので、お届けします。
 1 遅刻 (早退) の期日及び時間
 2 遅刻 (早退) の理由
```

注 年次休暇で扱えばよい。

⑭ 年次休暇簿書式例

年 次 休 暇 簿

職　　名	氏　　　名	本年使用できる休暇日数	前年からの繰越し休暇日数	日
			条例の規定に基づく休暇日数	日
採用年月日	年　月　日		計	日

| 受理年月日 | 受　　　　　理 ||| 休　暇　期　間 || 届出月日 | 印 | 休暇残日数 | 備考 |
	部長	課長	庶務係長	係長					
					月　日から 月　日まで	日　時間			日　時間	
					月　日から 月　日まで	日　時間				
					月　日から 月　日まで	日　時間				

注1　受理欄の職名等は、適宜変更又は増減する。

　2　繰り越した前年の休暇分と現年の休暇分のいずれを先に承認するかは、任命権者が定める（昭36.6.16行実）。

　3　争議行為など違法な行為に利用する目的で請求した場合には、年次休暇を与えた法の精神と相入れないので、拒否することができる（昭27.7.25労基収第3821号）。

⑮ 特別・病気休暇願簿書式例

職　　名	氏　　　名

特別・病気休暇願簿

| 承認年月日 | 承　　　　　認 |||| 特休・病休の別 | 休暇を受ける期間 || 休暇を受ける具体的理由 | 申請月日 | 印 | 備考 |
	部長	課長	庶務係長	係長							
						月　日から 月　日まで	日　時間				
						月　日から 月　日まで	日　時間				
						月　日から 月　日まで	日　時間				

注　承認欄の職名等は、適宜変更又は増減する。

⒃ 育児休業承認関係書式例

地方公務員の育児休業等に関する法律により、任命権者（その委任を受けた者）の承認を受けて休業することができるが、条例が必要である。

① 育児休業承認請求書式例

		○○年○月○日	
（任命権者）　　　　殿（様）			
		所　属	
次のとおり育児休業の承認を請求します。		職	
		氏　名　　　　　㊞	

1 請求に係る子		2 請求者以外の子の親	
氏　　　　名		氏　　　　名	
続　　　柄		子との同・別居	□同居　□別居
生 年 月 日	年　　月　　日生	就 業 の 有 無	□有　□無
3 請求の内容	□育児休業　　　　　　　　□育児休業期間の延長		
	□再度の育児休業　　　　　□再度の育児休業期間の延長		
	（再度の育児休業又は再度の育児休業期間の延長が必要な事情）		
4 請求期間	年　月　日から　　　　年　月　日まで		
5 既に育児休業をした期間	年　月　日から　　　　年　月　日まで		
	年　月　日から　　　　年　月　日まで		
6 備　　考			

注1　この承認請求は、地方公務員の育児休業等に関する法律に基づく条例により請求するものである。
　2　この請求書には、請求に係る子の氏名、請求者との続柄及び生年月日を証明する書類（母子健康手帳の出生届出済証明書、子の戸籍抄本等のいずれか）を添付すること。
　3　該当する□にレ印を記入すること。

② 養育状況変更届書式例

```
                                         ○○年○月○日
  (任命権者)
                  殿(様)
                             所　属
                             職
                             氏　名           ㊞

　次のとおり育児休業に係る子の養育の状況について変更が生じたの
　　　　　　部分休業
で届け出ます。
1　届出の事由
　□　休業に係る子を養育しなくなった。
　　　□　同居しなくなった　　□　負傷・疾病　　□　その他（　　）
　□　休業に係る子を配偶者が養育できることとなった。
　□　休業に係る子が死亡した。
　□　休業に係る子と離縁した（養子縁組の取消しを含む）。
　□　休業に係る子との親族関係が特別養子縁組により終了した。
　□　その他〔　　　　　　　　　　　　　　　　　　　　　　　〕

2　届出の事由が発生した日
　　　　年　　月　　日
```

注　該当する□にレ印を記入すること。

③ 部分休業承認請求書式例

<table>
<tr><td colspan="4">（任命権者）　　殿（様）

次のとおり部分休業の承認を請求します。</td><td colspan="2">〇〇年〇月〇日
所　属
職
氏　名　　　　㊞</td></tr>
<tr><td colspan="3">1 請求に係る子</td><td colspan="3">2 請求者以外の子の親</td></tr>
<tr><td colspan="2">氏　　　名</td><td></td><td colspan="2">氏　　　名</td><td></td></tr>
<tr><td colspan="2">続　　　柄</td><td></td><td colspan="2">子との同・別居</td><td>□同居　□別居</td></tr>
<tr><td colspan="2">生年月日</td><td>年　月　日生</td><td colspan="2">就 業 の 有 無</td><td>□有　□無</td></tr>
<tr><td colspan="2">3 託児の態様</td><td colspan="4">□託児施設（　　　　　　　　）　□その他（　　　　　　　）
（託児時間：時 分～時 分）（託児時間：時 分～時 分）</td></tr>
<tr><td colspan="2">4 通勤時間</td><td colspan="4">時間　分　　　　（託児先を経由する時間を含む）</td></tr>
<tr><td colspan="2" rowspan="5">5 請求期間
及び時間</td><td colspan="2">期　　　　　間</td><td colspan="2">時　　　　間</td></tr>
<tr><td>年　月　日から
年　月　日まで</td><td>□毎日
□その他
（　　　）</td><td colspan="2">午前　時　分～　時　分
午後　時　分～　時　分</td></tr>
<tr><td>年　月　日から
年　月　日まで</td><td>□毎日
□その他
（　　　）</td><td colspan="2">午前　時　分～　時　分
午後　時　分～　時　分</td></tr>
<tr><td colspan="2">6 備　　考</td><td colspan="4"></td></tr>
</table>

注1　この請求書には、請求に係る子の氏名、請求者との続柄及び生年月日を証明する書類（母子健康手帳の出生届出済証明書、子の戸籍抄本等のいずれか）を添付すること。

2　請求に係る子について、請求者以外の子の親が部分休業その他の育児のための短時間勤務等の制度の適用を受けている場合、託児の態様、通勤の状況以外に部分休業を必要とする事情がある場合には、その内容を備考欄に記入すること。

3　部分休業の承認が、職員からの申請に基づき取り消された場合は、その旨を裏面に記入すること。

4　該当する□にレ印を記入すること。

6 職員の福祉及び利益の保護

(1) 公務災害補償

　地方公務員が公務によって死亡し、負傷し、若しくは疾病にかかった場合、又は公務による負傷、疾病が原因となって死亡し、若しくは障害の状態となった場合には、これらの原因によって受けた損害は補償されなければならない（地公法45条）。

　国家公務員は、国家公務員災害補償法により補償されるが、地方公務員については、従来、労働基準法及び労働者災害補償保険法によっていたのが、昭和42年8月1日法律第121号で新たに地方公務員災害補償法が公布され、同年12月1日から施行された。

ア 補償の種類（主なもの）

① 療養補償

　負傷又は疾病が治ゆするまで、必要な療養又は療養費の支給が行われる。

② 休業補償

　療養のため勤務することができない場合で、給与を受けないときは、その勤務することができない期間1日につき、平均給与額の100分の60相当額が支給される。

③ 傷病補償年金

　療養の開始後1年6月を経過した日又はその日後において、一定の要件に該当する場合に支給される。

④ 障害補償

　負傷又は疾病がなおったときに障害がある場合には、障害等級第1級から第7級まで（重度）の障害については、その等級に応じ、313日分から131日分までの障害補償年金を、障害等級第8級から第14級まで（軽度）の障害については、その等級に応じ、503日分から56日分までの障害補償一時金が支給される。

⑤ 介護補償

　一定の傷病補償年金又は障害補償年金の受給権者が支給事由と

なった一定の障害により、常時又は随時介護を要する状態にあり、かつ、常時又は随時介護を受けている場合に支給される。

⑥ 遺族補償

職員が死亡当時、その職員の収入によって生計を維持していた配偶者又は2親等以内の血族（妻以外は60歳以上又は18歳未満の者に限る。）があるときは、遺族の数に応じ、それぞれの率を乗じた額の遺族補償年金が支給される。これらの者がないときは、その他の配偶者、2親等以内の血族等に、遺族の区分に応じ、また、平均給与額の400日分から1,000日分までの遺族補償一時金が支給される。

⑦ 葬祭補償

職員が公務上又は通勤により死亡した場合には、葬祭を行う者に対して、一定額に平均給与額の30日分相当額が加算して支給される。

イ 福祉事業

外科後処置、補装具の支給、リハビリテーション、休養、アフターケア等職員及びその遺族の福祉に関して必要な事業が実施されている。

ウ 災害補償基金

① 地方公務員の補償と福祉事業の実施を行うため、地方公務員災害補償基金が設置されている。主たる事業所は東京都に、従たる事務所が都道府県、指定都市に置かれる。

② 基金の業務に要する費用は、地方公共団体の負担金で充てられ、その負担金の額は、職員の職務の種類ごとに（一般職員、教育、警察官、運輸関係職員等）給与の総額（退職手当を除く。）に一定率を乗じて得た額の合計額とされている。

エ 非常勤の地方公務員

地方公共団体は、非常勤の地方公務員のうち、法律（労働者災害補償保険法、船員保険法、公立学校の学校医、学校歯科医及び学校薬剤師の公務災害補償に関する法律、消防組織法、水防法）により公務災害に対する補償の制度が定められていない者に対する補償の

制度を、条例で定めなければならない（議会の議員、行政委員会の委員、嘱託員等）。

オ 審査の請求

　基金が行う補償に関する決定に不服がある者は、地方公務員災害補償基金審査会に対して審査請求をすることができる。

　基金の従たる事務所の長が行う補償に関する決定に不服がある者は、地方公務員災害補償基金支部審査会に対して審査請求をし、その決定に不服がある者は、さらに基金審査会に対して再審査請求をすることができる。

　この審査請求又は再審査請求は、行政不服審査法が適用される。

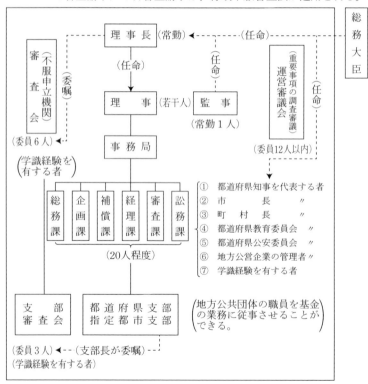

(2) 勤務条件の措置要求

職員は、給与、勤務時間その他の勤務条件に関し、人事委員会又は公平委員会に対して、市町村の当局により適当な措置が執られるべきことを要求することができる（地公法46条）。

ア 要求の内容

要求の内容となるべき事項は、給与、勤務時間及びその他の勤務条件すべてである。例えば公務災害補償、共済制度、退職一時金の制度に対する措置も、それが勤務条件に関するものと認められるものであれば、地公法46条の要求の内容とすることができる。

① 諸給与

　a 給与ベースの引上げ　b 不均衡是正　c 昇給の実施　d 給料の是正　e 宿日直手当の増額　f 時間外手当の完全支給　g 年末手当の増額

② 勤務時間

一般職には少ないが、特殊勤務の職員には多い。

③ その他の勤務条件

その他の勤務条件のうちには、旅費、執務環境等の改善がある。

イ 要求の手続

① 要求及び審査、判定の手続並びに審査、判定の結果執るべき措置に関し、必要な事項は、市町村の人事委員会又は公平委員会の規則で定めなければならない（同法48条）。

② 要求は書面で行い、要求する職員が署名押印して、正副2通作成すること。

これに必要とする付属書類を添付すること。

③ 要求に対して、人事委員会又は公平委員会は、事案について口頭審理又は書面審理による審査を行う（同法47条）。

④ 勤務条件の措置要求をできる者は、消防官や警察官を含む、一般職に属するすべての公務員であること。

⑤ 公営企業職員、単純労務職員は除かれる。これらの職員は、労働組合法、労働関係調整法による団体交渉、労働協約権があるからである。

勤務条件措置要求の図解

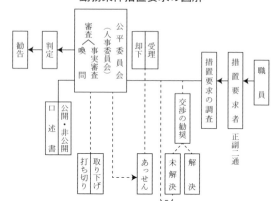

(3) 勤務条件措置要求書式例

```
 勤務条件に関し、次のように措置を要求します。
1  申請者
     住   所
     職名及び勤務場所
     氏   名
     生年月日
2  要求事項（箇条書きに簡明に記載のこと。）
3  要求の具体的内容
4  交渉経過の概要
     ○○年○月○日
○○市（町村）人事（公平）委員会委員長　氏　　名　殿
                           申請者　氏　　　　名　㊞
```

注1　個々の職員はもちろん、また個々が共同して行うこともできる。共同して行う場合は、連名にすればよい。ただし、職員団体は要求できない。

　2　職員は、代理人を選任して要求することができる。代理人の住所、職業、氏名を記載すること。附属書類として委任状を添付すべきである。

　3　職員個人の具体的勤務条件に関する措置を、委任を受けない他の職員が代わって要求することはできない。

4 要求の際、現に職員であることを要する。
5 具体的に記載するとともに、要求事項を裏付ける適切な資料を添えること。なお、長文にわたるときは「別紙」と本文とに分けること。
6 要求書に記載した事項に変更を生じた場合には、速やかにその旨を届け出ること。
7 措置要求の申し出を故意に妨げた者は、罰則の適用がある。

(4) 勤務条件措置要求の取下げ申立書式例

```
              措置要求取下げ申立書
  ○○年○月○日付け提出の勤務条件に関する措置の要求（……………の
うち何々の部分）を取り下げます。
    ○○年○月○日
    ○○市（町村）人事（公平）委員会委員長　氏　　　名　殿（様）
                      職名　氏　　　　　名　㊞
```

注1 要求書の取下げは、人事・公平委員会の受理前において、又は受理後においても行える。
2 取下げは、書面によるほか、口頭審理において口頭ですることもできる。
3 取下げと同時に、同一の事情に基づく要求を行うことはできないと解されている。

(5) 審査及び審査の結果執るべき措置

審査が完了すれば、判定を行う。判定は書面によって行われ、要求者に送達される。判定には、次の3つがある。

① 却下　要求が要件を欠いているとき。
② 棄却　要求に理由がないとき。
③ 認容　要求が正当であるとき。

③の認容する旨の判定を行った場合は、必要な勧告を行わなければならない。また、勧告は文書によって行う。その写しを要求者に送達する。しかし、この勧告は、別段法的に拘束力はないが、専門的な知識と、公平な立場からの勧告であるから、地方公共団体の機関は極力尊重しなければならない。

(6) 不利益処分の審査請求

　公務員は、国又は地方公共団体と公法上の勤務関係にあるので、一定の範囲で国又は地方公共団体の命令に服従する義務を負う。
　ア　不利益処分の審査請求のできる職員は、一般職に属するすべての地方公務員に限られ、公営企業職員、単純労務に雇用される職員並びに条件付採用期間中の職員及び臨時的任用の職員は除かれる。
　イ　懲戒その他その意に反すると認める不利益処分とは、免職、降任、休職、降給、停職、減給、戒告、臨時待命等をいい、転任、兼職、出向等の処分も事実によっては、不利益処分となりうる。
　　不利益処分を行う場合においては、その職員に対し、処分の事由を記載した説明書を交付しなければならない。職員は、意に反した不利益処分と思うときは、任命権者に対し、処分事由を記載した説明書の交付を請求することができ、任命権者は15日以内に説明書を交付しなければならない（地公法49条）（例　定期昇給がなされなくても不利益処分にあらず）。
　ウ　処分説明書の交付要求をしないで、審査請求をすることはできない。
　エ　処分説明書の交付を受けた職員は、処分があったことを知った日の翌日から起算して3か月以内に人事・公平委員会に審査請求ができる。
　　なお、処分があった日の翌日から起算して1年を経過したときは審査請求をすることができない（地公法49条の3）。
　オ　不利益処分の審査請求の取消しの訴えは、人事・公平委員会の裁決を経た後でなければ提起することはできない（地公法51条の2）。
　カ　審査請求の手続
　　①　審査請求は法定の期間内に人事・公平委員会に請求すること。
　　②　署名押印して正副各1通を出す。
　キ　審査請求の内容
　　①　処分を受けた者の氏名、住所
　　②　処分を受けた者の処分を受けた当時の職及び所属部課
　　③　処分を行った者の職及び氏名

④　処分の内容及び処分を受けた年月日
⑤　処分に対する不服の事由
⑥　口頭審理を請求する場合は、その旨及び公開又は非公開の別
ク　代理人を選任したときは、その者の氏名、住所及び職業
ケ　処分説明書の交付を受けたときは、審査請求書の正副とともに、説明書の写しを添付しなければならない。
コ　審査請求書の記載事項に変更を生じたときは、そのつど人事・公平委員会に届け出なければならない。
サ　裁判所との関係については、人事・公平委員会の判定があった場合、その判定は行政機関としての最終のものであるが、さらに裁判所に出訴することができることはいうまでもない。
　地公法51条の2の規定により、原則として不利益処分取消に関する訴えの提起については、人事・公平委員会の審査請求に対する裁決後でなければ訴えの提起はできないこととなっている。ただし、
①　人事・公平委員会に審査請求してから3か月を経過しても裁決がないとき
②　人事・公平委員会の処分、処分の執行又は手続の続行により生ずる著しい損害を避けるため緊急の必要があるとき
③　その他正当な事由があるときは、人事・公平委員会の裁決を経ないで直ちに出訴することができる。なお、出訴期間は、人事・公平委員会の判定があったことを知った日から3か月以内、裁決のあったことを知らない場合でも1年を経過すれば出訴権がなくなる。
シ　不利益処分の審査の図解（次頁）。

不利益処分の審査の図解

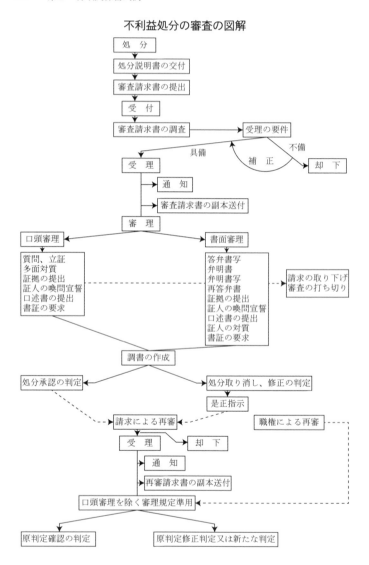

(7) 不利益処分の審査請求書式例

不利益処分の審査請求書

不利益処分に関し、次のように審査請求を行います。
1 処分を受けた者
　　　住　　所
　　　職名及び勤務場所
　　　氏　　名
　　　生年月日
　　　処分を受けた当時の職名及び勤務場所
2 処分者の職名及び氏名
3 処分を受けた年月日
4 処分の内容
5 処分に対する審査請求の具体的事由
6 審査方法に対する請求（公開口頭審理、非公開口頭審理、書面審理）
7 処分説明書の交付を受けた年月日（受けなかったときは請求した年月日）
8 代理人の住所、職業、氏名（代理人を選任した場合だけ記載し、委任状を添付すること）
9 添付書類、記録、資料その他の記載の目録
　　○○年○月○日
　○○市（町村）人事（公平）委員会委員長　氏　　　名　殿（様）
　　　　　　　　　　　　　　　申請者　氏　　　　　名　㊞

注　請求書は、正副2通提出のこと。

(8) 弁明書（答弁書、再答弁書）の書式例

弁明書（答弁書、再答弁書）

　職氏名元何部課勤務何職氏名に対して行った○○年○月○日付け何の処分の審査請求事案に関して、貴委員会から○○年○月○日付け第○号をもって発せられた弁明書（答弁書、再答弁書）提出要求書を、○○年○月○日受けましたので、別紙のとおり弁明（答弁、再答弁）します。
　　○○年○月○日

```
166　第2　行政関係書式例
```

> ○○市（町村）人事（公平）委員会委員長　氏　　　名殿（様）
> 　　　　　　　　　　　　　　　　　　　　　氏　　　　　名 ㊞
> （別紙略）

注　証拠となる資料を添付すること。

(9) 宣誓の書式例

> 　　　　　　　　　　　宣　　誓　　書
> 　わたしは、良心に従って、何ごとも隠さず事実を述べることを誓います。
> 　　○○年○月○日
> 　○○市（町村）人事（公平）委員会委員長　氏　　　名殿（様）
> 　　　　　　　　　　　　　　　　　　　　氏　　　　　名 ㊞

(10) 口述書の書式例

> 　　　　　　　　　　　口　　述　　書
> 　貴委員会から○○年○月○日付け第○号で口述書の提出がありましたので、次のとおり証言します。
> 　なお、証言に当たって、署名押印した別紙宣誓書を添付します。
> 　　○○年○月○日
> 　○○市（町村）人事（公平）委員会委員長　氏　　　名殿（様）
> 　　　　　　　　　　　　　　　住　所　職　業　氏　　　　名 ㊞
> （別紙略）

(11) 審査請求取下書式例

> 　　　　　　　　　　審　査　請　求　取　下　書
> 　職氏名元何部課勤務何職氏名に対して行った○○年○月○日付け処分に対する審査請求（審査請求のうち、何々の部分）を取り下げます。
> 　　○○年○月○日
> 　○○市（町村）人事（公平）委員会委員長　氏　　　名　殿（様）

	氏　　　　名　㊞	

⑿　再審査請求書式例

```
　　　　　　　　　　　再　審　査　請　求　書
　○○年○月○日付け第○○号の裁決につき、下記のとおり再審査を請求
します。
　○○市（町村）人事（公平）委員会委員長　氏　　　名　殿（様）
　　○○年○月○日
　　　　　　　　　　　　　　　　　　住　所
　　　　　　　　　　　　　　　　　　氏　　　　名　㊞
　　　　　　　　　　　　　　　　　　生年月日
　　　　　　　　　　　記
1　裁決の内容
2　再審査を請求する事由
```

注　再審査請求は、審査請求についての裁決があったことを知った日の翌日から起算して1か月以内に行う。

⒀　職員組合の交渉申入れ書式例

```
　　　　　　　　　　　　　　　　　　　　　　　　　文　書　番　号
　　　　　　　　　　　　　　　　　　　　　　　　　○○年○月○日
○○市（町村）長　氏　　　名　殿（様）
　　　　　　　　　　　　　　　　　○○市（町村）職員組合
　　　　　　　　　　　　　　　　　執行委員長　氏　　　　名　㊞
　　団体交渉について（申入れ）
　地方公務員法第55条の規定に基づき、次のとおり団体交渉を申し入れ
る。
1　日　　時　　○月○日○時から○時まで
2　場　　所　　指定の場所
3　交渉事項
　⑴
　⑵
```

注1　いわゆる職員組合は、給与、勤務時間その他の勤務条件について、当局と交渉するための職員団体である。
　2　職員団体は企業の労働組合と違い、当局と団体協約を締結することを目的とする団体交渉は認められていないことと、ストライキなどの争議行為はできない（地公法55条、37条）。
　3　地方公営企業に属する職員は、団体交渉権は認められているが、争議権は認められていない（地公企労法7条、11条）。
　4　交渉とならない例　地方公共団体の権限外の事項、安保条約反対など国の高度の政治問題に関すること、管理運営事項、地方公共団体の組織に関すること、勤務成績の評定、懲戒処分、転任、職務命令、条例規則の制定（庁舎管理規則）等

7　職員の分限

(1)　分限の意義

　職員の基本的な権利は、その身分保障と給与その他の経済的権利の二つである。さらにこれらを支えるために勤務条件に関する措置請求制度と不利益処分に関する不服申立ての制度をもって、保障請求及び勤労基本権として認められているところである（地公法28条）。
　「分限」は、職員の身分保障を前提とした身分上の変動をいうものであるが、任用権者が職員をその意に反して降任、免職、休職及び降給にできるのは、それぞれ法律又は条例で定める場合に限られる（地公法28条）。

(2)　職員の意に反する降任・免職・休職・降給の手続

　ア　所属長は、所属職員が地公法及び職員の分限に関する条例に規定する事由に該当し、分限としての処分を行うことを適当と認めたときは、具体的理由を挙げて任命権者宛てに内申する。
　イ　アの内申に基づき、任命権者は調査を行い、処分決定のうえ発令し、同時に処分説明書を交付する。
　ウ　心身の故障のため職務遂行に支障があり、またこれに耐えない場合に該当するものとして、職員に降任、免職若しくは休職させる場合には、あらかじめ指定する医師に診断を行わせたうえ、発令する注意が必要である。

エ 刑事事件に関し起訴された事由による休職の場合には、所属長は起訴後遅滞なく任命権者に対して「事故発生報告」をし、任命権者は、この報告に基づいて処置を決定する。職員が刑事事件に関して、起訴された場合には、裁判所による勾留（刑事訴訟法60条）、召喚（同法57条）が行われるなど職務の遂行に支障が生じることがあるし、むろん起訴段階では、犯罪者ではないにしても、被疑者を職務に従事させることは支障があるほか、住民の公務に対する信頼に悪い影響を与えることもありうる。

刑事事件で起訴された職員を休職にすることができる（昭32.10.4東京地裁）。休職処分にするかどうかは任命権者の自由裁量であって、犯罪の成否、身体の拘束その他の事情の有無を問わない（昭35.2.26東京高裁）。

休職は起訴と同時にしなければならないものではなく、起訴の状態が続いている限り、いつでも行うことができる（昭37.6.14行実）。

オ 地公法28条1項3号にいう「必要な適格性を欠く場合」とは、国家公務員の不利益処分における「必要な適格性を欠く場合」として、①規律保持又は秩序保持、②協調性がない、③勤務の熱意又は態度が悪い、④企画・統率等監督責任の低い者、⑤不正行為がある、⑥責任感の欠如している者、⑦職員の性格が悪い等が掲げられていることを準用すべきであろう。

(3) 分限の特例

① 職員が公務上負傷し、又は疾病にかかり療養のため休養する期間及びその後30日間
② 産前産後の女子職員が労働基準法65条の規定によって勤務しない期間及びその後6週間

(4) 分限についての内申書式例

職員の分限についての内申
○○市（町村）職員何某は、次の事由により、地方公務員法（職員の分

限に関する条例）第○条第○項第○号に該当し、分限としての処分を行うことを適当と認めますので、内申します。
　　○○年○月○日
　○○市（町村）長　氏　　名　殿（様）
　　　　　　　　　○○部課（室、所）長　氏　　　　　名　印
事　由……

(5) 処分説明書式例

処　分　説　明　書	整理番号	
	交付年月日	

処分者職氏名印	○　○　○　○　印		
処分を受けた職員に関する事項	氏名　○○○○	職名　○○○○	所属　○○部課室
処分の内容に関する事項	処分の種類及び程度	処分年月日 ○○年○月○日	根拠法規 地方公務員法第○条及び職員の分限に関する条例第○条
刑事裁判との関係	刑事裁判に係属している（していない。）	起訴年月日 ○○年○月○日	
処分の理由			

(6) 事故発生報告書式例

　　　　　　　　職員の刑事事件に関する起訴について
　○○市（町村）職員何某は、刑法第○条違反の疑をもって、○○年○月○日付け裁判所に起訴されたので報告します。
　　○○年○月○日
　○○市（町村）長　氏　　名　殿（様）
　　　　　　　　　○○部課（室、所）長　氏　　　　　名　印

(7) 免職処分の発令書式例

```
（氏名）○○○○　　　　　　　　　　　　○○市（町村）職員
　地方公務員法第28条第1項第○号の規定により本職を免ずる
　　○○年○月○日
　　　　　　　　　　○○市（町村）長　氏　　　　　名　㊞
```

注　免職は、①人事評価又は勤務の状況を示す事実に照らして勤務成績不良、②心身故障による職務遂行の困難、③職員としての不適格性、④職制又は定数の改廃、予算の減少による廃職又は過員、⑤懲戒免職、⑥失職（地公法16条1～5号）。なお、交通事故を起こして、禁錮以上の有罪判決（執行猶予も含む。）があった職員について、情状により失職しない旨の特例条例を設けることは一般的には適切とは考えられない（昭34.1.8行実）。

(8) 降任処分の発令書式例

```
（氏名）○○○○　　　　　　　　○○市（町村）事務（技術）吏員
　地方公務員法第28条第1項第○号の規定により何々に降任し以後○等級○号給を支給する
　　○○年○月○日
　　　　　　　　　　○○市（町村）長　氏　　　　　名　㊞
```

(9) 病気による休職処分の発令書式例

```
（氏名）○○○○　　　　　　　　○○市（町村）事務（技術）吏員
　地方公務員法第28条第2項第1号の規定により次の期間休職を命ずる
　　○○年○月○日から○○年○月○日まで
　　○○年○月○日
　　　　　　　　　　○○市（町村）長　氏　　　　　名　㊞
```

注　心身の故障が、長期にわたるか又は回復の見込みのないときは、降任か免職すること。

(10) 起訴による休職処分の発令書式例

```
（氏名）○○○○　　　　　　　　○○市（町村）事務（技術）吏員
　地方公務員法第28条第2項第2号の規定により休職を命ずる
```

```
　　○○年○月○日
　　　　　　　　　　　　○○市（町村）長　氏　　　　　　名　㊞
```

注　起訴の段階では犯罪人ではないが、被疑者を引き続き職務に従事させることは住民の信頼に悪い影響を与えるので休職とするのが適切。
　　休職は、起訴の状態が続いている限り、いつでも行うことができる。在籍専従職員が起訴されたときも、休職処分に付すことができる（昭38.9.20行実）。

(11) 降給処分の発令書式例

```
　（氏名）○○○○　　　　　　　　○○市（町村）事務（技術）吏員
　職員の分限に関する条例第　条第　号の規定により以後○等級○号給を給する
　　○○年○月○日
　　　　　　　　　　　　○○市（町村）長　氏　　　　　　名　㊞
```

(12) 始末書書式例

その1

```
　　　　　　　　　　始　　　末　　　書
　　　　　　　　　　　　住　　所
　　　　　　　　　　　　職　　業
　　　　　　　　　　　　氏　　名
　　　　　　　　　　　　年　　齢
　私は、○○年○月○日○○法違反により○○○○から警告を受けましたが、私の過失により御迷惑をおかけしました。今後は、先の趣旨を堅く守り、再び、このようなことのないよう努力いたします。なにとぞ今回に限り、御寛大な御処置をお願いいたしたく、始末書をもって申しあげます。
　　○○年○月○日
　　　　　　　　　　　　　　　　　　氏　　　　　名　㊞
　氏　　　　名殿（様）
```

注1　始末書は、事故あるときに、公務員や私人が事務の顛末を具申する文書であるが、法律上の定めはなく、書式もないため、事件の内容によって適宜応用する。

2 始末書の内容は、当事者の当面している問題なり、事故、事件なりによって異なったものが要求される。
3 一般に事故や過失によって他人に損害を与えたこと、物品を壊したり、亡失したこと、届などを怠ったこと、なすべき処置をしなかったり、誤ったことを認め、自分の不注意、手抜かりをわび、今後誤りを起こさないことを誓うものである。
4 内容によっては、顛末書、理由書、誓約書として提出する場合もある。

その2

始　末　書

　このたびの当課における○○○○の不祥事につきましては、別紙報告書のとおりでありますが、……………………に重大な支障をきたし、かつ市(町村)民に多大の不安と御迷惑をおかけしましたことは、誠に遺憾であり、その責任の重大さを痛感し深くおわび申し上げます。
　今後は、一層自粛自戒し、○○業務に専念いたす所存であります。ここに報告書を添え始末書を提出いたします。
　　○○年○月○日
　○○市(町村)長　氏　　名　殿(様)
　　　　　　　　　　　　　　　○○○○課長
　　　　　　　　　　　　　　　氏　　　　　名　㊞
(別紙(報告書)略)

---

(13)　進退伺書式例

その1

　　　　　　　　　　　　　　　　　　　　　　○○年○月○日
○○市(町村)長　氏　　名　殿(様)
　　　　　　　　　　　　　　　○○○○所長
　　　　　　　　　　　　　　　氏　　　　　名　㊞

進　退　伺　い

　このたびの…………事業実施に伴う事故(○月○日)につきましては、すでに報告したところですが、このような不測の事態を引き起こし、市民の方々に多大な不安をかけ、また貴職をはじめ関係の方々に多大な御迷惑をおかけいたしましたことを深くおわび申し上げます。
　さいわい、…………の適切な処置と、地元関係各位の御協力によ

り…………されましたことに対し、深謝いたしております。しかしながら、世間をさわがせ…………事業に対する信頼をそこなうような事態をひき起こしたことにつきまして責任者として深く反省するとともに、責任の重大なことを痛感しております。

　現在、当所におきましては、再びこのようなことのないよう全職員とともに反省を行い、信頼の回復に努力しておりますが、ここに進退伺いを提出して、御処置を仰ぐ次第であります。

その2

　　　　　　　　　　　進　退　伺　い
　このたびは、…………の事件に関し、私の不注意（監督不行届き）から、市（町村）の信用名誉を著しく傷つけ（市（町村）民の信頼を失わせ）ましたことは、誠に申し訳なく存じます。
　私の身分または進退については、一切を貴職にお任せいたしますから、御処置を伺います。いかなる処置を受けても異存ありません。
　　〇〇年〇月〇日
　　〇〇市（町村）長　氏　　　名　殿（様）
　　　　　　　　　　　　　　　　　〇〇〇〇課長
　　　　　　　　　　　　　　　　　氏　　　　　名　㊞

8　職員の懲戒

(1)　懲戒の意義

　懲戒とは、職員の義務違反に対し、公務員関係の秩序を維持するために任命権者が職員に対して科する制裁である（地公法29条）。

　公法上の勤務関係に基づく制裁である点において、一般統治権者としての国家によって科せられる刑罰とは異なる。したがって、懲戒に付せられるべき事件が刑事裁判所に係属する場合においても、懲戒手続を停止する必要はない。なお、懲戒の手続及び効果の条例が必要である（昭29.12.27行実）。

(2) 懲戒の手続

職員の懲戒事由となるべき事故が発生したときは、分限に関する場合と同様に所属長は遅滞なく任命権者あてに「事故発生報告」を行うべきであろう。

(3) 懲戒処分の取消し変更

いったん懲戒処分した後に、それを取り消し、又は変更することは、一般的にはできない。しかし、法の適用を誤ったとき、若しくは客観的妥当性を欠き、明らかに条理に反するとき、重大な事実の誤認等が処分後明らかになったときは、処分を取り消し、同一事件についてあらためて、懲戒処分を行うことができると解されている（昭28．8．21行実）。

(4) 懲戒処分の種類

① **戒告** 職員の服務義務違反の責任を確認し、その将来を戒める処分
② **減給** 一定期間、給料の一定額を減ずる処分
③ **停職** 職員を職務に従事させない制裁処分
④ **免職** 職員の義務違反に対する制裁として職員たる地位を剥奪する処分

(5) 懲戒処分の効果

① 懲戒処分は(4)の4種類があるが、いずれの処分を行うかは任命権者の裁量である。上記の4種類のほかに、実際には公務員法上の処分ではないが、訓告、始末書の提出、諭旨退職などの措置がとられている。
② 始末書の提出は、本人の自戒を文書で表明する事実上の行為。諭旨退職は、本人の責任を自覚させたうえで任意退職とするもの。なお訓告については、職員の地位に何ら影響しないので、訴訟の対象とならないとした判例がある。
③ 免職の場合、辞令記載の日付の日に効力が生じ、一般的には辞令

手交されたときであるが、郵送の場合は、職員の住所に郵送されたときであるので、その場合は、内容証明、配達証明つきで行うのがよい。

(6) 懲戒事由発生報告書式例

```
              職員の懲戒事由発生報告
 ○○市（町村）職員何某について、地方公務員法第29条第1項第○号の
規定に該当する事由が次のとおり発生したので、報告します。
    ○○年○月○日
    ○○市（町村）長　氏　　　名　殿（様）
                    所属長　職名　氏            名　㊞
 事　由　…………
```

注　上記報告があった場合は、任命権者は直ちに事案を調査し、考査意見書を作成する。

(7) 考査意見書式例

```
      職員の懲戒について（意見）
 ○○年○月○日付け何部課室所（係）長から報告のあった職員の懲戒事
由につき、慎重に調査の結果、次の事由により　　年　　月　　日から何
日間の停職が相当と認めます。
    ○○年○月○日
    ○○市（町村）長　氏　　　名　殿（様）
                         職名　氏            名　㊞
 事　由　…………
```

(8) 免職処分による発令書式例

```
 （氏名）○○○○                              ○○市（町村）職員
 地方公務員法第29条第1項第○号の規定により本職を免ずる
    ○○年○月○日
              ○○市（町村）長　氏            名　㊞
```

(9) 停職処分による発令書式例

```
（氏名）○○○○　　　　　　　　　　　　○○市（町村）職員
地方公務員法第29条第1項第○号の規定により○か月の停職を命ずる
　○○年○月○日
　　　　　　　　　　　○○市（町村）長　氏　　　　名　㊞
```

(10) 減給処分による発令書式例

```
（氏名）○○○○　　　　　　　　　　　　○○市（町村）職員
地方公務員法第29条第1項第○号の規定により何日間給料の何分の1を減ずる
　○○年○月○日
　　　　　　　　　　　○○市（町村）長　氏　　　　名　㊞
```

(11) 戒告処分による発令書式例

```
（氏名）○○○○　　　　　　　　　　　　○○市（町村）職員
地方公務員法第29条第1項第○号の規定により戒告する
　○○年○月○日
　　　　　　　　　　　○○市（町村）長　氏　　　　名　㊞
（戒告書添付）
```

注1　停職とは、職員の身分は異動をしないが、職務に従事することを禁止するものであり、懲戒処分の一種である。

 2　停職する場合は、①地公法又は条例、規則、規程に違反した場合、②職務上の義務違反又は職務怠慢、③全体の奉仕者としてふさわしくない非行の存在。

 3　戒告、減給の場合もこれに準ずる。

9 特別職の分限及び懲戒

(1) 特別職の分限

特別職は、それぞれ次の事由によって退職又は失職する。

ア　市町村長は、成年被後見人の宣告、刑の確定などによる被選挙権

の喪失（自治法143条）、住民の直接請求に基づく解職投票における過半数の同意（同法83条）、議会の不信任議決（同法178条）等の事由で失職する。
イ　副市（町村）長は、4年の任期であるが、市町村長は副市（町村）長の任期中にいつでも解職できる（同法163条）。また、成年被後見人の宣告、禁錮以上の刑など公選法11条1項に該当するときその職を失う。解職請求の後、議会議員の3分の2以上の出席と4分の3以上の同意があった場合職を失う（同法87条）。
ウ　会計管理者は、その性質上特に市町村長、若しくは副市（町村）長、監査委員との間に親子、夫婦、兄弟姉妹などの一定の縁故関係が生じたときも失職する（同法169条）。
エ　選挙管理委員は、選挙権がなくなったとき（同法184条）、4年の任期が満了したとき（同法183条）に失職する。
オ　監査委員は、公選法11条1項に該当するとき（自治法201条、164条）、4年の任期が満了したとき（同法197条）、兼業禁止規定に違反した場合（同法180条の5）に失職又は退職する。また選挙管理委員及び監査委員とも解職請求により議会の同意があったとき（同法87条）は失職する。

　普通地方公共団体の長は、監査委員が、①心身の故障のため職務の遂行にたえないと認めるとき、②監査委員として職務上の義務違反、③その他監査委員たるに適しない非行があると認められるときは、議会の同意を得て罷免することができる（同法197条の2）。

　選挙管理委員は、上記の監査委員同様①、②、③に該当するときは、議会が議決により委員を罷免することができる（同法184条の2）。
カ　人事委員会委員及び公平委員会委員は、4年の任期が満了したとき（地公法9条の2、10条）、同一政党に2人以上所属することとなったとき（政党所属関係に異動のなかった1人を除く他の委員）、心身の故障のため、職務の遂行にたえないとき、職務上の義務違反その他委員たるに適しない非行があるときは、議会の同意により罷免される。

この場合においては、議会の常任委員会又は特別委員会において公聴会を開かなければならない。地公法16条の欠格条項に該当するときは、当然失職する（同法9条の2第5項、6項、8項）。
キ　教育委員会の委員は、4年の任期満了により退職する（地教行法5条）。市町村長は、委員が心身の故障のため職務の遂行にたえないとき、職務上の義務違反その他委員たるに適しない非行があるときは、議会の同意により罷免することができる（同法7条）。同一の政党に新たに3人以上（委員の数を3人とする町村は2人以上）の委員が所属するに至った場合においては、これらの者のうち2人（委員の数を3人とするところでは1人）を超える員数の委員を当該地方公共団体の議会の同意を得て罷免する。市町村長は、委員のうち1人が既に所属している政党に新たに2人以上の委員が所属するに至った場合においては、これらの者のうち1人を超える員数の委員を当該地方公共団体の議会の同意を得て罷免する（3人委員のところは除く。）。市町村長は、委員のうち2人（3人委員のところは1人）が既に所属している政党に新たに所属するに至った委員は直ちに罷免する（同法7条）。

解職請求による場合（同法8条）並びに破産者で復権を得ない者又は禁錮以上の刑に処せられた者、当該地方公共団体の長の被選挙権を有する者でなくなった場合は、失職する（同法9条）。

(2)　特別職の懲戒

ア　市町村議会議員が、自治法並びに、会議規則及び委員会条例に違反又は秘密会の議事を漏らした場合は、議決により懲罰を科することができる（自治法134条、135条）。
イ　副市（町村）長は、次の事由があった場合、市町村職員懲戒審査委員会の議決を経て免職、500円以下の過怠金、又は譴責を受ける（自治法施行規程15条、12条）。
　①業務上の義務に違反し、又は職務を怠ったとき、②職務の内外を問わず公務上の信用を失うべき行為があったとき。
ウ　選挙管理委員は、副市（町村）長の場合を準用する。この場合、

処分権者は市町村長である（同規程19条）。
エ　監査委員は、刑事事件による職務執行の停止等する（同規程13条、20条）。
オ　人事委員会委員及び公平委員会委員、固定資産評価審査委員会委員は、職務上の義務違反、その他委員たるに適しない非行があると認めるときに、市町村長の議会の同意を得て罷免する（地公法6条、地税法427条）。

(3) 市町村職員懲戒審査委員会の設置（特別職）

同委員会の委員は、市は委員5人で組織され、そのうち市の職員の中から2人、学識経験者から3人を、町村は町村職員の中から1人、学識経験者から2人を市町村長が議会の同意を得て、委員に任命する。委員長は委員の互選による。

ア　副市（町村）長の懲戒

職務上の義務に違反し又は職務を怠ったとき、職務の内外を問わず、公職上の信を失うべき行為があったときであって、具体的には過怠金が処分とされ、金額は昭和22年以来、なお500円以下という驚くべき低い額とされている。

① 懲戒手続については、免職、減俸、譴責の3種類で、減俸については、1年以下月額の3分の1以下にとどめ、ほかに過怠金の処分及び懲戒処分は、市町村職員懲戒審査委員会の議決を経て、長が処分を行う。なお、懲戒に付されるべき事件が刑事裁判に係属している間は、同一事件に対して、懲戒のための委員会を開くことができない。

② 懲戒に関する委員会の議決前に、懲戒に付すべき者に対して、刑事訴追が始まれば、その事件が終わるまで、委員会の開会は停止するとされている。

イ　選挙管理委員、監査委員の懲戒

自治法附則9条の規定を受けて、同法施行規程19条（市町村の選挙管理委員）、21条（市町村の監査委員）については、自治法の改正により、同法184条の2及び197条の2の規定により、従来の懲戒

が、罷免だけに改められた。

ウ 教育・人事・固定資産評価審査委員会等の委員の懲戒
① これらの場合は、地公法9条の2、地教行法7条、地税法427条等に規定がある。それは、職務上の義務違反、委員たるに適しない非行に該当した場合に、任命権者は議会の同意を得て罷免することができる。
② 教育委員の服務の違反とか委員たるに適しない非行に該当した場合（秘密の漏洩、政党その他政治団体の役員、積極的な政治運動、社会的非難（破れん恥）など）は議会の同意を得て長は罷免することができる。
③ これらの委員の懲戒内容は、罷免のみで、その他の処分はできない。人事委員を罷免するかどうかについては、議会の委員会（常任又は特別）で必ず公聴会に付さなければならないこと（地公法9条の2第6項）。

以上については、県関係については触れないこととした。

(4) 市（町村）長の給料減額議案書式例

> ○○市（町村）特別職職員の給与に関する条例の一部を改正する条例
> ○○市（町村）特別職職員の給与に関する条例（平成○○年○○市（町村）条例第○号）の一部を次のように改正する。
> 第2条 市（町村）長の給料月額「×××円」を「○○○円」とする。
>   附　則
> この条例は、○○年○月支給分から何月分まで適用する。

注1　地公法4条2項には、特別職の職員に懲戒規定は適用しないとされているが、本書式例の場合は、可能。ただし、長には懲戒規定が全くないので、懲戒に代わるべき方法として、長又は議員から給料の減額条例を提出することがせめてもの懲罰といえる。
　2　金額で減額又は率で減率してもよい。なお、給与条例主義であるので、報酬等の審議会の議を経なくても違法ではない。

(5) 市（町村）長の給与減額条例書式例

> 第○号議案
> 　　　　○○市（町村）特別職の職員の給与に関する条例の一部改正について
> 　○○市（町村）特別職の職員の給与に関する条例の一部を改正する条例を次のとおり制定する。
> 　　　○○年○月○日提出
> 　　　　　　　　　　○○市（町村）長　氏　　　　名　㊞
> 提案理由　……………………
> 　　　○○市（町村）特別職の職員の給与に関する条例の一部を改正する条例
> 　○○市（町村）特別職の職員の給与に関する条例（○○年○○市（町村）条例第○号）の一部を次のとおり改正する。
> 　附則に次の１項を加える。
> ３　○○年○月○日から○○年○月○日までの間、市（町村）長の俸給月額については、第○条第○号の規定にかかわらず、同号の規定により支給されることとなる額から、その額の100分の　に相当する額を減じた額とする。ただし、○○年○月に支給されることとなる期末手当の計算の基礎となる俸給月額は、第○条第○号に規定する額とする。
> 　　　附　則
> 　この条例は、○○年○月○日から施行する。

注１　特別職には身分取扱法規が制定されていないので、自治法施行規程が有効規定である。
　２　この条例案は長及び議員の双方から提出することができる。報酬等の審議会に諮問することなく提出してよい。
　３　率及び減額期間に制限はないし、期末手当にも適用することは差し支えない。
　４　この例は、附則で本則に定めることを規定しているが、本則で定めるなど自由である。

10　汚職をなくすにはどうすればよいか

　公務員の汚職は、住民に対し行政不信の念をいだかせるとともに、一

般の公務員にも不安と動揺を与え、職員の士気及び事務能率に影響する。

(1) 汚職の防止

汚職の防止対策には、「汚職の発生は、全職員の連帯責任という空気」のなかで進められないと実効が伴わない。事件が起こると、遺憾の意を表する談話が発表され、職員には通達が出され、訓示が行われる。将来このような不祥事件は二度と絶対に起こさないことの決意が述べられ、事件直後は反省と自戒がみなぎる。しかし、ほどなくこの空気は、何らかの対策を続けない限り、薄れていってしまう。下級職員だけの責任にしてはいけない。

不正事件には、監督責任者を含め、厳罰主義は必要だが、ふだん職員の服務の心得を徹底させることが監督者の任務である。

☆主な防止対策
① 公務員倫理の確立を図る。
② 機会あるごとに自粛を呼びかける。
③ 訓示をする。
④ 監督者研修をする。
⑤ 管理職に手引書をつくり、全員に配付する。
⑥ 職場懇談会を開催する。
⑦ 討論会（庁内）を開催する。
⑧ 職員相談員を設ける。
⑨ 職員服務心得の徹底を図る。
⑩ 業者などとの不明瞭な関係を断ち切るために、課（所）の事務事業に関係ある出入業者の法人名、団体名、個人名を発表する。
⑪ 同一の職場に長期間おかない。
⑫ 常に対策を考え、実行に移す。
⑬ 良いことはほめ、悪いことは必罰に徹する。

(2) 職員の心得

① 取引関係のある者、許可・認可事務の相手となる者との応対は、

やむを得ない場合のほかはいつも勤務場所で、勤務時間中にすること。
② 正規の勤務時間終了後は、私的な理由で職場に残らないこと。
③ 職務に関係のある外部の人と必要があって飲食したときは、自己負担分を支払うこと。
④ 飲食の接待、見舞、中元、歳暮、記念品、車代、酒肴料など受けないこと。特に、議員の仲介に乗らないように留意すること。
　自宅に送られてきたときは、返送し、その証明の書類を受け取り、上司に報告すること。
⑤ 業者が経費を負担するゴルフ、麻雀、ボウリング、旅行、飲食会などに出ないこと。
⑥ 出張中の職員は、予定の日又は時間に帰庁できないときは、上司に連絡し、承認を受けること。

(3) 綱紀粛正のための実施事項

ア　勤務態度を厳正にすること。
　① 外来者から批判を受ける言動は厳に慎しむこと。
　② 外来者には誰にも公平な態度で応接すること。
　③ 公私の別はいずれの場合でも明らかにすること。
イ　研修を励行すること。
　定例で職場研修を行うこと。
ウ　所内、庁内の融和を図り、つとめて、正しい交友関係と相互信頼の気風をつくること。
　① 趣味のつどいを励行すること。
　② 健全なレクリエーションを励行すること。
エ　検査には今後とも厳正を期すること。
　① 自分で判断できないことは、上司と相談すること。
　② 相手方の都合も十分考慮し、必要以上のことにわたらないよう注意すること。
オ　利害関係者との交渉には特別な注意を払うこと。
　① 入札等の場合は、場所、時間を明らかにし、公平な取扱いをす

ること。
② 随意契約による場合には、特に交渉に注意すること。
③ 業者とのすべての会合は、庁内で行うこと。
以上5点について必ず実行するよう努めること。

〔注〕 刑法第25章 汚職の罪
（公務員職権濫用）
第193条 公務員がその職権を濫用して、人に義務のないことを行わせ、又は権利の行使を妨害したときは、2年以下の懲役又は禁錮に処する。
（特別公務員職権濫用）
第194条 裁判、検察若しくは警察の職務を行う者又はこれらの職務を補助する者がその職権を濫用して、人を逮捕し、又は監禁したときは、6月以上10年以下の懲役又は禁錮に処する。
（特別公務員暴行陵虐）
第195条 裁判、検察若しくは警察の職務を行う者又はこれらの職務を補助する者が、その職務を行うに当たり、被告人、被疑者その他の者に対して暴行又は陵辱若しくは加虐の行為をしたときは、7年以下の懲役又は禁錮に処する。
2 法令により拘禁された者を看守し又は護送する者がその拘禁された者に対して暴行又は陵辱若しくは加虐の行為をしたときも、前項と同様とする。
（特別公務員職権濫用等致死傷）
第196条 前2条の罪を犯し、よって人を死傷させた者は、傷害の罪と比較して、重い刑により処断する。
（収賄、受託収賄及び事前収賄）
第197条 公務員が、その職務に関し、賄賂を収受し、又はその要求若しくは約束をしたときは、5年以下の懲役に処する。この場合において、請託を受けたときは、7年以下の懲役に処する。
2 公務員になろうとする者が、その担当すべき職務に関し、請託を受けて、賄賂を収受し、又はその要求若しくは約束をしたときは、公務員となった場合において、5年以下の懲役に処する。
（第三者供賄）
第197条の2 公務員が、その職務に関し、請託を受けて、第三者に賄賂を供与させ、又はその供与の要求若しくは約束をしたときは、5年以下の懲役に処する。
（加重収賄及び事後収賄）
第197条の3 公務員が前2条の罪を犯し、よって不正な行為をし、又は相当の行為をしなかったときは、1年以上の有期懲役に処する。
2 公務員が、その職務上不正な行為をしたこと又は相当の行為をしなかっ

たことに関し、賄賂を収受し、若しくはその要求若しくは約束をし、又は第三者にこれを供与させ、若しくはその供与の要求若しくは約束をしたときも、前項と同様とする。

3　公務員であった者が、その在職中に請託を受けて職務上不正な行為をしたこと又は相当の行為をしなかったことに関し、賄賂を収受し、又はその要求若しくは約束をしたときは、5年以下の懲役に処する。

（あっせん収賄）

第197条の4　公務員が請託を受け、他の公務員に職務上不正な行為をさせるように、又は相当の行為をさせないようにあっせんをすること又はしたことの報酬として、賄賂を収受し、又はその要求若しくは約束をしたときは、5年以下の懲役に処する。

（没収及び追徴）

第197条の5　犯人又は情を知った第三者が収受した賄賂は、没収する。その全部又は一部を没収することができないときは、その価額を追徴する。

（贈賄）

第198条　第197条から第197条の4までに規定する賄賂を供与し、又はその申込み若しくは約束をした者は、3年以下の懲役又は250万円以下の罰金に処する。

(4) 職員倫理条例

　地方公共団体の中には、職員の汚職や不正を防止するために「職員倫理条例」を定めているところがある。このような条例を定めている地方公共団体の職員にあっては、条例の内容をよく理解し、公務を行う際の指針としなければならない。

〔注〕　北海道職員の公務員倫理に関する条例（抄）

（目的）

第1条　この条例は、職員が職務を遂行するに当たって、常に自覚しなければならない公務員倫理の確立及び保持に関し必要な事項を定めることにより、道民の不信を招くような行為を防止し、もって公務に対する信頼の確保を図ることを目的とする。

（公務員倫理の高揚）

第3条　職員は、自らの行動が常に公務の信用に影響を及ぼすことを深く認識し、自らを厳しく律するとともに、道民から信頼される職員となるよう不断に公務員としての倫理の高揚に努めなければならない。

（全体の奉仕者であることの自覚）

第4条　職員は、すべて公務員は全体の奉仕者であって一部の奉仕者でないことを深く自覚し、道民の福祉の増進を目指して職務の遂行に努めなけれ

ばならない。
　（公務の民主的かつ能率的な運営の確保）
第5条　職員は、公務が民主的かつ能率的に運営されるよう職務の遂行に努めなければならない。
　（法令の遵守と信用の保持）
第6条　職員は、法令を遵守し、公務員の職の信用を損なうことのないよう努めなければならない。
　（服務上の義務の遵守）
第7条　職員は、関係法令に規定する服務上の義務を遵守しなければならない。
　（管理監督者の責務）
第8条　管理監督の立場にある者は、その職責の重要性を自覚し、部下職員を適切に指導監督しなければならない。
　（任命権者の責務）
第9条　任命権者は、公務員倫理の確立に資するよう、研修の実施、職員の遵守すべき事項を定めることその他の必要な措置を講じなければならない。
　（公務員倫理保持のため職員が遵守すべき原則）
第11条　職員は、職務上知り得た情報について道民の一部に対してのみ有利な取扱いをする等道民に対し不当な差別的取扱いをしてはならず、常に公正な職務の執行に当たらなければならない。
2　職員は、常に公私の別を明らかにし、いやしくもその職務や地位を自らや自らの属する組織のための私的利益のために用いてはならない。
3　職員は、法律又は条例により与えられた権限の行使に当たっては、当該権限の行使の対象となる者からの贈与等を受けること等の道民の疑惑や不信を招くような行為をしてはならない。

(5) 綱紀粛正の通達書式例

```
                                    通達人第（○○○号）
                                    ○○年○月○○日

各　部（局）　　　長 ┐
本庁各課（所・室）長 ├殿（様）
各 出 先 機 関 の 長 ┘

                                    総　務　部　長

　綱紀粛正について（依命通達）
　職員の綱紀粛正及び服務規律の確保については、しばしば注意を喚起してきたところであるが、このたび一部職員による不祥事件が発生し、市民
```

に顔を向けた清新な市政を進めているなかで、市民に不信の念を与えたことは誠に遺憾である。

ついては、管理、監督の地位にある者は、自らの姿勢を正し、部下職員の指導、監督に当たっては日常細心の注意を払い、職員の服務規律の確保等、綱紀の粛正について適切な措置を講じ、市民の期待と信頼にこたえるよう努力されたく命により通達する。

なお、綱紀の保持に当たり特に留意されたい事項は、次のとおりである。

記

1 職務の執行に当たっては、住民全体の奉仕者としての自覚に基づき誠実かつ公正な事務処理を行い、職位別に職員の権限範囲、責任を明確にし、不正、不当な行為については、その大小にかかわらず責任を追及し職場秩序の維持に万全を期すること。
2 許認可、補助金交付、事業契約、融資、物品調達等の権限事務に従事する者については、人事配置の適正化、適期配転、事務の複数処理、事務分離による内部牽制措置あるいは内部査察制度等すでに実施されているところであるが、なお再検討され整備を図ること。
3 職員相互の理解と信頼によって、よりよい人間関係を醸成するため積極的に職場内に対話の場を設けること。
4 常に公私の別を明らかにするとともに、利害関係者との接触に当たっては、会食、贈答、遊技その他市民の疑惑を招くような行為は厳に慎しむこと。業務上懇談等行う場合は、必ず事前に上司の許可を得て行い、その結果の報告を励行させること。

(6) 不祥事件防止の通知書式例

各 市 町 村 長
各一部事務組合の長 ｝殿（様）
各 企 業 団 の 長

○○県総務部長

不祥事件の防止について（通知）

昨年来、県内自治体において相次いで開発行為や工事契約に関連する収賄事件が発生し、厳しい社会的批判を受けているところとなっております。

申すまでもなく、行政は、民主的、能率的に、また公正に進めることが要求され、いささかも、他から疑惑をもたれるようなことがあってはならないものであります。

　このような観点に立って、貴職におかれましても常に職場規律の確保に努めておられるところでありますが、この際、自らの姿勢をただすとともに、いっそう職員一人ひとりの公務員としての自覚を促し、また、不祥事件防止に必要な組織機構の整備その他適切な措置を講じ、行政に対する住民の信頼と期待に応えられますようお願いいたします。

注1　開発、工事契約などの入札に際して、委員会制度などを設け相互にチェックすること。
　2　組織の未整備から1人の担当者が許認可事務、入札などを行い悪徳業者のつけ入る余地を残しているものもあり、検討すること。

② 長の職務代理等の書式例

(1) 職務代理

　法律上担当する事務を処理することができる権限のある者が欠けたとき、あるいは事故があるときに、その者に代わって職務を処理する者を職務代理といい、法律の定める一定の事由の発生とともに何らの行為を為せず当然に代理関係が生じ職務のすべてを代理する。

ア　長の代理
　① 　長に事故又は長が欠けたときは副知事、副市（町村）長が代理する（自治法152条1項）。
　② 　副知事、副市（町村）長に事故若しくは両者が欠けたときに（副知事、副市（町村）長を置かない団体）は、長が指定する職員が職務代理となる（同法152条2項）。
　③ 　長の指定する代理者がいないときは、規則で定めた上席の職員が代理する（同法152条3項）。

イ　会計管理者に事故がある場合において必要があるときは、長は補助機関である職員に代理させることができる（同法170条3項）。

ウ　選挙管理委員長に事故又は欠けた場合は、委員長の指定する委員が代理する（同法187条3項）。

エ　代表監査委員の場合は、代表監査委員の指定する監査委員、2人の場合には、他の監査委員が代理する（同法199条の3第4項）。

オ　教育委員長の場合は、あらかじめ教育委員会が指定する委員が行う（地教行法12条4項）。

カ　人事（公平）委員長の場合には、委員長の指定する委員が代理する（地公法10条3項）。

(2) 権限の委任

　地方公共団体の長が、自己の権限の一部を受任者に移し、それをその受任者の権限として行うことを権限の委任という（自治法153条）。

代理と委任の違いは、代理は、代理者がその長の職務権限を代わって行使するにとどまるが、当該代理行為に基づく効果は、市町村長が行ったと同じ効果を生ずる。代理しうる範囲は長の身分又は資格を除き、長の職務権限のすべてに及ぶ。

委任は、受任者たる職員その他のものの職務権限となり、当該事務について受任者が自己の名において、かつ、自己の責任において処理するものである。

(3) 補助執行

委任や代理と違い全く内部的に長の権限を補助し、執行することをいい、外部に対しては補助執行者の名を表示し得ない(自治法180条の2、153条3項)。

(4) 長の職務代理者指定書式例

> 地方自治法第152条第2項の規定により、市(町村)長に事故があり、又は欠けたとき、その職務を代理する職員として次の者を指定する。
> 　〇〇年〇月〇日
> 　　　　　　　　　　〇〇市(町村)長　氏　　　　　　名　㊞
> 　(2人以上)〇〇市(町村)職員　氏　　　　　　名

注1　長に事故があるとき、又は長が欠けたときは、副市(町村)長(2人以上のときは長が規則で定め、席次の上下が不明のときは年齢順、同年のときはくじにより定める。)が職務代理する。
　2　副市(町村)長が事故若しくは欠けた場合(副市(町村)長を置かない場合)は、長が指定する職員が職務を代理する。
　3　長の職務を代理する者がないときは、当該普通地方公共団体の規則で定めた上席の職員がその職務を代理する。

(5) 長の職務代理者指定告示書式例

> 〇〇市(町村)告示第〇号
> 　地方自治法第152条第2項の規定により、市(町村)長に事故があり、(又は欠けたとき、)その職務を代理する職員に次の者を指定した。

```
　　○○年○月○日
　　　　　　　　　　　　○○市（町村）長　氏　　　　　名　印
　○○市（町村）職員　氏　　　　名
```

注　指定書を交付せず告示により指定する場合は、(6)のとおり指定することとし、標題は不要である。

(6) 長の職務代理者指定の表示例

```
　○○市（町村）長職務代理者
　　　　　○○市（町村）副市（町村）長　氏　　　　　名　印
```

注　職務代理者の印は「市（町村）長職務代理者の印」を用い、長の印ではない。なお、自治法247条1項は、同法152条2項による長の指定する職員にも事故ある場合の職名は「○○長職務執行者」が適当であると定めている。職務代理者を指定した場合、公表するかどうかは明文はないが、公表する方がよい。

(7) 長の事務委任書式例（普通文書による場合）

```
　　　　　　　　　　　　　　　　　　　　　　　　文　書　番　号
　　　　　　　　　　　　　　　　　　　　　　　　○○年○月○日
　○○市（町村）職員　氏　　　名　殿（様）
　　　　　　　○○市（町村）長　氏　　　　　名　印
　　事務の委任について
　　地方自治法第153条第1項の規定により、何々に関する事務を委任する。
```

注　普通文書形式をもって、地域事件に限定して委任してもよい。この場合、公示を要する。通常事務は、委任規則による。

(8) 長の事務委任告示書式例

```
　○○市（町村）告示第○号
　　地方自治法第153条第1項の規定により、（何々にかかる何々に関する）事務を次の者に委任した。
　　　○○年○月○日
```

```
            ○○市（町村）長　氏        名　㊞
○○市（町村）職員　氏        名
```

(9) 長の臨時代理者指定の表示例

```
○○市（町村）長臨時代理者
            ○○市（町村）職　氏        名　㊞
```

注　臨時代理者の印を用いる（市（町村）長臨時代理者の印）（自治法153条）。

③ 事務引継関係書式例

(1) 長の事務引継ぎ

　事務引継ぎは、知事は退職の日から30日、市町村長の場合は、20日以内に、後任者に引き継がなければならないが、後任者がまだ選挙されないとき、又は病気その他事故がある等およそ引継ぎが事実上不可能であるという特別の事情があるときは、副知事、副市（町村）長又は長の職務を代理する職員に引き継がなければならない（自治法159条、自治令123条1項、2項）。

(2) 事務引継書

　長の事務引継書は、長の権限に属する書類、帳簿、財産目録を調製し、処分未了事項若しくは、未着手の事項又は将来企画すべき事項については、その処理の順序及び方法並びにこれに対する意見を記載して行う（自治令124条）。

(3) 事務引継ぎの拒否

　正当な理由がなくて自治令123条、124条、127条、128条及び130条の規定による事務の引継ぎをしない者に対しては、都道府県に係る事務の引継ぎにあっては総務大臣、市町村に係る事務の引継ぎにあっては都道府県知事は、10万円以下の過料を科することができる（自治令131条）。

(4) 長の事務引継ぎ及び附属書式例

```
                    事務引継書
1　書類、帳簿及び財産目録
　別紙のとおり
2　処分未了事項
　(1)　何々
```

(2) 何々
3　未着手事項
　(1) 何々
　(2) 何々
4　将来企画すべき事項について処理の順序、方法及び意見
　(1) 何々
　(2) 何々
5　何々
以上のとおり、引継ぎをします。
　　○○年○月○日
　　　　　　　　　　前○○市（町村）長　氏　　　名　㊞
以上のとおり、引継ぎを受けました。
　　○○年○月○日
　　　　　　　　　　○○市（町村）長　氏　　　名　㊞

注　この引継書は、附属書類とともにつづり、そのつづり目には両者が契印を押さなければならない。

附属書式例

　目　録
1　書類、帳簿の部
　(1)　条例　　　　何冊
　(2)　規則　　　　〃
　(3)　規程　　　　〃
　(4)　基本台帳　　〃
　(5)　財産台帳　　〃
　(6)　基金台帳　　〃
　(7)　起債台帳　　〃
　(8)　契約書（ただし何々）何通
2　財産の部
　(1)　土地　　　　　　　　　　　総面積　何ヘクタール
　　　明細別紙のとおり
　(2)　建物　　　　何棟　　　　　総面積　何平方メートル
　　　明細別紙のとおり
　(3)　公債証書又は株券　　　　　何枚　　額面金　何程
　　　明細別紙のとおり

(4)　備品
　　　役所（役場）備え付けの備品　　　　　　何点
　　　学校備え付けの備品　　　　　　　　　　〃
　　　何々備え付けの備品　　　　　　　　　　〃
　　　各明細は別紙のとおり
　(5)　現金　　○○年度○○年○月○日現在
　　　一般会計
3　帳簿関係
　(1)　歳入簿金高　　　　　　　一金　　　　何程 ⎫
　(2)　歳出簿金高　　　　　　　　〃　　　　 〃　⎬ 又は別紙のとおり
　(3)　一時借入金　　　　　　　　〃　　　　 〃　｜
　(4)　歳入歳出計算簿（現金受払簿）帳じり高 〃　〃 ⎭
4　現在金関係
　(1)　○○年度現在高　　　　　　一金　　　何程 ⎫
　(2)　歳入歳出外現金保管高　　　〃　　　　〃　｜
　(3)　一時保管金　　　　　　　　〃　　　　〃　⎬ 又は別紙
　　　 内国税保管金　　　　　　　〃　　　　〃　｜ のとおり
　(4)　何々　　　　　　　　　　　〃　　　　〃　｜
　　　合　計　　　　　　　　　　 〃　　　　〃　⎭

注1　市町村長の権限に属する書類、帳簿及び目録であるから、会計管理者の調製の会計上の書類、帳簿や公営企業管理者の調製の企業経営に関する書類などは含まれない。
　2　現に調製してある目録又は台帳によって引継時の状態が確認できるときは、必ずしも引継用として特に調製する必要はなく、その目録又は台帳をもって代えることができる（自治令128条）。

(5)　会計管理者の事務引継ぎ及び附属書式例

　　　　　　　　　　　　会計管理者事務引継書
1　書類、帳簿、現金及び物件の目録
　　別紙のとおり
2　現金明細書
　　別紙のとおり
3　処分未了事項
　(1)　何々

(2) 何々
4　何々
以上のとおり、引継ぎをします。
　　○○年○月○日
　　　　　　　前○○市（町村）会計管理者　氏　　　　　名　㊞
以上のとおり、引継ぎを受けました。
　　○○年○月○日
　　　　　　　　○○市（町村）会計管理者　氏　　　　　名　㊞

附属書式例

1　書類、帳簿の部
　(1)　歳入簿、歳出簿、歳入歳出計算簿（現金受払簿）　　何年から何年まで　何冊
　(2)　歳入歳出外現金、有価証券出納簿　〃　〃
　(3)　郵便切手受払簿　〃　〃
　(4)　消耗品出納簿　〃　〃
　(5)　備品台帳　〃　〃
　(6)　何々　〃　〃
2　現金の部
　(1)　現金明細書（○○年○月○日現在）

歳　　　　入

区		分	金　額
科目	款	何々	円
	項	何々	円
	目	何々	円
合　計			円

歳　　　　出

区		分	金　額
科目	款	何々	円
	項	何々	円
	目	何々	円
合　計			円

注　一般会計、特別会計ごとに調製すること。
　(2)　計画書
　　ア　歳入簿金高　　　　　　　　　　　　一金　　　　　円
　　イ　歳出簿金高　　　　　　　　　　　　〃　　　　　　〃
　　ウ　一時借入金　　　　　　　　　　　　〃　　　　　　〃
　　エ　歳入歳出計算簿（現金受払簿）帳じり高〃　　　　　〃

3 現　金
(1) ○○年度歳計現金現在高　　　　一金　　　　円
(2) 歳入歳出外現金保管金　　　　　〃　　　　　〃
(3) 一時保管金　　　　　　　　　　〃　　　　　〃
　　内国税保管金　　　　　　　　　〃　　　　　〃
(4) 何々　　　　　　　　　　　　　〃　　　　　〃
　　合　計　　　　　　　　　　　　〃　　　　　〃
　　内預金（預け先ごとに記載すること）〃　　　〃
4　物件の部
(1) 備品
　　ア　役所（役場）の備品　　　　　　　何点
　　イ　学校　　　〃　　　　　　　　　　〃
　　各明細は別紙のとおり
(2) 消耗品
　　明細別紙のとおり
(3) 何々
　　明細別紙のとおり

(6) 一般事務引継書式例

① 課長→課長

事　務　引　継　書

1　所管事務
2　職　　員
3　予算及び支出状況
4　事務の現況
5　懸案事項
6　その他
　上記（別紙）のとおり、引継ぎをします。
　　○○年○月○日
　　　　　　　　　　　　　　　（前職名）氏　　　　名　㊞
　上記（別紙）のとおり、引継ぎを受けました。
　　○○年○月○日

```
                              職名 氏      名 ㊞
```

② 所属長報告を兼ねる場合（別紙目録方式）

```
                  事 務 引 継 書
                              ○○年○月○日
(所属長名) 氏    名 殿 (様)
                  前任者 職名 氏      名 ㊞
                  後任者 職名 氏      名 ㊞
                  立会人 職名 氏      名 ㊞
 本日前任者○○○○は、別紙目録を調製して後任者（職氏名）と照合
し、関係書類を引き渡しました。
(別紙略)
```

③ 所属長報告を兼ねる場合（普通文書方式）

```
                  事 務 引 継 書
                              ○○年○月○日
(所属長名) 氏    名 殿 (様)
                  引継者 職名 氏      名 ㊞
                  引受者 職名 氏      名 ㊞
 次のとおり事務の引継ぎをしました。
1 書類、帳簿
 (1) ………………
 (2) ………………
2 未決事項
 (1) ………………
 (2) ………………
3 その他
 (1) ………………
 (2) ………………
```

(7) 公印引継書式例

```
                    公　印　引　継　書
                                       文書記号・番号
                                         年　月　日
  総務局長　　　殿（様）
                               局長名_____
                                              （公印省略）
  次のとおり公印について引き継ぎます。
                         記
```

公 印 名	
公 印 番 号	
公印管理者	
廃 止 日	年　月　日
理　由	組織の廃止（変更）　　摩滅 その他（　　　　　　　　　　　　　　　　　）
印 影	

(8) 更迭があった場合の事務引継要覧

引き継ぎする機関	引継期間（退職の日の翌日から起算して）	引継事項	特別の事情によって後任者に引き継ぐことのできない場合の暫定引継者	後任者ができたときの引継期間	適用法規
市町村長	20日以内	その担任する事務	副市(町村)長又は長の職務代理者（長の職務執行者）	直ちに	自治令123
副市(町村)長	10日以内	長から委任された事務のみ	長	〃	〃 127

| 選挙管理委員会の委員長 | 10日以内 | その担任する事務 | 選挙管理委員の1人 | 〃 | 〃 140 |
| 監査委員 | 10日以内 | その担任する事務 | 監査委員の1人 | 〃 | 〃 141 |

注1 昭和60年3月26日自治法施行令の一部改正により、旧施行令131条（所轄行政庁への報告）は削除された。

2 正当な理由がなくて、前任者が事務の引継ぎを拒んだときは、知事は、10万円以下の過料を科すことができる（自治令131条）。

3 上記以外の職員が、退職、休職又は転任した場合において、事務引継ぎは後任者又は所定の職員に、当人が担任していた事務の処理顛末を記載して行う（口頭もある）。

4 直接請求関係書式例

1 条例の制定又は改廃の直接請求

　間接民主政治の弊害を是正するため、住民が直接、条例の制定・改廃について発案できる制度が直接請求制度である。
① **請求権者**
　　市町村の議会議員及び長の選挙権を有する者の総数の50分の1以上の者の連署をもって、その代表者から長に請求する（自治法74条）。
② **証明書**
　　請求代表者証明書の交付申請は議会解散に準じ文書ですべきであるほか、申請書には、条例制定（改廃）請求書及び条例案の添付が必要である。
③ **代表者の辞退**
　　辞退は市町村長に申し出、長がその旨告示する。
④ **請求の審査と受理**
　　請求内容について市町村長が適法かどうかを審査する。
⑤ **請求の効果**
　　市町村長は請求を受理したならばその翌日から20日以内に議会を招集し、意見（文書により執行機関からの賛否若しくは規定の不備、その他立法的見解も含まれる。）を付けて議会に付議し、結果を代表者に通知し告示するとともに見やすいところに公表しなければならない（自治令98条）。
⑥ **既制定条例と同一内容**
　　自治法74条により請求に係る条例案と同一内容の条例が既に公布施行されている場合においては、条例の制定（廃止）の請求目的が消滅しており、議会で審議する利益はないので、長は当該請求に係る条例案を議会に付議する必要はない（昭24．9．5行実）。

⑦ 意見を付ける場合

　少なくとも賛否いずれかを明確にすべきであり、長が責任を回避するために、「意見なし」とすることは法の規定している意見を付したことにはならないので、審議する場合はこのことに留意する必要がある。

⑧ 条例制定（改廃）の請求の手続

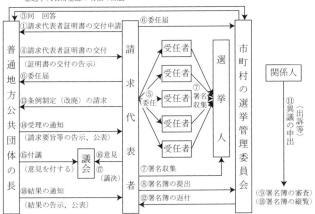

注1　請求代表者は、署名数が法定署名数以上の数となったときは、署名簿（分冊されているときは一括して）を市町村の選挙管理委員会に提出して、署名し印を押した者が選挙人名簿に登録された者であることの証明を求める（自治法74条の2第1項）。

2　署名簿の提出は、署名の収集期間の満了の日の翌日から都道府県にあっては10日以内、市町村にあっては5日以内である（自治令94条1項）。

(1) 条例の制定（改廃）請求書式例

　　　　　　　　○○市（町村）条例制定（改廃）請求書
何条例制定（改廃）請求の要旨
1　請求の要旨（1,000字以内）
2　請求代表者

```
                                    住　所　氏　　　　名　㊞
                                    生年月日　性別
                                    （住所）（氏　　　　名　㊞）
                                    （生年月日）（性別）
　右のとおり地方自治法第74条第１項の規定により別紙条例案を添えて条例の制定（改廃）を請求いたします。
　　○○年○月○日
　○○市（町村）長　氏　　名　あて
```

注１　本請求書又はその写は、市町村条例制定（改廃）請求者署名簿ごとにつづり込むものとすること。
　２　氏名は自署（盲人が公選令別表第１に定める点字で自己の氏名を記載することを含む。）すること。

(2)　直接請求条例の議会付議書式例

```
第○号議案
　　○○市（町村）特別職の職員の給与及び旅費に関する条例の一部を
　　改正する条例
　上記の議案を提出する。
　　　　　　　　　　　　　　　　　　　　　　　　○○年○月○日
　　　　　提出者　○○市（町村）長　氏　　　　　名　㊞
　　○○市（町村）特別職の職員の給与及び旅費に関する条例の一部を
　　改正する条例
　○○年○月○日地方自治法第74条第１項の規定により、○○市（町村）特別職の職員の給与及び旅費に関する条例の一部改正の請求を受理したので、同条第３項の規定により、別紙のとおり意見を付けて市（町村）議会に付議する。
　（別紙条例略）
```

```
　　　　　　　　　　　　　意　　見　　書
……………………………………………………。
　以上のように再三にわたり慎重な審議を重ねた結果による現行条例であり、条例制定の手続においても適法妥当なものであるので、現在の時点では、これを改正する必要はないと考える。なお、条例改正請求により付議する本件「○○市（町村）特別職の職員の給与及び旅費に関する条例の一部を改正する条例」案は、条文形式が整わない部分があることを申し添える。
```

注1　請求を受理した日から20日以内の議会の招集は訓示規定であって、20日以後であっても議会の招集をする（昭48．6．6行実）。
 2　出席議員が定足数に達せず、よって、議会が流会となっても、さらに議会を招集する義務がある。
 3　長は条例の制定又は改廃に対する意見を付けて議会に付議するべきであって意見は、条例案に対する執行機関の立場からする賛否の意見であり、必ず付けることを義務づけられている。
 4　条例の不備に対し、長は修正することなく、議会に提出するも、不備である旨を意見中に加えるのがよい。
 5　議会は過半数で決め、かつ、修正も可能。
 6　議会の審議は、通常の議事手続で決定するが、審議未了とすることはできない。もし、現実に審議未了となったときは、長は適切な議決があるまで再度提案する義務がある（昭38．3．8行実）。
 7　直接請求に基づく条例案を議会が可決した場合に、長において異議があるときは、自治法176条1項の規定により再議に付することができる（昭43．1．10行実）。

2　監査の直接請求

　監査の直接請求は、条例の制定・改廃の請求等とともに、住民の参政の権利である。範囲は議会、執行機関の処理する一切の事務に及ぶ（自治法75条）。

①　請求権者

　　選挙権を有する者は、その総数の50分の1以上の者の連署をもって、その代表者から、監査委員に対し、市町村の事務並びに市町村長、教育委員会、選挙管理委員会、人事委員会若しくは公平委員会、公安委員会、労働委員会、農業委員会等の事務に関し、監査請求することができる。署名の収集、署名簿の審査及び縦覧並びに訴訟等の正式要求までの手続は、条例制定（改廃）に準じて行えばよい。ただし、代表者証明書の交付申、署名収集委任届出の届出先、要求書の受理者はすべて監査委員が行う。なお、自治法242条の住民の監査請求は住民1人からでも可能。

②　請求の効果

　　監査請求の受理とともに、監査し、その結果を代表者に通知する

とともに公表する。と同時に議会及び長にまた監査の対象となった関係機関に報告しなければならない。

③ 監査の請求の手続（本請求以後）

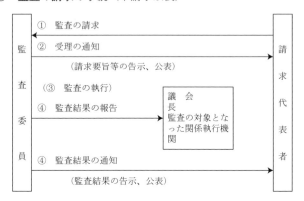

注1　請求代表者証明書の交付申請は、当該地方公共団体の監査委員に対して行う（自治令91条1項、99条）。
2　請求代表者の資格の照会確認及び請求代表者証明書の交付は、当該普通地方公共団体の監査委員が行う（自治令91条2項、99条）。
3　署名収集委任届出は当該普通地方公共団体の監査委員及び受任者の属する市町村の選挙管理委員会に届け出る（自治令92条3項、99条）。
4　本請求は、当該普通地方公共団体の監査委員に対して行う（自治法75条1項、自治令96条、99条）。

(1) 事務監査請求書式例（自治法75条によるもの）

　　　　　　　　　　○○市（町村）事務監査請求書
事務監査請求の要旨
1　請求の要旨（1,000字以内）
2　請求代表者
　　　　　　　　　　　　　　　　　住　所　氏　　　名　㊞
　　　　　　　　　　　　　　　　　生年月日　性別
　　　　　　　　　　　　　　　　　（住所）（氏　　　名　㊞
　　　　　　　　　　　　　　　　　（生年月日）（性別）

> 　右のとおり地方自治法第75条第1項の規定により事務監査を請求いたします。
> 　　○○年○月○日
> 　　○○市（町村）監査委員　氏　　　名　宛

注1　本請求書又はその写は、市（町村）事務監査請求者署名簿ごとにつづり込みとすること。
　2　氏名は自署（盲人が公選令別表第1に定める点字で自己の氏名を記載することを含む。）すること。

(2) 監査請求受理通知書式例

> 　　　　　　　　　　　　　　　　　　　　　　　　　文　書　番　号
> 　　　　　　　　　　　　　　　　　　　　　　　　　○○年○月○日
> 　請求代表者　氏　　　名　殿（様）
> 　　　　　　○○市（町村）監査委員　氏　　　　　　名　㊞
> 　　　　　　　　　　同　　　　　　　氏　　　　　　名　㊞
> 　　事務監査請求の受理について（通知）
> 　　○○年○月○日付けで提出された事務監査請求書は、○○年○月○日（同日）受理したので、地方自治法施行令第99条の規定において準用する同令第98条第1項の規定により通知する。

注　選挙権を有する者は、その総数の50分の1以上の者の連署をもって、その代表者から市町村の監査委員に対し、市町村の経営に係る事業の管理、出納その他市町村の事務並びに市町村の長及び教育委員会、選挙管理委員会、人事委員会若しくは公平委員会、公安委員会、労働委員会、農業委員会その他法令、条例に基づく委員又は委員に属する事務に関し監査請求ができる（自治法75条）。

(3) 監査請求公表書式例

> 　　○○年○月○日受理した事務監査請求に関する請求代表者の住所、氏名及び請求の要旨は、次のとおりである。
> 　　○○年○月○日
> 　　　　　　　　○○市（町村）監査委員　氏　　　　　　名　㊞
> 　　　　　　　　　　　同　　　　　　　　氏　　　　　　名　㊞
> 　1　請求代表者　住　所　　　　　　　　氏　名
> 　　　　　　　　（住所）　　　　　　　（氏名）

| 2 請求の要旨 ……………………… |

注1　監査を行うべき時期の制限はないが、なるべく速やかに行うようにすべきである。
　2　過年度の事務事業についての監査請求があった場合、たとえ、それが決算について議会の認定があったものでも、原則として改めて監査しなければならないが、関係事項については先に行った監査結果と同一であれば、その旨を通知し、かつ、公表することは差し支えない。
　3　監査結果の公表は、その実施した監査の内容の大要を示し、それは結果の法的ないし事実上の適不適について公表すれば足りる（昭28．7．1行実）。

(4) 監査請求結果報告書式例

```
                                              文　書　番　号
                                              ○○年○月○日
○○市（町村）長　氏　　名　殿（様）
            ○○市（町村）監査委員　氏　　　　名　印
                        同　　　　氏　　　　名　印
                    監査請求結果報告書
　○○年○月○日受理した何某ほか何人の請求に係る事務監査の結果を、
地方自治法第75条第3項の規定により、次のとおり報告する。
（結果の詳述）
```

注1　監査委員は、適法な監査の請求事項だけでなく監査請求事項が、①事実であるかどうか不明である場合、②事実と相違している場合、③抽象的で、漠然としている場合においても、それが当該市町村及び関係執行機関に関するものである限り、監査を行わなければならない。
　2　監査請求事項の一部又は全部につき、事実であるかどうか不明な場合には、監査の結果に不明と公表しないで、請求代表者を参考人として、それらの者から事情を聴取するなどして、独自の判断により監査し公表すべきである（昭28．6．26行実）。
　3　請求の要旨の記載事項と事実とが相違することが明らかになった場合には、監査の結果の公表は、その事実を明らかにすれば足り、監査委員が、特に請求の要旨の記載事項の補正を命ずる必要もなく、また、補正を命ずることはできない（昭34．4．17行実）。
　4　当該請求に係る監査事項が、既に訴訟として、裁判所において審理中のもので

あっても、監査委員は独自の立場において監査を行うべきである（昭29.4.21行実）。
5 監査の請求代表者から、監査執行時に立会いを求められても立会いさせる必要はない。
6 監査請求の事例も少なくないが、監査委員は当該監査請求要件なしなどとして却下したり、措置に当たらないなどが多いために、現行監査委員制度に住民の不満が少なくないし、行政訴訟に持ち込まれた場合に、監査請求が容認されるケースも少なくない。
7 報告とともに一般に公表する（自治法199条8項）。

(5) 監査請求結果通知書式例

```
                                              文 書 番 号
                                              ○○年○月○日
請求代表者  氏     名 殿（様）
              ○○市（町村）監査委員  氏        名  印
                            同       氏        名  印
  事務監査の結果について（通知）
  ○○年○月○日受理した貴殿（方）ほか○人の請求に係る事務監査の結果は次のとおりであるので、地方自治法第75条第3項の規定により通知する。
（結果の詳述）
```

注1 監査の結果を直接請求代表者に通知及び公表（告示）することをもって終了する。
 2 直接請求代表者が、その結果について不服があるとしても、争訟は許されない（昭27.3.26行実）。
 3 監査結果の通知、公表・報告を求める訴えは不適法である（昭28.5.4京都地裁判決）。

3 議会解散の直接請求

普通地方公共団体の住民が、選挙した議員をもって構成する議会に対し、議会運営又は住民福祉の増進に反すると認める場合に、議員の任期満了前に、現任議員の全員の資格を奪って、新たな議員による議会の成

立を図るために一般選挙を要求するのが議会解散請求である(自治法76条)。

なお、財産区議会に対するリコールはできない(昭28.3.6行実)。

解散請求は、選挙権を有する者の総数の3分の1以上の者(その総数が40万を超え80万以下の場合にあっては、その超える数に6分の1を乗じて得た数と40万に3分の1を乗じて得た数とを合算して得た数、その総数が80万を超える場合にあってはその80万を超える数に8分の1を乗じて得た数と40万に6分の1を乗じて得た数と40万に3分の1を乗じて得た数とを合算して得た数)以上の者の連署をもってその代表者から普通地方公共団体の選挙管理委員会に対し、議会の解散請求ができ、その請求があったときは委員会は公表しなければならない。

選挙管理委員会は、議会の解散請求書を受理したときは、20日以内に議会から弁明の要旨その他必要な事項を記載した弁明書(1,000字以内)を徴さなければならない(自治令104条1項)。なお20日以内とは、請求書を受理した旨の告示の日からというべきである。

議会の解散請求の手続(本請求以後)

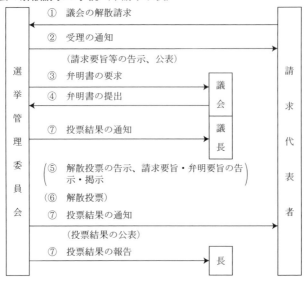

注　この制度は、議会解散請求に基づく解散の可否を住民の賛否投票によって決定するもので（自治法76条3項）、その投票の結果、過半数の同意があれば議会は解散することとなる（同法78条）。

　この直接請求の手続の基本は、自治法に規定されているのみならず、一般投票の手続については、公選法の中の普通地方公共団体の選挙に関する規定が準用されているので、その構成はかなり複雑である。したがって、処理に当たっては万全を期さなければならない。

(1) 請求権者

　議会の解散を請求できる者は、普通地方公共団体の議会の議員及び長の選挙権を有する者であり、かつ、選挙権を有する者の総数の3分の1（その総数が40万を超え80万以下の場合にあっては、その超える数に6分の1を乗じて得た数と40万に3分の1を乗じて得た数とを合算して得た数、その総数が80万を超える場合にあってはその80万を超える数に8分の1を乗じて得た数と40万に6分の1を乗じて得た数と40万に3分の1を乗じて得た数とを合算して得た数）以上の者の連署を必要とする。

(2) 解散請求代表者証明書交付申請書式例

```
　　　　〇〇市（町村）議会解散請求代表者証明書交付申請書
　地方自治法施行令第100条で準用する同令第91条の規定により、別紙解散請求書を添えて、代表者証明書の交付を申請します。
　　〇〇年〇月〇日
〇〇市（町村）選挙管理委員会委員長　氏　　　名　殿（様）
　　　　　　　　　　住所　職業　氏　　　　名　㊞
（別紙略）
```

注1　請求の要旨は、1,000字以内で、その他必要な事項を記載し、議会解散請求書を添付する。
　2　代表者の選挙人名簿の登録の確認と法律上の条件の具備がなされているか否かを十分点検すべきである。
　3　代表者が次の要件に該当する者である場合は代表者になることはできない。なお、証明書を交付した場合は、告示を必要とする。
　・　請求に係る地方公共団体の選挙管理委員会の委員又は職員
　・　選挙人名簿に表示をされている者（選挙権の停止・失権、転出）
　・　選挙人名簿から抹消された者（死亡、国籍喪失等）

(3) 解散請求証明書交付告示書式例

> ○○市（町村）選管告示第○号
> 　地方自治法施行令第100条で準用する同令第91条の規定により、何市（町村）議会解散請求代表者証明書を交付した者は、下記のとおりである。
> 　　○○年○月○日
> 　　　　　　　○○市（町村）選挙管理委員会委員長　氏　　　名　㊞
> 　　　　　　　　　　　　　　　　記
> 交付年月日　　　　　　　　　　　住　所　　　　　　氏　名
> 　同　　　　　　　　　　　　　　同　　　　　　　　氏　名

注　請求代表者の辞退があれば、その旨の告示を要する。

(4) 解散請求代表者辞退告示書式例

> ○○市（町村）選管告示第○号
> 　○○市（町村）議会解散請求代表者何某は、○○年○月○日請求代表者を辞退した。
> 　　○○年○月○日
> 　　　　　　　○○市（町村）選挙管理委員会委員長　氏　　　名　㊞

(5) 署名審査申請書式例

> 　地方自治法第76条において準用する同法第74条の2第1項の規定により、下記署名の審査を申請します。
> 　　○○年○月○日
> 　○○市（町村）選挙管理委員会委員長　氏　　　名　殿（様）
> 　　　　　　　　　　　　　　　　請求代表者　氏　　　　　　名　㊞
> 　　　　　　　　　　　　　　　　　　記
> 　1　署名簿　　　　　　　　冊（別冊のとおり）
> 　2　署名簿

注1　署名簿の収集は、所定の様式によって作成しなければならない。
　2　署名収集期間は、請求代表者証明書交付の告示から1か月以内である。

3 収集できる者は、請求代表者及び代表者から委任を受けた者である。受任者は「署名収集委任状」をつづり込んだ署名簿によらなければならない。署名収集は直接であって郵便は認められない。収集の方法は、街頭、戸別は自由である。この点が公職選挙法に基づく選挙と異なる点である。署名の取消しは、請求代表者が市町村の委員会に対し署名簿を提出するまでの間請求代表者を通じて行うこと。署名簿の提出は、収集期間満了の翌日から5日以内に選管に行わなければならない。提出に当たっては、審査申請書を添える。

(6) 署名の審査

署名の無効の基準は、次のとおりである。
① 違法な署名簿になされた署名
② 選挙人名簿に記載されていない者の署名
③ 自署でない署名(ゴム印等で記名押印したもの等)
④ 押印のない署名
⑤ その他の記載事項の欠缺
⑥ 何人であるかを確認しがたい署名
⑦ 詐偽又は強迫に基づく署名

(7) 署名簿縦覧告示書式例

> ○○市(町村)選管告示第○号
> 　地方自治法第76条第1項の規定による○○市(町村)議会解散につき、請求代表者何某ほか○人より提出のあった議会解散請求者署名簿は、何月何日から何日まで7日間毎日午前○時○分から午後○時○分まで何々について関係人の縦覧に供する。
> 　　○○年○月○日
> 　　　　○○市(町村)選挙管理委員会委員長　氏　　　名　印

注1　公表の際、合わせて署名簿に署名し印を押した者の総数及び有効署名の総数を告示すべきである。
　2　署名の審査を終了したときは、その終了の日の翌日から起算して7日間、指定した場所で関係人の縦覧に供する。

(8) 署名者の有効総数告示書式例

○○市(町村)選管告示第○号
　地方自治法第76条第1項により、○○市(町村)議会解散請求代表者何某ほか○人より提出のあった議会解散請求者署名簿に署名し印を押した者の総数及び有効署名の総数は、下記のとおりである。
　　○○年○月○日
　　　　　　　○○市(町村)選挙管理委員会委員長　氏　　　名　印
記
1　署名し印を押した者の総数　　　　　何人
2　有効署名総数　　　　　　　　　　　何人

(9) 異議の申出による決定修正告示書式例

○○市(町村)選管告示第○号
　地方自治法第76条第1項の規定による○○市(町村)議会解散請求につき、請求代表者何某ほか○人から提出のあった議会の解散請求者署名簿に関する異議の申出を審査した結果、その申出が正当であると決定し、証明を修正した者の住所氏名は、下記のとおりである。
　　○○年○月○日
　　　　　　　○○市(町村)選挙管理委員会委員長　氏　　　名　印
記
1　有効(無効)と修正したもの
　　　　　　　　住　所　　　　　　氏　名

注　異議の申出を審査する際、必要があれば関係人の出頭及び証言を求めることができ、また審査の申出に対する裁決に不服のある者は、その裁決(自治法76条4項、74条の2第8項)の決定のあった日から14日以内に地方裁判所に出訴することができる。

(10) 縦覧による異議の申出のない場合の告示書式例

○○市(町村)選管告示第○号
　地方自治法第76条第1項の規定による○○市(町村)議会解散請求につき、請求代表者何某ほか○人から提出のあった署名簿を関係人の縦覧に供

したところ、縦覧期間中異議の申出はなかった。
　なお、上記の署名簿中、有効署名の総数は、下記のとおりである。
　　○○年○月○日
　　　　　　○○市（町村）選挙管理委員会委員長　氏　　　名　㊞
　　　　　　　　　　　　　　　記
1　有効署名総数　　　　　　　　　　　　　何人

(11)　異議の申出のあった場合の告示書式例

○○市（町村）選管告示第○号
　地方自治法第76条第1項の規定による○○市（町村）議会解散請求につき、請求代表者何某ほか○人から提出のあった署名簿につき、何某ほか○人から申出のあった異議については、すべて決定を終わった。
　なお、上記の署名簿中、有効署名の総数は、下記のとおりである。
　　○○年○月○日
　　　　　　○○市（町村）選挙管理委員会委員長　氏　　　名　㊞
　　　　　　　　　　　　　　　記
1　有効署名総数　　　　　　　　　　　　　何人

注　縦覧期間内に関係人の異議の申出がないとき、裁決又は異議の申出があった場合において、すべての異議について決定したときは、その旨及び有効署名の総数を告示するとともに、署名簿を請求代表者に返付しなければならない。

(12)　解散請求代表者の住所氏名及び解散請求要旨告示書式例

○○市（町村）選管告示第○号
　地方自治法第76条第1項の規定に基づく○○市（町村）議会解散の請求を○○年○月○日受理した。請求代表者の住所、氏名及び請求の要旨は、下記のとおりである。
　　○○年○月○日
　　　　　　○○市（町村）選挙管理委員会委員長　氏　　　名　㊞
　　　　　　　　　　　　　　　記
1　請求代表者　住　所　　　　　　　　　氏　名
2　請求の要旨　…………………

注1 請求を受理した場合は、その旨代表者に通知するとともに、代表者氏名、請求の要旨を告示し、公衆の見やすいところに公表する。
 2 いったん正式に受理された後においては、請求の撤回は認められない。
 3 議会解散請求を受理した旨の告示をした日から60日以内にすみやかに選挙人の投票に付さなければならない（自治法76条3項）。その投票の結果、過半数の同意があれば、議会は解散することとなる（同法78条）。
 4 議会の解散は、投票の日であり、投票数は制限はなく有効投票の過半数で足り、投票率の多寡は問わない。
 5 結果が判明すれば、委員会は直ちに、代表者及び議長に通知し、かつ、公表するとともに知事に報告しなければならない。

(13) 解散投票期日の告示書式例

```
○○市（町村）選管告示第○号
 ○○市（町村）議会の解散の投票を、次により行う。
  ○○年○月○日
          ○○市（町村）選挙管理委員会委員長  氏   名 ㊞
  投票日   ○○年○月○日
```

注 賛否投票の期日は、少なくとも20日前に告示しなければならない（自治令100条の2）。

(14) 議会解散請求に関する弁明書式例

```
                          文 書 番 号
                          ○○年○月○日
○○市（町村）選挙管理委員会委員長  氏   名 殿（様）
      ○○市（町村）議会議長  氏   名 ㊞
  議会解散請求に関する弁明書の提出について
 ○月○日貴職から請求があった本議会の解散請求に関する弁明書を、別紙のとおり提出します。
 （別紙略）
```

注1 弁明書は1,000字以内とする（自治令104条）。
 2 選挙管理委員会は、解散請求を受理し、その旨を告示した日から60日以内に議会解散を行うのであるが、その解散投票に先立って、請求を受理したときから20

日以内に議会からの弁明の要旨（1,000字以内）その他必要な事項を記載した弁明書の提出を求めなければならない。
3 　この弁明書は、解散投票の投票期日の告示の際同時に告示され、投票所の入口その他公衆の見やすい場所に直接請求代表者の請求の要旨とともに掲示されるものである。
4 　議会から弁明書の提出のないときは、投票期日の告示の際あわせて告示、掲示することを要しない。
5 　弁明書が1,000字を超えるときは、選挙管理委員会は期限をつけて補正を命じ、応じないときは、1,000字を超える部分を削除する。
6 　弁明書の提出は議長の判断のものではなく、議会の議決事項である。もし、定足数を欠き、議会が不成立の場合には残留議員が協議し、かつ決定した弁明書であればよい（昭24.10.12行実）。
7 　解散の効果は、有効投票の「過半数が解散に賛成の同意があったとき」であり、これは解散の賛否投票の当日において生ずるものであって、これらの効力に関する争訟があっても、解散の効果は消滅しない。

⒂　議会解散請求による議会の弁明書告示書式例

```
○○市（町村）選管告示第○号
　○○市（町村）議会解散請求の要旨及び○○市（町村）議会の弁明書の要旨は、次のとおりである。
　　○○年○月○日
　　　　　　　○○市（町村）選挙管理委員会委員長　　氏　　　　名　㊞
1　○○市（町村）議会解散請求の要旨…………
2　○○市（町村）議会の弁明書の要旨…………
```

4　議員及び長解職の直接請求

　議員の解職請求（自治法80条）及び長の解職請求（同法81条）は、ともに選挙権を有する者の総数の3分の1（その総数が40万を超え80万以下の場合にあってはその超える数に6分の1を乗じて得た数と40万に3分の1を乗じて得た数とを合算して得た数、その総数が80万を超える場合にあってはその80万を超える数に8分の1を乗じて得た数と40万に6分の1を乗じて得た数と40万に3分の1を乗じて得た数を合算して得た数）以上の者の連署をもって、その代表者から当該団体の選挙管理委員

会に請求することを要する。

ア　請求権者は、議会解職請求の場合と同じ3分の1（その総数が40万を超え80万以下の場合にあってはその超える数に6分の1を乗じて得た数と40万に3分の1を乗じて得た数とを合算して得た数、その総数が80万を超える場合にあってはその80万を超える数に8分の1を乗じて得た数と40万に6分の1を乗じて得た数と40万に3分の1を乗じて得た数を合算して得た数）以上の者の連署が必要である（選挙区に注意）。

イ　請求代表者の証明書の交付は議会の解散の場合と同じ。なお、同時に数人の議員の解職を請求する場合には、その議員別に請求代表者証明書の交付を申請する。

ウ　署名簿の作成は、被解職請求者たる議員別に作成を要する。

エ　解職請求を受けている議員又は長から弁明書を徴さなければならない。

オ　請求の効果

解職請求があったときは、請求を受理した旨の告示をした日から60日以内に選挙人の投票に付する。投票の結果、過半数の同意があれば、議員又は長はその職を失う（同法83条）。

① 選挙区が設けられている市町村の場合は、被解職請求者たる議員の所属選挙区の選挙人の投票に付する。

② 同一議員に対して、2以上の解職請求があったときは、一つの投票をもって合併して行うことができる（長もこれと同じ。）。

③ 死亡又は、議員が職を失ったときは、投票を行わない。

カ　議員の解職の投票結果が判明したときは、解職請求代表者並びに関係議員及び議長に通知し、かつ公表するとともに、長及び知事に報告する（同法82条1項）。

キ　長の解職投票の結果が判明したときは、請求代表者及び議長に通知し、かつ、公表するとともに、都道府県にあっては都道府県知事に、市町村は市町村長に報告する（同法82条1項）。

ク　議員又は長の解職請求の制限期間は、議員又は長の、就職の日又は解職投票の日から1年間は行うことができない（同法84条）。

ケ　議会の議員及び長の解職請求の手続（本請求以後）

4 直接請求関係書式例 219

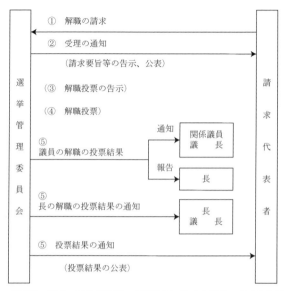

注1 この制度は、議会の議員又は長の解職請求に基づく解職の可否を住民の賛否投票によって決める（自治法80条3項、81条2項、76条3項）ものであって、その投票の結果、過半数の同意があれば、その職を失うこととなる（自治法83条）。
 2 請求代表者証明書の交付申請は、当該普通地方公共団体の選挙管理委員会に対して行う（自治令110条、116条、91条1項）。
 3 請求代表者の資格の照会確認及び請求代表者証明書の交付は、当該地方公共団体の選挙管理委員会が行う（自治令110条、116条、91条1項）。
 4 署名の収集を委任したときの委任届出は、当該普通地方公共団体の選挙管理委員会（当該請求が都道府県又は指定都市に関する場合に限る。市町村に関するものである場合には、委任届出が結果的に重複することとなるので除かれている。）及び受任者の属する市町村の選挙管理委員会に対して行う（自治令110条、116条、92条3項）。
 5 本請求は、当該普通地方公共団体の選挙管理委員会に対して行う（自治法80条1項、81条1項、自治令110条、116条、96条）。

5 主要公務員解職の直接請求

ア 請求権者　選挙権を有する者は、その総数の3分の1（その総数が40万を超え80万以下の場合にあってはその超える数に6分の1を

乗じて得た数を40万に3分の1を乗じて得た数を合算して得た数、その総数が80万を超える場合にあってはその80万を超える数に8分の1を乗じて得た数と40万に6分の1を乗じて得た数と40万に3分の1を乗じて得た数を合算して得た数）以上の者の連署をもって、その代表者から、普通地方公共団体の長に対し、副知事若しくは副市（町村）長、選挙管理委員若しくは監査委員又は公安委員の解職を請求することができる。署名の収集、審査訴訟等の正式請求までの手続は、条例の制定・改廃の請求に準じて行えばよい（自治法86条）。

イ 通知及び公表　正式請求を受理すれば、長はその旨を請求代表者及び関係者に通知し、必要な告示、公表を行う。

ウ 普通地方公共団体の長は、議会を招集し、解職すべきか否かについて議会の議決を求めなければならない。この場合、議会に付議すべき期限の定めがないが、事柄の性質上なるべく早く議会を招集すべきである。

エ 解職の議決は、現任議員の3分の2以上が出席し、4分の3以上の者が同意したときは失職。議決の結果を請求代表者及び被解職請求者に通知し、かつ、告示、公表する。

オ 解職請求の制限期間

① 副知事若しくは副市（町村）長の解職請求は、就職の日又は解職請求をした議会で解職しないことを議決した場合、議決の日から1年間はできない（自治法88条）。

② 選挙管理委員、監査委員、公安委員の解職請求は、その就職の日又は解職請求をした議会で解職しないことを議決した場合、議決の日から6か月間はできない（自治法88条）。

③ 議会の議決に不服がある者は、議決のあった日から21日以内に、都道府県にあっては総務大臣に、市町村にあっては知事に審査の申立てができる。申立者は被解職請求者、解職請求代表者、当該議決に参与した議員及び当該地方公共団体の長であると解されている。

カ なお、総務大臣及び知事の裁決に不服がある者の訴訟の提起は、裁決のあった日から、21日以内に議会を被告として裁判所に出訴することができる（同法118条5項、255条の5）。

キ 主要公務員の解職請求の手続

4 直接請求関係書式例 221

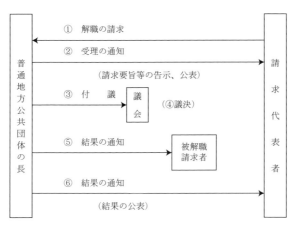

議員の解職請求書式例

```
              市（町村）議会議員○○解職請求書
   ○○市（町村）議会議員○○解職請求の要旨
 1  請求の要旨（1,000字以内）
 2  請求代表者
                    住  所  職  業  氏    名  ㊞
                   （住所）（職業）（氏    名  ㊞）
   右地方自治法第80条第１項（長の解職請求は第81条第１項、主要公務員
 の解職請求は第86条第１項）の規定により何議会議員○○の解職を請求い
 たします。
    ○○年○月○日
    ○○市（町村）選挙管理委員会委員長  氏    名  殿
```

注１　本請求書又はその写は、市（町村）議会議員解職請求署名簿ごとにつづり込みとすること。
 ２　氏名は自署（盲人が公選令別表第１に定める点字で自己の氏名を記載することを含む。）すること。
 ３　議員以外の解職請求の場合は、「議会議員」のところがそれぞれ「市（町村）長」「副市（町村）長」「選挙管理委員」「監査委員」となる（副市（町村）長以下主要公務員）。
 ４　主要公務員の解職請求の宛先は、普通地方公共団体の長となる（自治法86条１項）。

6　直接請求による告示及び公表一覧

内　　　容	(1) $\frac{1}{50}$ の数 (2) $\frac{1}{3}$ 等	請求代表者証明書の交付	署名簿の縦覧の期間及び場所
期　　　　日	名簿確定後直ちに	資格確定後	あらかじめ
告　　　示	○	○	○
公　　　表			○
条例制定(改廃)関　係　法　令	法7$_4$	令91$_2$	法74の2$_3$
監査関係法令	法75準用 法74$_4$	令99準用 令91$_2$	法75$_5$準用 法74の2$_3$
議　会　解　散関　係　法　令	法76$_4$準用 法74$_4$	令100準用 令91$_2$	法76$_4$準用 法74の2$_3$
議　員　解　職関　係　法　令	法80$_4$準用 法74$_4$	令110準用 令91$_2$	法80$_4$準用 法74の2$_3$
長等主要公務員解職関係法令	法81$_2$準用 法74$_4$	令116準用 令91$_2$	法81$_2$準用 法74の2$_3$
備　　　　考			審査期間中

注　自治法以外の法令による解職請求については省略した。政・省令、通達等については十分調査されたい。

署名簿に署名し、印を押した者の総数及び有効署名の総数	異議の申出が正当と決定し証明を修正したとき	署名簿の証明に対する異議の有無及び有効署名の総数	請求を受理したときは、請求代表者の住所氏名及び請求の要旨
3にあわせて	直ちに	異議申出がないとき又は異議についての決定後	直ちに
○	○	○	○
掲　　示			
令95の2	法74の2 $_5$	法74の2 $_6$	法74 $_2$ 令98 $_1$
令99準用 令95の2	法75 $_5$ 準用 法74の2 $_5$	法75 $_5$ 準用 法74の2 $_6$	法75 $_2$ 令99準用 令98 $_1$
令100準用 令95の2	法76 $_4$ 準用 法74の2 $_5$	法76 $_4$ 準用 法74の2 $_6$	法76 $_2$ 令100準用 令98 $_1$
令110準用 令95の2	法80 $_4$ 準用 法74の2 $_5$	法80 $_4$ 準用 法74の2 $_6$	法80 $_2$ 令110準用 令98 $_1$
令116準用 令95の2	法81 $_2$ 準用 法74の2 $_5$	法81 $_2$ 準用 法74の2 $_6$	法81 $_2$ 準用 法76 $_2$ 令116準用 令98 $_1$
	・申出が正当と決定したときは関係人、申出人に通知 ・申出が正当でないと決定したときは申出人に通知		請求の受理を代表者に通知

解散解職投票期日	解散解職請求の要旨及び弁明の要旨	演説会等の開催施設の使用に要する費用の額	結果が判明したとき	結果が確定したときに
少なくとも20日前	8にあわせて	あらかじめ	直ちに	直ちに
○	○	公　示		
			○	○
			法74$_3$	
			法75$_3$	
令100の2	令104$_2$	令107$_3$	法77	法77
令113準用 令100の2$_2$	令113準用 令104$_2$	令107$_3$	法82$_1$	法82$_1$
令116の2準用 令100の2$_2$	令116準用 令104$_2$	令116の2準用 令107$_3$	法82$_2$	法82$_2$
	請求の要旨及び弁明の要旨を原文のまま投票所の入口及び見やすいところに掲示	施設の管理者において（国立学校は学校長）	・条例制定（改廃）請求代表者に通知 ・監査代表者に通知、議会、長並びに関係委員会に報告 ・議会解散請求代表者及び議長に通知、長及び知事に通知 ・長、解散請求代表者及び議長に通知	上と同じ

5 情報公開関係書式例

	開示請求書

〇〇年〇月〇日

〇　〇　市（町村）長　殿（様）

　　　　　　　　　　氏　　名
　　　開示請求者　郵便番号
　　　　　　　　　　住　　所
　　　　　　　　　　電　　話
　　　　　　　（法人その他の団体にあっては、その名称、
　　　　　　　　事務所又は事業所の所在地及び代表者の氏名）

　　　　　　　連絡先　氏　　名
　　　　　　　　　　　電　　話
　　　　　　　（法人その他の団体の担当者その他
　　　　　　　　連絡可能な方を記載してください。）

〇〇情報公開条例第〇条第〇項の規定に基づき、次のとおり開示請求をします。

1　開示請求に係る公文書の件名又は内容	
2　開示の区分（希望する開示方法を〇で囲んでください。）	1　閲覧 2　視聴 3　写しの交付
3　備　考 （記載しないでください。）	受付年月日　　　　年　　月　　日 受付課

6 審査請求関係書式例

1 行政不服審査法における不服申立て

(1) 審査請求

行政庁の処分に不服のある者は、法律に特別の定めがある場合を除き、処分庁等に上級行政庁がない場合には当該処分庁等に対して、処分庁等に上級行政庁がある場合には当該処分庁等の最上級行政庁に対して審査請求をすることができる（行審法2条、4条1項）。

審査請求には処分についての審査請求と不作為についての審査請求がある。

ア **処分についての審査請求**

処分についての審査請求は、行政庁の処分（行審法7条12号ただし書により、同法に基づく処分（審査請求の裁決等）は除かれている。）に不服がある者がする不服申立てのことをいう（行審法2条）。

イ **不作為についての審査請求**

不作為についての審査請求は、法令に基づき行政庁に対して処分についての申請をした者が、当該申請から相当の期間が経過したにもかかわらず、行政庁が法令に基づく申請に対して何らの処分をもしない場合にする不服申立てのことをいう（行審法3条）。

(2) 審査請求以外の不服申立て

行政不服審査法における不服申立ては、審査請求のほか、再調査の請求と再審査請求がある。

ア 再調査の請求は、処分をした行政庁に対してする不服申立てであり、法律に定めがあるときにすることができる（行審法5条1項。国税通則法、国税法及び公害健康被害補償法等に定めがある。）。

イ 再審査請求は、審査請求の裁決を得た後に更に行われる不服申立てであり、法律に定めのあるときにすることができる(行審法6条1項)。再審査請求の方法や審理手続については、行審法62条から65条までに特別の規定があるほか、行審法66条で、性質上同様の取扱いができないものを除き、行審法9条から53条までの規定が準用されている。

(3) 処分に係る審査請求書式例

審査請求書

〇〇年〇月〇日

〇〇(審査庁)　殿

審査請求人　A県B市C町50番地
〇〇　〇〇[1]　㊞[2]

(連絡先　××××-××-××××(電話番号))

下記1の処分について不服があるので、次のとおり審査請求をします。

1 審査請求に係る処分の内容[3]
　〇〇(処分庁)が〇〇年〇月〇日付けで審査請求人に対して行った〇〇処分
2 審査請求に係る処分があったことを知った年月日[4]
　〇〇年〇月〇日
3 審査請求の趣旨[5]
　「1記載の処分を取り消す」との裁決を求める。
4 審査請求の理由[6]
　審査請求人は、〇〇年〇月〇日、〇〇(処分庁)から1に記載する処分を受けた。
　しかし、当該処分は、・・・・であるから、〇〇法〇条の規定に違反しており、違法である。
5 処分庁の教示の有無及びその内容[7]
　この決定に不服がある場合は、この決定があったことを知った日の翌日から起算して3月以内に審査請求をすることができる旨の教示がありました。
6 添付書類
　処分通知書[8]　　1通

注1　審査請求書には、審査請求人の氏名又は名称及び住所又は居所を記載しなければならない（行審法19条2項1号）。
　2　審査請求書には、審査請求人が押印をしなければならない（行審法施行令4条2項）。
　3　審査請求は、処分を不服として、その取消し又は変更を求める制度であるから、その対象となる処分が書面上特定されている必要がある（行審法19条2項2号）。
　4　審査請求が審査請求期間（行審法18条1項）を遵守してなされたかどうかを知るために必要な事項である（行審法19条2項3号）。
　5　審査請求人が求める裁決の結論（主文）を明確かつ簡潔に記載する（行審法19条2項4号）。
　6　審査請求の対象となる処分が違法又は不当であると主張する理由を記載する（行審法19条2項4号）。
　7　処分庁から当該処分の教示があったか否か、教示があった場合にはその内容について記載する（行審法19条2項5号）。
　8　法定の要件ではないが、審査請求に係る処分通知書の写しがあればこれを添付することが望ましい。

(4) 不作為に係る審査請求書式例

審査請求書

〇〇年〇月〇日

〇〇（審査庁）　殿

審査請求人　A県B市C町50番地
〇〇　〇〇　㊞

（連絡先　××××－××－××××（電話番号））

次のとおり審査請求をします。
1　当該不作為に係る処分についての申請の内容[1]及び年月日[2]
　　審査請求人は、〇〇年〇月〇日、〇〇（不作為庁）に対して、〇〇法〇条の規定による〇〇を求める申請をした。
2　審査請求の趣旨[3]
　　1記載の申請について、速やかに許可の処分をするよう求める。
3　添付書類
　　〇〇申請書（控え）[4]　　1通

注1　不作為についての審査請求は、行政庁が、法令に基づく処分についての申請に対し、相当の期間が経過したにもかかわらず何らの処分をもしないことに対する

不服申立てであるから（行審法3条）、審査請求人が行った法令に基づく処分についての申請の内容を明確にして、審査請求の対象となる不作為の内容を特定する必要がある（行審法19条3項2号）。
2 審査請求人が法令に基づく申請をしてから相当の期間が経過しているのかを判断するために必要である（行審法19条3項2号）。
3 法定の要件ではないが、審査請求人が求める裁決の結論（主文）を審査請求の趣旨として記載することが望ましい。
4 法定の要件ではないが、当該不作為に係る申請書の控えがあれば、これを添付することが望ましい。

(5) 補正命令書式例

```
                                    （文書番号）
                                    ○○年○月○日
○○（審査請求人）　様
                （審査庁）　○○　○○　官印
            審査請求書の補正について
　○○年○月○日付けであなたが提起した○○処分に係る審査請求は、下記の事項について不備があり、不適法であるため、行政不服審査法23条の規定により、○○年○月○日までに補正してください。[1]
　なお、上記期限までに補正しないときは、行政不服審査法24条1項の規定により、審査請求を却下することがあるので、御承知おきください。[2]
                    記
1　・・・・・・・
2　・・・・・・・
```

注1　不適法な審査請求であって補正することができるものについては、審査庁は、相当の期間を定めて、その補正を命じなければならない（行審法23条）。
　2　審査請求人が、審査庁の補正命令に応じなかったとき、又は審査庁が定めた相当の指定期間内に補正をしないときは、審査庁は、審理手続を経ないで、却下裁決をすることができる（行審法24条1項）。

(6) 取下書式例

```
             審査請求取下書[1]
                            ○○年○月○日
○○（審査庁）　殿
```

>   審査請求人　○○　○○　㊞
> 　審査請求人が○○年○月○日付けで提起した○○処分に係る審査請求（○○（審査請求の文書番号））について、行政不服審査法27条の規定により、下記の審査請求を取り下げます。[2]

注1　審査請求の取下げは、書面でしなければならない（行審法27条2項）。
　2　審査請求人は、裁決があるまでは、いつでも審査請求を取り下げることができる（行審法27条1項）。

(7) 審理員指名通知書式例

> 　　　　　　　　　　　　　　　　　　　（文　書　番　号）
> 　　　　　　　　　　　　　　　　　　　○○年○月○日
> ○○（審査請求人）　様
> 　　　　　　　　　　　　　　　　（審査庁）○○　○○　官印
> 　　　　　　審理員の指名について（通知）[1]
> 　審査請求人が○○年○月○日付けで提起した○○処分に係る審査請求（○○（審査請求の文書番号））について、行政不服審査法9条1項に基づき、審理員として、下記の者[2]を指名したので、通知します。
> 　　　　　　　　　　　　　記
> 　審理員（総括[3]）　○○（所属部署）　　○○　○○
> 　審理員　　　　　　○○（所属部署）　　○○　○○

注1　審査請求を受けた審査庁は、原則として、審査庁に所属する職員の中から当該審査請求の審理手続を行う審理員を指名し、その旨を審査請求人及び処分庁等に通知する必要がある（行審法9条1項本文）。
　2　審査庁が審理員候補者名簿（行審法17条）を作成している場合は、当該名簿に記載されている者の中から審理員を指名しなければならない（行審法9条1項本文）。
　3　審査庁が2人以上の審理員を指名する場合には、そのうちの1人を事務の総括者（総括審理員）として指定しなければならない（行審法施行令1条1項）。

(8) 弁明書式例

> 　　　　　　　　　　弁　　明　　書[1]
> 　　　　　　　　　　　　　　　　　　　（文　書　番　号）
> 　　　　　　　　　　　　　　　　　　　○○年○月○日

審　理　員
　○　○　○　○　殿

　　　　　　　　　　　　　　　　処分庁
　　　　　　　　　　　　　　　　　○○　　○○　官印

　審査請求人が○○年○月○日付けで提起した○○処分に係る審査請求（○○（審査請求の文書番号））について、次のとおり弁明いたします。
1　弁明の趣旨[2]
　　「本件審査請求を棄却する。」との裁決を求める。
2　本件処分の内容及び理由[3]
　　本件処分は、・・・・・・
3　本件処分に至るまでの経緯[4]
　(1)　○○年○月○日、・・・・・・
4　審査請求書記載事実の認否[5]
　(1)　審査請求書中「審査請求人」、「審査請求に係る処分」、「処分があったことを知った日」及び「処分庁の内容」の記載事実は、・・・・・
5　審査請求人の主張に対する意見（反論）[6]
　　請求人の主張は、次の理由から、本件処分の取消しを求めるというものである。しかしながら、・・・・・
6　証拠書類等の表示[7]
　(1)　審査請求人との折衝記録（写）

注1　行審法29条3項1号は、処分についての審査請求に対する弁明書には、「処分の内容及び理由」を記載しなければならない旨規定しているが、一般的には、この他に、弁明の趣旨、本件処分に至るまでの経緯、審査請求書に記載されている事実の認否、審査請求人の主張に対する意見（反論）及び証拠書類等の表示等を記載している。
2　処分庁として、「裁決の主文」において求める本件審査請求に対する簡潔な結論を記載する。
3　審査請求の対象となった処分の内容とその理由を記載する。具体的には、①処分の根拠となった法令の条項を示して、その内容を明示した上で、②処分の要件に該当する原因事実等を明示する必要がある。
4　時系列に従って、審理員が事実認定をできるように順次具体的に記載する。
5　審査請求人が主張する個々の具体的事実を認めるか否かの認否を記載する。記載方法は、審査請求人が主張する事実について、認否する部分を「」で引用し、それぞれ、「認める。」、「否認する。」又は「不知。」等と記載する。
6　審査請求人の個々の主張について、その反論を具体的に記載する。
7　弁明書の記載事実を裏付ける証拠書類等の名称を記載する。

(9) 反論書式例

```
                    反   論   書[1]
                                    ○○年○月○日
  審 理 員
    ○  ○  ○  ○  殿
                          ○○県○○市○○町○丁目○番○号
                          審査請求人    ○  ○  ○  ○
                          上記代理人    ○  ○  ○  ○  印
   審査請求人が○○年○月○日付けで提起した○○処分に係る審査請求
  (○○(審査請求の文書番号))に対する処分庁の弁明に対し、次のとお
  り反論します。[2]
  1  弁明書記載事実の認否[3]
   (1) 弁明書1頁記載の「・・・・・・」との事実は・・・・・・
   (2)
  2  審査請求人の反論[4]
     処分庁は、・・・・・・・と主張する。
     しかしながら・・・・・・
  3  添付書類[5]
     ・・・・・・
```

注1 反論書に記載すべき事項は法定されていないが、弁明書記載事実の認否や弁明書に対する反論等を記載するのが一般的である。
  2 審査請求人は、弁明書の副本の送付を受けたときは、これに対する反論書を提出することができる(行審法30条1項)。
  3 処分庁が主張する個々の具体的事実を認めるか否かの認否を記載する。
  4 弁明書の記載内容に対する審査請求人の主張(反論)を記載する。
  5 審査請求人の主張を補強する証拠書類等があれば、それを添付するとともに、その名称を記載する。

(10) 審理手続の終結等通知書式例

```
                                          ○○年○月○日
    ○○(審理関係人)    様

                                    審理員   ○○  ○○
              審理手続の終結等について(通知)
```

審査請求人が〇〇年〇月〇日付けで提起した〇〇処分に係る審査請求（〇〇（審査請求の文書番号））についての審理手続を終結[1]したので、行政不服審査法41条3項の規定により通知します。[2]
　　また、同項の審理員意見書及び事件記録を〇〇（審査庁）に提出する予定時期[3]は、〇〇年〇月〇日としたので、併せて通知します。

注1　審理員は、審査請求事件について必要な審理を終えたと認めるときは、審理手続を終結する（行審法41条1項）。
　2　審理員は、審理手続を終結後、速やかに、審理関係人（審査請求人、参加人及び処分庁）に対し、審理手続を終結した旨を通知する（行審法41条3項）。
　3　審理員は、審理手続を終結した旨を通知するとともに審理員意見書及び事件記録を審査庁に提出する予定時期を通知する（行審法41条3項）。

(11)　審理員意見書式例

　　　　　　　　　　　　　　　　審理員意見書[1]
　　　　　　　　　　　　　　　　　　　　　　　〇〇年〇月〇日
　（審査庁）　〇〇　〇〇　殿
　　　　　　　　　　　　　　　　　　　　審理員　〇〇　〇〇
　　審査請求人が〇〇年〇月〇日付けで提起した〇〇処分に係る審査請求（〇〇（審査請求の文書番号））について、行政不服審査法42条2項の規定に基づき、裁決に関する意見[2]を提出する。[3]
第1　審査請求の趣旨[4]
　　　本件審査請求の趣旨は、〇〇（処分庁）が審査請求人に対し、〇〇年〇月〇日付けで行った法〇条の規定に基づく〇〇処分について、その取消しを求めるものである。
第2　事案の概要[5]
　1　〇〇年〇月〇日、審査請求人は、〇〇（処分庁）に対して〇〇申請をした。
　2　〇〇年〇月〇日、処分庁は、・・・・・・・・
　3　〇〇年〇月〇日、処分庁は、審査請求人に対し、〇〇処分をした。
　4　審査請求人は、〇〇年〇月〇日、〇〇（審査庁）に対し、本件処分の取消しを求める審査請求をした。
第3　審理関係人の主張の要旨[6]
　1　審査請求人の主張

　　　　審査請求人の主張は、・・・・・というものである。
　２　処分庁の主張
　　　　処分庁は、・・・・旨主張している。
第４　理由[7]
　　　・・・・・・
第５　結論[8]
　　　・・・・・・

注１　審理員意見書の記載事項は法定されていないが、裁決書の記載事項（行審法50条１項）に準じて、事案の概要、審理関係人の主張の要旨、理由、結論を記載するとともに、審査請求の趣旨等を記載する。
　２　審理員は、審理手続を終結後、遅滞なく、審理員意見書を作成する（行審法42条１項）。
　３　審理員が審理員意見書を作成したときは、速やかに、これを事件記録とともに、審査庁に提出する（行審法42条２項）。
　４　審査請求人がどのような裁決を求めているのかを簡潔に記載する。
　５　当該審査請求が提起されるまでの経緯を記載する。
　６　審査請求人や処分庁の主張の要旨を記載する。
　７　審理員意見書の結論に至った理由を記載する。
　８　審査請求に対する結論となるべき意見、すなわち、裁決主文に対応する意見を記載する。

⑿　諮問書式例

　　　　　　　　　　　　　　　　　　　　　　　（文 書 番 号）
　　　　　　　　　　　　　　　　　　　　　　　○○年○月○日
○○（第三者委員会の名称）
　会長　○○　○○　殿
　　　　　　　　　　　　　　（審査庁）　○○　○○　官印
　審査請求人が○○年○月○日付けで提起した○○処分に係る審査請求（○○（審査請求の文書番号））について、行政不服審査法43条１項の規定により、貴審査会に諮問します。[1][2]

注１　審査庁は、審理員から審理員意見書の提出を受けたときは、行審法43条１項各号に掲げる場合を除き、当該審査請求事件を第三者機関（行政不服審査会又は行審法81条１項ないし２項の機関をいう。以下同じ。）に諮問しなければならない（行審法43条１項柱書）。

2 審査庁は、第三者機関に諮問する場合には、審理員意見書及び事件記録の写しを第三者機関に提出しなければならない（行審法43条2項）。

(13) 諮問通知書式例

```
                                    （文書番号）
                                    ○○年○月○日
○○（審査請求人）　様
                        （審査庁）　○○　○○　官印

    ○○（第三者機関の名称）への諮問等について（通知）
  審査請求人が○○年○月○日付けで提起した○○処分に係る審査請求
（○○（審査請求の文書番号））について、行政不服審査法43条1項の規
定により、○○（第三者機関の名称）に諮問をしたので、同条第3項の規
定により、通知するとともに、審理員意見書の写しを送付します。注
```

注　審査庁は、第三者機関に諮問した場合、審査請求人及び処分庁に対し、諮問をした旨を通知するとともに、審理員意見書の写しを送付しなければならない（行審法43条3項）。

(14) 答申書式例

```
                        答　申 1
第1　審査会の結論 2
    本件審査請求は、○○するべきである。
第2　審査請求の趣旨 3
    本件審査請求の趣旨は、・・・・・・
第3　事案の概要 4
  1　○○年○月○日、審査請求人は、○○（処分庁）に対して○○申請
    をした。
  2　○○年○月○日、処分庁は、・・・・・・・
  3　○○年○月○日、処分庁は、審査請求人に対し、○○処分をした。
  4　審査請求人は、○○年○月○日、○○（審査庁）に対し、本件処分
    の取消しを求める審査請求をした。
第4　審査請求人の主張の要旨 5
    請求人は、おおむね以下の理由から、本件処分は違法又は不当であ
```

236　第2　行政関係書式例

ると主張している。
・・・・・・・・
第5　審理員意見書の結論[6]
　本件審査請求は理由がないから、行政不服審査法45条2項により、棄却すべきである。
第6　調査審議の経過[7]
　○○（第三者機関の名称）は、本件諮問について、以下のように審議した。
　　○○年○月○日　　　諮問
　　○○年○月○日　　　審議
　　○○年○月○日　　　審議
第7　第三者機関の判断の理由[8]
　・・・・・・・・・・・・・・

（答申を行った委員の氏名）[9]
　○○○○、○○○○、○○○○

注1　答申書の記載事項は法定されていないが、裁決の記載事項（行審法50条1項）に準じて、事案の概要、審査請求人の主張の要旨、理由、結論を記載するほか、審査請求の趣旨、審理員意見書の結論、調査審議の経過を記載する。
　2　本件審査請求についての第三者機関の最終的な判断を記載する。
　3　審査請求人がどのような裁決を求めているのかを簡潔に記載する。
　4　審査請求が提起されるまでの経緯を記載する。
　5　審査請求人の主張の要旨を記載する。
　6　審理員意見書の結論の要旨を記載する。
　7　諮問から答申書作成に至るまでの第三者機関の調査審議の経過を記載する。
　8　答申の結論に至った理由を記載する。
　9　答申書を作成した第三者機関の委員の氏名を記載する。

(15)　裁決書式例

（文書番号）
　　　　　裁　　決　　書[1]
　　　　　　　　　　○○県○○市○○○○
　　　　　　　　　　審査請求人　○○　○○
　　　　　　　　　　処　分　庁　○○
　審査請求人が○○年○月○日付けで提起した○○処分に係る審査請求に

ついて、次のとおり裁決する。[2]
主　　文[3]
本件審査請求を〇〇する。
理　　由
第1　審査請求の趣旨
　　　本件審査請求の趣旨は、・・・・・・
第2　事案の概要[4]
　1　〇〇年〇月〇日、審査請求人は、〇〇（処分庁）に対して〇〇申請をした。
　2　〇〇年〇月〇日、処分庁は、・・・・・・・・
第3　審理関係人の主張の要旨[5]
　1　審査請求人の主張
　　　審査請求人の主張は、・・・・・というものである。
　2　処分庁の主張
　　　処分庁は、・・・・旨主張している。
第4　審査庁の判断[6]
　　・・・・・・・・
　　　　　　　　　　〇〇年〇月〇日
　　　　　　　　　　審査庁[7]　〇〇県知事　　〇〇　〇〇　官印
・・・・・・・・（教示文）[8]

注1　裁決書には、主文、事案の概要、審理関係人の主張の要旨及び理由を記載しなければならない（行審法50条1項）。

2　審査庁は、第三者機関から答申を受けたときは、遅滞なく裁決をしなければならない（行審法44条）。

3　審査請求に対する審査庁の結論を記載する。

4　審理関係人間に争いのない事実や証拠書類等から容易に認められる事実を時系列に沿って記載する。

5　審査請求の争点に対する審理関係人の主張の要点を記載する。

6　審査庁が主文で示した判断に至った根拠を記載する。

7　裁決書には審査庁が記名の上、押印しなければならない（行審法50条1項）。

8　再審査請求又は取消訴訟を提起することができる裁決をする場合には、その旨を教示しなければならない（行審法50条3項、行政事件訴訟法46条1項）。

2 地方自治法に特別の定めのある審査請求

(1) 報酬給与等の審査請求

　非常勤職員に対する報酬、費用弁償及び常勤職員に対する給料、手当、旅費、退職手当並びに年金等についての不服申立てがある場合には、当該処分庁の何たるとを問わず、すべてを当該普通地方公共団体の長に対して審査請求をなすべきものである（自治法206条）。

(2) 使用料、手数料等審査請求

　ア　自治法138条の4第1項に規定する機関のした使用料又は手数料の徴収に不服がある者は、当該普通地方公共団体の長に審査請求をすることができる（自治法229条）。

　イ　使用料、手数料等の処分について、審査請求があったときは、長は議会に諮問してこれを決定しなければならない（自治法229条参照）。

(3) 法定受託事務に対する審査請求

　法定受託事務に係る処分又は不作為に不服のある者は行政不服審査法による審査請求をすることができる（自治法255条の2）。

(4) 給与等に対する審査請求書式例

```
              何々に関する審査請求書
　○○年○月○日付けをもって貴職から何々と決定をみましたが、この決
定は次の理由により違法であると思われるので、これの取り消しを求めた
く、審査請求します。
　　○○年○月○日
　○○市（町村）長　氏　　　名　殿（様）
　　　　　　　　　　　審査請求人
　　　　　　　　　　　　　住　　　所
　　　　　　　　　　　　　職　　　業
```

```
                          氏　名　○　○　○　○　㊞
                          生年月日
```

注1　給与等に対する審査請求は、非常勤職員に対する報酬及び費用弁償、常勤職員に対する給料、手当、旅費、退職年金及び退職一時金について申立てができる。
　2　申立ての関係人は、給与その他の給付を受ける当該職員が通例であるが、退職年金及び一時金については、職員の遺族の場合がある。
　3　申立ては給与支払の根拠に誤りがあるとか、正当事由に反した給与の支払の場合である。根拠法令又は条例、規則等に定めた金額が少額だからとしての申立ては認められない。
　4　一般職の職員の給与についての異議は、多くは不利益処分に該当する場合が考えられるので、人事（公平）委員会に不服の申立てができる。

(5)　給与等の審査請求に対する長から議会への諮問書式例

```
諮問第○号
　　　何々に関する審査請求に対する裁決についての諮問書
　○○年○月○日何市（町村）大字何某からの申立てのあった何々に関する審査請求に対して、別紙の裁決書案のとおり裁決することについて、議会の意見を求める。
　　○○年○月○日
　○○市（町村）議会議長　氏　　　名殿（様）
　　　　　　　　○○市（町村）長　氏　　　　　名㊞
（別紙略）
```

注　議会の答申意見は、尊重すべきはいうまでもないが、長は絶対的に拘束されるものではない（昭26.7.17行実）。

(6)　給与等の審査請求に対する議会の答申書式例

```
　　　　　　　　　　　　　　　　　　　　　　文　書　番　号
　　　　　　　　　　　　　　　　　　　　　　○○年○月○日
○○市（町村）長　氏　　　名殿（様）
　　　　　　　○○市（町村）議会議長　氏　　　　名㊞
　何々に関する審査請求の裁決についての答申書
　○○年○月○日諮問のあった何々に関する審査請求に関する本議会の意
```

見は、下記のとおりである。
記
　本件は諮問のとおり裁決されることが適当である。（次の理由により何々されることが適当である。）
理　由………

注　議会は20日以内に答申しなければならない。しかし、期限は訓示的規定であるので、遅れても影響がない。

(7)　給与等の審査請求に対する長の裁決書交付書式例

　　　　　　　　　　　　　　　　　　　　　　　　　　文　書　番　号
　　　　　　　　　　　　　　　　　　　　　　　　　　〇〇年〇月〇日
（審査請求人）　　氏　　　　名　殿（様）
　　　　　　　　　　〇〇市（町村）長　氏　　　　　　名　㊞
　審査請求の裁決書の交付について
　〇〇年〇月〇日付けの何々に関する審査請求に対して、別紙のとおり裁決したので、裁決書を交付します。
　なお、受領のうえ、別紙受領書を折り返し送付願います。
（別紙略）

(8)　給与等の審査請求に対する長の裁決書式例

　　　　　　　　　　　　　　　　　裁　　　決　　　　　　　　〇〇号
　　　　　　　　　　　　　　　　審査請求人　住　所　氏　　　　　名
　上記の審査請求人の〇〇年〇月〇日何々に関する審査請求については、次のとおり裁決する。
　　　主　文
　本件審査請求は、却下する。（棄却する。）（容認することができない。）（本件審査請求のうち、何々に関する処分は取り消し、その他の部分については棄却する。）（本件審査請求に係る何々処分は取り消す。）
　　　理　由
　審査請求人は〇〇年〇月〇日の何々に関する処分を取り消す旨（何々）の裁決を求め、その理由として何々と述べた。
よって、この審査請求を審査するに、申立人が…………の処分の取消しの

理由としてあげている事実は、
第1…………　第2…………　第3…………
に要約することができる。
　これらの諸点について調査した結果は次に述べるとおりである。
第1…………における違法又は不当の事実については、
　(1)　…………
　(2)　…………
第2　…………については、
　(1)　…………
　(2)　…………
　以上審査請求人の主張にかかる事実について調査の結果及び職権に基づいて調査した限りにおいては………の事実は認定することができない。
　（………の事実のうち………の点についてはその事実を認定することができる。）
　よって本件は理由がないから（不適法であるから）主文のとおり裁決する。
　　〇〇年〇月〇日
　　　　　　　　　　〇〇市（町村）長　氏　　　　　　　名　㊞

(9) 行政財産の使用許可取消処分の審査請求に関する諮問書式例

諮問第〇号
　　　　行政財産の一部使用許可取消処分の審査請求に関する諮問について
　審査請求人〇〇市〇町〇丁目〇〇番〇号〇〇町内会会長〇〇〇〇に対し、〇〇年〇月〇日付け、〇〇市教育委員会が行った市立〇〇〇〇小学校用地の一部使用許可取消処分（教発第〇〇〇号）に関し、別紙のとおり審査請求が提出されたので、これが裁決のため、地方自治法第238条の7第2項の規定により議会の意見を求める（諮問する）。
　　〇〇年〇月〇日
　　　　　　　提出者　〇〇市（町村）長　氏　　　　　　　名　㊞

注1　法文は議会に諮問するとしているが、議会は、諮問があった日から20日以内に意見を述べなければならないことになっているので、諮問とあるのを意見を求めるにしても不都合ではない。
　2　行政財産を使用する権利処分に不服に基づく審査請求について、同一事件が別に訴訟係属しているときでも裁決すべきである（昭54.2.19東京地裁）。

(10) 審査請求裁決書正本交付書式例

```
                                    文 書 番 号
                                    ○○年○月○日
（審査請求人）　氏　　　名　殿（様）
　　　　　　　　○○市（町村）長　氏　　　名　㊞
　裁決書正本の交付について
　○○年○月○日貴殿（方）から提出された何々に関する審査請求に対して、○○年○月○日○○県知事において別紙のとおり裁決があったので、裁決書正本を交付します。
　なお、裁決書正本受領書を折り返し御送付願います。
（別紙略）
```

注　審査請求書には、①審査請求人の氏名又は名称及び住所又は居所、②審査請求に係る処分の内容、③審査請求に係る処分があったことを知った年月日、④審査請求の趣旨及び理由、⑤処分庁の教示の有無及びその内容、⑥審査請求年月日を記載しなければならない（1⑶の書式例参照）。

(11) 不服申立て書式例

```
第○号議案
　　　　不服申立てについて
　本市（町村）は、地方自治法第96条第1項第12号の規定により、次のとおり不服申立てをするものとする。
1　被不服申立て庁
2　不服申立て事項の内容
3　不服申立てに関する取扱方針
　○○年○月○日提出
　　　　　　　　○○市（町村）長　氏　　　名　㊞
提案理由
```

注1　和解、あっ旋、調査及び仲裁の申立てについてもこれに準ずる。
　2　支払督促の申立て（最判昭59.5.31）、仮処分、仮差押えの申請（民事保全法1条）等は訴えには該当しないので、議会の議決は不要である（昭39.10.2行実）。

⑿　行政財産の使用不許可処分の諮問書式例

> 　　　諮問第○号行政財産の使用不許可処分の審査請求に関する諮問について
> 　審査請求人○○市○○丁目○○番地氏名に対し、○○年○月○日付け、○○市立○○小学校が行った○○市立○○小学校の屋内運動場の使用不許可処分に関し審査請求が提出されたので、別紙の裁決書（案）を添えて、地方自治法第238条の7の規定により、議会の意見を求める。
> 　○○年○月○日提出
> 　　　　　　　　　　　　　　　　　　○○市長　　氏　　　　　名　㊞
> 提案理由
> （別紙裁決書は省略）

注1　諮問の形式は、往復文書の形式又は指令文の形式のいずれでもよい。
　2　諮問については、法令の根拠を明記する。

⒀　行政財産の使用不許可処分の審査請求に関する諮問の答申書式例

> 　　　　　　　　　　　　　　　　　　　　　　　　○○年○月○日
> ○○○市議会議長　　氏　　　　名　殿（様）
> 　　　　　　　　　　　提出者
> 　　　　　　　　　　　　○○市議会議員　　氏　　　　名　㊞
> 　　　　　　　　　　　賛成者
> 　　　　　　　　　　　　　　同　　　　　氏　　　　名　㊞
> 　　　　　　　　　　　（会議規則第14条の所定の賛成者）
> 　　　行政財産の使用不許可処分の審査請求に関する諮問についての答申書
> 　上記のことについて、下記のとおり会議規則第14条の規定により決定されることが適当である。

注1　議会は、諮問があった日の翌日から20日以内に意見を述べなければならない。遅れても効力には影響がない。
　2　この答申は、議員提出の形式がよい。
　3　答申は適当（不適当）又は同意（不同意）の表現だけでよいが、必要であれば理由を記載してもよい。

7 訴訟関係書式例

　普通地方公共団体が訴えの提起及びこれに準ずべきものの当事者となる場合に議会の議決が必要である。なお、地方公共団体が訴えを提起するときは、議会の議決を要するが、訴えられて応訴するときは議決を要しない。

　地方公共団体が、1審訴訟の提起・控訴・上告つまり原告・控訴人・上告人となるとき議会の議決が必要であって、反対に被告、被控訴人、被上告人となるときは、応訴の義務があるためあえて議決がいらない（昭34.7.20最高裁）。

　地方公共団体が、その当事者である訴えの提起については、原告であるから議会の議決が必要。したがって反対に被告であれば議決は不要。第1審において、被告であっても上訴（控訴・上告等）の提起を行う場合等は訴えの提起に含まれるので議決が必要。例えば、県を被告とする訴訟が提起され、第1審判決に対し、県が上訴を見合わせている間に、相手側から控訴を提起され、県は控訴審の手続の中で、附帯控訴（民事訴訟法372条、373条）を行うことはやはり「訴えの提起」に該当すると解して、議会の議決が必要（昭52.12.12行実）である。

　普通地方公共団体の申立てに基づいて発せられた支払督促に対し、債務者から適法な異議の申立てがあり、民事訴訟法395条の規定により、右の支払督促申立ての時に訴えの提起があったものとみなされる場合においては、訴えの提起とみなされた時に自治法96条1項12号の規定により議会の議決が必要である（昭59.5.31最高裁）。したがって、支払督促の申立ての時は議会の議決は不要である。

　仮差押えの申請（民事保全法1条）、仮処分の申立て及び仮処分の決定に対する債務者の異議の申立ては訴えの提起にならない（昭39.10.2行実）。

　訴訟の取下げにおいては、議会の議決は不要と解される。

　市町村が、弁護士を訴訟代理人に選任することは議決事項ではない（昭48.2.8行実）。

(1) 訴状書式例

```
                        訴      状
┌─────┐         住  所
│ 収 入 │         原告   ○○市（町村）
│     │         上記代表者○○市（町村）長   甲野太郎
│ 印 紙 │         住  所
└─────┘         上記訴訟代理人  弁護士        甲野次郎
                指定代理人               丙野一郎
                住  所
                被告                    乙野三郎
```

　　建物明渡等請求事件

訴訟物価格　　　　　　　　　　金　　　　円
貼用印紙類　　　　　　　　　　金　　　　円

　　　　　　　　請 求 の 趣 旨
1　被告は原告に対して別紙物件目録表示の建物を明け渡せ。
2　被告は原告に対して、○○年○月○日から明け渡しに至るまで月金
　　円の割合による金員を支払え。
3　訴訟費用は被告の負担とする
　との判決並びに仮執行の宣言を求める。

　　　　　　　　請 求 の 原 因
1　原告は別紙物件目録表示の建物の所有者である。
2　被告は、○○年○月○日から○○市（町村）職員として勤務していた者であるが、○○年○月○日退職した者である。
3　○市（町村）公舎使用規則第○条の規定によれば、職員は退職の日から6か月以内に公舎から立ち退いて原告に明け渡すこととなっているにもかかわらず、被告は再三の督促を無視して本件建物に居住したまま現在に至っている。
4　よって原告は、被告に対して本建物の明け渡し並びに使用期限の翌日たる○○年○月○日から明け渡しに至るまでの間公定賃料相当額たる
　　円の割合による遅延損害金の支払いを求めるため本訴を提起する次第である。

```
              証　拠　方　法
訴訟の進行に応じて逐次提出する。


              附　属　書　類
訴訟委任状            1通
代理人指定書          1通

  ○○年○月○日
                    原告訴訟代理人　甲　野　次　郎　㊞
                    同指定代理人　　丙　野　一　郎　㊞
○○地方裁判所　御中
別紙　物件目録
  ○○市○○町○○番地　　家屋番号　　　同町○○番地
1　木造瓦葺平屋建　1棟　建坪
```

注1　訴状は正本1通（印紙貼用）、副本を被告数だけ提出する。
　2　印紙は消印しない。
　3　訴訟関係の書式はA4横書きによる。

(2) 指定代理人書式例

```
              代　理　人　指　定　書
                                ○○年○月○日
                        市（町村）長　○○　○○　㊞
次の者を代理人に指定し、下記の事件に関する各事項を行わせる。
                    ○○市（町村）職員　○○　○○
                    同                  ○○　○○
                          記
第1　事件
  1　相手方
      原告（被告）　○○　○○
  2　裁判所
      ○○　地方裁判所民事第○部
  3　事件の表示
      平成○○年（　）第○○号　○○○○　事件
```

第2　委任事項
　　1　被告（原告）がする一切の行為を代理する権限
　　2　民事訴訟法第55条第2項に規定する行為をなす権限

注　事件番号、符号は訴状受理の時に渡される受理票に記入されているので、それを元に記入する。

(3) 訴訟委任契約書式例

訴訟委任契約書

［収入印紙］

　○○年○月○日事件について訴訟行為の一部を委任するため、訴訟委任者○○市（町村）を甲とし、訴訟受任者弁護士何某を乙として次のとおり訴訟委任契約を締結する。

1　甲は乙に対し、下記訴訟事件につき訴訟行為を行うため必要な報酬等を支払うものとする。
　○○地方裁判所　平成　　年（　）第　　号
　　　　原告　○○市（町村）
　　　　被告　○○株式会社

2　甲から乙に対する訴訟に係る報酬の額の支払方法及び増額の場合の措置等について下記によって行うものとする。
　(1)　報酬の額
　　　着手金
　　　日当
　　　成功報酬
　(2)　報酬支払の方法
　(3)　報酬を増額する場合の措置
　(4)　旅費等は実費
　本契約は2通作成し各自1通を所持するものとする。

　　○○年○月○日
　　　　　　　訴訟委任者（甲）　○○市（町村）

```
              ○○市（町村）長  氏        名  ㊞
         訴訟受任者（乙）  弁護士 何       某  ㊞
```

(4) 訴え提起の議案書式例

```
第○号議案
       訴えの提起について
  ○○市（町村）○○番地甲野太郎に対し……………………の訴えを別紙
のとおり提起するので、地方自治法第96条第1項第12号の規定により議会
の議決を求める。
                    記
1 当事者 原告 ○○市（町村）
         被告 住所         氏名
2 事件名
3 事件の内容
4 請求の要旨
5 事件に関する取扱い及び方針

  ○○年○月○日提出
              ○○市（町村）長  氏        名  ㊞
提案理由
```

注1 別紙として訴状を添付。
 2 控訴若しくは上告の場合も包括して議決を求めておいてもよい。
 3 県を被告とする訴えが提起され、その第1審判決に対し、県が付帯控訴をする場合、議会の議決は必要（昭52.12.12行実）。
 4 仮処分の申立て及び仮処分の決定に対する債務者の異議の申立ては、訴えの提起にならない。
 5 支払督促に対する異議の申立てにより訴訟に移行するので、訴えの提起とみなされ、その時点で議決必要（昭和59.5.31最高裁）。
 6 同一事件で、数人に及んでいる訴訟議案は、甲外○人でもよい（内訳を添付すること）。

(5) 和解の議案書式例

```
第○号議案
```

汚水に起因する紛争事件の和解について
　○○○用水汚水対策委員会○○代表と本市（町村）との間で係争中の「○○市（町村）し尿処理施設から排水される汚水に起因する紛争事件」の和解につき、地方自治法第96条第1項第12号の規定により別紙のとおり議会の議決を求める。

　　○○年○月○日提出
　　　　　　　　　　　○○市（町村）長　氏　　　　　名　㊞

（別　紙）

　　　　　　　　　　和　解　契　約　書

甲　住所番地　○○委員会（代表者氏名）
乙　○○市（町村）

　上記当事者において、○○○川地域の汚染に起因する紛争事件につき、次のとおり和解を締結するものとする。
　第1条　乙は、○○市（町村）し尿処理施設から排出される汚水等の有害分、とくに窒素成分の減少を確実ならしめるよう、当該施設の拡充整備並びにその維持管理を適切にするとともに、不測の事態に対応しうる予防措置及び排水方式の改善に努めることにより、生活環境の向上に資する。
　第2条　乙は、本件に関する見舞金として金　　万円を甲に対し、○○年○月○日までに支払う。
　第3条　甲は、前条の見舞金受領のうえは、今後乙に対し、本件について、何ら苦情ないし異議の申立てをしない。
　上記のとおり和解したことを証するため、本書4通を作成し、甲、乙及び立会人において署名押印のうえ、各自その1通を所持する。

　　○○年○月○日
　　　　　　　　　　甲　○○委員会代表者　氏　　　　　名　㊞
　　　　　　　　　　乙　○○市（町村）
　　　　　　　　　　　　○○市（町村）長　氏　　　　　名　㊞
　　　　　　　　　　立会人　住　所　　　　氏　　　　　名　㊞

注 和解について内容を議会が修正することは不可。自治法179条の専決処分はできる（昭50.11.4行実）。

(6) 損害賠償の和解書式例

第○号議案
　　損害賠償の和解について
　○○年○月○日、本市職員が業務のため軽自動車を運転中、市内○○町○丁目地内において走行中の普通自動車に追突した交通事故について、下記のとおり損害賠償に関し和解するにつき、地方自治法第96条第1項第12号及び第13号の規定により議会の議決を求める。
　　○○年○月○日提出
　　　　　　　　　　○○市（町村）長　氏　　　　　名　印
　　　　　　　　　　　　　　記
1　和解の内容
　(1)　○○市（町村）は、相手方××××に対し金○○○円を支払う。
　(2)　相手方××××は、○○市（町村）に対して、本件に関し今後右の金員を除き一切の請求をしない。
2　和解の相手方
　　　○○市（町村）○○町○○番地
　　　　　氏　　　名

注1　市町村の職員が、公用車運転中の事故発生の場合、保険会社が被害者に直接賠償金を支払うとしても、自治法96条1項13号により、議会の議決は必要である。
　2　自治法180条1項の軽易な事項として、一定額以内について長の専決処分としておくことは可能。
　3　議決は、個々具体的な事件ごとに要するものと解されるが、損害賠償の訴訟が提起され、判決により賠償額が決定した場合には、さらに議会の議決は不要（昭37.11.27行実）。このことは判決により通常損害賠償債務の負担部分が決定された場合においても同じ（昭48.4.12行実）。

(7) 調停案諾否の議案書式例

第○号議案
　　本市（町村）と何市（町村）との何々に関する調停案受諾に

ついて（を受諾しないことについて）

　○○年○月○日議会の議決を経て申請した、本市（町村）と何市（町村）との何々に関する紛争について、○○年○月○日付けで○○県自治紛争調停委員から、別紙のとおり調停案の提示があったので（が）、これを受諾するものとする。（しないものとする。）

　○○年○月○日提出
　　　　　　　　　　○○市（町村）長　氏　　　　　　　名　印

提案理由
（別紙（調停案）略）

注1　普通地方公共団体が労働争議等の当事者となって調停を求めることはない。
　2　機関相互若しくは、普通地方公共団体相互間の紛争の調停がある。
　3　調停は、和解契約と違い、当事者間で話合いがつかない場合に当事者の一方かそれとも双方が裁判所に調停の権限のある機関の職権によって開始されるものである。
　4　調停活動によってでき上がった解決案は、調停案といわれるが、当事者がこの案を受け入れるか否かは、当事者の自由である。もし、調停案の受け入れを合意し、それを受け入れたときは、調停成立となり、調停調書が作成される。この調停調書は判決と同一効力を有するものである。
　5　地方公共団体が調停の当事者となって話合いが進み、合意に達し、裁判所の調書作成前つまり調停を受け入れようとするときに、調停案を議会に出し、諾否議決が必要である。もし議会で否決されれば、調停案に合意しないことであって不成立となる。通常は訴訟に移行される。調停成立した後の議会の議決は不要。長は自治法179条によって専決処分も可である。しかし、調停調書ができて双方押印したとき裁判確定と同一の効力があるので、確定後に議会に調停受諾を提出した場合、議会は否決することはできないものと考える。

(8)　民事調停申立書式例

　　　　　　　　　　　民事調停申立書
　　　　　　　　○○市○○町○○番地
　　　　　　　　　　　　　　　申立人　甲　　　　　　　市
　　　　　　　　　　　　　　　右代表者市長　甲　野　太　郎
　　　　　○○市○○部○○課
　　　　　　　　　　　　　　　右指定代理人　乙　野　次　郎
　　　　　同市○○町○○番地

相手方　丙　野　三　郎

訴訟物価格　金　〇〇円也
貼用印紙額　金　〇〇円也

　　　　申　立　の　趣　旨
　　賃借人甲市、賃貸人乙間の後記土地の賃貸借契約を更新する
　　旨の調停を求める。
　　　　申　立　の　理　由
1　〇〇年〇〇月〇〇日、甲市は乙との間に本件土地を地代1月金〇〇円、賃貸借期間10年と定めて賃貸借契約を結び、現在に至った。もっとも、地代は3回にわたり改訂され、現在は1月金〇〇円となっている。
2　甲市は本件土地を市営運動場として使用中である。そのため、多額の費用をかけて整備するとともにスタンド、塀等を設置した。また、市内唯一の市民運動場として多数市民によって利用され、市民の健康増進、体力づくりのため欠くことのできない施設である。
3　そのため、甲市は将来にわたって本件土地の賃貸を希望しているのであるが、乙は〇〇年3月末日の賃借期間満了と同時に本件土地を明け渡すよう強く要求している。
　　過去〇数回にわたって交渉を重ねたところ、乙は明渡しを要求するとともに、甲市が本件土地の使用を必要とするのであれば時価の1平方メートル当たり〇〇円で買い取ってもらいたいという条件を持ち出した。
4　しかしながら、甲市は昨年度と本年度の2回にわたる台風による災害復旧、人口急増に伴う校舎、上下水道等の建設等のため到底本件土地を買いとるだけの財源がない。
5　よって、賃貸借期間満了に伴い、本件土地の賃貸借契約を更新して、引き続いて市営運動場として使用することができるよう調停申立に及ぶ次第である。

　　　　土地の表示（省略）
　　　　付属書類
1　固定資産評価証明書　　　　　　1通
1　指定書　　　　　　　　　　　　1通

　　　〇〇年〇月〇日

　　　　　　　　　　申立人指定代理人　乙　野　次　郎　㊞

　　　　○○簡易裁判所調停係　御中

注1　申立書は1通提出する。当事者の住所の頭に郵便番号を記入することが適当である。
　2　訴訟物価格は、
　　(1) 不動産の所有権に関するものは固定資産評価額　ただし、特例あり
　　(2) 所有権以外の権利（設問の場合）に関するものは地代年額の2分の1
　　(3) 金銭債権については債権額
　3　貼用印紙額は民事訴訟費用等に関する法律による。
　4　買取りを申し立てる場合には、申立ての趣旨は次のとおりとなる。
　　　「乙は甲市に対して3に記載の土地を1㎡当たり金○○円で売り渡す旨の調停を求める」

(9) 訴訟上の和解に関する議案書式例

第○号議案
　　　何々に係る訴訟上の和解について
　　○○年○月○日議決に係る何裁判所係争中の何市（町村）○○番地何某との何々に関する訴訟事件は、次によって和解するものとする。
和解事項
1　被告は、原告に対する何々の件を取り消す。
2　被告は、原告に対し何々を○○年○月○日までに引き渡すものとする。
3　被告は、何々を処分したことから生ずる権利義務は、○○年○月○日から原告に承継されること。
4　原告は、何々を取り下げ、被告もこの取り下げに同意する。
5　訴訟費用は、各自負担とする。

　　○○年○月○日提出
　　　　　　　　○○市（町村）長　氏　　　　　　名　㊞
提案理由

注1　民法695条の規定による民事上の争議の和解であって公法関係に該当しない。
　2　和解は、訴訟提起前のものも含まれるものと解され、例えば、俗にいう示談契約も争いをやめることだから、和解合意前に案を議会に出して議決する必要がある。裁判上の和解は強制力を伴い、判決と同一の効力をもつのに対し、裁判外の和解は強制力を伴わないので、相手方が和解条項を履行しないときは訴訟の提起となろう。

3 和解の議決は、和解をする前にどんな方針又は内容でかつその相手方はだれだということを明らかにする。だから和解の方針とか内容、相手方によって和解契約が合意したときは、方針に則ったものであればあらためて議決がいらない。
4 裁判所の和解の目録と別添文書に分かれているときであっても、要旨を書き上げる方法と別紙のとおりとする方法のいずれでもよい。要は、和解の要点がはっきりするのであればよい。

⑽ 和解契約の議案書式例

第○号議案
　　借地権存在確認等請求事件に関する和解について

　本市（町村）は、○○年○月○日議決（又は専決処分）に係る○○地方裁判所に係争中の○○地方裁判所平成　年（　）第　　号、第　　号借地権存在確認等請求事件並びに同庁平成　年（　）第　　号、第　　号土地明渡請求事件につき、民法第695条の規定に基づき、次のように和解する。

　　　○○年○月○日提出
　　　　　　　　　　○○市（町村）長　氏　　　名　　印
　　　　　　　　　　　　記
1 和解する相手方（以下「相手方」という。）の住所、氏名
　（別紙のとおり）
2 和解の要旨
　次の和解条項により和解する。
⑴ 係争中の土地については、当該土地の所有者が確定したときに本市がこれを買い取る。
⑵ 前項の土地を買い取るまでの間は、相手方との間に賃貸借契約を締結し当該土地に○○事業などの必要な施設をなし、土地を使用する。
⑶ 前項の契約締結に基づく賃借料は、○○年度から○○年度までの各年度は1箇年度につき金　　　円とし、○○年度以降の賃借料は、本市（町村）と相手方が協議の上これを決定する。
⑷ 本市（町村）は、相手方に対し前項の賃借料を毎年○月○日までに支払うものとする。ただし、○○年度から○○年度までの分は、相手方が後記仮処分申請を取り下げた後7日以内に支払うものとする。こ

の場合において、○○年度から○○年度までの間に、本市が○○地方法務局に供託した賃借料は、当該各年度分の内金（内払）とみなす。
3 本市（町村）が申請した○○地方裁判所平成　年（　）第　号妨害排除仮処分命令申請及び相手方の一部が申請した同庁平成　年第　　号現状不変更仮処分命令申請は、○○市（町村）長が申し入れした日から7日以内に双方の申請者がそれぞれこれらの申請を取り下げるか又は仮処分の執行を放棄するものとする。
4 本市（町村）が提起した○○地方裁判所平成　年（　）第　号、第　号借地権存在確認等請求事件及び相手方の一部が提起した同庁平成　年（　）第　号、第　号土地明渡請求事件は、双方それぞれ取り下げるものとし、双方それぞれこれに同意するものとする。
5 本市（町村）は、相手方に対し諸経費として金　　円を相手方が第3項に記載した仮処分申請を取り下げた後7日以内に支払う。
6 訴訟費用は、それぞれ当事者の負担とする。

注1 和解も契約であるので、当事者が互いに譲歩しなければ和解は成立しない。つまり互いに損失を被ることを承諾する意味であるから、当事者の一方だけがその主張を放棄し又は減縮する約束は和解契約ではない。
2 紛争の解決を第三者に委ねることを約束するのは和解ではない。
3 市町村が和解するときは、議会の議決（自治法96条1項12号）が必要であるが、和解も自治法179条による長の専決処分も可能である。
4 裁判上の和解契約の場合の議決は、和解契約として双方が譲歩し、合意が成立し、裁判官が和解調書に記載する前に議会に方針又は内容を提出する。可決になれば、裁判官が和解室等で読み聞かせ、双方がそれに異存なければ和解調書は判決と同様の効果がある。裁判外の和解も議決が必要。

　ただし、議会が和解案を否決したときは、合意が不成立となる。

（別　紙）

和解（示談）契約書

1 示談の当事者
　○○地方裁判所平成○○年（　）第○○号、第○○号借地権存在確認等請求本訴事件及び同庁平成○○年（　）第○○号、第○○号土地明渡請求反訴事件の当事者（別紙当事者名簿記載のとおり）

2 和解事項

　右当事者は、次の条項のとおり和解する。
(1) 土地の買収

　　○○地方裁判所平成○○年（　）第○○号共有持分確認等請求事件の判決確定により係争土地の所有者が確定したときに原告は、別紙物件目録記載の土地（以下「土地」という。）をその各所有者から買い取る。
(2) 土地の賃貸借

　　原告は、前項の所有者が確定し土地を買い取るまでの間暫定措置として被告等に借地料を支払い、○○事業などの必要な施設をなし、土地を使用する。
(3) 借地料

　　土地の賃貸借料金は、○○年度から○○年度までは各年度とも1か年金○○万円とし、○○年度以降は双方協議して金額を決定する。
(4) 借地料の支払期日

　　原告は、被告等に対し前項の借地料を毎年度○月末日までに支払うものとする。ただし、○○年度から○○年度までの借地料は、被告等の後記仮処分申請を取り下げた後7日以内に支払うものとする。この場合において、○○年度から○○年度までの間原告が○○地方法務局に供託した賃料は、当該各年度分の借地料の内金の支払いとみなす。
(5) 仮処分の取下げ

　　原告が申請した○○地方裁判所平成○○年（　）第○○号妨害排除仮処分命令申請及び被告等のうち、○○○○ほか○○名が申請した同庁平成○○年（　）第○○号現状不変更仮処分命令申請は、○○市（町村）長が申し入れした日から7日以内に双方の申請者がそれぞれこれらの申請を取り下げるか、又は仮処分の執行を放棄する。
(6) 原告は、被告等に対し諸経費として金○○万円を被告等の前記仮処分を取り下げた後7日以内に支払うこと。
(7) 被告等は、原告の○○○○に全面的に協力すること。
(8) 示談の当事者双方は、1に掲げる訴をそれぞれ取下げし相手方はこれに同意すること。
(9) 訴訟費用は各自弁とする。

3 裁判上の和解
　当事者は、この訴訟事件の次回弁論期日に上記和解条項により更に裁判上の和解をする。
以上のとおり契約する。

　○○年○月○日
　　　　　原　　告　○○市（町村）
　　　　　右代表者　○○市（町村）長　氏　　　　　　名　㊞
　　　　　住　　所　○○市（町村）
　　　　　被告等代表者　　　　　　　　氏　　　　　　名　㊞

注1　既に訴訟になっている事件の和解については、裁判官又は弁護士による和解が進められ、契約に至るまでの協議が行われ文書なども専門家によって作られる。軽易な事件の和解の文書などは、その市町村で作られるが、後日問題を残さないように十分な配慮が必要であろう。
　2　和解議案について、示談による解決も議決に含まれる（昭26. 8. 15行実）。次の4の場合もある。議案に別紙も添付する。
　3　示談は裁判によらずに、当事者間で話合いによって、争いを解決する方法である。示談書の署名には、公務遂行中であれば、市町村に責任があるので、その事故の示談であるときは、市町村及当該事故を起こした職員も署名するのがよい（民法695条）。
　4　当事者間において法律関係がなく、単に後日のための事実の確認の意味の示談書は和解といえないものと考えられる。このようなときは、議決はいらない。

⑾　示談書式例

①　項目列挙の文書方式による場合

　　　　　　　　　示　　　談　　　書

　1　事故発生年月日及び時刻
　　　○○年○月○日午前（後）○時○分ごろ
　2　事故発生場所
　　　○○県○○市（町村）○○番地先道路上
　3　事故の当事者
　　　甲　○○県○○市（町村）○○番地
　　　　　　氏　　　　名（　　歳）

```
　　　　乙　○○県○○市（町村）○○番地
　　　　　　氏　　　　　名（　　歳）
　4　事故の概況
　　　……………………………………………………………………………………
　　　……………………………………………………………………………………

　上記の交通事故について、両者話合いの結果、次の条件で示談が成立した。
　　　条　件
　甲は、乙に対して乙の治療費の一切を負担し、……するほか、見舞金として金○○万円を支払う。

　　○○年○月○日
　　　　　　　　　　　　　　　　　甲　　氏　　　　　名　㊞
　　　　　　　　　　　　　　　　　乙　　氏　　　　　名　㊞
　　　　　　　　　　　　　　　　　立会人　氏　　　　　名　㊞
```

注1　この示談書だけでは、強制力や執行力はなく、相手方が履行しないときは、支払いを強制することができない。
　2　賠償額が分割払いの場合、後で紛争となるおそれがあることが予想されるときは、簡易裁判所に訴訟前の和解を申し立て「和解調書」をつくる。
　3　示談であっても、地方公共団体が損害賠償の責任に属する場合は、議会に自治法96条1項12号の和解議案を提出する。
　4　和解と損害賠償の額の決定を含む2件を1件の議案として議会に提出してよい。

②　契約書方式による場合

```
　　　　　　　　　　　示　談　契　約　書

　加害者○○○○を甲とし、自動車保有者○○市（町村）を乙とし、被害者○○○○を丙として、甲乙と丙両当事者において、次のとおり示談契約を締結する。
第1条　甲乙と丙両当事者は、次に掲げる事故に関し、示談により争いを解決する。
　(1)　事故の発生日時
　(2)　事故の発生場所
　(3)　車両の番号
```

(4) 被害者の状況
第2条　甲及び乙は、丙に対して、連帯して金○円の損害賠償債務を負担していることを確認する。
第3条　甲及び乙は、丙に対して、前条の損害賠償金を、丙に持参又は送金して支払う。
第4条　本件事故による負傷が原因となって将来に後遺症状が発生したときは、甲及び乙は、これにより丙に生じた損害を賠償する。この場合において、後遺症及び損害額の認定は、甲乙及び丙両当事者の選定する医師又は公正な第三者の判断を参考として定める。
第5条　本契約書に記載された事項以外には、甲乙と丙両当事者間においては、いっさいの債権債務の存しないことを確認する。
　　この契約締結を証するため、契約書2通を作成し、当事者記名押印のうえ、各自1通を保有する。

　　○○年○月○日
　　　　　　　　　　　住　所
　　　　　　　　　　　甲　　　　　　氏　　　　　　名　㊞
　　　　　　　　　　　乙　○○市（町村）
　　　　　　　　　　　○○市（町村）長　氏　　　　　名　㊞
　　　　　　　　　　　住　所
　　　　　　　　　　　丙　　　　　　氏　　　　　　名　㊞

注1　市町村有の自動車による損害賠償額の議決については、当該団体が負担する額か、それとも自動車損害賠償保障法による保険額を含めた額かについては、後者によるとしたのが通説である。
　2　損害賠償額を定めることは自治法96条1項13号の議決事項であり、同法180条の専決委任がされていれば処分も可能。
　3　公務執行上起こした交通事故が、きわめて軽微なものであるため、示談の成立をみる和解であっても議会の議決が必要。
　4　相手が示談内容を履行しないときは、裁判所に調停や裁判の申立てをする。そこで示談内容を和解調書にしておくと、強制執行ができる。
　5　後遺症に対する精密検査を受けること。

⑿　訴訟提起前の和解に関する議案書式例

議案第○号

訴訟提起前の和解について

　次のとおり訴訟提起前の和解につき、地方自治法（昭和22年法律第67号）第96条第1項第12号の規定により、議会の議決を求める。
記
和解の相手方　　　　　住　　所　　　　　氏　　　　名
市（町村）が選任する申立代理人　　　弁護士　氏　　　　名
事件名　　建物明渡等和解申立て
和解申立ての理由
　○○駅附近土地区画整理事業のため、建物移転補償をするに当たり、仮住居として市（町村）所有の家屋を貸すものであるが、民事訴訟法（平成8年法律第109号）第275条に定める和解をし、その建物明渡しの債務名義を得て、強制執行できるものとするため。
和解条項
第1条　貸主○○○○駅附近土地区画整理事業施行者○○市（町村）代表者○○市（町村）長何某は、その所有に係る次の家屋を借主○○○○に対し、○○○○駅附近土地区画整理事業のため、乙の所有する建築物等の移転に伴う損失を補償するに当たり、乙及び丙が協力して○○年○月○日までに自己の家を建てるので、それまでの仮住居として、無償で貸与する。
　（第2条以下省略）
　○○年○月○日提出

　　　　　　　　　　　　○○市（町村）長　氏　　　　名　㊞

注1　和解議案を議会に提出する場合は、和解契約書に調印する前にほぼ両者合意に達した段階を見はからって出す。
　2　長は自治法179条の専決処分もできる。

(13) 訴訟提起議案書式例

第○号議案
　　訴えの提起について（市営住宅の家賃納入及び住宅明渡しの請求）

　市営住宅滞納家賃の納入及び住宅明渡しを求める訴え（和解を含む。）

を提起するので、地方自治法（昭和22年法律第67号）第96条第1項第12号の規定により、議会の議決を求める。
　　〇〇年〇月〇日提出
　　　　　　　　　　〇〇市（町村）長　氏　　　　名　㊞
〇〇年〇月〇日可決
　　　　　　　　　　　　記
1　相手方
 (1)　住　宅　〇〇第二団地R B411号
　　住　所　〇〇町一丁目10番4―411号
　　氏　名　〇〇〇〇
 (2)　住　宅　〇〇町団地R A203号
　　住　所　〇〇町四丁目9番23―3―203号
　　氏　名　〇〇〇〇
2　訴えの提起の理由
　相手方は、市営住宅家賃を滞納しており、再三再四にわたる催告、再催告等に応じないので、訴えにより家賃の徴収等を図り、もって社会的公正と法秩序を回復しようとするもの。

注　明渡しを求める理由としては、賃料債務不履行及び重大な無断転貸等の契約違反がある場合に明渡しを求めるものである。

⒁　一時使用賃貸借土地明渡書式例

　　　　　　　　一時使用賃貸借土地明渡書
　〇〇年〇月〇日
　　　　　　　　住　所
　　　　　　　　〇〇市（町村）長　氏　　　　名　㊞
　氏　　　　名　殿
　別紙　〇〇年度の契約書に基づく一時使用で借用した土地を本日限り返還いたします。なお地上物件の処理については、本契約書の第3条第⑴項及び第⑵項により処理されても異議はない。
　後日のためにこの証一札を差入れる。
　　　　　　　　　　　　　　　右立会人　氏　　　　名　㊞

注1　期間の長短は、当事者の任意である。もし期間の定めがないものは、債権者は

いつでも履行の請求をし、かつ、債務者は直ちに応じる義務がある。土地については、地主は1年間の予告期間建物は3か月を置いて解約することができる。
2 期間の定める賃貸借にあっては、最長20年を超えることができない。超えた部分は無効である。

(15) 一時使用賃貸借土地明渡念書式例

```
                    念      書
    ○○年○月○日
                住 所
                ○○市（町村）長 氏      名 ㊞
 氏     名 殿
    私は、貴殿から賃借した末尾記載の不動産土地の賃貸借契約に関しては、○○年度の○○○○開催期間中に限り特別の計らいで、一時使用の目的をもって締結したもので期限満了と同時にこの契約は白紙に還元したものである。
    後日のためにこの念書一札を差入れる。
       末尾記載の不動産表示
              略
    上記のとおり相違ない。
                         立会人 氏      名 ㊞
```

注1 念書は、念書そのものの独立性又は関係書面とあわせて契約書と同一の効力があり、後日の証拠となる。また、念証ともいい、一般に契約などの場合に、付随的な事項や後で変更した事項についての取決めを、証拠として残しておくための文書に多い。こうした念書は、当事者の署名若しくは記名押印と内容によって判断される。なお、差入証の形式で、一方から他方にあてている場合もある。
 2 このほかに、覚書（おぼえがき）というのが行われているが、これは、契約書に盛り込めなかった事項は、覚書という形で、追加又は確認されることが多い。
    形式としては簡略であり、当事者の署名又は記名押印は必要であるが、住所などが省略されることがある。また、契約で取り決められた事項の一部を変更する場合にも覚書を記載して証拠として残す文書に多い。

⒃ 供託申請委任書式例

```
┌─────────┐
│ 収 入    │
│ 印 紙    │
└─────────┘

           供 託 申 請 委 任 状

　私は、○○県○○市（町村）○番○号氏　　　名を代理人と定め、次の
権限を委任します。
1　下記の……供託申請に関する一切の件
　　　　　　　　　　　　　　　記
　⑴　供託委任者　　住　所　　氏　　　名
　⑵　被供託者　　　住　所　　氏　　　名
2　供託原因たる事実
　⑴　供託の目的物
　⑵　○○年○月○日……を提供したが、受領を拒否された。

　　○○年○月○日
　　　　　　　　　　　　　　住　所　氏　　　　名　㊞
```

注1　報酬、給料、使用料の弁済のための供託、保管のためなどの供託がある（供託法、同規則）。

　2　代理人の場合、委任状が必要。指定代理人でもできる（代理人指定書が必要）。

　3　議員の報酬について、本人の行方不明又は受領拒否の場合に行われることが多い。

8 事務の委託、他機関への事務の委任及び勧告関係書式例

(1) 事務の委託

普通地方公共団体の事務の一部、又は長、委員会若しくは委員の権限に属する国、他の地方公共団体の事務の一部を、他の普通地方公共団体に委託することができる（自治法252条の14）。例えば、A市（町村）が、B市（町村）に対し、具体的な事務の一部をゆだねることをいう。したがって、A市（町村）は、委託のその範囲内において当該事務の権限を失うことになる。

事務の一部を委託する場合は、委託市町村と受託市町村の協議によって規約を定めなければならない。協議するときは議会の議決を要する（自治法252条の14）。委託の旨及び規約の告示を行い、都道府県の加入するものは総務大臣に、その他のものにあっては知事に届け出なければならない。委託の手続及び事務の変更並びに委託の廃止の手続も、また同様に行う。

経費は、すべて委託市町村の負担とし、当該市町村の予算に負担金として計上し、受託市町村に支出する。受託市町村は、自己の歳入歳出予算に計上して執行する。軽易な事務（庁舎管理・清掃、エレベーター運転、設計等）の民間委託は、通常の契約で行う。

(2) 委託することのできる事務

① 市町村の事務の一部
② 委託を受けた市町村は、委託された事務の範囲内で自己の事務としてその事務を処理する権限がある。
③ 委託した市町村は、その委託した事務についての権限を失う。
④ 市町村のみが処理するとされている事務（例　住民登録又は戸籍事務）は都道府県に委託することはできない。

(3) 事務の委任及び補助執行

長の権限の一部を、他の執行機関若しくは、その補助職員若しくは執行機関の管理に属する機関の職員に対し委任し、又は他の執行機関の補助職員若しくはその管理に属する機関の職員をして補助執行させることができる（自治法180条の２）。

① 委員会又は委員と協議を要する。
② 兼職は、兼務命令による。
③ 充て職は、組織に関する条例、規則、規程によって充てる旨の規定をしている場合である。
④ 事務に従事させるとは、兼務又は充当と比較して最も簡単な方法であり、当該職員等に対して、委員会又は委員に従事すべき旨の職務命令を出せばよい。

(4) 民法による事務委託

近年行財政運営の効率化の方法の一つとして、市町村の事務事業を民間企業等外部へ委託することが増加している。理由としては、

① 行財政運営の合理化・効率化に有効な方策として事務の委託により民間等の活力を活用して、住民サービスの向上を図る。
② 民間における専門分業化の進展で事務委託に拍車がかかった。
③ 臨調・行革審も積極的な推進を提言した。
④ 事務事業の民間委託を行う場合、民法による委託契約は、「委任」ないし「準委任」を根拠とすることができる（民法643条、656条）。現在様々な形で、事務委託が実施されているが、①民間委託の場合、行政責任の守備範囲が問題で、委託によって行政責任の放棄は許されない。②印刷、設計、会議録等の委託に係る守秘義務については、委託契約の内容に掲記されるべきである。③委託先業者が多数あるときは、行政の平等性、公平性に配慮すべきである。
⑤ 外部への委託事務は、公共施設の設計事務、道路測量、課税計算事務、庁舎の夜間警備、し尿収集、ごみ収集（一般）、不燃物収集、学校給食、会館、公園、社会教育施設、体育施設、下水終末処理場等

⑥ 委託のメリット・デメリット
　　メリット　　経費の節減、事務の効率化、専門家の高度な知識、技術の活用
　　デメリット　　長期的には委託料が増大、コスト高、行政サービスの低下、責任の所在が不明確
⑦ ゴミ処理事務のうち、ゴミ収集、運搬処理手数料の徴収をし、ゴミの焼却、焼却後の残土の埋立処分のみに関する事務の委託を受ける場合には、自治法252条の14の事務委託によることも、私法上の契約によることも差し支えないが、残土処分は、同条の事務委託によるのがよい（昭53. 4. 18行実）。

(5) 長の事務を他の執行機関に委任（補助執行）するための協議書式例

```
                                              文　書　番　号
                                              ○○年○月○日
○○市（町村）○○委員会委員長　氏　　　名　殿（様）
              ○○市（町村）長　氏　　　　　名　㊞
  事務委任（補助執行）の協議について
  地方自治法第180条の2の規定により、貴委員会（委員）に次の事務を委任したい（補助執行させたい）ので協議します。
                        記
1　何々
```

(6) 行政委員長から長への同意書式例

```
                                              文　書　番　号
                                              ○○年○月○日
○○市（町村）長　氏　　　名　殿（様）
        ○○市（町村）○○委員会委員長　氏　　　　　名　㊞
  事務委任（補助執行）の協議について
  ○○年○月○日付け第　　号で協議のあった何々については、異議ありません。
```

注　上記の例により、委員会より長に対し協議することができる。

(7) 長から行政委員長への勧告書式例

```
                                              文 書 番 号
                                              ○○年○月○日
○○市（町村）○○委員会委員長　氏　　　名殿（様）
          ○○市（町村）長　氏　　　　　　名　印
  臨時（何々）職員の身分取扱いについて
  貴委員会における臨時（何々）職員の身分の取扱いについては、地方公
務員法第22条の規定に反し、市（町村）長の事務部課及び他の執行機関に
おける当該職員とその身分取扱いを異にしていると認められるので、下記
のように改められたく、地方自治法第180条の4第1項の規定により勧告
する。
                    記
1　何々
2　何々
```

注1　個々の職員に対する勧告ではなく、事務局等に属する職員の身分の取扱いに関する一般的基準に対して行うべきものである。
　2　勧告は相手方に絶対的服従義務を課すものではなく、尊重すべきものである。

(8) 行政委員長から長への協議書式例

```
                                              文 書 番 号
                                              ○○年○月○日
○○市（町村）長　氏　　　名殿（様）
          ○○市（町村）○○委員会委員長　氏　　　　　名　印
  職員の採用及び昇任に関する協議について
  本何委員会事務局職員の採用及び昇任の方法について、下記のとおり改
正したいので、地方自治法第180条の4第2項の規定により、現行の規則
（取扱要領）を添えて協議します。
                    記
（規則、取扱要領を記載する。）
```

注　協議不調のときは、規則の制定又は変更はできない。

9 区域変更関係書式例

　市町村の区域内の町若しくは字の区域の新設若しくは廃止又は字の区域若しくはその名称を変更する場合の書式。①字は大字小字も含む、②議会への提案権は市（町村）長だけ、③政令で特別の定めとは、旧耕地整理法による耕地整理、土地改良法による区画整理又は土地区画整理法による土地区画整理事業施行地区の効力については、換地計画の認可の公告があった日から生ずる。

(1) 字の区域（名称）設定（廃止、変更）の処分書式例

```
　地方自治法第260条第1項の規定により、○○年○月○日から○○市
（町村）の字（町）の区域（名称）を、次のとおり設定（廃止、変更）す
る。
　　○○年○月○日
　　　　　　　　　　　　　○○市（町村）長　氏　　　　名　　印
```

(2) 字の区域（名称）設定等の知事への届出書式例

```
　　　　　　　　　　　　　　　　　　　　　　　　　文　書　番　号
　　　　　　　　　　　　　　　　　　　　　　　　　○○年○月○日
○○県知事　氏　　　名　殿（様）
　　　　　　　　　○○市（町村）長　氏　　　　名　　印
　　　字（町）の区域（名称）の設定（廃止、変更）届出書
　地方自治法第260条第1項の規定により、○○年○月○日から、○○市
（町村）の字（町）の区域（名称）を別紙のとおり設定（廃止、変更）し
たいので届け出ます。
（添付書類）
1　理由書
2　議会の議決書及び会議録の写し
3　区域（名称）変更調書
```

9 区域変更関係書式例

```
4　関係区域の見取図（関係区域のものと、全市町村のものと各 1 部）
5　処分書
```

(3) 土地改良、区画整理による区域設定等の申請書式例

```
　　　　　　　　　　　　　　　　　　　　　　　　　　　　文　書　番　号
　　　　　　　　　　　　　　　　　　　　　　　　　　　　○○年○月○日
　○○県知事　氏　　名　殿（様）
　　　　　　　　　　　○○市（町村）長　氏　　　　　　　名　㊞
　　字（町）の区域設定（廃止、変更）について（依頼）
　○○市（町村）土地改良区において、区画整理事業実施の結果、別紙調
書及び図面のとおり字（町）の区域設定（廃止、変更）をされるようお取
り計らい願います。
　（添付書類）
　1　変更調書
　2　理由書（経緯の概要等を具体的に記載すること。）
　3　関係区域の見取図（関係区域のものと、全市町村のものと各 1 通）
```

(4) 区域変更の議案書式例

```
第○号議案
　　　　町区域の変更について
　地方自治法第260条第 1 項の規定により、別紙のとおり本市の町の区域
の一部を変更し、土地区画整理法第103条第 4 項の規定によりそれぞれの
換地処分の公告のあった日の翌日から施行するものとする。
　　○○年○月○日提出
　　　　　　　　　　　○○市（町村）長　氏　　　　　　　名　㊞
```

注　市町村長のみの提出権である。

（別　紙）

変更する区域						
町　名		地　番	地　目		地　積	摘　要

注1　市町村の区域内の町若しくは字の区域の新設若しくは廃止又は町若しくは字の区域若しくはその名称を変更しようとするときは、長は議会の議決を経てこれを定め、かつ知事に届け出なければならない。
 2　知事は届け出を受理したときは直ちに告示しなければならない（自治法260条2項）。
 3　旧耕地整理法による耕地整理、土地改良法による区画整理又は土地区画整理法による土地区画整理事業の施行地区についての効力は、換地計画の認可の公告があった日又は換地処分の公告のあった日の翌日からそれぞれ効力を生ずる。

(5) 区域変更及び区域内の字の廃止書式例

第○号議案
　　　市の区域内の町区域の変更及び同区域内の字の廃止について
　土地改良事業（団体営○○○○圃場整備事業）施行の結果、土地改良法（昭和24年法律第195号）第54条第4項の規定による換地処分の公告があった日の翌日から、別記調書のとおり町区域を変更するとともに、同区域内の字を廃止したいので、地方自治法（昭和22年法律第67号）第260条第1項の規定により議会の議決を求める。
　　○○年○月○日提出
　　　　　　　　　○○市（町村）長　氏　　　名　印

注1　土地改良事業（団体営○○○○圃場整備事業）施行の結果、町界の不整形を生じたので、これを整理するとともに、字を廃止しようとするもの。
 2　別記調書省略

(6) 市町村の字の区域（名称）設定（廃止、変更）議案書式例

第○号議案
　　　字（町）の区域（名称）設定（廃止、変更）について
　地方自治法第260条第1項の規定により、○○年○月○日から本市（町村）内の字（町）の区域（名称）を次のとおり設定（廃止、変更）するものとする。
　　○○年○月○日提出
　　　　　　　　　○○市（町村）長　氏　　　名　印
　　　　　　　町若しくは字の区域変更調書

大　字	字	地　番	地　目	地　積	摘　要
〜〜〜	〜〜〜	〜〜〜	〜〜〜	〜〜〜	〜〜〜

同地域に介在する土地登記簿による第二種地
上記の区域を何々町（大字何々、字何々）に編入する。

注　摘要欄には、町若しくは字を分割して他にそれぞれ編入する場合に記載すること。
　なお、字区域全部を他の字へ編入する場合は、変更調書は不要である。
　例　「字何々に編入する。」

町若しくは字の名称変更調書					
大　字	字	地　番	地　目	地　積	摘　要
〜〜〜	〜〜〜	〜〜〜	〜〜〜	〜〜〜	〜〜〜

同地域に介在する土地登記簿による第二種地
上記の区域を何々町（大字何々、字何々）と改める。

注　摘要欄には、2以上の小字及び町の丁目の名称をそれぞれ改める場合に記載すること。
　なお、町若しくは字の全部をそのまま名称変更する場合は、変更調書は不要である。
　例　「字何々に改める。」

区　域　変　更　調　書				
大　字	字	地　番	地　積	摘　要
〜〜〜	〜〜〜	〜〜〜	〜〜〜	〜〜〜

同地域に介在する土地登記簿による第二種地
上記の区域をもって新たに何々町（大字何々、字何々）を設定する。

注　摘要欄には、一つの町若しくは大字の区域内に2以上の丁目又は小字を設置する場合に記載すること。

(7) 字の廃止、新設を同時に行う議案書式例

第〇号議案

字の廃止及び町の区域の設定について
　地方自治法第260条第1項の規定により、○○年○月○日から次のとおり字を廃止し、及び町の区域を設定するものとする。
　　○○年○月○日提出
　　　　　　　　　　○○市（町村）長　氏　　　　　名　㊞
廃止する字

大　　字	字	地　　番	摘　　　要
甲	A	1から何番まで	
〃	B	（　〃　）	
〃	C	（　〃　）	

町設定区域調書

大　　字	字	地　番	地　目	地　積	摘　要

同地域に介在する土地登記簿による第二種地
上記の区域をもって新たに何々町を設定する。

大　　字	字	地　番	地　目	地　積	摘　要

同地域に介在する土地登記簿による第二種地
上記の区域をもって新たに何々町を設定する。

(8) 市と町の境界変更議案書式例

第○号議案
　　　市と町の境界変更について
　地方自治法（昭和22年法律第67号）第7条第1項の規定により、○○市の次の区域を○○郡○○町に、○○郡○○町の次の区域を○○市にそれぞれ編入する。
　　　　　　　　　　　　　　記
1　○○郡○○町に編入する区域
　　○○市○○○○119の2、164の3
2　○○市に編入する区域
　　○○郡○○町○○○○165の2、166の2、303の3、303の6

○○年○月○日提出
　　　　　　　　　　　○○県知事　氏　　　　　　名　㊞

理　由
　○○町南○○地区土地改良事業の施行に伴い、○○市と○○郡○○町との間に境界変更を必要とすることとなり、関係市町から申請があったので、地方自治法（昭和22年法律第67号）第7条第1項の規定により議会の議決を経る必要がある。これが、この議案を提出する理由である。

(9) 新たに生じた土地の確認の議案書式例

第○号議案
　　　　新たに生じた土地の確認の件
　地方自治法（昭和22年法律第67号）第9条の5第1項の規定により、本市の区域内に新たに生じた次の土地を確認する。
　　○○年○月○日提出
　　　　　　　　　　　○○市（町村）長　氏　　　　　　名　㊞
1　所　在　○○市（町村）○○番地から同市○○字○○1019番地までの
　　　　　　地先の公有水面埋立地
2　地　積　○○平方メートル
　提案理由

注　自治法260条の規定による議決、決定、届出及び告示と合わせて行う取扱いが適当。

10 住居表示関係書式例

(1) 実施市街地の区域及び実施方式を定める議案書式例
① 住居表示の方式

第○号議案
　　　住居表示に関する法律第3条第1項の規定により、当市におけ
　　　る市街地の区域及び当該区域における住居表示の方法について
　住居表示に関する法律（昭和37年法律第119号）第3条第1項の規定により、当市における市街地の区域を別図のとおり定め、当該区域における住居表示の方法は街区（道路）方式によるものとする。
　（別図）
　　　（別図の縮尺は　　分の1とする。）
　○○年○月○日提出
　　　　　　　　　　　　○○市（町村）長　氏　　　　　名　印

② 市街地の区域

第○号議案
　　　住居表示に関する法律第3条第1項の規定により、当市におけ
　　　る市街地の区域について
　住居表示に関する法律（昭和37年法律第119号）第3条第1項の規定により、当市における市街地の区域を別図のとおり定める。
　（別図）
　　　（別図の縮尺は　　分の1とする。）
　○○年○月○日提出
　　　　　　　　　　　　○○市（町村）長　氏　　　　　名　印

③ 住居表示の街区方式

第○号議案
　　　住居表示に関する法律第3条第1項の規定により、当市の市街
　　　地区域における住居表示の方法について

住居表示に関する法律（昭和37年法律第119号）第3条第1項の規定による、当市の市街地区域における住居表示の方法は街区（道路）方式によるものとする。
　　○○年○月○日提出
　　　　　　　　　　　○○市（町村）長　氏　　　　　　名　㊞

(2) 住居表示に関する法律（昭和37年法律第119号）に基づく住居表示の実施に伴う町の区域及びその名称を変更する場合の議案書式例

第○号議案
　　　町の区域及び名称の変更について
　地方自治法第260条第1項の規定により、　　年　　月　　日から、本市内の別図1に示す町の区域及びその名称を別図2に示すとおり変更する。
　　○○年○月○日提出
　　　　　　　　　　　○○市（町村）長　氏　　　　　　名　㊞

別図1　　　　別図2

(3) 住居表示に関する区域決定の議案書式例

第○号議案
　　　住居表示を実施すべき市街地の区域及び当該区域内の住居表示
　　　の方法について
　住居表示に関する法律第3条第1項の規定により、本市における住居表示を実施すべき市街地の区域を別図のとおり定め、当該区域における住居表示の方法を街区方式（又は道路方式）とする。
　　○○年○月○日提出

```
                    ○○市(町村)長　氏        名　印
  (別図略)
```

注1　住居表示には、街区方式と道路方式がある。
  2　住居表示の議会の議決は団体意思の決定であり議会が修正可能と解する。
  3　市町村長の公示した案に係る町又は字の区域内に住所を有する者で、議員及び長の選挙権を有する者で長の案に異議があれば市町村長に対し、公示のあった日から30日を経過する日までに、その50人以上の者の連署をもって、理由を付して、その案の変更請求ができるが(住居表示に関する法律5条の2第2項)、市町村長は、議案提出の際、当該変更請求書を添えて議会に提出することを要し、議会での修正は、変更修正とその関連において修正等は可能である。

(4) 住居表示の告示書式例

```
告示第○号
      住居表示の実施について
  住居表示に関する法律(昭和37年法律第119号)第3条第3項の規定に
基づき住居表示の実施について次のとおり告示する。
 1  住居表示を実施する区域を別図(○○2丁目、○○4丁目)のとおり
   定める。
 2  住居表示の方法は、街区方式とする。
 3  街区符号及び住居番号は、住居表示台帳に基づき、符番し別添のとお
   りとする。
 4  実施期日は、○○年○月○日とする。
    以上、関係図書は、当市役所において、一般の縦覧に供する。
    ○○年○月○日
                    ○○市(町村)長　氏        名　印
```

11 各種団体の会則モデル書式例

　法令による調停、審査、審議又は調査等を行うための委員会、調査会等があるほか、法令によらない各種の会における会則、又は規約等について参考のために掲げた。

(1) 総合企画審議会条例書式例

　　　　　　　　　市（町村）総合企画審議会条例
　（目的）
第1条　この条例は、この市（町村）の総合計画等の策定に関し、市（町村）長の諮問に応じ調査審議を行うため、総合企画審議会の設置等について、必要な事項を定めることを目的とする。
　（設置）
第2条　この市（町村）に、○○市（町村）総合企画審議会（以下「審議会」という。）を設置する。
　（審議事項）
第3条　審議会は、次に掲げる事項について調査審議する。
　(1)　○○市（町村）総合計画の策定に関する事項
　(2)　その他市（町村）長が総合的な企画立案上必要と認める事項
　（組織）
第4条　審議会は、委員30人以内で組織する。
2　委員は、次に掲げる者のうちから市（町村）長が委嘱する。
　(1)　市（町村）議会議員
　(2)　知識経験を有する者
　(3)　関係行政機関及び団体の役職員
　（会長及び副会長）
第5条　審議会に会長及び副会長1人を置き、委員の互選によって定める。
2　会長は、審議会を代表し、会務を総理する。
3　副会長は、会長を補佐し、会長に事故あるとき、又は欠けたときは、その職務を代理する。

（会議）
第6条　審議会の会議は、会長が招集し、会長が議長となる。
　（意見の聴取）
第7条　審議会は、必要に応じ、有識者から意見を聴くことができる。
　（顧問）
第8条　審議会に顧問を置く。
2　顧問は、3人以内とし、総合計画の策定について学識経験を有する者のうちから市（町村）長が委嘱する。
3　顧問は、必要に応じ、会議に出席し、意見を述べることができる。
　（専門委員）
第9条　審議会に専門委員を置く。
2　専門委員は、20人以内とし、専門的知識経験を有する者のうちから市（町村）長が委嘱する。
3　専門委員は、専門分野ごとに部会を構成のうえ専門的事項について調査審議し、〇〇市（町村）総合計画の素案作成に際して事務局に意見を述べることができる。
4　専門委員は、必要に応じ会議に出席し、意見を述べることができる。
　（事務局等）
第10条　審議会の事務を処理するため、事務局を置く。
2　事務局の組織及び運営に関して必要な事項は、別に定める。
　　　附　則
　（施行期日）
　この条例は、公布の日から施行する。

(2) 調査会会則案書式例

　　　　　　　　　　〇〇臨時調査会会則（規程）
　（設置）
第1条　〇〇等の適正な〇〇決定に資するため、〇〇に、〇〇として、臨時調査会（以下「調査会」という。）を置く。
　（所掌事務）
第2条　調査会は、〇〇〇〇の諮問に応じ、適正な〇〇〇〇の事項を調査審議する。
2　調査会は、前項に規定する事項に関し、自ら調査審議して、〇〇に答

申するものとする。
　（組織）
第3条　調査会は、委員〇人をもって組織する。
2　委員は、学識経験のある者のうちから、〇〇が任命する。
　（会長）
第4条　調査会に、会長を置き、委員の互選によってこれを定める。
2　会長は、会務を総理する。
3　会長に事故があるときは、あらかじめその指名する委員が、その職務を代理する。
　（事務局）
第5条　調査会の事務を処理させるため、調査会に、事務局を置く。
2　事務局に、〇〇及び所要の職員を置く。
3　事務局長（職員）は、会長の命を受けて、局務を掌理する。
　（委任規定）
第6条　この〇〇に定めるもののほか、調査会に関し必要な事項は別に定める。
　　　附　則
　この会則（規程）は、〇〇年〇月〇日から施行する。

(3) 観光連盟規約案書式例

〇〇観光連盟規約
　（名称及び事務所）
第1条　本会は〇〇観光連盟と称す。
第2条　本会の事務所は〇〇〇〇に置く。
　（目的及び事業）
第3条　本会は〇〇〇観光関係当事者と密接な連絡をとり、観光事業の発展、観光客の誘致を図るために観光宣伝の高揚に努め、観光開発の助成を促進し、合わせて国民文化厚生の発展に資し、かつ、産業経済の進展に寄与することを目的とする。
第4条　本会は前条の目的を達成するために次の事業を行う。
　(1)　観光事業の計画及び促進
　(2)　観光事業に関する調査研究
　(3)　観光資料の収集頒布及び紹介宣伝並びに観光客の誘致

(4) その他本会の目的達成に必要と認めた事業
（会員）
第5条　本会の会員は、観光に関係ある団体及び個人と本会の趣旨に賛同する者をもって組織する。
第6条　本会の会員を、第1種会員、第2種会員及び名誉会員とする。
（役員及び職員）
第7条　本会に次の役員を置く。

　会　長　　　1人
　副会長　　　2人
　理　事　　　若干人
　監　事　　　2人

第8条　会長及び副会長は、理事会において推挙する。
2　会長は、会務を統轄し、会議の議長となる。
3　副会長は、会長を補佐し、会長に事故あるときはその職務を代理する。
第9条　本会に顧問及び参与若干人を置くことができる。
2　顧問及び参与は、会長が委嘱する。
3　顧問は会長の諮問に応じ、参与は会務に参与する。
第10条　理事は総会において互選し、会長が委嘱する。
2　理事は、理事会を構成し会務を掌理する。
第11条　監事は、総会において選出し、会長が委嘱する。
2　監事は会計を監査する。
第12条　役員の任期は、2年とする。ただし、再任を妨げない。
第13条　本会に次の職員を置くことができる。

　書記若干人

2　職員は、会長が任免する。
3　職員は、会長の命を受けて、事務に従事する。
（会議）
第14条　本会の会議は、総会、理事会とする。
2　総会は毎年1回開催して、予算、決算及びその他の重要事項の承認を議決するものとする。
第15条　理事会は、毎年2回招集して、予算、決算及びその他の重要事項を審議する。
2　理事の5分の1以上の要求があるときは、臨時理事会を招集することができる。

第16条　会議の議事は、出席者の過半数をもって決める。ただし、可否同数のときは議長がこれを決する。
2　会議の出席は委任状をもってこれに代えることができる。
　（会計）
第17条　本会の経費は、会費、寄附金及び補助金その他の収入をもってこれに充てる。
2　会費の納入は、分割して納入することができる。ただし、既納会費は返還しない。
第18条　本会の会計年度は、毎年4月1日に始まり翌年3月31日に終わる。
　　　附　則
本規約は、〇〇年〇月〇日から施行する。

(4) 推進委員会規約案書式例

〇〇推進委員会規約
第1条　〇〇における〇〇運動の円滑かつ効率的な推進を図るため、〇〇推進委員会（以下「委員会」という。）を設置する。
第2条　委員会は、事務局を〇〇〇〇（〇〇課内）に置く。
第3条　委員会は、会長及び委員若干人をもって組織する。
第4条　会長は、〇〇〇〇をもって充て、委員は、〇〇〇、〇〇〇及び学識経験者の中から、会長が委嘱する。
第5条　委員会に、常任理事及び監事2人を置く。
2　常任理事及び監事は、委員の中から委員会の同意を得て会長が委嘱する。
第6条　委員会に顧問若干人を置く。
2　顧問は、会長が委嘱する。
第7条　会長は、委員会を代表して、会務を総理する。
2　会長に事故あるときは、会長があらかじめ指名する常任理事がその職務を代理する。
3　常任理事は、委員会の目的達成に必要な方策の研究、企画、立案並びにこれの実行に当たる。
4　監事は、委員会の会計を監査し、総会に報告する。
第8条　委員の任期は、1年とする。ただし、再任を妨げない。

第9条　会長が、必要のつど総会を開催するものとする。
第10条　委員会に、事務局長1人及び幹事若干人を置く。
2　事務局長には、○○○の職にある者をもってこれに充て、幹事は、○○○の職員及びその他のものの中から、会長がこれを委嘱する。
3　事務局長は、会長の命を受け、委員会の事務を掌理する。
4　幹事は、委員会の業務に従事する。
第11条　委員会の経費は、○○○において負担するほか、補助金及びその他の収入をもって充てる。
第12条　委員会の規約の改廃並びに事業計画及び予算、決算は総会の承認を受けるものとする。
第13条　委員会の会計年度は、毎年4月1日から翌年3月31日までとする。
第14条　この規約に定めるもののほか、委員会の運営に関し必要な事項は、会長がこれを定める。
　　　　附　　則
　この規約は、○○年○月○日から施行する。

(5) 協会会則案書式例

　（名称）　○○協会会則
第1条　この会は○○協会という。
　（組織）
第2条　この会は、○○○で組織する。
　（目的）
第3条　この会は、○○の促進をするため、会員相互の連けいをはかるとともに、相互の研究を通じて○○の振興に寄与することを目的とする。
　（事業）
第4条　この会は、前条の目的を達成するため次の事業を行う。
　(1)　研究会及び発表会の開催に関すること。
　(2)　研修会の開催に関すること。
　(3)　資料の収集及び刊行に関すること。
　(4)　○○改善の技術援助に関すること。
　(5)　関係団体との連絡提携に関すること。
　(6)　その他この会の目的を達成するために必要なこと。

（事務所）
第5条　この会の事務所は○○に置く。
（役員）
第6条　この会に次の役員を置く。
  (1)　会　長　　1人
  (2)　副会長　　1人
  (3)　理　事　　○人
  (4)　監　事　　2人
  （役員の選任）
第7条　会長及び副会長は、理事会において互選する。
2　理事及び監事は、総会において選任する。
　（役員の職務）
第8条　会長は、この会を代表し、会務を総理する。
2　副会長は、会長を補佐し、会長に事故あるときは、その職務を代理する。
3　理事は、理事会を組織し、この会則に定める事項を審議する。
4　監事は、この会の会計及び会務を監査する。
　（役員の任期）
第9条　役員の任期は2年とする。ただし後任者が選任されるまでの間、その職務を行うことができる。
2　補欠により就任した役員の任期は、前任者の残任期間とする。
　（顧問及び参与）
第10条　この会に顧問及び参与を置くことができる。
2　顧問及び参与は、理事会の推せんにより会長が委嘱する。
3　顧問は、この会の運営について会長の諮問に応ずる。
4　参与は、会務に参与する。
　（職員）
第11条　この会に次の職員を置く。
  (1)　会　計　　1人
  (2)　書　記　　3人
2　職員は、会長が任命する。
3　会計は、会長の命を受けてこの会の出納その他の会計事務を掌る。
4　書記は、会長の命を受けてこの会の事務に従事する。
　（会議）
第12条　この会の会議は、定期総会及び理事会とする。

2　定期総会は、毎年1回開催する。
3　臨時総会は、理事会においてその必要を認めたとき及び会員半数以上の要請があったとき開催する。
4　理事会は、必要に応じ随時開催する。
5　会議は、すべて会長が招集する。
（総会の議決事項）
第13条　総会は次の事項を議決する。
(1)　会則の制定又は変更
(2)　会費の額及び負担の方法
(3)　事業計画及び収支予算の承認
(4)　事業報告及び収支決算の承認
(5)　その他、理事会において必要と認めた事項
（理事会の審議事項）
第14条　理事会は、次の事項を審議する。
(1)　総会に付議すべき事項
(2)　その他、会長において必要と認めた重要な会務
（会議の運営）
第15条　会議は、その構成員の2分の1以上の出席がなければ会議を開くことができない。
2　会議の議長は、会長が当たる。
（議事の表決）
第16条　会議の議事は、出席者の過半数でこれを決し、可否同数のときは、議長の決するところによる。
（経費）
第17条　この会の経費は、会費、寄附金及びその他の収入をもって充てる。
（決算及び監査）
第18条　この会の会計は、毎年4月30日までに決算して、監事の監査を受けなければならない。
（会計年度）
第19条　この会計年度は毎年4月1日に始まり、翌年の3月31日に終わる。
（委任）
第20条　この会則に定めるもののほか、この会の会務の執行に関し必要な事項は会長が定める。

```
　　附　則
この会則は、○○年○月○日から施行する。
```

注　協会を社団法人組織とするときは、一般社団法人及び一般財団法人に関する法律に基づいて公証人による定款の認証をつけて登記する。

(6) 協会予算案書式例

```
第○号議案
　　　　　　　　　○○年度○○協会予算
　○○年度○○協会の予算は、次に定めるところによる。
　歳入歳出予算の総額は、歳入歳出それぞれ000,000円と定める。
　歳入歳出予算の款項の区分及び当該区分ごとの金額は、「歳入歳出予算」による。
　　○○年○月○日提出
　　　　　　　　　　　　○○協会会長　氏　　　　　名　㊞
```

歳入歳出予算
　　歳　　入

款	項	金　　　　　額
1 会　費		円
	1 会　費	
2 負 担 金		
	1 負 担 金	
3 寄 附 金		
	1 寄 附 金	
4 補 助 金		
	1 ○○県補助金	
5 諸 収 入		
	1 預金利子	
歳　入　合　計		

注1　事項別明細書をつける。
　2　負担金は、受講者負担金000円×00人＝00,000円として算出した。

歳　　出

款	項	金　　　　額
1 会　議　費 2 事　務　費 3 事　業　費 4 予　備　費	会　議　費 事　務　費 事　業　費 予　備　費	円
歳　出　合　計		

注　予算の事項別明細書又は明細書をつける。

（歳出予算事項別明細書の例）

歳　出

款　会議費

項　会議費

目	金　額	節		説　　明
		区　分	金　額	
1 総　会　費	円	需　用　費	円	食料費昼代 000円×00人 　　＝00,000円
		使用料及び 賃　借　料		会場賃借料
2 理事会費		旅　　　費		費用弁償 0,000円×0回 　　＝00,000円
		需　用　費		食料費昼食代 1回0,000円×0回 　　＝0,000円
		使用料及び 賃　借　料		会場賃借料 0,000円×0回 　　＝0,000円
3 事務連絡 　会議費		需　用　費		食料費昼食代 0,000円×00回 　　＝00,000円

目	金 額	節		説　　　　明
		区　　分	金　額	
		使用料及び賃借料		会場賃借料 0,000円×00回 　　　　＝00,000円

款　事務費
項　事務費

目	金 額	節		説　　　　明
		区　　分	金　額	
1 事　務　費	円	旅　　費	円	普通旅費 0,000×0人 　　　＝00,000円
		需　用　費		消耗品費 ゴム印000円×00コ 　　　　＝0,000円 その他　　0,000円
		役　務　費		通信運搬費 （郵便料）　0,000円
		備品購入費		庁用器具費 協会長職印 印　　箱　0,000円

款　事業費
項　事業費

目	金 額	節		説　　　　明
		区　　分	金　額	
1 体験発表会費	円	報　償　費	円	報償費 0,000円×0人 　　　　＝0,000円
		需　用　費		食料費昼食代 000円×00人 　　　　＝00,000円 印刷製本費 000円×000部 　　　　＝00,000円
		使用料及び賃借料		会場賃借料

2 ○○○○訓練講習会費		需　用　費		消耗品費　講師土産代 000円×0回＝ 　　　　　0,000円 食料費　講師昼食代 00コ×0人×0日× 　　0回＝000円
		委　託　料		講習会委託料 00,000円×0回 　＝000,000円
3 ○○養成講習会費		需　用　費		消耗品費　講師土産代 000円×0人 　　＝0,000円 反省会　000円 食料費　講師昼食代 000円×0人×0回 　　＝0,000円 印刷製本費 　000円×00部 　　＝00,000円
		使用料及び賃　借　料		会場賃借料 0,000円×0回 　＝0,000円
4 ○○資料発　行　費		需　用　費		消耗品費　原稿用紙 000円×00枚 　＝0,000円 印刷製本費 000円×000部 　＝0,000円
5 市町村○○○○調査費		旅　　　費		特別旅費 000円×00人 　＝0,000円
6 地区啓発費		需　用　費		食料費 　000円×00人 　＝00,000円 印刷製本費 000円×0種×000部 　＝00,000円

款　予備費
項　予備費

目	金　額	節		説　　明
		区　　分	金　　額	
予　備　費	円	予　備　費	円	

(7) 協議会規約案書式例

○○協議会規約

（○○年○月○日制定）

（名称）
第1条　この会は、○○○○○○協議会という。
　（目的）
第2条　この会は、加盟市（町村）が協調して○○○○○に伴う○○○○○の状況、及びこれが○○○○○の方途等の問題について調査研究し、○○○○の確立を図ることを目的とする。
　（組織）
第3条　この会は、前条の目的に賛同する○○○○○○をもって組織する。
　（事務所）
第4条　この会の事務所は、会長○○○事務局内に置く。
　（役員）
第5条　この会に次の役員を置き、加盟○○○○中より互選する。
　会　長　　1 人
　副会長　　若干人
　監　事　　2 人
　実行役員　若干人
2　役員の任期は○年とする。ただし、再任を妨げない。
3　役員は、その任期が満了したときにおいても後任者が就任するまでの間、引き続きその職務を行うものとする。
　（会議）
第6条　会議は総会及び実行委員会（役員会）とし、必要の都度会長が招集し、会議は会長が議長となる。
　（経費）
第7条　この会の運営に要する経費は、加盟○○の負担とする。この場

合、負担金の額及び負担方法は実行委員会において策定し、総会の承認を得るものとする。
第8条 この会則に定めるもののほか、必要な事項は会長が定める。
　　附　則
この規約は、○○年○月○日から施行する。

(8) 連盟規約案書式例

○○連盟規約
（総則）
第1条　住民の福祉を増進するため、○○事業の早期達成を要望し、その実現に協力することを目的として○○○連盟（以下「連盟」という。）を結成する。
（事業）
第2条　連盟は、前条の目的を達成するため、次の事業を行う。
　(1)　政府、国会及び関係当局への請願又は陳情
　(2)　○○○事業を促進するため必要な事業
（会員）
第3条　連盟は、第1条の目的に賛同する○○をもって会員とし、会員の属する○○○○により組織する。
（役員）
第4条　連盟に次の役員を置く。
　(1)　会　長　　1人
　(2)　副会長　　4人
　(3)　理　事　　若干人
　(4)　会計監事　2人
（会長）
第5条　会長は理事の互選とする。
2　会長は、会務を総理し、連盟を代表する。
（副会長）
第6条　副会長は、理事の中から会長が指名する。
2　副会長は会長を補佐し、会長に事故あるときは、会長があらかじめ指名する順位により会の職務を代理する。
（理事）

第7条　理事は、会員の属する○○○○○○の職にあるものをもって充てる。
（会計監事）
第8条　会計監事は、理事の互選とする。
2　会計監事は、連盟の経理を監査する。
（会長等の任期）
第9条　会長、副会長及び会計監事の任期は、1年とし、再任をさまたげない。
2　任期の定めのある役員に欠員を生じたときは、直ちに補充し、その者の任期は、前任者の残任期間とする。
3　後任者が就任するまでは、前任者がその職務を行うものとする。ただし、前任者が理事でなくなった場合はこの限りでない。
（顧問）
第10条　連盟に顧問を置くことができる。
2　会長は、理事会の承認を得て顧問を委嘱する。
3　顧問は、連盟の総会及び理事会に出席して意見を述べることができる。
（職員）
第11条　連盟に次の職員を置き、会員の属する団体に勤務する職員のうちから会長が任命する。
　(1)　幹　事　　若干人
　(2)　書　記　　若干人
2　幹事は、会長及び理事の命を受けて庶務を掌理する。
3　書記は幹事の命を受けて庶務に従事する。
（総会）
第12条　連盟は、年1回以上総会を開催し、次の事項を議決する。
　(1)　事業計画に関すること
　(2)　予算及び決算を承認すること
　(3)　その他連盟に関し重要な事項
（理事会）
第13条　連盟は、随時理事会を開催し、次の事項を議決する。
　(1)　規約を改正すること
　(2)　予算及び決算に関すること
　(3)　総会に付議する事項
　(4)　総会の決議を要するもので、急施を要し会長において総会を招集す

るいとまがないと認めた事項。ただし、この場合には、事後の総会に報告し、その承認を得なければならない。
　(5)　その他会長において必要と認めた事項
　（会議）
第14条　総会及び、理事会（以下「会議」という。）は、会長が招集する。
2　会議の議長は、会長をもって充てる。
3　会議の議事は、出席者の過半数をもって決し、可否同数のときは、議長の決するところによる。
　（会計）
第15条　連盟の経費は、会員の分担金及び寄附金並びにその他の収入をもって充てる。
2　分担金の額及び納入の期限は、理事会において決定する。
3　会計年度は、毎年4月1日に始まり、翌年3月31日に終わる。
　（雑則）
第16条　連盟の事務所は、○○に置く。
第17条　この規約に定めるもののほか、連盟の運営に関し必要な事項は会長が定める。
第18条　この規約は、○○年○月○日から施行する。

(9)　親睦会規約書式例

親睦会規約

第1条　本会は、○○会と称す。
第2条　本会は、○○○○内に置く。
第3条　本会は、財団法人○○○協会に勤務したものをもって組織する。ただし、在職者を含むことができる。
第4条　本会は、会員相互の親睦をはかることを目的とする。
第5条　本会は、前条の目的を達成するため、次の事項を行う。
　(1)　会員との連絡及び会員の動静を明らかにすること。
　(2)　随時懇親会等の会合を開催すること。
　(3)　前2項のほか、本会の目的達成のため必要な事項を行うこと。
第6条　本会の会員は、毎年度金　　　　円の会費を納入するものとする。ただし、特に必要がある場合においては、理事会の議を得て臨時に

会費を徴収することができる。
第7条　2年以上会費の納入を怠った場合は、退会した者として取り扱うものとする。
第8条　本会に次の役員を置く。
　　　　　会長　　1人　　副会長　　2人　　監事　　1人

⑽　自治会等「地縁団体」の認可申請関係書式例

①　市町村長への認可申請書式例

　　　　　　　　　　　　　　　　　　　　　　　　　　○○年○月○日
　何市（町）（村）長　宛
　　　　　　　　　　　　　　　認可を受けようとする地縁による
　　　　　　　　　　　　　　　団体の名称及び事務所の所在地
　　　　　　　　　　　　　　　　名　　称
　　　　　　　　　　　　　　　　所在地
　　　　　　　　　　　　　　　代表者の氏名及び住所
　　　　　　　　　　　　　　　　氏　　名　　　　　　　　　印
　　　　　　　　　　　　　　　　住　　所
　　　　　　　　　　　認　可　申　請　書
　地方自治法第260条の2第1項の規定により、不動産又は不動産に関する権利等を保有するため認可を受けたいので、別添書類を添えて申請します。
　（別添書類）
　1　規約
　2　認可を申請することについて総会で議決したことを証する書類
　3　構成員の名簿
　4　保有資産目録又は保有予定資産目録
　5　良好な地域社会の維持及び形成に資する地域的な共同活動を現に行っていることを記載した書類
　6　申請者が代表者であることを証する書類

注1　自治会・町内会のように区域に住所を有する人は誰でも構成員となれる団体のことを、同法では地縁による団体と定義している。
　2　青年団、婦人会、スポーツ団体、伝統芸能保存会等はこの団体とは考えられない。

3 法人格を得るためには、その団体の区域を包括する市町村長の認可が要件であり、法務局への法人登記の必要がない。

② 保有資産目録書式記載例

保有財産目録

霞ケ関二丁目町会
〇〇年〇月〇日現在

1 不動産
(1) 所有権を有する不動産
　ア　建　　物

名　　　　　称	延床面積	所　　在　　地
霞ケ関二丁目 　　町会集会所	60.5m²	千代田区霞ケ関2丁目 　　　68番の12

　イ　土　　地

地　　　　　目	面　　　積	所　　在　　地
宅　　　　　地	42.6m²	千代田区霞ケ関2丁目 　　　68番地

2 不動産に関する権利等
(1) 所有権以外の権原により保有している不動産

権　　　　　原	不動産の種類	所　　在　　地

(2) 地域的な共同活動を行うためのその他の資産

資産の種類及び数量
1　国債　八分利付国債　券面金額20万円　取得金額22万円
2　社債　自治株式会社　物上担保付社債 　　　　　　　　　　券面金額80万円　取得金額92万8千円

注1　名称は、〇〇町内会、自治会集会所、△区公民館等
　2　延床面積は、不動産登記規則115条によって各層ごとに算出された床面積を合

計したもの
3 地番及び家屋番号まで記載する(不動産登記規則112条)。
4 地目は、不動産登記規則99条に定める区分の田、畑、宅地。
5 面積は、不動産登記規則100条による平方メートルを単位とする。
6 不動産の種類は、土地、建物、立木の区分による。
7 資産の種類は、国債・地方債、社債の区分及び券面金額及び取得金額を記入する。

③ 保有予定資産目録書式記載例

保有予定資産目録

霞ケ関二丁目町会
〇〇年〇月〇日現在

1 不動産

不動産の種類	保有予定不動産の取得予定時期	購入等の相手方	保有予定不動産の所在地
建 物	〇〇年〇月〇日	自 治 太 郎	千代田区霞ケ関2丁目22番地

2 不動産に関する権利等

資 産 の 種 類	権 限	権限取得の予定時期
土 地	地 上 権	〇〇年〇月〇日

④ 自治会等「地縁団体」の規約変更認可申請書式例

```
                                        ○○年○月○日
  何市（町）（村）長　宛
                        地縁による団体の名称及び事務所
                        の所在地
                          名　称
                          所在地
                        代表者の氏名及び住所
                          氏　名　　　　　　　　　　　印
                          住　所
                    規約変更認可申請書
   地方自治法第260条の2第15項で準用する一般社団法人及び一般財団法
  人に関する法律第4条及び第78条の規約の変更の認可を受けたいので、別
  添書類を添えて申請します。
  （別添書類）
  1　規約変更の内容及び理由を記載した書類
  2　規約変更を総会で議決したことを証する書類
```

注　総会で議決した書類は議長及び議事録署名人の署名、押印した総会議事録の写しでよい（自治則22条）。

⑤ 自治会等「地縁団体」の認可告示事項変更の届出書式例

```
                                        ○○年○月○日
  何市（町）（村）長　宛
                        地縁による団体の名称及び事務所
                        の所在地
                          名　称
                          所在地
                        代表者の氏名及び住所
                          氏　名　　　　　　　　　　　印
                          住　所
                    告示事項変更届出書
   下記事項について変更があったので、地方自治法第260条の2第11項の
  規定により、告示された事項に変更があった旨を証する書類を添えて届け
  出ます。
                         記
```

1 変更があった事項及びその内容
2 変更の年月日
3 変更の理由

注1 この届出に基づき、市町村長は、告示した事項に変更があった旨の告示も行う。
 2 告示事項の変更が規約変更を伴うときには、市町村長による規約変更の認可を得た後に改めて告示事項の変更届出が行われることになる。

⑥ 自治会等「地縁団体」の規約（会則）書式例

　　　　　　　　　　○○自治会（町内会）規約（会則）
　　第1章　総　則
　（目的）
第1条　本会は、以下に掲げるような地域的な共同活動を行うことにより、良好な地域社会の維持及び形成に資することを目的とする。
　(1)　回覧板の回付等区域内の住民相互の連絡に関すること。
　(2)　美化・清掃等区域内の環境の整備に関すること。
　(3)　集会施設の維持管理に関すること。
　(4)　○○○○○○
　(5)　○○○○○○
　（名称）
第2条　本会は、○○○会と称する。
　（区域）
第3条　本会の区域は、○○市△△町×番□号から××番□□号までの区域とする。
　（事務所）
第4条　本会の事務所は、□□県○○市△町×番○号に置く。
　　第2章　会　員
　（会員）
第5条　本会の会員は、第3条に定める区域に住所を有する個人とする。
　（会費）
第6条　会員は、総会において別に定める会費を納入しなければならない。
　（入会）
第7条　第3条に定める区域に住所を有する個人で本会に入会しようとす

る者は、○○に定める入会申込書を会長に提出しなければならない。
2 本会は前項の入会申込みがあった場合には、正当な理由なくこれを拒んではならない。
 （退会等）
第8条 会員が次の各号の一に該当する場合には退会したものとする。
 (1) 第3条に定める区域内に住所を有しなくなった場合
 (2) 本人により○○に定める退会届が会長に提出された場合
2 会員が死亡し、又は失踪宣告を受けたときは、その資格を喪失する。

　　　第3章 役　員
 （役員の種別）
第9条 本会に、次の役員を置く。
 (1) 会　　長　　　1人
 (2) 副会長　　　　○人
 (3) その他の役員　○人
 (4) 監　　事　　　○人
 （役員の選任）
第10条 役員は、総会において、会員の中から選任する。
2 監事と会長、副会長及びその他の役員は、相互に兼ねることはできない。
 （役員の職務）
第11条 会長は、本会を代表し、会務を総括する。
2 副会長は、会長を補佐し、会長に事故があるとき又は会長が欠けたときは、会長があらかじめ指名した順序によって、その職務を代行する。
3 監事は、次に掲げる業務を行う。
 (1) 本会の会計及び資産の状況を監査すること。
 (2) 会長、副会長及びその他の役員の業務執行の状況を監査すること。
 (3) 会計及び資産の状況又は業務執行について不整の事実を発見したときは、これを総会に報告すること。
 (4) 前号の報告をするため必要があると認めるときは、総会の招集を請求すること。
 （役員の任期）
第12条 役員の任期は、○年とする。ただし、再任を妨げない。
2 補欠により選任された役員の任期は、前任者の残任期間とする。
3 役員は、辞任又は任期満了の後においても、後任者が就任するまでは、その職務を行わなければならない。

第4章　総　会

（総会の種別）

第13条　本会の総会は、通常総会及び臨時総会の2種とする。

（総会の構成）

第14条　総会は、会員をもって構成する。

（総会の権能）

第15条　総会は、この規約に定めるもののほか、本会の運営に関する重要な事項を議決する。

（総会の開催）

第16条　通常総会は、毎年度決算終了後○箇月以内に開催する。

2　臨時総会は、次の各号の一に該当する場合に開催する。

  (1)　会長が必要と認めたとき。
  (2)　全会員の5分の1以上から会議の目的たる事項を示して請求があったとき。
  (3)　第11条第3項第4号の規定により監事から開催の請求があったとき。

（総会の招集）

第17条　総会は、会長が招集する。

2　会長は、前条第2項第2号及び第3号の規定による請求があったときは、その請求のあった日から○日以内に臨時総会を招集しなければならない。

3　総会を招集するときは、会議の目的たる事項及びその内容並びに日時及び場所を示して、開会の日の○日前までに文書をもって通知しなければならない。

（総会の議長）

第18条　総会の議長は、その総会において、出席した会員の中から選出する。

（総会の定足数）

第19条　総会は、会員の2分の1以上の出席がなければ、開会することができない。

（総会の議決）

第20条　総会の議事は、この規約に定めるもののほか、出席した会員の過半数をもって決し、可否同数のときは、議長の決するところによる。

（会員の議決権）

第21条　会員は、総会において、各々一箇の表決権を有する。

2 次の事項については、前項の規定にかかわらず、会員の表決権は、会員の所属する世帯の会員数分の1とする。
 (1) ○○○○○○
 (2) ××××××
 （総会の書面表決）
第22条 やむを得ない理由のため、総会に出席できない会員は、あらかじめ通知された事項について書面をもって表決し、又は他の会員を代理人として表決権を委任することができる。
2 前項の場合における第19条及び第20条の規定の適用については、その会員は出席したものとみなす。
 （総会の議事録）
第23条 総会の議事については、次の事項を記載した議事録を作成しなければならない。
 (1) 日時及び場所
 (2) 会員の現在数及び出席者数（書面表決者及び表決委任者を含む）
 (3) 開催目的、審議事項及び議決事項
 (4) 議事の経過の概要及びその結果
 (5) 議事録署名人の選任に関する事項
2 議事録には、議長及びその会議において選任された議事録署名人2人以上が署名押印をしなければならない。

　　第5章　役員会

 （役員会の構成）
第24条 役員会は、監事を除く役員をもって構成する。
 （役員会の権能）
第25条 役員会は、この規約で別に定めるもののほか、次の事項を議決する。
 (1) 総会に付議すべき事項
 (2) 総会の議決した事項の執行に関する事項
 (3) その他総会の議決を要しない会務の執行に関する事項
 （役員会の招集等）
第26条 役員会は、会長が必要と認めるとき招集する。
2 会長は、役員の○分の1以上から会議の目的である事項を記載した書面をもって招集の請求があったときは、その請求のあった日から○日以内に役員会を招集しなければならない。
3 役員会を招集するときは、会議の日時、場所、目的及び審議事項を記

載した書面をもって、少なくとも○日前までに通知しなければならない。

（役員会の議長）

第27条　役員会の議長は、会長がこれに当たる。

（役員会の定足数等）

第28条　役員会には、第19条、第20条、第22条及び第23条の規定を準用する。この場合において、これらの規定中「総会」とあるのは「役員会」と、「会員」とあるのは「役員」と読み替えるものとする。

　　　第6章　資産及び会計

（資産の構成）

第29条　本会の資産は、次の各号に掲げるものをもって構成する。

(1)　別に定める財産目録記載の資産

(2)　会費

(3)　活動に伴う収入

(4)　資産から生ずる果実

(5)　その他の収入

（資産の管理）

第30条　本会の資産は、会長が管理し、その方法は役員会の議決によりこれを定める。

（資産の処分）

第31条　本会の資産で第29条第1号に掲げるもののうち別に総会において定めるものを処分し、又は担保に供する場合には、総会において○分の△以上の議決を要する。

（経費の支弁）

第32条　本会の経費は、資産をもって支弁する。

（事業計画及び予算）

第33条　本会の事業計画及び予算は、会長が作成し、毎会計年度開始前に、総会の議決を経て定めなければならない。これを変更する場合も、同様とする。

2　前項の規定にかかわらず、年度開始後に予算が総会において議決されていない場合には、会長は、総会において予算が議決される日までの間は、前年度の予算を基準として収入支出をすることができる。

（事業報告及び決算）

第34条　本会の事業報告及び決算は、会長が事業報告書、収支計算書、財産目録等として作成し、監事の監査を受け、毎会計年度終了後3月以内に総会の承認を受けなければならない。

（会計年度）
第35条　本会の会計年度は、毎年〇月〇日に始まり、△月△日に終わる。
　　　第7章　規約の変更及び解散
（規約の変更）
第36条　この規約は、総会において総会員の4分の3以上の議決を経て、かつ、△△市（町）（村）長の認可を受けなければ変更することはできない。
（解散）
第37条　本会は、地方自治法第260条の2第15項において準用する一般社団法人及び一般財団法人に関する法律第4条及び第78条の規定により解散する。
2　総会の議決に基づいて解散する場合は、総会員の4分の3以上の承諾を得なければならない。
（残余財産の処分）
第38条　本会の解散のときに有する残余財産は、総会において総会員の〇分の△以上の議決を経て、本会と類似の目的を有する団体に寄附するものとする。
　　　第8章　雑　則
（備付け帳簿及び書類）
第39条　本会の事務所には、規約、会員名簿、認可及び登記等に関する書類、総会及び役員会の議事録、収支に関する帳簿、財産目録等資産の状況を示す書類その他必要な帳簿及び書類を備えておかなければならない。
（委任）
第40条　この規約の施行に関し必要な事項は、総会の議決を経て、〇〇が別に定める。
　　　附　則
1　この規約は、〇〇年〇月〇日から施行する。
2　本会の設立初年度の事業計画及び予算は、第33条の規定にかかわらず、設立総会の定めるところによる。
3　本会の設立初年度の会計年度は、第35条の規定にかかわらず、設立認可のあった日から△△年△月△日までとする。

注　法律には、規約としているが、具体的には会則、規約、規程等名称に制限がなく自由である。

(11) 町内会規約書式例

町内会規約

第1章 総 則

第1条 この会を本町1、2丁目町内会と称し、連絡所を○○○に置く。

第2条 この会は、○○市本町1、2丁目区内に居住する者をもって組織する。

第3条 この会の趣旨は、区内住民の融和と団結によって町内会のよりよい発展のために尽くすことを目的とする。

第2章 役 員

第4条 この会に下記の役員を置く。

会長1人（事務区長）、副会長2人（事務区副区長）、会計長1人、会計2人、会計監査1人、書記1人、評議員各班ごと1人

第5条 会長は、この会を代表し、会の運営及び外部よりの諮問通達に応じ、役員会の議決を得て会務の執行に当たる。

第6条 副会長は、会長を補佐し、会長事故あるときはこれを代理する。

第7条 会計長は、金銭の収支あるごとに記帳して総会において報告する。

第8条 会計は、各丁目ごとの会費を集計して会計長に納入する。

第9条 会計監査は、会計を監査して総会において報告する。

第10条 書記は、会長の指示に基づき通知及び通達書を作成し又総会において議事録の記録を行う。

第11条 評議員は、会長からの伝達事項を班内に報告し、班内からの希望事項を評議員会に提案してこれを協議決定する。

2 評議員は、班内の会費その他の金銭をまとめて会計に納入する。

第12条 役員の任期は、会長、副会長、会計長、会計、会計監査及び書記は2年とする。

2 評議員は、1年とし総会から次期総会までとする。

第13条 役員の選出

(1) 会長は、役員会において選出し総会の承認を得る。

(2) 副会長、会計長、会計、会計監査及び書記は、会長が任命し総会の承認を得る。

(3) 評議員は、自己の班に所属する会員の互選により選出する。

第3章 会 議

第14条 この会の会議は、役員会、評議員会及び総会の3種とし、会長が

これを招集する。

第15条　役員会は、会長、副会長、会計長、会計、会計監査及び書記によって構成され、町内会運営のための企画立案その他の任務に当たる。

第16条　評議員会は、評議員によって構成され、役員会の提案事項を協議決定して町内会の運営に協力する。

2　評議員は、自己の班に所属する会員の意見の取りまとめに任じ、常にその班に所属する会員を代表するものとみなされる。

第17条　総会は、会長、副会長、会計長、会計、会計監査、書記及び評議員によって構成され、毎年1回招集される。ただし、会長が必要と認めたとき、評議員会において要求があったとき又は会員の過半数の要求があったときは、臨時総会を招集することができる。

第18条　会議の議決事項は、いずれも出席者（委任状出席を含む）の過半数の同意がなければ効力を発生しない。

第19条　この規約は、総会において出席者（委任状出席を含む）の過半数の同意がなければ変更することはできない。

第4章　定例行事

第20条　この会の定例行事を次のとおり定める。

2月13日〕 3月15日〕	×××祭
5月	運動会
7月7日〜7月16日	○○○
8月	盆踊
9月	敬老会

第21条　前条に規定する定例行事のうち、従前からの経緯にかんがみこの会単独で実施せずに本町○、○丁目及び○、○丁目町内会との合同企画にて実施することもある。

第5章　表彰・弔慰

第22条　この会の発展のために特に功労のあった者に対しては、役員会の議決により総会において表彰する。

第23条　この会の会員宅に火災を生じ損害を被ったときは、見舞金として金0,000円を贈る。地震、風水害により損害を被った場合は、評議員会に諮り決定する。

第24条　この会の会員宅にて葬儀の際は、弔慰金として金0,000円を贈る。

第6章　会　計

第25条　この会の会費は、通常会費及び賛助会費とし1戸当たり000円とする。
2　通常会費は当地区に居住している一般会員から徴収し、賛助会費は当地区において営利事業を営む個人又は法人から徴収する。ただし、その代表者が当地区に居住し通常会費を納入している場合はこれを除く。
第26条　この会の経費については、会費並に寄附金その他の収入をもって充てる。
第27条　この会の会計年度は、毎年4月1日から翌年3月31日までとする。
第28条　入会金は、次のとおりとする。
　(1)　持家の入居者　　　　　　　00,000円以上
　(2)　借家、アパートの入居者　0,000円以上
　　ただし、いったん徴収した入会金は一切返還しない。
第29条　前条による入会金は、自治会館維持管理費に充当するため、同管理部に振り替える。
　　　附　則
　この規約は〇〇年〇月〇日より実施する。
　この規約は〇〇年〇月〇日より一部を改正する。
　この規約は〇〇年〇月〇日より一部を改正する。

(12) 自治会館管理細則書式例

自治会館管理細則

1　自治会館は、町会員のほか町会員以外の者も使用することができる。ただし、この場合管理部長の許可を必要とする。
2　自治会館は、損害補償のため火災保険に加入する。保険金はその時点に見合ったものとする。
3　会員が転出などにより会員の資格を失ったときは、自治会館についての一切の権利は消滅する。
4　使用の申込は、原則として使用の1週間以前とする。
5　町会員以外の者の数が町会員の数を超える場合の使用料は、町会員外使用料とする。
6　町会員外の子供の使用については、町会員の使用料に準ずる。
7　町会員への備品の館外貸出については、管理部長の許可があった場合

のみ次の使用料によって行う。
(1) 机　　　　　　1卓につき　　○○○円
(2) 座布団　　　　1枚　　　　　○○円
(3) 天幕　　　　　1組　　　　　○○○円
8　借用した備品を破損又は紛失した場合は、借用者は実費弁償しなければならない。
9　使用料の減免
　　次の各号に該当するときは、使用料を免除する。
(1) 町内会若しくは町内会によって承認された公的団体がその本来の目的のために使用するとき
　　例（町内会役員会、子供会、長寿会等）
(2) 公共機関が本町住民のため直接使用するとき
　　例（税の説明会）
　　次の各号に該当するときは使用料を基準使用料から減額する。
(3) 会員だけの団体が使用するとき
　　例（班による新年会、忘年会等）
(4) 会員が営利を目的とせず使用するとき
　　例（作品展示会等）
(5) 公的団体の関連上部団体が使用するとき
　　例（子供連合会等）
(6) 会員だけの団体が月間又は年間を通じて使用するとき
　　例（本町民謡愛好会等）
(7) 会員以外の団体が月間を通じて使用するとき
10　この細則に定めなき事項については、管理部会又は管理部長の裁量により決定する。
11　この細則は○○年○月○日より施行する。

(13) 高齢者事業団定款書式例

○○市高齢者事業団定款
　　第1章　総　　則
　（名称）
第1条　この事業団は、○○市高齢者事業団という。
　（事務所）
第2条　この事業団は、事務所を○○市○○番地に置く。

（目的）
第3条　この事業団は、常用雇用になじまないか、又はそれを望まないが、自主生活の向上と「生きがい」「健康」「社会参加」を求めて、その居住している地域において就労したいという高齢者等に対し、その経験、能力、希望を生かし、相互連帯と協力のもとに働く機会を確保することにより、就労の促進と福祉の増進を図るとともに、活力ある地域社会づくりに寄与しようとするものである。

（事業）
第4条　この事業団は、前条の目的を達成するために次の事業を行う。
(1) 国、地方公共団体、民間企業、個人等からの仕事の受託請負に関すること。
(2) 会員に適した仕事の開拓、開発に関すること。
(3) 会員の仕事に関する相談に関すること。
(4) 会員の福祉と健康の増進に関すること。
(5) 会員の研修に関すること。
(6) 地域への啓蒙活動に関すること。
(7) その他事業活動に関すること。

　　第2章　会　員

（種別）
第5条　この事業団の会員は、次の3種とする。
(1) 正会員　○○市に居住するおおむね60歳以上の者等で健康かつ働く意欲と能力のある者で、この事業の目的に賛同し事業に参加する者
(2) 特別会員　この事業団の事業運営に必要と認め理事長が推薦し、理事会の承認を得た者
(3) 賛助会員　○○市内に住所又は事務所がある個人又は団体でこの事業の目的に賛同し、事業に協力する者で、理事会の承認を得た者

（会費）
第6条　正会員は、総会において別に定めた場合は、会費を納入するものとする。

（入会）
第7条　本会に入会する者は、所定の入会申込書を理事長に提出、理事会の承認を得なければならない。
2　正会員には、別に定める会員証を交付する。

（退会）
第8条　この事業団の会員は、その旨を理事長に届け出て退会することが

できる。
2　この事業団の会員は、次の各号の一に該当するときは、退会したものとみなす。
　(1)　死亡又は解散したとき
　(2)　正当な理由なく会費を1年以上納入しないとき
　(3)　○○市から転出したとき
　（除名）
第9条　会員が事業団の名誉を毀損し、又はこの定款に反するような行為のあったときは、理事会の決議により除名することができる。
　（拠出金品の不返還）
第10条　既納の会費その他の拠出金は、返還しない。
　　　　第3章　役　員
　（種別）
第11条　この事業団に、次の役員を置く。
　　理　事　長　　　1人
　　副 理 事 長　　　1人
　　常 務 理 事　　　1人
　　理　　　事　　　若干人
　　監　　　事　　　2人
2　理事、監事は、総会において選任する。ただし、監事は理事を兼ねることができない。
3　理事長、副理事長及び常務理事は、理事会において理事の中から互選する。
4　理事、監事の選出方法は、理事会において別に定め、総会の承認を得るものとする。
5　役員に欠員が生じた場合において、やむを得ない事情があるときは、理事会において選任し、次の総会の承認を得なければならない。
　（職務）
第12条　理事長は、事業団を代表し、会務を統括する。
2　副理事長は、理事長に事故あるとき、又は欠けたときは、その職務を代行する。
3　常務理事は、事業団の常務を掌理する。
4　理事は、理事会を構成し、会務を執行する。
5　監事は、財産状況及び会務の執行状況について監査を行い、総会に報告する。

（任期）
第13条 役員の任期は2年とし、補欠役員の任期は前任者の残任期間とする。
2 役員は、再任されることができる。
3 役員は、辞任した場合又は任期満了の場合においても後任者が就任するまでは前任者がその職務を行わなければならない。
（解任）
第14条 役員に役員としてふさわしくない行為のあったときは、総会の決議により解任することができる。
（名誉会長、顧問、相談役及び参与）
第15条 この事業団に名誉会長、顧問、相談役及び参与若干人をおくことができる。
2 名誉会長は、理事会において推挙し、総会の承認を得る。
3 顧問、相談役及び参与は、理事会の推薦により理事長が委嘱する。
4 顧問、相談役及び参与は、重要な事項について理事長の諮問に応じる。

　　第4章　会　議
（区分）
第16条 この事業団の会議は、総会及び理事会とする。
（構成）
第17条 総会は正会員及び特別会員をもって構成する。
2 理事会は、理事をもって構成する。
（権能）
第18条 総会は、この定款に規定するもののほか次の各号を議決する。
 (1) 事業計画の決定
 (2) 事業報告の承認
 (3) その他この事業団の運営に関する重要な事項
2 理事会は、この定款に規定するもの、及び次の各号を審議する。
 (1) 総会の議決した事項の執行に関する重要な事項
 (2) 総会に付議すべき事項
 (3) その他総会の議決を要しない会務の執行に関する事項
（開催）
第19条 総会は、定期総会及び臨時総会とし、定期総会は、毎年1回開催する。
2 臨時総会は、理事会が必要と認めたとき、又は会員の5分の1以上、

若しくは、監事から会議の目的たる事項を示して請求があったとき開催する。
3 理事会は、理事長が必要と認めたとき開催する。
（招集）
第20条 会議は、理事長が招集する。
2 会議を招集するには、会議を構成する会員、理事及び常任理事に対し、会議の目的たる事項及びその内容並びに日時、場所を示して7日以前に文書をもって通知しなければならない。ただし、緊急を要する場合は、この限りでない。
（議長）
第21条 総会の議長は、その総会において出席会員の中から選任する。
2 理事会の議長は理事長がこれにあたる。
（定足数）
第22条 会議は、これを構成する者の2分の1以上の出席がなければ開会することができない。
（議決）
第23条 会議の議事は、この定款に規定するもののほか、出席者の過半数の同意をもって決し、可否同数のときは、議長の決するところによる。
（書面表決等）
第24条 やむを得ない理由のため、会議に出席できない会員及び理事は、あらかじめ通知された事項について書面をもって表決し又は他の構成員を代理人として表決を委任することができる。
　この場合前2条の規定の適用については、出席したものとみなす。
（議事録）
第25条 会議の議事については、次の各号を記載した議事録を作成しなければならない。
(1) 開会の日時及び場所
(2) 会員及び理事の現在数
(3) 会議に出席した会員及び理事の氏名（書面表決及び表決委任者を含む）
(4) 議決事項
(5) 議決の経過要領及び発言要旨
(6) 議事録署名人の選任に関する事項
2 議事録には、議長及び出席会員又は理事の中から、その会議において選出された議事録署名人2人以上が署名しなければならない。
　　第5章　事務局

（事務局）
第26条　この事業団に事務局を置く。事務局は、事業団の事務を処理する。
2　事務局に職員を置く。
3　職員に関する必要な事項は、理事長が別に定める。
　　　第6章　資産及び会計
　（資産）
第27条　この事業団の資産は、次の各号をもって構成する。
　(1)　会費
　(2)　補助金
　(3)　寄附金品
　(4)　資産から生じる収入
　(5)　事業に伴う収入
　（資産の管理）
第28条　この事業団の資産は、理事長が管理し、その方法は理事会の議決による。
　（経費の支弁）
第29条　この事業団の経費は、資産をもって支弁する。
　（予算及び決算）
第30条　この事業団の収支予算は総会の議決を経て定め、収支決算は年度終了後2か月以内にその年度末財産目録とともに監事の監査を経て総会の承認を得なければならない。
　（暫定予算）
第31条　前条の規定にもかかわらず、やむを得ない理由により収支予算が成立しないときは、定期総会の日まで前年度の予算に準じて暫定予算を編成し、理事会の承認を得て執行することができる。ただし、定期総会において承認を得るものとする。
　（会計年度）
第32条　この事業団の会計年度は、毎年4月1日に始まり、翌年3月31日に終わる。
　　　第7章　定款の変更及び解散
　（定款の変更）
第33条　この定款は、総会において出席会員の4分の3以上の同意を得なければ変更することができない。
　（解散及び残余財産の処分）
第34条　この事業団は、次の各号の事由により解散する。

(1) 目的を達成した場合及び達成不能となった場合
(2) 総会において解散の議決がなされた場合
2 解散する場合は、総会において出席会員の4分の3以上の議決を得なければならない。
3 解散のときに存する残余財産の処分については、〇〇県〇〇市と協議して、総会の議決を経て決定する。
　　第8章　雑　則
（賛助会）
第35条　この事業団の目的達成のため賛助会の制度を設けることができる。
（委任）
第36条　この定款の施行について必要な事項は、理事会の決議を経て別に定める。
　　附　則
1　この定款は、〇〇年〇月〇日から施行する。
2　事業団の設立当初の役員は、第11条第3項の規定にかかわらず設立総会の定めるところによる。また、任期は、第13条第1項の規定にかかわらず〇〇年〇月〇日までとする。
3　事業団の設立初年度の事業計画、就労規約、配分金配分規約及び収支予算は、第18条第1項第1号、第3号及び第30条の規定にかかわらず、設立総会の定めるところによる。

注1　高齢者事業団の年度事業計画が必要（省略）
　2　高齢者事業団就労規約も必要　　　　（〃）
　3　配分金配分規約も必要　　　　　　　（〃）
　4　いずれも議案として総会に提出する。

⑭　高齢者事業団収支予算書式例

〇〇年度〇〇市高齢者事業団収支予算

収入の部

（単位　円）

科　　　　　目		予　算　額	説　　　明
款　　　項	目		
1 補助金		0,000,000	

			1 市補助金	0,000,000	市補助金
2 事業収入				00,000,000	
	1 受託事業収入			00,000,000	
			1 配分金収入	00,000,000	1か月約000,000円
			2 事務費収入	000,000	00,000,000円×0%
3 諸収入				00,000	
	1 諸 収 入			00,000	
			1 預金利子	00,000	預金利子
			2 雑収入	0,000	
4 借入金				000,000	
	1 借 入 金			000,000	
			1 市借入金	000,000	市より借入金
合　　　　　　計				00,000,000	

支出の部

(単位　円)

科　　　　　　目				予算額	説　　　　明
款		項	目		
1 管理費				000,000	
	1 管理運営費			000,000	
		1 旅　費		000,000	役員費用弁償・出張旅費
		2 需用費		000,000	
			消耗品費	00,000	
			燃料費	000,000	ガソリン代
			食糧費	000,000	
			印刷製本費	000,000	総会資料・用紙印刷代
			修繕料	00,000	
		3 役務費		00,000	郵便料・自動車保険料

		4 委託料	00,000	
		5 使用料及び賃借料	00,000	
		6 備品購入費	00,000	事務局用備品
		7 交際費	00,000	
		8 負担金	00,000	
2 事業費			00,000,000	
	1 配 分 金		00,000,000	
		1 会員配分金	00,000,000	1か月約000,000円
	2 事業運営費		000,000	
		1 報償費	00,000	技術講習会講師謝礼
		2 需用費	000,000	
		消耗品費	00,000	
		修繕料	00,000	
		3 役務費	000,000	会員傷害保険料
		4 原材料費	000,000	
		5 備品購入費	000,000	事業用備品
		6 賠償費	0,000	
3 借入金返済支出			000,000	
		1 市借入金返済支出金	000,000	
4 予備費			00,000	
		1 予備費	00,000	
合　　　　計			00,000,000	

(15) NPO法人設立認証申請書式例

〇〇年〇月〇日

〇　〇　知　事　殿（様）

申請者　郵便番号

　　　　　　　　　　　　　　　住　所
　　　　　　　　　　　　　　　氏　名　　　　　　　　印
　　　　　　　　　　　　　　　電話番号
　　　　　　　　　　　　　　　ファクシミリ番号

特定非営利活動法人設立認証申請書

　特定非営利活動促進法第10条第1項の規定により、下記のとおり特定非営利活動法人を設立することについて認証を受けたいので、申請します。
　　　　　　　　　　　　　　記

1	（フリガナ） 特定非営利活動法人の名称	
2	（フリガナ） 特定非営利活動法人の代表者の氏名	
3	主たる事務所の所在地	郵便番号 電話番号　（　）　ファクシミリ番号　（　）
4	定款に記載された目的	

12 始末書・誓約書の書式例

　始末書・誓約書というのは、不行届の点や、事故・不始末などの行為があったときに、その事実を認め、主として陳謝の趣旨を述べた文書をいう。原則として、始末書の内容が、法律行為を証明する書面までは至らない。念書・覚書等は、時に法律行為に関する事項が含まれることがある点では、始末書と異なる。

　しかし、始末書は、次の重大な処分のための一つのステップである場合が多く、この始末書を何回か重ねると、正規の処分につながることになりがちである。

(1) 届出等不提出の始末書式例

```
　　　　　　　　　始　末　書

　　　　　　　　　　　　　　　　　　　○○年○月○日
　　　　　　　　　　　　　　住　所
　　　　　　　　　　　　　　氏　名　　　　　　㊞
　わたくしは、○○年○月○日から○○年○月○日にかけ、…………に伴う届け出並びに○○○○の提出を失念したことは誠に申し訳ありません。
　今後は十分注意しますから、なにとぞ寛大な御処置を賜わりますよう始末書をもってお願い申し上げます。
　氏　　　　　名　殿（様）
```

(2) 届出等不提出の始末書式例（契約方式の場合）

```
　　　　　　　　　始　末　書
　今般、当○○所ボイラーが大気汚染防止法第6条に基づくばい煙発生施設としての使用届出を手違いにより今日まで提出せず（実施せず）、誠に申し訳なく存じます。
　今後は、このようなことのないよう十分に注意いたします。
```

```
                                              ○○年○月○日
                                  住  所
                                  氏  名        ㊞
○○県知事  氏    名 殿(様)
```

(3) 保証人付きの始末書式例

```
                    始   末   書
                            ○○部○○課
                              氏       名
                            ○○年○月○日
  今般、私の不始末により、○○年○月○日○○の場所において○○事件
を引き起こし、○○に多大の損害を与えましたことを誠に申し訳なく存じ
ております。今後このような不始末のないよう十分に注意いたすことを誓
います。なお会社に与えた損害につきましては、保証人と連帯して速やか
に賠償いたします。
    ○○年○月○日
                              右    氏       名 ㊞
                              保証人 氏       名 ㊞
                                       (印紙不要)
```

注 保証は弱く、連帯保証は強いので文言記載に注意。

(4) 誓約書式例

```
                    誓   約   書
  このたび公害防止計画等につきましては、覚書に定めるもののほか、念
書のとおり実行し、行政指導、監督機関の指示に従うことを誓約いたしま
す。
    ○○年○月○日
                          ○○県○○市(町村)○町○○番地
                          ○○工業株式会社
                          取締役社長 氏       名 ㊞
  氏       名 殿(様)
```

(5) 居住人の債務承認及び特約履行誓約書式例

```
              居住人の特約履行誓約書
  所在地   ○○市(町村)○○町○○番地
  理 由   市(町村)営住宅○棟○号の使用料
  上記の滞納に対し誠に申し訳ありませんでした。滞納額が金○○円であ
ることを認め、来る○月○日までに、所定の使用料を全額(○回払い)納
めることを誓約します。
     ○○年○月○日
                        ○○市(町村)○○町○○番地
                          氏     名 ㊞
                   保証人 ○○市(町村)○○町○○番地
                          氏     名 ㊞
 ○○市(町村)長 氏    名 殿(様)
```

注 詳細に記入し、自署又は記名押印をさせ、当事者の数だけ、各自自署し押印し、保持する。

第3 財政関係書式例

1 監査関係書式例

(1) 監査委員の職務と権限

監査委員制度の目的は、行政の適法性あるいは、妥当性の保障にある。いかにして、公正で合理的、かつ効率的な地方公共団体の行政運営を確保するかである。適切な行政運営の監督・指導が監査の大きな役割であり、財務に関する事務の執行及び事業の監査のほか、行政監査の権限がある。したがって、非違、非行、不正の摘発は目的ではなく、これらはむしろ副次的なものといえる。

ア 本来の職務権限
① 一般監査
・定例監査は毎会計年度1回以上期日を定めて財務に関する事務の執行等の監査を行う(自治法199条1項、4項)。
・随時監査(同法199条5項)
・補助団体等に対する監査(同法199条7項)

② 特別監査
・一定の連署に基づく選挙人の請求監査(同法75条1項)、選挙人名簿の確定した日において、これに記載された者の50分の1以上の要求のあったもの
・地方議会の監査要求(同法98条2項)
・普通地方公共団体の長からの要求監査(同法199条6項)

イ 付加された職務権限
・例月出納検査(同法235条の2)

- 決算及び証書類の審査(同法233条2項)
- 職員の違法、不当な行為の制限ないし禁止を求める住民監査請求に係る監査(同法242条)
- 会計管理者の金融機関検査の際の報告を求めることができる(自治令168条の4第3項)
- 会計管理者等職員の損害賠償の監査並びに免除の可否の審査(同法243条の2)
- 指定金融機関が行う公金の取扱いに関する監査(同法235条の2第2項)
- 議会から送付を受けた請願の措置(同法125条)

(2) 定例監査

提出を求める書類

①職員の配置状況、②事務分担表、③財産管理の状況、④物品管理の状況、⑤歳入歳出予算の執行状況(決算書に準じ、款項目節について記入)、⑥事務事業の年間計画と執行状況、⑦前回監査の指摘事項に対する措置状況、⑧要望事項、⑨その他各課(係)の特色のある事務事業の諸統計

書式1 職員の配置状況　　　　　　　　　　○○年○月○日現在

区　　　　分	定　員	現　員	比較増減	備　　　　考
職　　　員				休職者等記載
職　　　員				
その他 〔準職員も含む〕				臨時職員等も記載
計				

書式2 事務分担表　　　　　　　　　　　　○○年○月○日現在

課(係)別	分担事務	職名	採用年月日	現在事務従事年数	等級号給	年齢	学歴	氏　　名

書式3　財産管理の状況

(1) 現　金　　　　　　　　　　　　○○年○月○日現在

金　　額	保　管　状　況	預　入　先	備　考

(2) 土　地　　　　　　　　　　　　○○年○月○日現在

所在地	面積	市町村有又は借用地の別	取得価格（評価額）又は借地料	取得又は借用年月日	借用の場合は契約の有無	利用状況

(3) 建　物　　　　　　　　　　　　○○年○月○日現在

種類	面積	構造	所在地	取得価格（評価額）又は借家料	取得又は借用年月日	借用の場合は契約の有無	備考

(4) 土地、建物の略図

書式4　物品管理の状況

物品名	○○年○月○日現在の数量	○○年度中（○○年○月○日までの）増減		○○年○月○日現在の数量	増減の理由（減の場合は特記する）
		増	減		

書式5　事務事業の年間計画とその執行状況

事務事業の年間計画	執　行　状　況
1　……………について	

2　……………について
　3　……………について

注　各課（係）ごとに作成すること。

(3) 監査の要領

　定例監査は事務事業の経営監査に重点を置き、会計、経理事務の執行状況及びこれらの細部の事務手続の適否については出納検査、決算審査等に譲る等が適当であろう。監査の着眼点は次のとおりである。

ア　事務執行の状況

① 法令及び例規が整備されているか。
② 職員の配置並びに事務の分担は適当であるか。
③ 事務の処理が適正に行われているか、特に一般の願い・申請等に対する処理が、いたずらに遅れているものがないか。
④ 他の事務に関連のある事項については、その連絡調整が行われているか。
⑤ 必要帳簿等が整備されているか。
⑥ 文書の整備保存が適切に行われているか。

イ　各種事業の施行状況

① 事業計画及びその施行並びに指導監督は適当であるか。
② 他の関連ある事業との連絡調整が行われているか。
③ 物資並びに労力の所要見込量及びその調査見込み。
④ 物資の入手量及びその使用状況。
⑤ 予定どおり進捗しているか、進捗していない場合はその理由。
⑥ 事業繰越しに係るものがあるか。
⑦ 公営企業については、効率的、かつ経済的に運営されているか。

ウ　予算執行の計画及び実施の状況

① 予算の執行が、法令及び通達の補助条件、又は予算の目的に適合しているか、特に予算編成の際における計画に適合しているか。

② 不急の事業がないか。
③ 必要以上の経費を計上していないか。
④ 予算節約の趣旨に合致しているか。
⑤ 効率的な予算の執行を図っているか。
⑥ 予定の成果をあげ得るか又はあげつつあるか。
⑦ 収入予算の計上は、見積もり過大過小等のことがないか、また、収入の確実性があるか。
⑧ 収入の確保を図っているか、未収入があれば、その整理に努めているか。
⑨ 歳出予算の執行に当たっては財源について考慮しているか。
⑩ 特定財源による歳出予算の執行について、その収入の限度を超えているものはないか。
⑪ 予算の流用、予備費の充用は適当であるか。
⑫ 予算の令達又は配当前に執行しているものがないか。
⑬ 予算超過の支出、又は予算外の支出をしているものがないか。

エ 予算の経理及び決算等の状況

① 全体を通じて経理は適当であるか。
② 予算額に対する決算額の増減は、いかなる事由によるものであるか。
③ 収入の手続を怠り、又は遅延しているものがないか。
④ 収入の欠損処分及び収入の翌年度繰越等は真にやむを得ないものであるか。
⑤ 団体その他に交付した補助金等に対する精算、又は事業報告等を徴し、又はその他の方法によりその成果等を確認しているか。
⑥ 違法又は不当な支出をしているものがないか。
⑦ 歳出予算の翌年度繰越しは、真にやむを得ないものであるか。
⑧ 決算に現れた数字は、証書類、帳簿と一致するか。
⑨ 工事の請負、物品の購入等の手続方法は適当であるか。
⑩ 工事の請負、物品の購入等の契約条項、その適用等は適当であるか。
⑪ 材料等の使用、又は生産物や不用物件の処分は適当であるか。

⑫ 作業員、雇人の使役方法及びその給与は適当であるか。
⑬ 所属年度及び科目に誤ったものがないか。
⑭ 出納閉鎖の時期に誤りがないか。
⑮ 一時取扱金の出納及び保管は適当であるか。
⑯ その他

オ 物品、財産及び公の施設等の管理処分の状況
① 管理方法は適当であるか。
② 台帳が整備されているか。
③ 現物と台帳が符合しているか。
④ 出納及び廃棄処分の手続は適当であるか。

(4) 指定金融機関等の検査及び補助団体の監査

ア 指定金融機関等の検査は、出納当事者の内部監査であり、会計管理者は定期及び臨時に公金の収納又は支払の事務及び預金の状況を検査することが義務づけられているが(自治令168条の4)、検査結果については、監査委員が会計管理者に対し報告を求めることが認められている(同条3項)。

イ 公金取扱者の監査対象は、指定金融機関、指定代理金融機関及び収納代理金融機関に対して監査ができる。

ウ 補助団体の監査の着眼点
① 補助団体の事業の補助の目的及び条件に従って遂行されているか。
② 事業の経営が堅実に行われているか。
③ 利益の不足に対して財政援助を行う団体にあっては、その損益基礎たる収入支出の内容の調査、補助額の計算が正当であるか。
④ 一定額の補助をする場合、その定められた額が過大ではないか。
⑤ 事業の実績に応じて一定率の補助をするものについては、その精算が事実に適合しているか。
⑥ 債務の元利を保証した団体については、その事業の経営が放漫で、保証の目的に沿わないものはないか。

⑦ 損失補償の契約条件等の当否（債務保証については制限がある。）

(5) 長の要求監査

普通地方公共団体の長が要求する事項は、その権限に属する限り必ずしも出納その他の事項に関連する事務に限定されるものではなく、当該要求にかかる事項である限り市町村の事務全般について監査を要求することができる（自治法199条6項）。

(6) 議会の要求監査

議会の要求による監査対象となる事務は、自治法98条に規定するものである。ただし政令により、①国の安全を害するおそれがある事項、②当該個人の秘密を害するおそれ、③労働組合法による労働争議のあっせん、調停及び仲裁等土地収用に関する裁決等は対象から除外される（自治令121条の3）。

(7) 地方公共団体の財政の健全化に関する法律に基づく監査

地方公共団体の長は財政健全化計画、財政再生計画又は経営健全化計画を定めるに当たっては、あらかじめ、当該地方公共団体の財政の健全化のために改善が必要と認められる事務の執行について、監査委員に対し、自治法199条6項の監査の要求をしなければならない。

財政健全化団体、財政再生団体又は経営健全化団体（以下この項において「財政健全化団体等」という。）が包括外部監査対象団体である場合にあっては、当該財政健全化団体等の包括外部監査人は、自治法252条の37第1項の規定による監査をするに当たっては、同条2項の規定によるほか、当該財政健全化団体等の財務に関する事務の執行及び当該財政健全化団体等の経営に係る事業の管理が財政の早期健全化、財政の再生又は公営企業の経営の健全化を図る観点から適切であるかどうかに、特に、意を用いなければならない。

(8) **住民監査請求**

この請求は、住民（必ずしも選挙権を有することを要せず、住所を有するすべての者をいい、法人・外国人も含まれる。）個々の住民の有する権利であり、住民1人の請求をもって足り、かつ個々具体的の違法、不当行為の防止、是正、怠る事実の改め等を求めるものである（自治法242条）。

なお、監査に関する住民の直接請求権を定めたものには、このほかに「一定数の連署による選挙人の監査請求」があるが、これは選挙権を有する者の総数の50分の1以上の連署を要し、かつ、一般的事務監査を目的としている点において異なる。

ア　請求の対象
　① 公金の違法若しくは不当な支出

公金とは、法令上、地方公共団体又はその機関の管理に属する現金、歳入歳出現金又は有価証券をいう。地方債の発行も含まれる。

不当な支出とは、例えば、時価より高価に物品を購入した場合のように、違法ではないが適当でない支出や、例えば不急不要品を多量に購入するような場合をいう。

交際費について監査請求があった場合、交際費使用の内容、すなわち月日、金額、場所等にまで立ち入って監査することもできるが、単に予算計上額が多いというだけでは不当な公金の支出とはいえない。交際費といえども他の費用と区別して考えるべき理由がなく、その経理手続及び使途に至るまで監査することができる。

　② 財産の違法若しくは不当な取得、管理、処分

財産は自治法237条1項に定められている財産であって、公有財産のほか、物品、債権及び基金を含むものと解する。

　③ 違法若しくは不当な公金の賦課、徴収
　④ 違法な債務その他の義務の負担

例えば、議会の議決を経ないで地方債を起こし、又は一時借入

金をなす場合等。

⑤ **違法、不当に財産の管理を怠たる事実**

例えば、自治法238条の6、244条の3、238条の4に違反する使用許可。

⑥ **違法若しくは権限を越える契約の締結若しくは履行**

対象となる事務は、固有事務のほかに委任事務等も含まれ、また教育委員会その他委員会又は委員の所管に属する事務も含まれる。

イ 請求の手続

監査請求書の様式

　　　　　　　　　　○○市職員措置請求書
（請求の対象とする執行機関・職員に対する）措置請求の要旨
1　請求の要旨
　＊次の事項について記載する。
　　・誰が（請求の対象職員）
　　・いつ、どのような財務会計行為を行っているか
　　・その行為は、どのような理由で違法・不当なのか
　　・その結果どのような損害が当該団体に生じているのか
　　・どのような措置を請求するのか
2　請求者
　　住所
　　職業
　　氏名　　　（自　署　　　　印）
　地方自治法第242条第1項の規定により、別紙事実証明書を添え、必要な措置を請求します。
　　　　　　　　　　　　　　　　　　　　○○年○月○日

　○○市監査委員（宛）

外部監査人による監査を求める場合

　　　　　　　　　　○○市職員措置請求書
（請求の対象とする執行機関・職員に対する）措置請求の要旨

1 請求の要旨
　＊次の事項についてまとめて記載する。
　　・誰が（請求の対象職員）
　　・いつ、どのような財務会計行為を行っているか
　　・その行為は、どのような理由で違法・不当なのか
　　・その結果どのような損害が当該団体に生じているのか
　　・どのような措置を請求するのか
2 監査委員の監査に代えて個別外部監査に基づく監査によることを求める理由
3 請求者
　住所
　職業
　氏名　　　　（自　　署　　　　印）
　地方自治法第242条第1項の規定により、別紙事実証明書を添え、必要な措置を請求します。併せて、同法第252条の43第1項の規定により、当該請求に係る監査について、監査委員の監査に代えて個別外部監査契約に基づく監査によることを求めます。

〇〇年〇月〇日

〇〇市監査委員（宛）

注1　請求は口頭だけで成立せず、必ず事実を証する書面を添えて行わなければならない要式行為である。
　2　事実を証する書面とは、客観的に証拠力のある書面に限定されない。請求者が他人から聞知したことを書面に作成したもの、新聞記事の切り抜き等をも含めて広義に解すべきものとされ、それが事実であるか否かは、一に監査委員の監査の結果にまつのである。
　3　請求の対象たる事実が、だれの行為であるかを書面で明らかにすべきことは当然であって、具体的に職氏名を明らかにしない請求書は却下する。他に補正する場合がある。

ウ　請求の監査及びその処理
　監査委員は、請求があったとき（請求書が監査委員に到達したと

き）から60日以内に監査を終了しなければならない。

請求があったにもかかわらず、監査委員の任意で監査を行わないことは許されず、また請求を受理しないことも許されない。

(9) 関係人の出頭要求書式例

```
                                            文 書 番 号
                                            ○○年○月○日
  氏        名    様
            ○○市（町村）監査委員　氏        名　㊞
    出頭依頼について
  ○○年○月○日定例監査実施に当たり、何々学校建設工事の請負契約に
関し御説明願いたい事項がありますから、御多用中恐縮ですが、次によっ
て御出頭願います。
  1  日    時
  2  場    所
```

注1 監査委員は、監査のため必要があるときは、関係人の出頭を求めることができる（自治法199条8項）。
 2 出頭義務があるが、応じないときはこれを強制することはできない。記録の拒否も同じ。

(10) 関係人の資料提出要求書式例

```
                                            文 書 番 号
                                            ○○年○月○日
  氏        名    様
            ○○市（町村）監査委員　氏        名　㊞
    資料の提出依頼について
  ○○年○月○日定例監査実施のため必要がありますから、恐縮ですが、
○月○日までに、次の資料を御提出くださるよう願います。
  なお、御提出いただきました資料につきましては、至急調査のうえ、お
そくとも○月○日までに御返却いたす予定であるので申し添えます。
  1  何    々
  2  何    々
```

330　第3　財政関係書式例

(11)　定例監査結果報告提出書式例

```
                                            文　書　番　号
                                            ○○年○月○日
○○市（町村）長　氏　　　名　殿（様）
（○○市（町村）議会議長　氏　　　名　殿（様））
　　　　　○○市（町村）監査委員　氏　　　　　名　㊞
　　　　　　　　　　　　　　　　　同　氏　　　　　名　㊞
　　○○年度定例監査の結果報告について（提出）
　地方自治法第199条第9項の規定により、○○年度定例監査の結果報告を別冊のとおり提出します。
　なお、同条第10項の規定によって、別紙のとおり意見を提出します。
　　　意見書例
　市町村の財産の取得、管理及び処分に関する基本的な事項については、地方自治法第237条第2項の規定によって条例又は議会の議決事項と規定されているが、本市（町村）においてはまだ適正に措置されていない。本市（町村）の財産に関する事務の適正合理化を図るためには、法令の研究を怠らないように配慮されたい。
```

注　議会には文書で報告してもよいが、なお、出席要求があれば出席しなければならない。

(12)　議会の請求による監査の結果報告提出書式例

```
                                            文　書　番　号
                                            ○○年○月○日
○○市（町村）議会議長　氏　　　名　殿（様）
　　　　　○○市（町村）監査委員　氏　　　　　名　㊞
　　　　　　　　　　　　　　　　　同　氏　　　　　名　㊞
　　議会から請求のあった監査の結果報告について（提出）
　○○年○月○日付け、議第○号をもって請求された、地方自治法第98条第2項の規定により監査の結果報告を別紙のとおり提出します。
　（別紙略）
```

注1　議会から期限を付けられたときであってもそれに拘束されない。
　2　報告提出の期限は、開会中、閉会中のいずれでもよい。

3 報告を受けた議長は全議員に配布する扱いがよいので、監査委員の報告は議会で印刷するのは非能率だから、一括印刷とし議員数分だけ送付されるように交渉するのがよい。
4 議員である監査委員は、本会議、委員会とも除斥の必要はない。

⒀ 監査結果の公表書式例

```
　地方自治法第199条第9項の規定により、○○年度定例監査の結果を次のとおり公表する。
　　○○年○月○日
　　　　　　　　　○○市（町村）監査委員　氏　　　　　名　㊞
　　　　　　　　　　　　　同　　　　　　　氏　　　　　名　㊞
1　監査年月日　○○年○月○日
2　監査事項　税徴収事務
3　監査結果
　⑴　何々
　⑵　何々
```

注1　臨時監査結果報告書及び臨時監査結果の公表については、定例監査に準じて作成すること。
　2　別紙のとおりという形をとってもよい。

⒁ 損害賠償請求権等の放棄議決に関する監査委員の意見聴取

　平成29年法律第54号により平成32年4月1日から、議会は、損害賠償請求権等の放棄に関する議決をしようとするときは、監査委員から意見を聴取することとなった。参考までに、ここでその概要を紹介する。

　ア　条例において、長や職員等の地方公共団体に対する損害賠償責任について、その職務を行うにつき善意でかつ重大な過失がないときは、賠償責任額を限定してそれ以上の額を免責する旨を定めることが可能となる（条例で定める場合の免責に関する参酌基準及び責任の下限額は国が設定）。

　イ　議会は、住民監査請求があった後に、当該請求に関する損害賠償請求権等の放棄に関する議決をしようとするときは、監査委員から

の意見を聴取する。各地方公共団体が定める条例の施行の日以後の長や職員等の行為に基づく損害賠償責任について適用される。

(15) 出納検査

ア 提出を求める書類

① 前月分の予算執行状況に関する調書（書式1）

② 現金に関する調書（書式2）

その他必要と思われるものにつき、収入、支出証拠書類を検査するほか、関係諸帳簿及び収入支出命令書を照査する。

イ 検査の要領

例月出納検査については、毎月の例日を条例で定めておくことは差し支えないが、期日を条例で定めることは適当でない。

ウ 着眼点

① **歳入歳出の正否**

・歳入簿、歳出簿、予算差引簿を検査して、予算執行状況に関する調書と照合する。

・予算執行状況に関する調書によって、歳入歳出の状況を分析批判する。

② **現金、有価証券の検査**

・現金出納総括簿、一時借入金整理簿、その他歳入歳出外現金整理簿等現金に関する調書と照合する。

・収入支出の日計票、収支計算表、月計表等について検査する。

・現金、有価証券等その他貴重品類の現在高検査は、直接に金庫又は保管現場において行い、帳簿外に存するものがないかどうかに注意するとともに、常に関係人に立会いを求めて、その面前で行うことを要する。

③ **財務諸帳簿の検閲**

④ **現金、物品の現在高検査**

・帳簿の残高と現在高との符合の有無。

・保管上のミスがないか。

- 帳簿外に存するものがないか。
- 程度をこえて多量の現金、物品を保管することはないか。
- 物品の保管方法が適当でなく、変質、減耗をきたすおそれのあるものはないか。
- 物品で遊休化しているものはないか。
- 物品の配列等が適当でなく、搬入、搬出等が不便で整理を要するものはないか。
- 同一品目をもって、若しくは価格の異なる物品を合同整理する等、物品の整理区分が不適当なものはないか。
- 平素利用度の低い物品で、維持保存の手数を要する等、不経済と認められるものはないか。

⑤ 物品の出納検査
- 物品の買入れ及び売り渡しは、支出又は収入と対査して符合するか。
- 購入物品は、検査証によって確実に出納簿に登記されているか。
- 必要な程度をこえて払い出されているものはないか。
- 贈与のための払出しについては、その事由。
- 亡失き損のための払出しについては、その事由、事後処置は適正であるか。当該出納職員の責任に帰すべきものはなにか。
- 不用品、又はき損品の整理は、適正に行われているか。
- 再生可能品がいたずらに廃棄されていないか。
- 物品の寄附を受けたものを、その利用目的に適させているか。

書式1　予算執行状況に関する調書　〇〇年〇月〇日現在

(1) 歳入計算調書（一般会計）

種　　目	予算調定現額	調定済額	収入済額			予算現額に対し収入済額の差額	予算現額に対する収入歩合	調定済額に対する収入歩合	備　考
			前月までの累計	本月分	累計				
1　市(町村)税 2　地方交付税 3　財産収入	円	円	円	円	円	円	％	％	
総　　計									

(2) 歳出計算調書

科　　目	予算現額	支出済額			予算現額に対し支出済額の差額	予算現額に対する支出歩合		備　考
		前月までの累計	本月分	累計		本月分	累計	
1　議会費 2　総務費 3　民生費	円	円	円	円	円	％	％	
総　　計								

注1　特別会計も一般会計に準じて作成する。
　2　また科目欄に、一般会計、△△特別会計と各会計を集中する方法もある。

書式2　現金に関する調書　　〇〇年〇月〇日現在

(1) 現金現在高調書

区　　　分	収　入　額	支　出　額	現　在　高	備　　　考
一　般　会　計　分 何々特別会計分 何々特別会計分 一　時　借　入　金 歳入歳出外現金	円	円	円	
合　　　計				

注1　現金出納総括簿、歳入簿、歳出簿、一時借入金整理簿、歳入歳出外現金整理簿、一時保管有価証券整理簿により整理すること。
　2　ここにいう現金とは、有価証券を含む。

(2) 現金保管調書

預　金　先	種　　別	金　　額	適　　要
〇〇銀行支店	当座（定期）預金		
〇　〇　郵　便　局	郵便振替貯金		
〇〇農業協同組合	当座（定期）預金		
市（町　村）金庫	保　　管　　金		
会　計　管　理　者	保　　管　　金		
同	一時保管有価証券		
計			

注　ここにいう現金とは、有価証券を含む。

(16) 例月出納検査結果報告提出書式例

```
                                         文 書 番 号
                                         ○○年○月○日
○○市（町村）長　氏　　　名　殿（様）
(○○市（町村）議会議長　氏　　　名　殿（様）)
             ○○市（町村）監査委員　氏　　　　名　印
                         同　　　　氏　　　　名　印
             例月出納検査結果報告について（提出）
　○○年○月分の出納検査を実施した結果報告を、地方自治法第235条の
2第3項の規定により提出する。
（結果の詳述）
1　検査の対象
2　検査の時期
3　検査の結果
```

(17) 決算審査

ア　提出を求める書類

　①歳入歳出決算書、②歳入歳出決算事項別明細書、③実質収支に関する調書、④見積もりに関する調書、⑤その他細部については関係書類の提出を求める。

イ　審査の要領と着眼点

① 支出科目が誤っていないか。
② 添付書類が整備されているか。
③ 支出の使途が明瞭に記載されているか。
④ 領収書の債主（正当債権者）の住所氏名が明確であるか。
⑤ 金額計数に過誤がないか。
⑥ 誤字、取消し等は会計原則に合っているか。
⑦ 前渡資金等の精算は迅速に行われたか。
⑧ 年度末において、予算残額で不急不要の物品購入に充用していないか。

ウ 決算の分析
　① 歳入決算の分析
　　・予算現額と調定額と収入済額の三者の関係が特に異同のあるのは、これを摘出してその理由を解明する。市（町村）については特に主要税目ごとに、その他国庫支出金、県費支出金、使用料及び手数料、寄附金等について分析するほうが望ましい。
　　・前年度からの未納繰越額の整理状況を調査解明する。
　　・不納欠損処分があれば、その理由を吟味する。
　　・調定内還付金があれば、その原因を吟味する。
　　・歳出に充当する特定財源の収入状況を吟味する。
　② 歳出決算の分析
　　・予算現額に比し、多額の不用額を生じているものは、これを摘出してその理由を解明する。
　　　予算補正を怠ったためか、支出計画がずさんのためか、財源が打ち切られたか、事業や工事を強く抑制したためか、不急不要の事業のためか、法令が突如改廃されたためか、事業着手が理由なくして遅延したためか。
　　・予算の科目別流用件数を調査し、みだりに流用しているものはこれを指摘する。
　　　人件費、物件費を相互に流用するもの等実質的に不適当と認められる流用がないか、流用額以上に不用額を生じ、流用の意義を没却していないか。
　　・物品購入その他の支出時期を検討し、年度末に予算を乱費しているものはこれを指摘する。
　　・事業繰越しがあれば、決裁書類を提出させて、真にやむを得なかったものかどうかを解明する。
　　・前年度より繰り越された事業があれば、その執行状況を検討する。
　　・一時借入金があれば、その借入償還時期の適否を検討する。

⒅ 監査委員の決算審査意見書式例
① 意見書形式による場合

　　　　　○○年度○○市(町村)歳入歳出決算審査意見書
　地方自治法第233条第2項の規定により、○○年度○○市(町村)一般会計及び特別会計歳入歳出決算並びに関係帳簿、証書類を審査した結果、その意見は下記のとおりである。
　　　　　　　　　　　　　　　記
1　審査対象
　⑴　○○年度○○市(町村)一般会計歳入歳出決算及び関係帳簿、証書類
　⑵　○○年度○○市(町村)○○特別会計歳入歳出決算及び同関係帳簿、証書類
2　審査期間　○○年○月○日から○○年○月○日まで
3　審査の総括的意見
　　各会計の予算額及び収入支出済額は、予算台帳並びに出納日計簿、収入簿及び支出簿により出納証書類を余すところなく照査のうえ、さらに、その内容につき検討を加え、審査を実施した結果、決算は計数的に正確であり、内容も正当なものである。
　　しかし、予算の執行状態を見れば、幾多の改善する諸点が見受けられ、そのなかには、従来しばしば注意を促してきた事項がまだ改められていないことは遺憾とする。特に、指摘した事項については、すみやかに是正し、将来適正な運用を図るようにされたい。
　　なお、決算に当たって、細目にわたり付記に説明を記載し、決算の内容を一目りょう然にするように努めたことは、地方自治法第233条第4項の決算要領報告に関する規定及び同法第243条の3の住民に対する財政状況の公表の趣旨とも関連し、まことに当を得たものであり、事務担当者の労を多とする。
4　審査の個別的意見
　　○○年○月○日
　○○市(町村)長　氏　　　名　殿(様)
　　　　　　　　○○市(町村)監査委員　氏　　　　　　名　㊞
　　　　　　　　　　　同　　　　　　　氏　　　　　　名　㊞

注1　決算認定した後、当該決算内容に誤謬があり、その結果決算金額に異動を生ずることとなる場合には、会計管理者は決算の内容を修正して、市町村長に提出

し、市町村長はもう一度改めて議会の認定に付するよりほかない。
2　不当支出があった場合には、たとえその決算が認定された後であっても、関係職員は損害賠償の責めを負わなければならない。

②　通知形式による場合

```
                                      監委第　　　号
                                      ○○年○月○日
○○市（町村）長　氏　　　名　殿（様）
            ○○市（町村）監査委員　氏　　　　名　㊞
                        同　　　　氏　　　　名　㊞
    決算審査意見について
　地方自治法第233条第2項の規定により、審査に付された○○年度○○市（町村）一般会計及び特別会計歳入歳出決算並びに同法第241条第5項の規定により審査に付された基金の運用状況を示す書類を審査した結果、次のとおりその意見を付して提出します。
（別紙略）
```

⒆　決算の公表書式例

```
○○市（町村）告示第○号
　○○年度○○市（町村）歳入歳出決算は、○月○日の定例議会で、認定の議決があったので、その要領を次のとおり告示する。
    ○○年○月○日
                    ○○市（町村）長　氏　　　　名　㊞
○○年度○○市（町村）歳入歳出決算書
      歳　　　　　入
  科　　　　目　　　　　　収入決算額
第1款　市（町村）税　　　　　　円
　第1項　普　通　税　　　　　　円
第2款　地方交付税　　　　　　　円
        歳入合計　　　　　　　　円
      歳　　　　　出
  科　　　　目　　　　　　支出決算額
第1款　議　会　費　　　　　　　円
```

```
    第1項  議 会 費              円
第2款 総 務 費                   円
  第1項  総務管理費             円
         歳出合計               円
         歳入差出差引残金        円
         内          円  公債償還金に充当
                     円  基金に繰入れ
                     円  翌年度へ繰越し
```

注1 議会が認定しない場合の告示要領は、議会が認定しなかった旨を明記すればよい。
   認定しなかったからといって、すでになされた支出が無効となるものではない（昭31．2．1行実）。
 2 知事への報告には、議会が認定しない旨とこれに対する市町村長の意見を添付する。
 3 議会の認定は項目に分かって、一部認定し又は認定せずとすることはできない。
 4 決算が継続審議となり、かつ審議未了となるか、あるいは議員の任期満了、議会解散等があった場合、長は再度認定に付する必要はないが、決算自体の有効性を明確にさせるとして再度提出することは禁止していない。
   なお、前期の議会から、改選後への継続審議は考えられない。公表にはその経過を報告すればよい。

⒇ 行政実績報告書式例

```
                  報 告 書
  地方自治法第233条第5項の規定により、○○年度における各部門の主
要な施策の成果及び予算執行の実績の概要を、次のとおり報告する。
    ○○年○月○日
                  ○○市（町村）長 氏    名 ㊞
（別紙）
1 総務
 ⑴ 市町村財政
   ア 当初予算の編成並びに補正予算の措置状況
     何々
   イ 決算の概要
（以下各部門ごとに施策（事業）の成果を記載する。）
```

注　各部課において所管事務（事業）及び予算執行の実績並びにその内容の成果を記載する。

(21) 行為の停止勧告書式例

```
                                      文　書　番　号
                                      ○○年○月○日
○○市（町村）長　氏　　　名　殿（様）
            ○○市（町村）監査委員　氏　　　名　㊞
                         同　　　氏　　　名　㊞
　○○年○月○日何某の請求に係る何々について監査の結果、その事実があると認めたので、地方自治法第242条第3項の規定により次のとおり行為の停止を勧告する。
　（請求事項詳述）
```

注　監査の結果、請求に係る事実があると認めたとき行う。

(22) 違法（不当行為）の住民監査請求書式例

```
              違法（不当行為）の監査請求書
　標記のことについて、その事実を証明する書面を添えて、地方自治法第242条の規定により請求します。
　1　請求の要旨
　2　必要な書面（別紙）
　　○○年○月○日
                    請求人　住　所　氏　　　名　㊞
○○市（町村）監査委員　氏　　　名　殿（様）
```

注1　この請求人は、当該市町村の住民1人からの請求でもよい。
　2　自治法75条の事務監査の請求と違い、個々具体的な違法又は不当の行為についてであり、例えば、公金の支出、財産の取得・管理・処分、契約の締結又は履行、債務その他義務の負担等が相当の確実さをもって予測される場合、公金の賦課又は徴収を怠る事実、財産の管理を怠る事実等。
　3　請求の時期は、当該行為の完了後又は進行中でもよい。
　4　平成14年の改正で請求の要旨の字数制限はなくなった。
　5　事実を証明できる書面で形式を備えていればよい（新聞記事を含む。）。

6 刑事事件に係属中でもよい。また、弁護士の代理人によることも差し支えない。

(23) 事実のない監査結果通知書式例

```
                                             文 書 番 号
                                             ○○年○月○日
  請求人　氏　　　　名　　様
              ○○市（町村）監査委員　氏　　　　名　㊞
                          同　　氏　　　　名　㊞

    監査の結果について（通知）
  ○○年○月○日の請求に係る何々について監査の結果、その事実はない
 と認めたので、地方自治法第242条第4項の規定により通知する。
  事実のない理由
 1　請求に係る事実は認められず、したがって、………を勧告する必要も
   ないと考える。
 2　監査した結果は次のとおりである。
  (1) 請求人は、………というけれども、この点について詳細に監査をし
     たが、事実は………であって、請求人の指摘しているような事実は全
     く見られない。
  (2) また、請求人は、その措置要求において………と指摘されている
     が、監査したところでは、………の事実は多少見受けられたが、この
     ようなことは何ら差し支えないことで、請求人の言われるような事実
     は認められない。
 3　請求人が事実があると考えられたのは、………の事由による誤解では
   なかったかと考えられ、この点についても………法第○条の規定によ
   り、適法な措置であった。
```

注1　監査の結果、請求に係る事実がないと認めたとき。
　2　監査の結果、そこに指摘された職員又は請求の事項に相違があったとき、①請求の事実がないものとして請求人に通知する。しかし、この場合、監査委員は、請求の事実がない旨を請求人に通知しても、②別途職権により、請求の事実以外に判明した事実について是正改善等の措置を図るべきことを市町村長に勧告する。

⑷ 職員の違法、不当（行為）の停止措置通知書式例

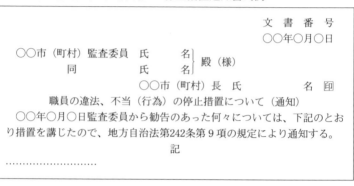

注　監査委員の勧告に基づき、必要な措置を講じたとき。

⒉　会計管理者の職員等の賠償責任に関する監査

ア　書面審査

　書面による審査に当たっては、Aだれが、Bいつ、Cどこで、Dどういう事情で、Eどういう行為をし、Fその結果どうなっているかについて、出納職員にとって有利不利いっさいの具体的資料を収集し、責任に対する正当な判断を下すことができるようにしなければならない。

　そのために、主として次の各事項に関する資料が必要である。

　①会計管理者を補助する職員等の職氏名、②亡失又はき損の日時及び場所、③亡失又はき損の現金又は物品の品名、数量、金額（物品の場合は、原則として帳簿価格）、④亡失又はき損の原因である事実、⑤平素における保管の状況、⑥亡失又はき損の事実発見の動機、⑦同発見後の処置、⑧亡失又はき損の事故に対し損害賠償の訴えを提起したときは、その年月日、裁判の進行状況、判決が確定したときは、判決書の写し

・亡失又はき損の事故に関連して公訴が提起されたときは、その年月日、起訴状の写し、裁判の進行状況、判決が確定したときは、

判決書の写し
- 損害補塡の状況（賠償年月日、賠償者、賠償額、物品をもって賠償したときはその旨、どの損害に対する分としての補塡分等）
- 損害の全部が補塡されていない場合は、将来補塡見込み
- 会計管理者を補助する職員の証明書（自治法243条の2第8項の規定により、亡失き損が避けることのできない事故によること、その他やむを得ない事情によるものであることの証明）
- 亡失又はき損に関係ある収入、支出等の証拠書類
- 関係法規及び諸規定
- その他参考となるべき事項（物品出納員が合規の監督を怠らなかったことを証明する場合には、所属長の証明書、亡失き損現場の見取図、関係職員に対する聴取書等）

イ 実地検査

　書面審査を裏づけるためには、実地について監査を要することが多い。直接、当該職員や関係者から事情を聴取、あるいは亡失き損の現場に臨み、金庫・倉庫の状況等を調査して、実地による心証を得ることが必要である。

ウ 監査結果の処理

　監査委員は、監査の結果を取りまとめて市町村長に対し意見を表示しなければならない。

　この監査委員の監査の結果に基づき、長は独自の見解を勘案して、長が賠償責任の有無を決定し、賠償を命ずることとなるのである。

① 監査の対象に属しない事項については、その理由を明らかにして自己の職能の範囲外であることを表示する。

② 監査中に、当該亡失き損事故について損害賠償の訴えが提起されたときは、監査を中止する旨を表示する。

③ 監査中に、当該亡失き損に関連して公訴が提起されたときは、監査を停止して判決の確定をまつ旨表示する。

④ 監査を終えた事業については、次の各事項を明らかにする。
- 賠償責任についての監査の対象となった職員の職氏名

- 監査の経過
- 賠償をさせるべき金額
  一部補塡された額があれば、なお賠償させるべき金額
- 賠償責任の有無についての意見、連帯して責任を負わすべきときはその旨
- 収入その他の職員が避けることのできない事故により、又は職員の使用に供した場合において合規の監督を怠らなかったことを証明したときの審査も、上記に準じて行うこと。

⑵⑹ 決算不認定の場合における長から議会等への報告

地方公共団体の長等は、決算不認定の場合に、当該不認定を踏まえて必要と認める措置を講じたときは、その内容を議会等に報告・公表しなければならない。

⑵⁷ 監査結果の報告公表一覧

種　　　別	関係条文	報告先				公表	
		総務大臣知事	議会	長	関係委員会	公表	その他
1　監査							
⑴　定例監査	自治法199Ⅲ、Ⅷ		○	○	○	○	
⑵　臨時監査	〃　199Ⅴ、Ⅷ		○	○	○	○	
⑶　行政監査	〃　199Ⅳ		○	○	○	○	
⑷　直接請求に基づく監査	〃　75Ⅲ 自治令98、99			○	○	告示及び公表	請求代表者に通知
⑸　長の要求に基づく監査	自治法199Ⅵ、Ⅸ		○	○	○	○	
⑹　議会の要求に基づく監査	〃　98Ⅱ			○	○	○	
⑺　市町村長の要求に基づく監査	〃　199Ⅶ、Ⅸ		○	○	○	○	
2　特別の監査及び検査							
⑴　例月出納検査	自治法235の2		○	○			
⑵　補助団体の監査	〃　199Ⅶ、Ⅸ		○	○	○	○	
⑶　決算の審査	〃　233Ⅲ	○		○		○	
⑷　決算の認定の議案の否決	〃　233Ⅶ				○		
⑸　納税者の請求に基づく監査	〃　242				○		請求人へ通知
⑹　公金の賠償責任に関する監査又は審査	〃　243の2				○		
⑺　公金取扱者の監査	〃　235の2				○		
⑻　地方公営企業の決算の審査	地公企法30				○		

2 指定金融機関

(1) 指定金融機関の設置
① 市町村は議会の議決を経て、市町村に属する公金の収納及び支払の事務を行わせるために指定金融機関を指定することができる(自治令168条)。
② 出納事務の効率的運営と正確安全を図るために、一つの銀行その他の金融機関をして行わせる。
③ 指定金融機関は会計管理者に代わって現金出納の機関となる。
④ 指定金融機関でないものであっても、法令で特別の定めがあるものについては、市町村の現金の出納を行うことも認められる(郵便振替貯金の取扱い、資金前渡、競輪等の売上金、病院、動物園の収入、滞納税金出張徴収等)。
⑤ 市町村に属する現金とは、市町村の歳入歳出及び歳入歳出外現金を指す。

(2) 指定金融機関指定の手続
① 指定金融機関の指定は、市町村の任意である(自治法235条2項)。
② 指定金融機関の公金の収納及び支払いの事務は、市町村長が議会の議決を経て定める銀行又はその他指定金融機関に取り扱わせる(自治令168条)。
  「銀行」……銀行法による。
  「その他」……貯蓄銀行、信託銀行、相互銀行、信用金庫等

(3) 指定金融機関・指定代理金融機関と収納代理金融機関
① 指定金融機関は市役所(町村役場)の所在地、指定代理金融機関は市町村長において必要と認める地
② 指定代理金融機関、指定金融機関の扱う収納及び支払いの両方の

事務の一部を代理し、収納代理金融機関は公金の収納事務のみ取り扱い、指定金融機関が総括する（自治令168条の2）。
③ 指定代理金融機関の数には制限がない。
④ 「指定金融機関が指定代理金融機関を総括する」とは、公金の収納又は支払の事務の指定金融機関と指定代理金融機関との事務上の関係のみをいい、金銭上の責任は含まれない（自治令168条の2）。
⑤ 市町村長は、必要があるときは、指定金融機関をしてその事務の一部を長が指定する金融機関に取り扱わせるようにさせることができる（自治令168条4項）。
⑥ 指定代理金融機関及び収納代理金融機関又は一部取扱店（自治令168条4項）のほかに法令の定めるところによらずに、歳入代理店の名のもとに他の金融機関をして収納事務をつかさどらせることはできないが、地方税法321条の5第4項の規定に基づき、当該市町村において市町村民税の特別徴収義務者が納入する金融機関を指定することはさしつかえない。

(4) 指定金融機関契約の留意点

指定金融機関の契約は、市町村長が公金の収納及び支払の事務を取り扱う会社機関と締結するのであるが、①指定契約のみの議決であって、その契約内容についての議決は不要。②市町村の会計規則（あるいは指定金融機関事務取扱規則）その他市町村の財務に関する諸規定によって現金の出納並びに預金を取り扱う旨を規定すること。③歳入は一応すべて一般会計、特別会計及び歳入歳出外現金に区分して整理し、常時の出納に支障のない限度を定め、超過する額は普通預金とすること。④小切手の特約を行うこと。⑤普通預金についての利子の定率並びに利子納付の方法を定めること。⑥事務取扱いに対する担保について定めること。⑦契約により取り扱う出納金に対しての損害賠償に関すること並びにその方法を定めること。⑧事務取扱手数料の額と交付方法を定める。⑨契約書に預金契約も含まれているような書式もあるが、契約の中に預金契約が当然だとするものではなく、契約のしかたによるものであり、また預金契約をあわせて締結するのが便宜で

ある。この場合には、保管の責任者は会計管理者であるから、契約書の末尾に会計管理者を加えるのも一つの方法であろう。⑩公金の収納及び支払事務については、現金のほか、証券納付、隔地払い、公金振替え、又は口座振替えも含まれる。公金には歳入歳出外現金も含まれる（昭28．4．3行実）。

なお、昭和38年9月10日自治乙行発第3号各都道府県知事あて自治事務次官各都道府県知事あて通知の改正制度の運用について通知参照。

地方公共団体における公金の取扱いについて昭和33年5月8日通知参照。

(5) 収納代理金融機関告示書式例

○○市告示第○号
　地方自治法施行令（昭和22年政令第16号）第168条第4項の規定により、○○市収納代理金融機関を次のように指定したので、同条第8項の規定により告示する。
　　○○年○月○日

　　　　　　　　　　　　　　　○○市長　氏　　　　名　㊞
1　収納代理金融機関の名称及び主たる事務所の所在地

名　　　　称	主たる事務所の所在地
株式会社○○銀行	○○県○○市○○町○○丁目○番○○号
株式会社○○銀行	○○県○○市○○町○○丁目○番○○号

2　収納事務の取扱い開始年月日
　　○○年○月○日

注1　収納代理金融機関は、地域、数の制限がなく、長が必要と認めれば指定することができる。
　2　収納事務の一部のみ代理して取り扱う（例　税のみ）。
　3　指定の取消しをしようとするときは、あらかじめ指定金融機関の意見をきかなければならない。
　4　取消し、一時中止、事務の変更等のあった場合は必ず告示を要する。

③ 契約関係書式例

(1) 契約の意義

市町村の締結する契約は、市町村が当事者の一方として締結する。根拠法規は自治法234条のほか民法その他の私法によるものである。

(2) 契約の方法

ア 一般競争入札

一般に公告して不特定多数人を競争させ、そのうちから市町村に最も有利な条件を示した者（予定価格の制限の範囲内で最高又は最低入札者）とする契約。ここにいう予定価格とは、落札価格、入札の価格ではない。

イ 指名競争入札

あらかじめ登録した業者のみに競争者の数を制限し、かつ競争加入者を指定して、その範囲内において競争を行わしめ、そのうちから市町村に最も有利な条件の者と締結する契約

ウ 随意契約

競争に付することなく、任意に相手方と契約する方法で、契約の性質又は目的上競争方法によることが不可能であるとか、不利益の場合で、

① 契約を早急に締結して、目的を達成する必要がある場合
② 価格が入札費に比し僅少な場合
③ 政令の定めるところにより競争入札によらないでもよい場合に締結することが認められる契約

エ せり売り

動産の売払いで契約の性質がせり売りに適しているものを売払う場合の契約。現在は、ネット公売等で行われるものが多い。

(3) 契約の留意点

ア 条例で定める契約の締結は、工事又は製造の請負契約の場合は都道府県5億円、指定都市3億円、市1億5,000万円、町村5,000万円で、不動産若しくは動産の買い入れ（土地については、その面積が都道府県にあっては1件2万平方メートル以上、指定都市にあっては1件1万平方メートル以上、市町村にあっては1件5千平方メートル以上のものに係るものに限る）または不動産の信託の受益権の買い入れまたは売り払いの場合は、都道府県7千万円、指定都市4千万円、市2千万円、町村7百万円で、これ以上は議会の議決を要する（自治法96条1項5号、自治令121条の2別表第3）。

イ この場合の議会の意思は、「可決」でもよいが「同意」又は「不同意」が用いられ、内容の変更、金額の改訂等の修正は許されない。なお、落札後議会で否決されたときは、入札のやり直しとなるのみならず、契約も不成立となる（昭23.10.30行実）。

その他の条例で定める重要な公の施設につき、条例で定める長期かつ独占的な利用、負担付きの寄附の同意、損害賠償額の同意等の場合があるが、いずれも、それらの議案に対する用語はイの扱いがよい。

ウ 契約についての事務は市町村長の事務であって、細部の手続は、市町村の契約規則で定める。

エ 議会の議決を得べき契約でありながら、議決がないのは無効である。しかし、後日議決がなされたときは有効となり、法律上これを追認又は追完という。

オ 契約書を作成する場合、双方の記名押印により契約が確定する。自治法234条5項にその旨明文化されている。契約にあたり後日紛争を生じないようにするためには次のような配慮をしたほうがよい。例えば、

① 記名でもよいが、重要な契約なら相手方の署名と実印及び印鑑証明書の添付がよい。法人のときは、代表者の資格証明書、印鑑証明書の添付。

② 相手方が法人の場合は、重要な契約なら株主総会の議事録の添

付。
③ 証書、念書、確認書、契約書等はいずれも独立して又は既存の書面とあわせて契約書と同一の効力を有するものであるから、市（町村）がする契約の場合、前記、双方の記名押印したものだけが契約書として有効であり、証書、念書、確約書等はつけないこと。その反対のときは、後日の証拠としてとっておく。
④ 重要な契約については公正証書を作成すること。これは公証人が作成し、当該契約書は強い証明力をもつこととなる。
⑤ 契約の場合議会の議決が必要なものでも、これを解除するときは、議決は必要としない。もし、契約変更のときは、市（町村）に有利な変更なら議決不要だし、不利なときは議決したほうがよいと解する。
カ 契約の当事者は、正確な表示としては、「〇〇市（町村）」「右代表者市（町村）長〇〇〇〇」だが、代表者を省いているのが少なくない。しかし、できるだけ代表者を表示することが望ましい。相手方は法人の場合は、法人の名称と代表者名等を示し、法人格のない団体の場合は、「〇〇〇〇代表者〇〇〇〇」とする。
キ 市町村が作成した文書には、印紙税は課せられない（印紙税法5条）ので、収入印紙は不要だが、相手方の作成分には所定の印紙が必要である（議決を要する仮契約書には、収入印紙を貼付する）。
ク 刑事事件を起こしたことのある業者に入札資格を与えないこととする場合に次の問題がある。
① 自治令167条の4には一般競争入札の参加者資格が規定され、普通地方公共団体は、同条2項に列挙された各号に該当すると認められた者をその事実があった後3年間一般競争入札に参加させないことができるとしている。こうした欠格要件以外に地方公共団体が規則で、要件を付加することは許されないものと解すべきである。
② 同令167条の4第2項の各号のいずれかに、暴力、贈賄等不正行為があった場合に指名排除をすることができるかどうか。こうしたことがらが、同条2項の欠格要件（例えば公正を妨げたこ

と)に該当する場合は排除することができるだろう。
③　例えば、談合による利益が、普通の祝儀の程度を超えて不当に高額である場合は排除できる（昭32.1.22最高裁）。
④　議会は、工事契約について刑事事件を理由に否決した。否決されたこの業者を再入札において、当該業者を排除することはできないと解されている。地方議会の若干のところで議員に建設業者がいて、その団体の公共事業等の請負契約をすることについては、住民の疑惑を排除するために、議員の配偶者又は3親等内の血族及び姻族の経営する企業並びに、議員が事実上支配力を持つと思われる企業に対し、請負契約対象者となし得ない旨の決議をしているところがある。これは法律上一般競争入札参加者の資格を制限する直接的な効果はない。

(4)　競争入札公告書式例

> 　　　　　何々工事入札（市（町村）有林立木公売）公告
> 1　競争入札に付する事項
> 　　何　々
> 2　入札に参加する者に必要な資格に関する事項
> 　　何　々
> 3　契約条項を示す場所
> 　　何市（町村）役所（役場）
> 4　入札の場所及び日時
> 　(1)　場　所　　何々
> 　(2)　日　時　　〇〇年〇月〇日午前〇時開始し、同〇時締め切る。
> 5　入札保証金に関する事項
> 　　入札は、入札の日の何時までに、見積金額の100分の5の入札保証金を何市（町村）指定金融機関に現金（国債・地方債証券）をもって納めなければならない。
> 　　入札保証金は、入札終了後にこれを還付する。（ただし、落札者の入札保証金は、契約保証金に充当するものとする。）
> 6　何々（上記のほか必要と認める事項、例えば、落札の効力、印鑑の持参、代理に対する措置等）

```
    ○○年○月○日
                  ○○市（町村）長　氏　　　　　　名　印
```

注1　自治令167条の6により、市（町村）長は一般競争入札により契約を締結しようとする場合に、上記の公告をしなければならない。
　2　公告する事項は、各市（町村）契約規則の定める各項による。
　3　入札期日は、できれば早めに市・町・村公報、新聞その他適当な方法によって公告し、周知させるよう努めなければならない。
　4　自治法96条1項5号及び8号は議決を必要とする契約であるから、一般競争入札に付する際、議会の議決が契約締結の要件であることを公告において明らかにしておくのがよい。
　5　長は、一般競争入札に参加する者に必要な資格を定めたときは、公示しなければならない。この公示はそのつどでよい。公示の方法は、公報、新聞、掲示その他いずれの方法でもよい（自治令167条の5）。

(5) 入札指名通知書式例

```
                                        文　書　番　号
                                        ○○年○月○日
   氏　　　　名　様
                  ○○市（町村）長　氏　　　　　　名　印
```

……工事の指名競争入札執行に当たり、貴社を指名することに決定したから、希望があれば、○○市（町村）財務規則及び建設工事請負契約基準約款に従い、工事設計仕様書及び現場熟知のうえ、下記によって入札されたく通知します。

記

1　入札執行に関する事項
　(1)　入札日時　　○○年○月○日午前（後）○時
　(2)　入札場所
　(3)　仕様書を示す場所
　(4)　入札保証金
　(5)　現場説明日時及び場所
　(6)　最低制限価格　有
　(7)　注意事項
　　ア　所定の日時までに到達しない入札は無効とする。
　　イ　代理人をして入札させる場合は、委任状を提出すること。

2 契約の特定条件
(1) 契約保証金（を免除する。）（は、契約額の……とする。）
(2) 前金払をする。（その額は契約金額の○％とし、　　万円未満の端数は切り捨てる。）
(3) 工事期間は、契約確定の日から　　日以内とする。

(6) 予定価格書式例

```
　　　　　　　　　　　予　定　価　格　書
　　　　　　　　決定者　○○市（町村）長　氏　　　　名　印
1　名　　　称
2　入札年月日　　○○年○月○日午前（後）○時○分
3　予定価格　　　金　　　　　　　円
4　制限価格　　　金　　　　　　　円
　（又は率）　　　決定価格の──価格とする。
5　付　　　記
　上記のとおり決定する。
```

注1　市（町村）長は、一般競争入札により工事又は製造の請負の契約を締結しようとする場合において、当該契約に適合した履行を確保するため特に必要があると認めるときは、あらかじめ最低制限価格を設けて、予定価格の制限の範囲内の価格で最低制限価格以上の申込みをした者のうち、最低の価格をもって申込みをした者を落札者とする。
　2　予定価格は、落札価格と違い市町村が競争入札に付する際の契約金額決定の基準とするために契約担当者が、あらかじめ作成する仕様書、設計書等による見積金額を基礎とした価格である。

(7) 工事入札書式例

```
　　　　　　　　　　　　入　　札　　書
1　工　事　名
2　工　事　場　所
3　入　札　金　額
4　入　札　保　証　金　（……又は免除）
　建設業法、同法施行令、同法施行規則、○○市（町村）工事施行規則及
```

び工事設計書により関係事項並びに現場熟知のうえ入札いたします。
　　○○年○月○日

　　　　　　　　　　　　　　　　　住所　氏　　　　名　㊞
　　○○市（町村）長　氏　　　名　殿

注1　工事入札心得として次の事項を守るように注意しておくべきである。
　⑴　入札は○○年○月○日午前（後）○時○○市（町村）役所（役場）において行い、即日開札する。
　⑵　入札時間に遅刻した者の入札は認めない。
　⑶　代理人をもって入札しようとするものは、委任状を差し出さなければならない。
　⑷　入札の有効、無効は管理者の定めるところに従うこと。
　⑸　入札書の様式は、……工事執行規則第○号様式とする。
　⑹　入札書の引換えその他入札の取消訂正等の請求は認めない。
　⑺　入札予定価格以内にして予定価格の例えば10分の8を下らない最低価格の入札をした者を落札人とする（最低入札価格を設けた場合）。
　⑻　同一人の入札があった場合は、管理者において落札人を定める。落札人がなかった場合は、引き続き再入札に付することがある。
　⑼　竣工期限は○○年○月○日とする。
　⑽　設計図書及び仕様書は、入札書と同時に提出のこと。
　⑾　その他の事項については○○市（町村）工事執行規則を準用する。
2⑴　一般競争入札の開札は、公告した場所において入札の終了後直ちに、入札者立会いのもとに行うのが原則である。
　⑵　入札者の立会いのないときは当該入札事務と関係がない職員が立ち会わなければならない。
　⑶　入札のうち、予定価格の制限の範囲内の価格の入札がないときは、再入札の手続をすることができる。
3　同価格の入札者が2人以上あるときは、くじで落札者を決めなければならない。
4　入札保証金及び契約保証金は、契約締結と契約履行の担保を一段と確実にするためのものであり、自治省行政局長通知（昭38.12.10）参照。

⑻　工事請負契約書式例

　　収入
　　印紙　　　　　工　事　請　負　契　約　書

　注文者○○市（町村）と請負者○○○○とは、この契約書○○市（町

村）工事執行規則、公共工事請負契約約款、添付図面○枚及び仕様書○冊により、工事請負契約を締結する。
1　工　事　名
2　工事場所
3　工　　　期　　着手　契約の日から7日以内
　　　　　　　　　　　　○○年○月○日
　　　　　　　　完成　○○年○月○日
4　検査及び引渡しの時期　完成の日から14日以内
5　請負代金の額（契約金額）　　　　　金
6　契約保証金の額　　　　金
7　請負代金（契約金額）の支払方法　注文者は、請負代金（契約金額）を次のように請負者に支払う。
　(1)　出来高払
　(2)　完成引渡しのとき
8　そ の 他
　この契約の証として、本書2通を作り、当事者が記名押印のうえ各1通を保存する。
　　　○○年○月○日
　　　　　　　　　　　　　　　　住　　所
　　注文者　○○市（町村）　○○市(町村)長　氏　　　　　　名　印
　　　　　　　　　　　　　　　　住　所
　　　　　　　　　　　　　　　　請負者　氏　　　　　　　　名　印

(9)　工事請負変更契約書式例

```
┌──────────────────────────────────────┐
│　収　入　　　　工 事 請 負 変 更 契 約 書
│　印　紙
│ 1　工　事　名
│ 2　工事場所
│ 3　変更事項
│　(1)　請負代金
│　　　原請負代金　　　金　　　　　　　　　　（○○年○月○日契約）
│　　　変更請負代金　　金
│　　　増減金額　　　　金
```

(2) 工事竣工期日
    原竣工期日　　　○○年○月○日
    変更竣工期日　　○○年○月○日
 (3) 工事内容　　　　別紙変更設計書並びに計算書のとおり
 (4) 変更後の契約保証金　　金
 (5) そ の 他　　　　原契約書契約条項のとおり
　上記変更契約の証としてこの証書2通を作り、双方記名押印のうえ各自1通を原請負契約書とともに領置するものとする。
　○○年○月○日
　　　　　　　　　　　　　　　　　住　　所
　　注文者　○○市（町村）　○○市（町村）長　氏　　　　名　㊞
　　　　　　　　　　　　　　　　　住　　所
　　　　　　　　　　　　　　　　　請負者　氏　　　　　　名　㊞

(10) 工事請負契約約款書式例

　　　　　　　　　　工 事 請 負 契 約 約 款
第1条　乙は、図面及び仕様書に基づく工事費内訳明細書（様式は別に定める。）及び詳細な工程表を作成し、契約締結後○日以内に甲に提出して、その承認を受けるものとする。
第2条　乙は、この契約による債務の不履行によって生ずる違約金の支払を担保及び保証するため、公共工事履行保証証券による保証を付さなければならない。
第3条　この契約によって生ずる権利若しくは義務は、これを第三者に譲渡又は承継せしめてはならない。ただし、甲の承認を得た場合は、この限りではない。
第4条　乙は、現場代理人及び主任技術者を定め、あらかじめ甲に通知しなければならない。
 2　乙又は乙の現場代理人及び主任技術者は、工事現場に常駐し、甲又は甲の監理技師の指示に従い、工事現場の取締まり及び工事に関する一切の事項を処理しなければならない。
第5条　工事に使用する材料は、使用前に甲の監理技師の検査を受け、合格したものでなければ使用することができない。
 2　乙は、甲の承認を得なければ、工事現場に搬入した材料を搬出、売

却、貸与し、又は担保の目的に供してはならない。
第6条　甲は、必要がある場合には、工事内容を変更若しくは工事を一時中止又は打ち切ることができる。この場合において、工期を変更する必要があるときは、甲乙協議して定め、請負代金の変更をきたすものについては、工事費内訳明細書の単価により、単価の定めのないものについては、甲乙協議して契約を更改するものとする。
第7条　工期内に物価等に変動があった場合も、請負代金額の変更は行わない。
第8条　乙は、災害防止等のため、常時善良なる管理者の注意をなし、必要な措置をとらなければならない。
2　甲又は甲の監理技師は、災害防止、その他施工上緊急やむを得ないときは、乙に対して臨機の措置をとることを求めることができる。この場合、乙は直ちにこれに応じなければならない。
3　本条の措置に要した経費については、乙がこれを負担する。
第9条　引渡し完了前に受けた工事の既済部分又は工事材料（支給材料を含む。）についての損害、その他工事の施行によって生じた損害等は、一切乙の負担として、乙の責任において工事を完成させなければならない。
第10条　乙は、工事が完成したときは、直ちに甲に竣工届を提出しなければならない。
2　甲は、〇日以内に検査を行い、検査に合格したときは、乙に竣工検査証を交付し同時にその引渡しを受けるものとする。
3　検査に合格しないときは、乙は甲の指定する期間内にこれを補修又は改造して、甲の検査を受けなければならない。
　　この場合において、前項に規定する期間は、甲が乙から補修又は改造を終了した旨の通知を受けた日から起算する。
第11条　乙は、前条の検査に合格したときは、甲の定めた書式による工事費出来高明細書及び支払請求書を提出し、請負代金の支払を請求する。甲は、支払請求書を受理した日から〇日以内に支払する。
2　甲は、前項の期間内に支払をしなかった場合は、法定の遅延利息を支払うものとする。
第12条　甲は、工事の一部が完成した場合において、その部分の検査をして、合格と認めたときは、これを使用することができる。
2　工事の未完成の部分についても、乙の同意を得て、これを使用することができる。

第13条　乙は、工事完成前に月○回を限度とし、出来高部分に対する請負代金額の部分払いを請求することができる。
2　前項の請求があったときは、甲は検査を行い、出来高の10分の○以内の部分払いをすることができる。
3　部分払いの請求書には甲の定めた様式による工事費出来高明細書を添付しなければならない。
第14条　乙は、工期に、工事を完成することができない場合において、期限後短期日中に完成の見込みがあるときは、甲は乙から違約金を徴収して、工期を延長することができる。
2　前項の違約金は遅滞日数１日につき、請負金の千分の○とする。
3　天災その他正当な理由による遅滞の場合には、乙の申請により延期を認め、違約金は減免する。
第15条　甲は、乙が次の各号の一に該当するときは、契約を解除することができる。
　(1)　正当な理由なく、着工時期が過ぎても工事に着手しないとき。
　(2)　工程表より著しく工事が遅れ、工期間中に工事を完成する見込みがないと認めたとき。
　(3)　乙が契約の解除を申し出たとき。
　(4)　契約の締結又は履行について不正の行為があったとき。
　(5)　契約の履行に際し、甲又は甲の監理技師の指揮監督に従わず、又はその職務を妨害したとき。
第16条　乙は、引渡しの日から１年間工事目的物の瑕疵を修補し、又はその瑕疵によって生じた滅失、若しくはき損に対して損害を賠償しなければならない。
第17条　前条の規定により、契約を解除した場合は、工事の出来高部分及び検査済材料は甲の所有とし、甲は当該部分に対する価格を工事費内訳明細書の価格により算定して支払うものとする。
2　契約を解除した場合において、甲が引渡しを受けない物件があるときは、乙は甲の定めた期間内にこれを引き取らなければならない。
3　前項の場合において、乙が指定の期間内に物件を引き取らない場合は甲は乙に代わって、その物件を処分することができるとともに、これに要した費用は、乙が負担しなければならない。
第18条　甲は、乙が次の各号の一に該当するときは、甲は４条の規定による公共工事履行保証証券の規定に基づき保証人に対して、他の建設業者を選定し、工事を完成させるよう請求することができる。

(1) 着工時期が過ぎても、工事に着手しないとき。
(2) 工事期間又は期間後短期間中に工事を完成する見込みがないと認めたとき。
2 前項の請求があったときは、保証人は第3条の規定にかかわらず、この契約に基づく権利及び義務を承継するものとする。
第19条 乙は、工事目的物及び工事材料に火災保険を付するものとし保険料は乙の負担とする。
2 火災保険をかける時期、期間、金額、保険会社等については、甲乙協議して定め、乙は保険契約後すみやかにその証券を甲に提出する。
第20条 この契約について、甲と乙との間に紛争を生じたときは、建設工事紛争審査会に解決を申請することができる。

注1 市(町村)の契約規則に基づき、一般競争入札若しくは指名競争入札により落札者を決定したときに契約書を作成する。
2 随意契約の相手方が決定したときにも契約書を作成する。
3 契約書の記載事項は規則の定めるところによる。ただし、契約の性質や目的により該当のない事項については省略してもよい。
4 契約書の記載事項
①契約当事者 ②契約の目的 ③契約金額 ④契約の履行の方法、期限又は期間及び場所 ⑤契約保証金 ⑥契約金の支払の時期及び方法 ⑦監督及び検査 ⑧履行の遅滞その他債務の不履行の場合における遅延利息、違約金その他損害金 ⑨危険負担 ⑩かし担保責任 ⑪契約に関する紛争の解決方法 ⑫その他必要な事項
5 契約書の作成を省略することのできる場合は、次のとおりである。
①契約の内容が軽易でその履行の確保が容易と認められる契約で、その契約金額が(○○)万円を超えないとき。②物品を売り払う場合において、買受人が直ちに代金を納付してその物品を引き取るとき。

3 契約関係書式例

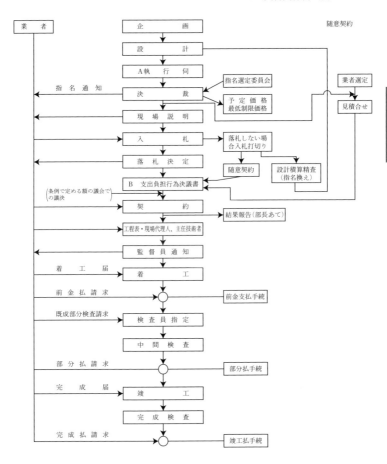

(注) 記載事項および添付書類

A 執行伺（財務規程第○○条参照）
1 所属年度、予算科目、実施設計額、予算差引
2 被指名業者内申書
3 入札通知案
4 設計書、図面、仕様書
5 監督員指定
6 予定価格算定資料
7 指名競争入札とする理由
8 その他必要な事項（前金、部分払等）

B 支出負担行為決議書
1 所属年度、予算科目、落札決定額、予算差引
2 契約書案、契約約款、仕様書、図面
3 入札結果一覧表、入札書、委任状
4 予定価格
5 契約締結通知案
6 その他必要な事項

(11) 土地売買契約（土地を購入する場合）書式例

|収入印紙| 土 地 売 買 契 約 書

　○○県○○市（町村）を甲とし、○○○○を乙として、甲乙間において次の条項により、土地売買契約を締結する。
　（売買物件及び目的）
第1条　乙は、次に表示する土地（以下「当該土地」という。）を、道路用地として、甲に売り渡す。
　　所　在　○○県○○市（町村）○○番
　　地　目　宅地
　　面　積　○○○.○○平方メートル
　（売買代金）
第2条　当該土地の売買代金は、金○,○○○,○○○円とする。
　（売買代金の支払）
第3条　甲は、前条の売買代金を、所有権移転登記及び土地引渡しの完了した後、乙の請求により乙に支払う。
　（所有権移転登記）
第4条　所有権移転登記は、この契約締結後甲が嘱託によりすみやかに行う。
２　乙は、前項の登記に必要な書類を、甲の指定する期日までに、甲に提出しなければならない。
３　第1項の登記手続に要する費用は、すべて乙の負担とする。
　（土地の引渡し）
第5条　乙は、当該土地を、○○年○月○日までに、甲に引き渡さなければならない。
２　前項の引渡しに要する費用は、すべて乙の負担とする。
　（支障物件の撤去）
第6条　乙は、当該土地の上に建物その他支障となる物件があるときは、前条に定める期限までに撤去しなければならない。
　（私権の排除）
第7条　乙は、当該土地について、抵当権、質権その他名義のいかんを問わず所有権の完全な行使を阻害する制限のあるときは、所有権移転登記前に、その制限の全部を除去しなければならない。

（公租公課の負担責任）
第8条　当該土地に対する公租公課は、第5条の土地引渡しの日の前日までの原因によるものは、乙が負担する。
　（紛争の解決）
第9条　この契約に関し、第三者から異議の申立て又は権利の主張等があったときは、すべて乙の責任において解決するものとする。
　（権利譲渡の制限）
第10条　乙は、この契約に基づく権利を第三者に譲渡しようとするときは、事前に甲の承認を得るものとする。
　（契約の解除）
第11条　甲は、乙がこの契約条項に違反したときは、この契約を解除することができる。
　（疑義の決定）
第12条　この契約条項又はこの契約条項に定めのない事項について疑義を生じたときは、甲、乙協議のうえ決定する。
　この契約を証するため、契約書2通を作成し、甲、乙記名押印のうえ、おのおのその1通を保有する。
　　○○年○月○日
　　　　　　　　　　　　　　○○県○○市○○町○番地
　　　　　　　　　　　甲　　○○県○○市（町村）
　　　　　　　　　　　　　　○○市（町村）長　○　○　○　○　㊞
　　　　　　　　　　　　　　○○県○○市○○町○番地
　　　　　　　　　　　乙　　　　　　　　　　　○　○　○　○　㊞

注1　地価の変動があるので、土地売買契約書に、1条の道路用地のごとく目的を記載しながら、他の用途に充てたときは、売買契約解除を主張されて紛争の原因となる。
　2　買主が道路にするべき責務はないとしても目的外ということで紛争となることが多いので、目的は記載しないほうが賢明である。
　3　所有権移転登記と引換えに代金を支払う方法、又は登記のときなどの方法がある。
　4　不動産登記法16条により登記をする場合、官公署の嘱託によって可能とされている。
　5　不動産登記法116条に地方公共団体所有に係る権利に属すべき登記は、嘱託書により登記所に嘱託する。
　6　不動産の登記についての登録税は、登記申請者が納付すべきであるが、申請者

のうち誰が負担すべきかは、当事者の意見によって決める(大審院判例)。
7　買主が所有権移転の登記をしなければ第三者に対抗することができないので、登記の申請は、買主と売主が共同して申請するものである。

⑿　土地譲与契約書式例

|収入印紙|　　　土　地　譲　与　契　約　書|

譲渡人○○県○○市(町村)を甲とし、譲受人○○○○を乙とし、甲乙間において、次の条項により、土地譲与契約を締結する。
(譲与物件)
第1条　甲は、その所有する次に掲げる土地(以下「この土地」という。)を、乙に無償で譲渡する。

所　　　　　　在	地　　目	地　　積
○○県○○市(町村)○○町(字)○○番の1	○　○	○○○.○○㎡
同　　　○○番の2	○　○	○○.○○㎡
同　　　○○番の3	○　○	○○.○○㎡
計		……○.○○㎡

(所有権の移転及び物件の引渡し)
第2条　この土地の所有権は、この契約の締結と同時に甲から乙に移転するものとする。
2　この土地は、前項の規定によりその所有権が移転した時に、乙に対し現状のまま引渡しがあったものとする。
(所有権の移転登記)
第3条　乙は、前条第1項の規定によりこの土地の所有権が移転した後、すみやかに甲に対し所有権の移転登記を請求するものとし、甲は、その請求により、遅滞なく所有権の移転登記を嘱託するものとする。
2　前項の所有権の移転登記に要する費用は、乙の負担とする。
(用途の指定)
第4条　乙は、この土地を、この契約締結の日から起算して20年間○○○として使用しなければならない。
(用途の変更等)

第5条　乙は、前条に定める用途を変更し、又は廃止しようとするときは、あらかじめ書面による甲の承認を受けなければならない。
　（かし担保責任）
第6条　甲は、この土地に隠れたかしがあっても、その責を負わないものとする。
　（契約の解除）
第7条　甲は、乙がこの契約に定める義務を履行しないときは、催告をしないで、この契約を解除することができる。
2　乙は、前項の規定により契約を解除された場合においては、甲の受けた損害を賠償しなければならない。
　（契約の費用）
第8条　この契約の締結に要する費用は、乙の負担とする。
　（疑義の決定等）
第9条　この契約の各条項の解釈について疑義を生じたとき、又はこの契約に定めのない事項については、甲、乙協議のうえ定めるものとする。
　甲と乙とは、本書を2通作成し、それぞれ記名押印のうえ、その1通を保有する。
　　○○年○月○日
　　　　　　　　　　　　○○県○○市○○丁目○番○号
　　　　　　　　　　甲　○○県○○市（町村）
　　　　　　　　　　　　○○市（町村）長　○　○　○　○　㊞
　　　　　　　　　　　　○○県○○市○○○町○○番地
　　　　　　　　　　乙　　　　　　　　　　○　○　○　○　㊞

注1　市（町村）がその所有の土地を無償で譲渡するときは、条例又は議会の議決がいるが、財産の交換、譲与、無償貸付条例によるときは、面積、金額は規定以上であっても議会の議決は不要である。
　2　同条例に規定がなくて、無償譲渡をしようとするときは、面積、金額に制限なく議会の議決が必要である（自治法237条2項）。

(13)　土地賃貸借契約書式例

①　建物所有の目的で土地を賃貸する場合

収入印紙	土　地　賃　貸　借　契　約　書

賃貸人○○県○○市（町村）を甲と、賃借人○○○○を乙とし、連帯保証人○○○○を丙とし、甲、乙及び丙の間において、次の条項により、土地賃貸借契約及び保証契約を締結する。
（賃貸物件）
第1条　甲は、その所有する次に掲げる土地（以下「この土地」という。）を、乙に賃貸する。

所　　　　　在	地　　目	地　　積
○○県○○市(町村)○○町(字)○○番の1	○　○	○○○.○○㎡
同　　○○番の2	○　○	○○.○○㎡
同　　○○番の3	○　○	○○.○○㎡
計		○○○.○○㎡

（使用の目的）
第2条　乙は、この土地を木造建物の敷地として使用するものとする。
（賃貸借の期間）
第3条　この土地の賃貸借の期間は、この契約締結の日から起算して20年間とする。
（借地権利金）
第4条　乙は、この契約に関し、借地権利金として金○,○○○,○○○円を、この契約の締結と同時に、甲の発行する納入通知書により、その指定する場所において支払わなければならない。
（賃借料の支払）
第5条　乙は、この土地の賃借料として年額金○○○,○○○円（月額平方メートル当たり○○円）を、毎年度次に定めるところに従って、甲の発行する納入通知書により、その指定する場所において支払わなければならない。

区　　　　　分	支　払　金　額	支　払　期　限
4月　～　6月　分	○○,○○○円	5　月　末　日
7月　～　9月　分	○○,○○○	8　月　末　日
10月　～　12月　分	○○,○○○	11　月　末　日
1月　～　3月　分	○○,○○○	2　月　末　日

2　前項の規定にかかわらず、○○年度の賃借料は金○○,○○○円と

し、乙は、その賃借料を、次に定めるところに従って、甲の発行する納入通知書により、その指定する場所において支払わなければならない。

区　　　　　　分	支 払 金 額	支　払　期　限
8月　～　9月　分	○○,○○○円	○○年8月末日
10月　～　12月　分	○○,○○○	○○年11月末日
1月　～　3月　分	○○,○○○	○○年2月末日

（賃貸料の改定）
第6条　甲は、前条第1項の賃貸料が土地価格の変動により、又は近隣の土地の地代若しくは賃料に比較して不相当となったときは、将来に向かって、賃貸料を改定することができる。

（延滞金）
第7条　乙は、第5条の賃借料をその支払期限までに支払わないときは、その翌日から支払の日までの日数に応じ、当該賃借料の金額100円につき1日4銭の割合で計算した延滞金（100円未満の場合を除く。）を支払わなければならない。

（転貸の禁止等）
第8条　乙は、次の各号に掲げる事項を守らなければならない。ただし、あらかじめ書面による甲の承認を受けたときは、この限りでない。
(1)　この土地を転貸し、又はこの土地の賃借権を譲渡しないこと。
(2)　この土地の形質を変改しないこと。
(3)　この土地を第2条の目的以外に使用しないこと。

（土地の使用状況の変更）
第9条　乙は、この土地に新たに建物を建築し、又は既存建物の増築、改築等を行おうとするときは、あらかじめ書面による甲の承認を受けなければならない。

（連帯保証人）
第10条　丙は、乙がこの契約により甲に対して負担する一切の債務につき、乙と連帯して履行の責を負うものとする。
2　乙は、丙が民法第450条第1項に定める資格を欠いたときは、遅滞なく新たに連帯保証人を立てなければならない。

（期間の更新）
第11条　乙は、賃貸借期間の満了後、引き続いてこの土地を賃借しようとするときは、賃貸借の期間満了前3月までに書面をもって甲に申し出な

ければならない。

(有益費等の請求権の放棄)

第12条　乙は、この土地に投じた有益費又は必要費があっても、これを甲に請求しないものとする。

(住所等の変更の届出)

第13条　乙又は丙は、その住所又は氏名に変更があったとき、すみやかに甲に届け出るものとする。

(調査協力義務)

第14条　甲は、この土地について随時その使用状況を実地に調査することができる。この場合において、乙は、これに協力しなければならない。

(契約の解除)

第15条　甲は、乙が次の各号の一に該当した場合は、催告しないで、この契約を解除することができる。

(1)　支払期限後3月以上賃借料の支払を怠ったとき。

(2)　第8条の規定に違反したとき。

2　乙は、前項の規定により契約を解除された場合においては、甲の受けた損害を賠償しなければならない。

(原状回復)

第16条　乙は、前条第1項の規定により契約を解除された場合又は賃貸借の期間が満了した場合においては、自己の負担で、直ちにこの土地を原状に回復して甲に返還しなければならない。

(公正証書の作成及び強制執行の認諾)

第17条　この契約については、公正証書を作成するものとし、乙及び丙は、延滞に係る賃借料及び第7条に定める延滞金につき、甲が判決を得ることなく直ちに強制執行を行うことについて、異議がないことを認諾する。

(契約の費用)

第18条　次に掲げる費用は、乙の負担とする。

(1)　この契約の締結に要する費用

(2)　公正証書作成に要する費用

(管轄裁判所)

第19条　この契約から生ずる一切の法律関係に基づく訴えについては、甲の事務所の所在地を管轄する地方裁判所をもって管轄裁判所とする。

（疑義の決定等）
第20条　この契約の各条項の解釈について疑義を生じたとき、又はこの契約に定めのない事項については、甲乙丙協議のうえ定めるものとする。
　甲乙丙は、本書を3通作成し、それぞれ記名押印のうえ、その1通を保有する。
　　○○年○月○日
　　　　　　　　　　　　　○○県○○市○○町○番地
　　　　　　　　　　　甲　○○県○○市（町村）
　　　　　　　　　　　　　○○市（町村）長　○　○　○　○　㊞
　　　　　　　　　　　　　○○県○○市○○町○番地
　　　　　　　　　　　乙　　　　　　　　　　○　○　○　○　㊞
　　　　　　　　　　　　　○○県○○市○○町○番地
　　　　　　　　　　　丙　　　　　　　　　　○　○　○　○　㊞

注1　20年が限度であり、これを超える部分は無効である（民法604条）。借地借家法は原則30年であることに注意。
　2　不動産賃借権は登記することができる。
　3　登記は本登記に限られ仮登記では効力がない。
　4　建物の登記名義人は、借地人の名義と一致しなければならない。

②　一時使用の目的で土地を賃貸する場合

|収入印紙|　　　　土　地　賃　貸　借　契　約　書|

　賃貸人○○県○○市（町村）を甲とし、賃借人○○○○を乙とし、甲乙間において、次の条項により、一時使用のための土地賃貸借契約を締結する。
　（賃貸物件）
第1条　甲は、その所有する次に掲げる土地を、乙に賃貸する。

所　　　　　　在	地　目	地　積
○○県○○市(町村)○○町(字)○○番の1	○	○○．○○㎡
同　　　○○番の2	○	○○．○○㎡

同	○○番の3	○	○	○○.○○㎡
計				○○○.○○㎡

(使用の目的)
第2条　乙は、この土地を、○○として一時使用するものとする。
　(賃貸借の期間)
第3条　この土地の賃貸借の期間は、この契約締結の日から起算して○年間とする。
　(賃借料の支払)
第4条　乙は、この土地の賃借料として金○○○,○○○円を、この契約締結と同時に、甲の発行する納入通知書により、その指定する場所において支払わなければならない。
　(転貸の禁止等)
第5条　乙は、次の各号に掲げる事項を守らなければならない。
　(1)　この土地を転貸し、又はこの土地の賃借権を譲渡しないこと。
　(2)　この土地の形質を変改しないこと。
　(3)　この土地を第2条の目的以外に使用しないこと。
　(4)　この土地に建物を設置しないこと。
　(有益費等の請求権の放棄)
第6条　乙は、この土地に投じた有益費又は必要費があっても、これを甲に請求しないものとする。
　(調査協力義務)
第7条　甲は、この土地について随時その使用状況を実地に調査することができる。この場合において、乙は、これに協力しなければならない。
　(契約の解除)
第8条　甲は、乙が第5条の規定に違反したときは、催告をしないで、この契約を解除することができる。
2　乙は、前項の規定により契約を解除された場合においては、甲の受けた損害を賠償しなければならない。
　(原状回復)
第9条　乙は、前条第1項の規定により契約を解除された場合又は賃貸借期間が満了した場合においては、自己の負担で、直ちにこの土地を原状に回復して甲に返還しなければならない。
　(契約の費用)
第10条　この契約の締結に要する費用は、乙の負担とする。

(管轄裁判所)
第11条　この契約から生ずる一切の法律関係に基づく訴えについては、甲の事務所の所在地を管轄する地方裁判所をもって管轄裁判所とする。
(疑義の決定等)
第12条　この契約の各条項の解釈について疑義を生じたとき、又はこの契約に定めのない事項については、甲乙協議のうえ定めるものとする。
　甲と乙とは、本書を2通作成し、それぞれ記名押印のうえ、その1通を保有する。
　　○○年○月○日
　　　　　　　　　　　　○○県○○市○○町○○番地
　　　　　　　　　　甲　○○県○○市（町村）
　　　　　　　　　　　　○○市（町村）長　○　○　○　○　印
　　　　　　　　　　　　○○県○○市○○町○○番地
　　　　　　　　　　乙　　　　　　　　　　○　○　○　○　印

⒁　土地無償貸付契約書式例

　　　　　　　　　土 地 無 償 貸 付 契 約 書
収入印紙

　貸付人○○県○○市（町村）を甲とし、借受人○○○○を乙とし、甲乙間において、次の条項により、土地無償貸付契約を締結する。
(貸付物件)
第1条　甲は、その所有する次に掲げる土地（以下「この土地」という。）を、乙に無償で貸し付ける。

所　　在	地　目	地　積
○○県○○市(町村)○○町(字)○○番の1	○　○	○○○.○○㎡
同　　○○番の2	○　○	○○.○○㎡
同　　○○番の3	○　○	○○.○○㎡
計		○○○.○○㎡

(貸付期間)

第2条　この土地の貸付期間は、この契約締結の日から起算して〇年間とする。
　（物件の引渡し）
第3条　甲は、この土地を、契約締結と同時に現状のまま乙に引き渡したものとする。
　（用途指定等）
第4条　乙は、この土地を、第2条に定める期間中〇〇〇〇として使用しなければならない。
2　乙は、この土地を前項に定める用途に供する必要がなくなったときは、貸付期間中であっても、自己の負担で、直ちに原状に回復して甲に返還しなければならない。
　（転貸の禁止等）
第5条　乙は、この土地を転貸し、又はこの土地を使用する権利を譲渡してはならない。
　（期間の更新）
第6条　乙は、貸付期間満了後引き続いて第4条第1項に定める用途に供するためこの土地を使用しようとするときは、貸付期間満了前3月までに書面をもって甲に申し出なければならない。
　（有益費等の請求権の放棄）
第7条　乙は、この土地に投じた有益費又は必要費があっても、これを甲に請求しないものとする。
　（調査協力義務）
第8条　甲は、この土地について随時その使用状況を実地に調査することができる。この場合において、乙は、これに協力しなければならない。
　（契約の解除）
第9条　甲は、乙がこの契約に定める義務を履行しないときは、催告をしないで、この契約を解除することができる。
2　乙は、前項の規定により契約を解除された場合においては、甲の受けた損害を賠償しなければならない。
　（原状回復）
第10条　乙は、前条第1項の規定により契約を解除された場合又は貸付期間が満了した場合においては、自己の負担で、直ちにこの土地を原状に回復して甲に返還しなければならない。
　（契約の費用）
第11条　この契約の締結に要する費用は、乙の負担とする。

(疑義の決定等)
第12条 この契約の各条項の解釈について疑義を生じたとき、又はこの契約に定めのない事項については、甲、乙協議のうえ定めるものとする。

甲と乙とは、本書を2通作成し、それぞれ記名押印のうえ、その1通を保有する。

　　○○年○月○日

　　　　　　　　　　　　○○県○○市○○町○○番地
　　　　　　　　　　甲　○○県○○市（町村）
　　　　　　　　　　　　○○市（町村）長　○　○　○　○　㊞
　　　　　　　　　　　　○○県○○市○○町○○番地
　　　　　　　　　　乙　　　　　　　　　　○　○　○　○　㊞

注1　市町村有の土地を貸し付ける場合は適正な対価で貸し付けるべきである。ただし、適正な対価によらないで貸付けをする場合は、条例に定めがあればよい。条例に定めのないときは、議会の単行議決がなければ貸し付けることはできない（自治法237条2項）。
2　行政財産については、貸付け原則として禁止されている（同法238条の4）。長の権限で普通財産に変更した後は貸し付けることができる。条例の適用の有無を参照のこと。

(15) 土地交換契約書式例

|収入印紙| 土地交換契約書（等価交換の場合）|

○○県（以下「甲」という。）と○○○○（以下「乙」という。）とは、相互にその所有する土地の所有権を移転する目的をもって次の条項により土地の交換契約を締結する。

（交換土地）
第1条　甲乙両者は、次の土地（以下「交換土地」という。）を交換するものとする。

　　　甲が交換に供する土地

土地の所在	地　　番	地　　目	地　　積	摘　　要

乙が交換に供する土地

土地の所在	地　　番	地　　目	地　　積	摘　　要

（交換の方法）
第2条　この契約による土地の交換は、等価交換とする。
（契約保証金）
第3条　契約保証金は、免除する。
（土地の引渡し）
第4条　甲乙両者は、次の各号に定める行為をし、その完了を確認したうえ、別に定める日にそれぞれ交換する土地の引渡しをし、土地の受領証を相手方に提出するものとする。
(1)　所有権以外の権利が存在するときは、その抹消又は解除
(2)　分筆又は合筆を要するときは、その手続
(3)　所有権移転に要する書類の提出
（所有権の移転時期）
第5条　交換土地の所有権は、土地の引渡しを完了したときに移転するものとする。
（登記の嘱託）
第6条　交換土地の所有権の移転登記は、前条の規定により交換土地の所有権が移転した後、甲が所轄法務局に登記の嘱託をするものとする。この場合に必要な登録免許税その他の費用は、乙の負担とする。
（危険負担）
第7条　この契約により甲が取得する土地が、この契約締結後引渡しまでの間に甲の責めに帰することができない理由により滅失し、又はき損した場合は、その損失は、乙の負担とする。
2　この契約により乙が取得する土地がこの契約締結後引渡しまでの間に、乙の責めに帰することができない理由により滅失し、又はき損した場合は、その損失は、甲の負担とする。
（かし担保）
第8条　甲乙両者は、この契約締結後において交換土地に数量の不足その他隠れたかしのあることを発見しても、相互に損害賠償の請求又は契約の解除をすることができない。

（解除）
第9条　甲は、乙がこの契約に定める義務を履行しないときは、催告なしにこの契約を解除することができる。
　（損害賠償）
第10条　乙は、この契約に違反したために甲に損害を与えたときは、甲の定める損害賠償金を甲に支払うものとする。
　（公租公課の負担）
第11条　交換前の乙の所有地に対して乙名義が賦課された公租公課は、乙の負担とする。
　（信義則）
第12条　甲乙両者は、信義を重んじ、誠実にこの契約を履行するものとする。
　（契約の費用）
第13条　この契約の締結に要する費用は、乙の負担とする。
　（疑義等の決定）
第14条　この契約に定めのない事項及びこの契約に関し疑義が生じたときは、甲と乙とが協議して定めるものとする。
　この契約の締結を証するため、この契約書を2通作成し、甲乙両者記名押印のうえ、各自その1通を保有するものとする。
　　　○○年○月○日
　　　　　　　　　　　　　　○○市○○町○○番地
　　　　　　　　　　　甲　○○県
　　　　　　　　　　　　　　○○県知事　○　○　○　○　㊞
　　　　　　　　　　　　　　○○市○○町○○番地
　　　　　　　　　　　乙　　　　　○○株式会社
　　　　　　　　　　　　　　代表取締役　○　○　○　○　㊞

⒃　建物賃貸借契約（一時使用のために建物を賃貸する場合）書式例

　　収入印紙　　　　建 物 賃 貸 借 契 約 書

　賃貸人○○県○○市（町村）を甲とし、賃借人○○○○を乙とし、甲乙間において、次の条項により、一時使用のための建物賃貸借契約を締結する。

(賃貸物件)
第1条　甲は、その所有する次に掲げる建物（その敷地の範囲は、別紙図面のとおりとする。）を、乙に賃貸する。
　所　在　　○○県○○市（町村）○○町（字）○○番地
　構　造　　○○木造平屋
　面　積　　○.○㎡
(使用の目的)
第2条　乙は、前条の建物（以下「この建物」という。）を、○○として一時使用するものとする。
(賃貸借の期間)
第3条　この建物の賃貸借の期間は、この契約締結の日から起算して1年間とする。
(賃借料の支払)
第4条　乙は、この建物の賃借料として金○○○,○○○円を、この契約締結と同時に、甲の発行する納入通知書により、その指定する場所において支払わなければならない。
(転貸の禁止等)
第5条　乙は、次の各号に掲げる事項を守らなければならない。ただし、あらかじめ書面による甲の承認を受けたときは、この限りでない。
　(1)　この建物を転貸し、又はこの建物の賃借権を譲渡しないこと。
　(2)　この建物の形質を変改しないこと。
　(3)　この建物を第2条の目的以外に使用しないこと。
(有益費等の請求権の放棄)
第6条　乙は、この建物に投じた有益費又は必要費があっても、これを甲に請求しないものとする。
(調査協力義務)
第7条　甲は、この建物について随時その使用状況を実地に調査することができる。この場合において、乙は、これに協力しなければならない。
(契約の解除)
第8条　甲は、乙が第5条の規定に違反したときは、催告をしないで、この契約を解除することができる。
2　乙は、前項の規定により契約を解除された場合においては、甲の受けた損害を賠償しなければならない。
(原状回復)

第9条　乙は、前条第1項の規定により契約を解除された場合又は賃貸借の期間が満了した場合においては、自己の負担で、直ちにこの建物を原状に回復して甲に返還しなければならない。ただし、甲の承認を受けたときは、この限りでない。

（契約の費用）

第10条　この契約の締結に要する費用は、乙の負担とする。

（管轄裁判所）

第11条　この契約から生ずる一切の法律関係に基づく訴えについては、甲の事務所の所在地を管轄する地方裁判所をもって管轄裁判所とする。

（疑義の決定等）

第12条　この契約の各条項の解釈について疑義を生じたとき、又はこの契約に定めのない事項については、甲、乙協議のうえ定めるものとする。

甲と乙とは、本書を2通作成し、それぞれ記名押印のうえ、その1通を保有する。

　　○○年○月○日

　　　　　　　　　　　　○○県○○市○○町○○番地
　　　　　　　　　　甲　○○県○○市（町村）
　　　　　　　　　　　　○○市（町村）長　○　○　○　○　㊞
　　　　　　　　　　　　○○県○○市○○町○○番地
　　　　　　　　　　乙　　　　　　　　　　○　○　○　○　㊞

注　市（町村）が、特定の土地又は建物を買い入れ又は借り入れるときは、価格その他の条件が整ったときに契約するのが通例で、このような契約は随意契約である（自治法234条）。

(17)　使用貸借契約書式例

収入印紙　　使用貸借契約書（市（町村）が貸主の場合）

貸主○○市（町村）（以下「甲」という。）と借主○○○○（以下「乙」という。）とは、次の条項により○○の使用貸借契約を締結する。

（貸借物件）

第1条　甲は、その所有する次の○○○（以下「貸借物件」という。）を

乙に無償で貸し付け、乙は、これを借り受けた。

土　　　　地		建物及び工作物 （付帯設備を含む。）		設 備 及 び 備 品
所　在		所在地		
地　番		構　造		
地　目				
地　積		延面積		

（用途）

第2条　乙は、貸借物件を〇〇〇として使用し、その他の用途には使用しないものとする。

（契約期間等）

第3条　使用貸借の期間は、〇〇年〇月〇日から〇〇年〇月〇日までとする。ただし、この契約期間中であっても公用、公共用、公益事業その他の用に供するため必要がある場合は、甲はいつでもこの契約を解除することができる。

（契約保証金）

第4条　契約保証金は、免除する。

（譲渡及び転貸の禁止）

第5条　乙は、この契約により生ずる権利を譲渡し、又は貸借物件を転貸してはならない。

（貸借物件の現状の変更）

第6条　貸借物件の現状を変更しようとするときは、乙はあらかじめ甲の承認を受けなければならない。

（貸借物件の維持補修）

第7条　甲は、第3条に定める使用貸借の期間（以下「貸借期間」という。）中貸借物件の維持補修の責めを負わない。(注1)

2　貸借物件に対し保存、利用、改良その他の行為をするため支出する経費はすべて乙の負担とし、(注2)これによってその価格を増加することがあっても乙はその増加額について甲に対しなんらの要求をしないものとする。

（注1）　貸借物件の維持補修は、乙がその責任によって行うものとするものである。

(注2)　貸借物件の修繕費等の必要費、改良費等の有益費その他貸借物件の使用に伴い要する費用は、乙が負担するものとしたものである。

（火災保険）
第8条　乙は、貸借期間中、次の条件に従い貸借物件（土地を除く。）に対し火災保険契約を締結するものとする。
　(1)　保険金受取人　　　　　甲
　(2)　保険金額　　　　　○○○○円
　(3)　保険期間　　　　　　　○年
2　甲は、前項の火災保険契約の締結により交付される保険証券を保管するものとする。

（住所等の変更届）
第9条　乙は、氏名（名称）又は住所（所在地）を変更したときは、直ちにその旨を甲に届け出なければならない。

（滅失等の届出）
第10条　乙は、貸借物件が災害その他の事故により滅失し、又はき損したときは、直ちにその旨を甲に届け出て甲の指示を受けなければならない。

（契約の解除）
第11条　甲は、第3条ただし書に定める場合のほか、乙が次の各号のいずれかに該当するときは、催告なしにこの契約を解除することができる。
　(1)　貸借物件をその目的に従って使用しないとき。
　(2)　第6条の規定に違反したとき。
　(3)　貸借物件の管理が良好でないとき。
　(4)　その他契約条項に違反したとき。

（返還等）
第12条　乙は、貸借期間が満了したとき又は前条の規定によりこの契約を解除されたときは、甲の指示に従い、乙の費用をもって貸借物件を原状に回復して甲に返還しなければならない。ただし、貸借物件を現状において返還することを甲が認めた場合は、この限りでない。
2　貸借物件の返還に際しては、乙はいかなる名目であっても甲に対してその補償を請求することができない。ただし、第3条ただし書の規定によりこの契約を解除した場合は、この限りでない。

（契約の費用）

第13条　この契約の締結に要する費用は、乙の負担とする。
　（信義則）
第14条　甲乙両者は、信義を重んじ、誠実にこの契約を履行しなければならない。
　（疑義等の決定）
第15条　この契約に定めのない事項及びこの契約に関し疑義が生じたときは、甲と乙とが協議して定めるものとする。
　この契約の締結を証するため、この契約書を2通作成し、甲乙両者記名押印のうえ、各自その1通を保有するものとする。
　　○○年○月○日
　　　　　　　　　　　○○市○○町○○番地
　　　　　　　　　甲　○○市（町村）
　　　　　　　　　　　　○○市（町村）長　氏　　　名　㊞
　　　　　　　　　　　○○市○○町○○番地
　　　　　　　　　乙　　○○株式会社
　　　　　　　　　　　　代表取締役　氏　　　名　㊞

⒅　賃貸借契約書式例

収　入
印　紙　　　賃貸借契約書（市（町村）が借主の場合）

　賃借人○○市（町村）（以下「甲」という。）と賃貸人○○○○（以下「乙」という。）とは、次の条項により○○の賃貸借契約を締結する。
　（貸借物件）
第1条　乙は、その所有する次の物件（以下「貸借物件」という。）を甲に賃貸し、甲は、これを賃借する。

土　　　地		建物及び工作物 （付帯設備を含む。）		設備及び備品
所　在		所在地		
地　番		構　造		
地　目				
地　積		延面積		

（用途）
第2条　甲は、貸借物件を○○○として使用し、その他の用途には使用しないものとする。
　（契約期間等）
第3条　賃貸借の期間は、○○年○月○日から○○年○月○日までとする。ただし、この契約期間中であっても、甲において不必要となった場合は、いつでもこの契約を解除することができる。
2　前項ただし書の場合において、乙は、甲に対しこれによって生じた損害の賠償を請求することができない。
　（賃貸料）
第4条　貸借物件の賃貸料は、月額（年額、総額）○○○○円とする。ただし、前条に定める賃貸借の期間（以下「貸借期間」という。）の始期及び終期が月（年）の中途に係るときは、当該月（年）分の賃貸料は、日割計算によって算定した額とする。
2　賃貸料は、貸借物件に対する公租公課の変動その他経済状勢の変動等やむを得ない事情があると認められるときは、甲乙協議のうえ、これを変更することができる。
3　第1項の賃貸料は、後払とし、甲が乙から適法な請求書を受理したときに遅滞なく乙に支払う。
　（譲渡又は転貸の禁止）
第5条　甲は、乙の承諾がなければ、この契約により生ずる賃借権を譲渡し、又は貸借物件を転貸してはならない。
　（貸借物件の譲渡時の措置）
第6条　乙は、貸借期間中に貸借物件を第三者に譲渡しようとするときは、あらかじめ甲の同意を得たうえ、甲がこの契約と同一の条件で貸借物件を使用できるよう措置する。
　（貸借物件の現状変更）
第7条　甲は、貸借物件の現状を変更しようとするときは、あらかじめ乙の承認を受けなければならない。
　（貸借物件の返還）
第8条　甲は、貸借物件を返還するときは、付加財産を甲の費用をもって取り払い、原状に回復して返還するものとする。ただし、甲乙協議のうえ、現状のままで返還することができる。
　（契約の費用）

第9条　この契約の締結に要する費用は、乙の負担とする。
　（信義則）
第10条　甲乙両者は、信義を重んじ、誠実にこの契約を履行しなければならない。
　（疑義等の決定）
第11条　この契約に定めのない事項及びこの契約に関し疑義が生じたときは、甲と乙とが協議して定めるものとする。
　この契約の締結を証するため、この契約書を2通作成し、甲乙両者記名押印のうえ、各自その1通を保有する。
　　○○年○月○日

　　　　　　　　　　　　　　　　○○市○○町○○番地
　　　　　　　　　　　　　　甲　○○市（町村）
　　　　　　　　　　　　　　　　○○市（町村）長　氏　　名　㊞
　　　　　　　　　　　　　　　　○○市○○町○○番地
　　　　　　　　　　　　　　乙　　　　○○株式会社
　　　　　　　　　　　　　　　　代表取締役　氏　　　名　㊞

(19)　電話施設使用貸借契約書式例

収入印紙　　　　電話施設使用貸借契約書

　○○○○（以下「甲」という。）と○○市（以下「乙」という。）とは、甲が所有する電話施設の使用貸借について、次のとおり契約を締結する。
　（使用貸借）
第1条　甲は、その所有に係る次の電話施設を公用のため乙に使用させるものとする。ただし、甲の使用は、これを妨げない。
　　　電話施設　　　　局　　　番
　（維持管理）
第2条　乙は、前条の規定により借り受けた電話施設（以下「公用電話」という。）の維持管理に当たるものとし、これに要する諸経費を負担する。
　（電話料金）
第3条　公用電話の電話料金は、毎月　　　　円を限度として乙が負担す

る。
　（契約期間）
第4条　この契約の期間は、〇〇年〇月〇日から〇〇年〇月〇日までとする。ただし、契約期間満了の日前1月までに甲と乙とのいずれからもなんらの意思表示がないときは、この契約は、更に1年間延長されたものとみなし、以後この例による。
　（解約）
第5条　甲が公設電話等取扱要領（〇〇年〇月〇日施行）第〇条各号に掲げるいずれの職にも該当しなくなったときは、前条の規定にかかわらず、その該当しなくなった日の属する月の末日をもって、この契約は解約されるものとする。この場合における第〇条の規定の適用については、その翌月請求分までの電話料金に限る。
　（定めのない事項の処理）
第6条　この契約に定めのない事項については、必要に応じ、甲乙協議して定める。
　上記契約の証として、本書2通を作成し、当事者記名押印のうえ、各自1通を保有する。
　　〇〇年〇月〇日

　　　　　　　　　　　　　　（所有者）住　所
　　　　　　　　　　　　　　　甲　　氏　名　　　　　㊞
　　　　　　　　　　　　　　（借受人）〇〇市
　　　　　　　　　　　　　　　乙　　〇〇市長　〇〇〇〇　印

⒇　権利消滅補償契約書式例

収入印紙　　　　〇〇権消滅補償契約書

　〇〇権者　　　　を甲とし、〇〇市（町村）を乙として、末尾記載の土地に甲が有する〇〇権の消滅補償について、下記条項により契約を締結する。
　　　　　　　　　　　　　　　記
第1条　〇〇起業　　　　工事所要のため、乙がこの土地の所有権を取得したときは、甲がこの土地に有する〇〇権の消滅の対価として、乙

は、甲に下記金額を支払う。
　　　　　¥ _____
第2条　甲の有する〇〇権の消滅時期は、〇〇年〇月〇日とする。
第3条　乙が甲に支払う対価は、前条期日以降に甲が提出する適法な請求書によりすみやかに支払うものとする。ただし、前条の期日以後にもなお、〇〇権が存在するときは、この限りでない。
第4条　この契約について、他から異議を申し出る者があるときは、甲が責任をもって処理するものとする。
第5条　この契約締結に要する収入印紙は、乙の負担とする。
　この契約締結を証するため、この契約書2通を作成し、それぞれ記名押印のうえ、各自1通を所持する。
　　〇〇年〇月〇日
　　　　　　　　　　　　住　　所
　　　　　　　　　　甲　氏　名　　　　　　　　　　㊞
　　　　　　　　　　乙　〇〇市（町村）
　　　　　　　　　　　　〇〇市（町村）長　氏　　　名　㊞
　　　　　　　　土　地　の　表　示

〇〇県　市　町
　　　　郡　村

大　　字	地番	現況地目	補償地積	土地所有者氏　　名	摘　　要

(21) 物件移転補償契約書式例

　　　　　　　物件移転等通常受ける損失補償契約書
　〇〇市（町村）が工事用に必要とする土地等の取得又は使用に伴い通常損失を受ける者　　　　　を甲とし、〇〇市（町村）長を乙として、下記条項により補償契約を締結する。
　　　　　　　　　　　　　記
第1条　〇〇起業　　　　工事のため乙が末尾記載土地の所有権を取得したとき及び本土地の所有権以外の権利がある場合において、その権利

の消滅契約（別途契約）が成立したときは、乙は末尾表示の物件移転等通常受ける損失補償料として、下記金額を甲に支払う。

　　　　　¥

第2条　甲は、○○年○月○日までに、末尾表示の物件を移転するものとし、この期限後物件が残留するときは、甲の費用負担において、乙が適宜処理できるものとする。

第3条　乙が甲に支払う対価は、すべての物件の移転完了を乙において確認した後及びこの土地に関する土地売買等の契約が成立した後、甲の提出する適法な請求書により、すみやかに支払う。

第4条　この契約について、他から異議を申し出る者があるときは、甲において責任をもって処理するものとする。

この契約締結を証するため、この契約書2通を作成し、それぞれ記名押印のうえ、各自1通を所持する。

　○○年○月○日

　　　　　　　　　　　　住　所
　　　　　　　　　　甲　氏　名　　　　　　　　　　㊞
　　　　　　　　　　乙　○○市（町村）
　　　　　　　　　　　○○市（町村）長　氏　　名　印

　移転を要する物件及び補償項目の表示

　○○県　市郡　町村　大字

地　番	地　目	種　　類	員　数	称　呼	摘　　要

(22) 補償工事委託契約書式例

　　収入印紙　　　　補償工事委託契約書

　○○市（町村）が工事用とするに必要な土地等の取得又は使用に伴い、通常損失を受ける者を甲とし、○○市（町村）を乙として、下記条項により補償工事委託契約を締結する。

記

第1条　○○起業　　　　　　工事のため乙が末尾記載の土地の所有権を取得したとき及び本土地に所有権以外の権利がある場合において、その権利の消滅契約（別途契約）が成立したときは、乙は甲所有の末尾記載の物件等を別紙工事設計書により○○年○月○日までに移転（新設、改築、修繕等）工事の代行を行い完了するものとする。
第2条　甲は必要がある場合には補償工事の委託の内容を変更し、工事を一時中止することができる。この場合において工事期限を変更する必要があるときは、甲乙協議して書面によりこれを定める。
2　前項の場合において損害を受けたときは、甲又は乙は損害を賠償しなければならない。賠償額は甲乙協議して定める。
第3条　乙は補償工事が検査に合格し完了したときは遅滞なく当該目的物を甲に引渡す。
第4条　この契約について他から異議を申し出る者があるときは、甲において責任をもって処理する。
第5条　この契約に定めのない事項、又は契約について疑義が生じた事項については必要に応じて甲乙協議して定める。
　この契約の証として本書2通を作成し、それぞれ記名押印のうえ、各自1通を保有する。
　　○○年○月○日
　　　　　　　　　　　　　　住　所
　　　　　　　　　　　　甲　氏　名　　　　　　　　　㊞
　　　　　　　　　　　　乙　○○市（町村）
　　　　　　　　　　　　　　○○市（町村）長　氏　　名　㊞
　　補償工事を要する物件及び補償項目の表示
　　　　　　　市　町
　　○○県　　　　　大字
　　　　　　　郡　村

地　番	地　目	種　　類	員　数	称呼	摘　要

(23) 事業委託契約書式例

収入印紙　　　　○○○○事業委託契約書

○○年度○○○○事業(以下「事業」という。)の委託について、○○県○○市(町村)(以下「甲」という。)と○○○○(以下「乙」という。)との間において、次のとおり契約を締結する。
　(総則)
第1条　甲は、事業を乙に委託し、乙は、これを受託する。
　(実施方法)
第2条　乙は、甲の指示に従い、かつ、○○の目的に資するために最も適切な方法により事業を実施しなければならない。
　(委託の期間)
第3条　事業の委託の期間は、契約締結の日から○○年3月31日までとする。
　(実績報告等)
第4条　乙は、事業が終了したときは、すみやかに事業実績報告書及び収支決算書を甲に提出しなればならない。
　(委託料)
第5条　事業の委託料は、金○○○,○○○円とする。
2　乙は、前項の定める委託料を、甲の指定する方法により、甲に請求するものとする。
3　甲は、前項に定めるところにより適法な請求を受けたときは、直ちに甲が指定する場所において乙に支払う。
　(経理状況報告)
第6条　乙は、収支に関する帳票その他事業に係る諸記録を整備し、常に経理状況を明らかにしておくとともに、甲が必要と認めるときはその状況を報告しなければならない。
　(清算)
第7条　乙は、事業実施の結果、委託料に残額を生じたときは、直ちにこれを甲に返還しなければならない。
　(権利義務の譲渡等の禁止)
第8条　乙は、第三者に対し事業の一部若しくは全部の実施を委託し、若しくは請け負わせ、又はこの契約に基づいて生ずる権利義務を譲渡してはならない。
　(損害賠償責任)
第9条　乙は、次の各号の一に該当するときは、直ちにその損害を被害者に賠償しなければならない。
(1)　乙が事業の実施に関し、甲又は第三者に損害を与えたとき。

(2) 次条の定めるところによりこの契約が解除された場合において、乙が甲に損害を与えたとき。

（契約の解除）

第10条　甲は、乙が次の各号の一に該当するときは、いつでも契約を解除することができる。

(1) この契約を履行しないとき、又は履行の見込みがないと認められるとき。
(2) 契約の解除を申し出たとき。
(3) 地方自治法施行令第167条の4第1項及び同条第2項の規定に該当するとき。

（協議事項）

第11条　この契約に定めのない事項については、甲、乙協議のうえ処理するものとする。

　この契約を証するため、契約書2通を作成し、甲、乙記名押印のうえ、おのおの1通を保有する。

　　　○○年○月○日

　　　　　　　　　　　　　　○○県○○市○○町○番○号
　　　　　　　　　甲　○○県○○市（町村）
　　　　　　　　　　　○○市（町村）長　○　○　○　○　㊞
　　　　　　　　　　　○○県○○市○○町○番○号
　　　　　　　　　乙　　　　　　　　　　○　○　○　○　㊞

注1　委任は当事者の一方が法律行為をなすことを相手方に委託し、相手方がこれを承諾することにより効力を生ずる（民法643条）。

2　し尿処理業務の委託などでも、問題を起こすのは委託料とその委託料の使途が多い。契約に当たっては報告義務の規定を忘れないことである。

3　航空写真を行政事務一般に供する目的で地図（原図）を作成することを一括して委託する契約であれば「製造の請負」に該当するとして議会の議決が必要である（昭52.2.16行実）。

4　地籍調査事業の調査委託契約は、自治法96条1項5号の「工事又は製造の請負」に該当しないものと解されるので、議決はいらない。

5　市（町村）が行うべき工事を都道府県に委託する場合は、議会の議決を要す。

6　工事の設計管理のみの契約は議決不要。

7　議決済みの請負金額に対し、契約変更によって、議決条例金額以下になったときは議決不要。

8　契約解除の場合は議決不要。

⑷ 設計委託契約書式例

```
┌─────┐
│収 入│      設 計 委 託 契 約 書
│印 紙│
└─────┘
```

1 契約の目的　　〇〇市立体育館設計委託
2 契約金額　　　金〇〇〇,〇〇〇円
3 契約期間　　　契約確定の日の翌日から
　　　　　　　　〇〇年〇月〇日まで
4 契約保証金　　金〇〇,〇〇〇円
5 契約確定年月日　〇〇年〇月〇日
　　　　　　　甲　〇〇県〇〇市（町村）
　　　　　　　　　〇〇市（町村）長　〇　〇　〇　〇　印
　　　　　　　　　〇〇県〇〇市〇〇町〇〇番地
　　　　　　　乙　　　　　　　　　　　〇　〇　〇　〇　印

　〇〇県〇〇市（町村）を甲とし、〇〇〇〇を乙として、甲乙間において、次の条項により、設計委託契約を締結する。

（総則）
第1条　甲は、上記の設計を、上記の金額で乙に委託し、乙は、これを受託するものとする。
2　甲は、乙に対して、設計の概要を指示するものとする。
3　甲は、必要と認めたときは、設計資料の指示又は貸与等適宜の措置を講ずるものとする。

（履行の期間）
第2条　乙は、前条の資料及び甲の指示に基づいて、上記の期間内に設計を完了しなければならない。
2　乙は、天災事変その他乙の責に帰することができない事由又は正当な事由により期間内に設計を完了することができないときは、甲に対して、遅滞なくその事由を詳記して期間の延長を願い出ることができる。
　　この場合において、甲は、その願い出を相当と認めたときは、これを承認するものとする。

（経費の負担）
第3条　設計に要する器材等に係る経費は、すべて乙の負担とする。
（再委託の禁止）

第4条　乙は、この設計の全部又は主要部分を第三者に再委託してはならない。

（検査）

第5条　乙は、設計が完了したときは、甲に完了届とともに設計図書一式を提出し、甲の検査を受けなければならない。

2　甲は、前項の届出があったときは、その日から10日以内に検査を行うものとする。

3　設計図書の引渡しは、前項の検査に合格したときをもって完了したものとする。

（委託料の支払）

第6条　乙は、前条第2項の規定による検査に合格したときは、甲の定める手続に従って委託料の支払を甲に請求するものとする。

2　甲は、前項の支払請求があったときは、その日から30日以内に委託料を乙に支払わなければならない。

3　甲の責に帰すべき事由により第6条第2項の規定による委託料の支払が遅れた場合には、甲は、所定の遅延利息を支払うものとする。

（違約金）

第7条　乙の責に帰すべき事由により期間内に設計を完了することができないときは、甲は、乙から違約金を徴収して期間を延長することができる。

2　前項の違約金は、延滞日数につき契約金額に日歩〇銭〇厘の割合で計算して得た額とする。

（契約内容の変更等）

第8条　甲は、必要があると認めたときは、乙と協議のうえこの契約の内容を変更し、又は履行を中止させ、若しくはこれを打ち切ることができる。

（補正）

第9条　乙は、第5条に規定する引渡し後設計内容にかしが発見されたときは、甲の請求により、直ちに設計図書の補正を行わなければならない。

2　乙が前項の補正に応じないときは、甲がこれを行い、この費用を乙から徴収するものとする。

3　設計内容のかしにより甲が損害を受けたときは、乙は、賠償しなければならない。

（成果の帰属）
第10条 引渡しを完了した設計図書は、すべて甲の所有とし、甲は、その事業に自由に使用することができるものとする。

（契約の解除）
第11条 甲は、乙が次の各号の一に該当するときは、契約を解除することができる。
 (1) 乙の責に帰すべき事由により期間内に設計を完了しないとき、又は完了の見込みがないとき。
 (2) 乙が第12条第1項各号に規定する事由に基づかないで契約の解除を申し出たとき。
 (3) 地方自治法施行令第167条の4第2項の規定に該当するとき。
 (4) 前各号のほか、この契約条項に違反したとき。
2 前項の規定によって、契約が解除されたときは、契約保証金は、甲に帰属する。ただし、正当な理由による乙からの申出に基づき契約が解除されたときは、この限りでない。
3 第1項の規定により契約が解除された場合において、履行部分があるときは、当該部分は甲の所有とし、甲は、当該部分に対して相当と認める金額を乙に支払うものとする。
4 第1項の規定による契約解除は、第7条による違約金の徴収を妨げないものとする。

（協議による契約解除）
第12条 乙は、次の各号の一に該当する事由のあるときは、甲と協議のうえ契約を解除することができる。
 (1) 第9条第1項の規定により設計内容を変更したため、上記の契約金額が2分の1以上減少したとき。
 (2) 第9条第1項の規定による中止の期間が上記の契約期間の2分の1以上に達したとき。
 (3) 甲の責に帰すべき事由により設計を完了することが不可能となるに至ったとき。
2 第11条第3項の規定は、前項の規定により契約が解除された場合に準用する。

（相殺）
第13条 甲は、乙から取得することができる金銭があるときは、乙に対し支払うべき代金と相殺し、なお不足があるときは、これを追徴するもの

とする。
　（権利義務の譲渡等の禁止）
第14条　乙は、この契約によって生ずる一切の権利又は義務を第三者に譲渡し、又は、担保の目的に供してはならない。
　（秘密の保持）
第15条　乙は、この契約によって知り得た秘密を他に漏らしてはならない。
　（協議決定事項）
第16条　この契約書に定めのない事項については、必要に応じて、甲、乙協議して定めるものとする。
　上記契約の証として本書2通を作成し、甲、乙記名押印のうえ、おのおのその1通を保有する。

⒉⒉ 協定（踏切道拡幅）書式例

協　　定　　書

　通学路に係る交通安全施設等の整備及び踏切道の構造改良等に関する緊急措置法（昭和42年法律第101号）第14条第1項の規定により構造改良すべき踏切道として指定を受けた〇〇県〇〇市道〇〇号線と〇〇線が〇〇県〇〇市〇〇町地内において交差する〇〇1号踏切道の構造改良工事（以下「工事」という。）を実施するため、〇〇県〇〇市（町村）（以下「甲」という。）と〇〇電鉄株式会社（以下「乙」という。）との間において、下記のとおり協定する。

記

　（位置及び設計）
第1条　工事施行の位置及び設計は、別添図書のとおりとする。
　（工事の施行）
第2条　工事は、前条の設計書により、乙が施行するものとする。
　（設計の変更）
第3条　工事施行上設計の変更を必要とするときは、そのつど、甲、乙協議して定めるものとする。
　（工事の完成期間）
第4条　乙は、この工事を〇〇年〇月〇日までに完成するものとする。
　（工事の費用）

第5条　この工事に要する費用は、総額金○,○○○,○○○円の範囲内として、次のとおり、甲、乙それぞれ負担するものとする。
　甲　金　○,○○○,○○○円
　乙　金　　　○○○,○○○円
（工事費の支払及び清算）
第6条　乙は、工事完成後すみやかに清算書を甲に提出し、甲の認定を受けなければならない。甲は、その清算書に基づいて行う乙の請求により、甲の負担額を乙に支払うものとする。
（概算払）
第7条　甲は、乙の請求により、第5条に定める負担額のうち甲の負担額を概算払することができるものとする。
（危険負担）
第8条　工事の施行中乙の過失により生じた損害は乙の負担とし、その他の場合はそのつど甲、乙協議して定めるものとする。
（構造物の帰属及び維持管理）
第9条　工事完成後の構造物の所有権は、乙に帰属し、この踏切道の範囲内の維持管理は、乙が行うものとする。
（土地の処理）
第10条　この工事の施行により生じた土地は、住民の交通の用に供し、甲との使用関係については、別途協議するものとする。
（協議）
第11条　この協定の解釈に疑義を生じた場合及びこの協定に定めのない事項については、そのつど、甲、乙協議するものとする。
　上記協定締結の証として本協定書2通を作成し、甲、乙記名押印のうえ、おのおの1通を保有する。
　　○○年○月○日
　　　　　　　　○○県○○市○○町○○番地
　　　　　甲　○○県○○市（町村）
　　　　　　　代表者　○○市（町村）長　○　○　○　○　㊞
　　　　　　　○○県○○市○○町○番地
　　　　　乙　○○電鉄株式会社
　　　　　　　代表者　　　取締役社長　○　○　○　○　㊞

注　協定は、2以上の当事者が一定事項について合意のうえ取り決めること、又はその取り決めたものをいうが、通常書面によって行われる（協定書）。協定書の形式

は、一般の契約書のそれと同一である。

⒇ 覚書（道路管理）書式例

土地区画整理地区内における道路の管理に関する覚書
〇〇年〇月〇日
甲　〇〇県〇〇市（町村）
　　〇〇市（町村）長
　　　　　　〇　〇　〇　〇　㊞
乙　〇〇土地区画整理組合
　　　　　理事長〇　〇　〇　〇　㊞

〇〇県〇〇市（町村）（以下「甲」という。）と〇〇土地区画整理組合（以下「乙」という。）との間において、〇〇土地区画整理地区内（以下「地区内」という。）の道路の管理について、次のとおり覚書を交換する。

（管理の区分）
第1条　地区内の市道（土地区画整理事業によって拡幅された部分を除く。）は、甲が管理する。
2　地区内の土地区画整理事業によって新設及び拡幅された道路（市又は町村道に係るものにあっては、当該拡幅された部分に限る。）は、乙が管理する。ただし、換地処分の公告の日以前においても、乙が甲に管理の引継ぎを行ったときは、甲が管理するものとする。

（費用の負担）
第2条　前条の区分に基づく管理に要する費用は、その管理する者の負担とする。

（地下埋設物の処理）
第3条　第1条第2項の道路について、乙が甲に引継ぎを行う前に、地下埋設物設置に関する申請があったときは、乙は、甲と協議のうえ承認するものとする。

注　覚書は、証書、確約書、誓約書、念書などはその表題のいかんを問わず、いずれも独立して又は既存の書面と併せて特定の者の間で、契約書に代えて、相互の間の権利義務関係等重要な事項を明記して交換する文書であり契約書と同一の効力を有する。市町村では、本契約のほかにこのような付帯的契約を作らないように、反対に相手方に対しては後日の証拠として「一筆とっておく」のがよい。

⑵ 請書書式例

① 土地の一時使用の場合

```
┌──────┐
│収 入│         請            書
│印 紙│
└──────┘
○○県○○市（町村）                    ○○年○月○日
○○市（町村）長　氏　　名　殿（様）
                ○○県○○市（町村）○○町（字）○番地
                ○○建設株式会社
                        代表取締役　○　○　○　○　㊞
  下記の土地一時使用については、○○年○月○日付け○○発第○○号の
定める条件に従い履行します。
                        記
1  使用土地  所在　○○市（町村）○○町（字）○○番地
              面積　○○.○○平方メートル
2  使用目的  道路工事用機材の置場として使用する。
3  使用期間  ○○年○月○日から
              ○○年○月○日まで
4  使　用　料  金○○○,○○○円
```

注　請書は、契約金額が少額等の理由により契約書の作成を省略した場合に、履行上の紛議をさけるため、主要な事項について、後日の証拠となるべき証書として相手方から徴する文書である。

② 工事契約の場合

```
┌──────┐
│収 入│        請            書
│印 紙│
└──────┘
                                        ○○年○月○日
氏　　　　名　殿（様）
                        請負者
                        住　所
                        氏　名              ㊞
  下記受注条件を履行することをお請けします。
```

```
                     記
1 工 事 名
2 工 事 場 所
3 工   　期    ○○年○月○日から
              ○○年○月○日まで
4 請 負 金 額  金         円
5 履行条件等   ○○県（市町村）建設工事請負契約約款のとおり
```

③ 物品納入の場合

| 収入印紙 | 請　　　　　書 |

　　　　　　　　　　　　　　　　　　　　　○○年○月○日

氏　　　　　名　殿（様）

　　　　　　　　　　契約者（納入者）
　　　　　　　　　　住　所
　　　　　　　　　　氏　名　　　　　　　　　㊞

下記受注条件を履行することをお請けします。

　　　　　　　　　　記

納入場所			納入期限又は納入時期			
品　名	規格銘柄等	数量	価格 単価	価格 金額	摘　要	
荷姿・据付等の条件						

違 約 金　　履行遅滞があった場合は、市（町村）の定めに従い違約金
　　　　　　を支払います。
品質等の　　納入後○○年間は納入した物品の品質、性能等について保
保証期間　　証します。ただし、保証書を添付したものについては、そ

の保証書記載の保証期間とします。

⒀ 委任状書式例

① 一般委任状

```
┌─────────────────────────────────────────┐
│  ┌──────┐                               │
│  │ 収 入 │      委  任  状              │
│  │ 印 紙 │                               │
│  └──────┘         ○○市（町村）○町○番地 │
│                   氏     名              │
│                   生 年 月 日            │
│  私は、│○○の理由│のため、上記の者を代理人と定め次の権限を委任 │
│ します。                                  │
│ 1 ………の交付申請及び受領に関すること。   │
│    ○○年○月○日                         │
│              委任する人の住所・氏名       │
│                   ○○市（町村）○町○番地 │
│                   氏     名 ㊞           │
│                   生 年 月 日            │
└─────────────────────────────────────────┘
```

注1 委任状は代理権授与の契約であって、委任者が、受任者（代理人）に対して真正に代理権を与えた旨の書面のことである。

2 また、受任者に委任事項の一部を補充させるため一部を余白にした委任状を出すことがあるが、これがいわゆる白紙委任状である。市町村は住民に対して、この白紙委任状を出さないこと。

3 委任者の権限事項を明示しておく。

4 委任状の印鑑は、印鑑証明の印とそうでないものを用いてもよい場合などに注意する。

② 白紙委任状

```
┌─────────────────────────────────────────┐
│  ┌──────┐                               │
│  │ 収 入 │      委  任  状              │
│  │ 印 紙 │                               │
│  └──────┘                               │
│  わたくしは、○○○○を代理人と定め、次の権限を委任します。 │
│ 1 ○○○○に関する一切の件               │
└─────────────────────────────────────────┘
```

```
○○年○月○日
                        ○○市（町村）○○町○丁目○番地
                    （委任者）氏          名          印
```

注1　この委任状の場合は、契約内容や公正証書に記載する特約条項などについては判然としない。
　2　この委任状は、白紙委任状ともいわれるもので、信頼できる人以外には乱用されるおそれもあるので交付しないほうがよい。
　3　市（町村）と弁護士との関係は私法上の委任関係である。市（町村）の私法上の行為については、自治法とその特別法に規定のないかぎり、民法が適用される。
　4　代理権のない市（町村）の職員が長の肩書、氏名を妄用し、公印を使用して契約書が作成されてもその契約は無効。民法113条の無権代理行為である。

③　別紙添付委任状

```
┌─────────────────────────────────────────┐
│  収　入                                  │
│          　　　　委　　任　　状          │
│  印　紙                                  │
│                                          │
│  わたくしは、○○県○○市（町村）○地○番│
│ ○号○○○○を代理人と定め、別紙契約書に │
│ 基づき、次の特約条項を付した公正証書の作 │
│ 成を公証人に嘱託する件を委任します。     │
│ １　強制執行を認諾すること。             │
│    ○○年○月○日                        │
│                ○○県○○市（町村）○町○番○号│
│                  （委任者）氏       名  印│
│ （別紙略）                               │
└─────────────────────────────────────────┘
```

注　この委任状は、契約書を添付し、委任状と契約書の継ぎ目に委任状に押印した印鑑（印鑑証明のもの）で割印する。

⒆　物品購入契約書式例

```
┌─────────────────────────────────────────┐
│  収　入                                  │
│          　　　物 品 購 入 契 約 書      │
│  印　紙                                  │
│                                          │
│ １　名　　　　称                         │
│ ２　規格形成（仕様）                     │
```

3　数　　　　量
4　契 約 金 額　　金
5　契 約 保 証 金　　金
6　契約履行期日　　〇〇年〇月〇日から
　　　　　　　　　〇〇年〇月〇日まで

　上記の事項について、〇〇市（町村）を甲とし、〇〇〇〇を乙として、次の事項により契約を締結する。

第1　納入期限は〇〇年〇月〇日までとする。

第2　納入場所は…………。

第3　乙が故意若しくは過失により物件を粗悪にし、また甲が契約期限内に納入の見込みがないと認めたときは、甲は契約内容を解除することができる。

第4　甲は物品の納入を受けたときは、その日から　　日以内に検査を行う。

　　　甲は、検査の結果、契約内容の全部又は一部が契約に違反し又は不当であると認めたときは、乙に対して他品との交換又は修繕を求めることができる。

第5　契約締結後納入完了までの間に発生した損害は、いっさい乙の負担とする。

第6　契約金額は、納品完了後支払うこと。

第7　納入後1か年以内において使用に堪えがたい狂いが生じたときは、乙は他品との交換又は無料修繕するものとする。

第8　本契約に定めのない事項については、〇〇市（町村）諸規定の定めるところによる。

　上記契約の証として本書2通を作成し、各記名押印して各1通を保存する。

　　〇〇年〇月〇日

　　　　　　　　　住　　所
　　　　　　　甲　〇〇市（町村）
　　　　　　　　　〇〇市（町村）長　氏　　　　　　名　㊞
　　　　　　　　　住　　所
　　　　　　　乙　　　　　　　　　　　　氏　　　　　名　㊞

注1　物品の製造、修理加工又は納入に関しては、その性質又は目的が競争入札に適

しないものをするときは、随意契約による（例　秘密性、運送、保管、事業経営上特別必要なもの等）。自治法234条。
2　契約に関しては、市町村の財務規則に規定がある。主として契約書への記載は契約当事者、目的、金額、期限、保証金、契約不履行の場合の賠償方法、金額の支払方法、引渡方法、契約紛争の解決方法及び危険負担等である。

⑶0　法人等からの事故始末書式例

〇〇年〇月〇日
〇〇市（町村）総務部長　氏　　名　殿（様）
　　　　　　　　　　　　　株式会社　〇　〇　〇　〇
　　　　　　　　　　　　　代表者　氏　　　　　名　㊞
　　　　　　　始　末　書
　先般提出いたしました事故報告のとおり……………………紛失の件につきましては、当社の作業管理及び…………の受渡し業務の不徹底による事故でありまして、まことに申し訳ございません。代表者〇〇〇〇及び関係従業員一同心からお詫び申しあげます。
　今後は職員の質的向上及び業務の徹底をはかり、事故の再び起こらないよう厳重注意監督をいたしますので、なにとぞ寛大な御処置をとられますようお願いいたします。

⑶1　登記承諾書式例

登　記　承　諾　書
　〇〇県起業　　　　工業用地として私所有の下記の土地は、〇〇年〇月〇日売り渡したので、貴庁において所有権移転の登記を嘱託されることについて異議なく承諾します。
　〇〇年〇月〇日
　　　　　　　　　　　　　　住　　所
　　　　　　　　　　　　　　登記義務者　　　　　　　　　㊞
〇〇市（町村）長　氏　　名　殿（様）
　　　　　　　　　　　　記

土　地　の　表　示			
市郡　町村　地内			
大　字　字	地　番	地　目	地　積

				m²	

注　登記承諾書は代位原因を証する書面として売買契約書と同様に取り扱われる。登記承諾書には印鑑証明書を添付する。

④ 物品の呼称及び帳簿書式例

備品と消耗品の分類については、各地方公共団体がそれぞれの実情に応じて適宜判断の基準を設け分類しているようであるが、法令に別段の規定がないため、地方公共団体が財務規則で適宜定めている。都道府県の場合では、全都道府県とも備品と消耗品に分類しているが、多くの都道府県で、備品と消耗品の分類のほかに、特に動物、材料品、生産品といった特殊の分類をしている。

(1) 備品の例

品　種	品　　　　　　　　　　　目
テーブル類	机、卓子、会議用卓子、両袖机、片袖机、平机、検査台、試験台、諸台類等
椅　子　類	腰掛、廻転椅子、安楽椅子、背張椅子、角椅子等
棚　　　類	戸棚、書棚、茶棚、飾棚、箪笥、靴棚、脱衣棚等
箱（函）類	金庫、鍵箱、印箱、書類箱、状箱、長持、木箱、用箱、文選箱、紙屑箱（芥箱）、小箱、衣類函、入札箱、投票箱、諸ケース（筐）、活字函等
その他室内用　品　類	衝立、傘立、帽子掛、黒板、衣紋掛、鏡類、札掛、手拭掛、新聞挟、本立、書架、敷物、卓子掛、卓子覆、カーテン、窓飾、飾台、葦簾、幕等
暖炉火鉢類	置暖炉、暖炉蓋、暖炉道具、石炭入、石炭掬、石炭挟、石炭砕、暖炉用十能、暖炉台、石炭置台、電気ストーブ、石油ストーブ、ガスストーブ、煙筒、火鉢、火鉢台、煙草盆、灰皿等
桶　盥　類	手桶、風呂桶、担桶、灌水桶、釣瓶桶、燻蒸桶、天水桶、盥、樽、バケツ、洗面器等
計　器　類	（測量器具） ハンドレベル、望遠鏡、平面器、水銀盤、水平器、高低器、直角器、十字器、鉛重り、下ゲ振リ、測針、セキスタント測器、鉄管、測梍、測鎚、プリマスコンパス、ゴニヤスメート

	ル、小方儀、プランテーブル、モンテパロメートル、タコメーター等
	（度量衡器）
	液量器、桝、斗搔、秤、箱尺、巻尺、物差、ノギス、曲尺、マイクロメーター等
	（その他）
	圧力計、気圧計、寒暖計、晴雨計、磁石、雨量計、時計、計算器、計算尺等
製 図 器 類	烏口、懐中製図器、定規、比例尺、分度器、箱入製図器、縮図枠、文廻、製図板、絵具、硯、絵具皿、縮図器、製図台等
文 具 類	硯、インク壺、千枚通、定規、肉池、鋏、小刀、硯箱、スタンプ台、水入、文鎮、筆洗、吸墨、紙挟、複写板、算盤、石版、原稿皿、石盤、絵具皿、活字挟、ゴム板等
印 章 版 木 類	木印、ゴム印、鋼製刻印、焼印、極印、日附印、銅板、版木等
機 械 類	印刷機、截断機、製茶機、沈澱機、分離機、喞筒、コンクリート混合機、セメント試験機、砕石機、油脂抽出機、紙押器、石版器械、遠心機、潜水器、パラフィン熔融機、冷却機、ガス発生機、乾燥器、回光機、回転計、罫切機、映写機、幻灯機、科切機、精米機、ミシン等
器 具 類	燻蒸器、地質試験器、紙綴器、風見器、小切手打抜器、タイプライター、消火器、指紋器、顕微鏡、謄写版、番号器、パンチ、謄写版炉、写真機、プレーヤー（レコードを含む）、コピー器、各種コンピューター等
	（電気器具）
	懐中電灯、角灯、提灯、電圧計、電流計、整流器、変圧器、電話器、交換器、電鈴、蓄電池、電槽、拡声器、充電器、電熱器、受信器、送信器、ラジオ、扇風機、絶縁計等
農 工 具	耕耘機、馬杷、除草器、犁、脱穀機、籾摺機、大豆粕削機、唐箕、精粉機、製縄機、製莚機、噴霧器、煙霧器、鎌、鍬、鋤、唐鍬、花鋏、万石等
	硝子切、捻廻、スパナ、鎖類、万力、錐、金敷、ペンチ、金切刃、鞴、鏨、鋸、玄能、釘打、鶴嘴、ヤットコ、斧、鉄鎚、鑢、木挟、掛矢、打込錐、鳶口、手鍵、鉋、木槌、捻回器、ウインチ、焼コテ、油差、地均ローラー、溝浚器、シャ

	ベル、鋼索、延線器、滑車、レンチ、ガス熔接器、ガス切断器、研磨機、昇柱器等
医 療 器 具	X線直接（間接）撮影装置、パラフィン熔融機、外科器械、消毒器、歯科器械、注射器、子宮鏡、聴診器、検温器、消息器、灌腸器、排尿器、解剖器、謝水器、硝子吸入器、イルリガートル、手術台、ピンセット、医療用刀類、反射鏡、耳鏡、鼻鏡、刃型開閉器、鉗子、腟鏡、綿棒、浣腸器、蒸溜器、打診器、血圧計、検流計、握力計、患者運搬用具、吸入器、検喀器、液量器、酒精ランプ、匙、蒸発皿、陶器罎、硝子皿、滴量硝子、円桂硝子、硝子瓶（千瓦以上）、薬籠、メートル硝子、オンス秤、乳鉢、乳棒、比重器、漏斗、ボールピペット、壺類、軟膏ベラ、膿盆、計杓子、背筋力計、鼻捻棒、受胎増進器、人工腟開口器、骨盤計、血液凝固器、血液沈降速度計、血色素計、検水器、無菌箱、血球計算器、牛乳検査器、人工気胸器等
寝 具 類	蒲団、座蒲団、夜着、敷布、毛布、枕、枕覆、蚊帳、寝台覆、丹前、浴衣、寝台等
貸 与 品	帽子、作業服、帽子覆、外套、衛生白衣、長ゴム靴、雨衣等
車 両	グレーダー、トラクター、機関車、自動車（乗合、乗用、貨物、小型及び改装車）、自動自転車（二輪車、三輪車）、自転車、リヤカー及びその部品類、牛車、馬車、荷車等部品類（タイヤ、チューブを含む）及び牛馬道具（鞍轡、力革、天井鐙、手綱、牛馬腹帯、毛伏、牛馬衣、ゼッケン、牛馬桐油、鞭、マキバミ、縄追、毛刈鋏、蹴込、結揚、小中間掛綱、牛馬曳車道具を含む）
船舶附属具類	櫂、櫓、手鍵、棹、船擦、船灯、ランプ、帆、鎖、櫂受金、信号器、錨等
教育用品類	（教授用具） 地理、歴史、数学、図画、商業、家事、音楽、裁縫、農業、物理、化学、体操、機械学、建築学、製図科、電気学、意匠図案科、機械実習科、建築実習科、家具実習科、教授用具、運動用具等 （標本模型類） 動物標本、植物標本、鉱物標本、動物模型、植物模型、鉱物模型等

	（昆虫用具） 昆虫飼育箱、養虫箱、養虫櫃、水棲虫採虫器、撒粉器、毒壺、展趨板、捕虫灯、誘蛾灯、茎切器、仔虫吹張器、転写器、捕虫器、養虫籠、昆虫採集箱等
図　　　　書	法令及び条例集、辞書、職員録、年鑑、写真帳、紙芝居絵、地図、設計書（図）、画（額を含む）、各種書籍（事務用、教育用として文庫、図書館その他に備付けのものは適宜分類のこと）等
厨 房 用 具	竈、鉄瓶、急須、鍋、釜、焜炉、七輪瓶、十能、炭取、灰均、椀、徳利、灰篩、茶筒、火箸、灰取、火掻、火取、鉢、俎、コーヒー沸、庖丁、膳、摺鉢、五徳、飯櫃、釜敷、水コボシ、土瓶敷、蓋置、水指、柄杓立、水流、水呑、灰押え、鉄橋、卸金、金網、甕、フォーク、ナイフ、スプーン等
雑　器　具	灌水器、靴洗用具、痰壺、呼鈴、花瓶、竹簾、屏風、蝿取、状差、如露、塗板、霧吹、蝉車、踏台、版押台、図入筒、階子、標札、芥取、鉄管、ゴム管、ホース、筒先、行李、時鐘、半鐘、錠、井戸車、汚物受、汚物焼却器、瓶、回章挟、天秤棒、湯タンポ、雨覆、洗濯板、鉄錘、ブラシ、薪割、裁庖丁、帳綴用穴明板、裁定規裁板、動物容器、濾水器、水槽、温槽、提灯、ランプ、消火器、孵卵器、冷蔵庫、銃器類、カバン、看板、表示板、旗、天幕、腕章、袋等

(2) 消耗品の例

品　　種	品　　　　　　　目
用　紙　類	（諸用紙） 美濃紙、大型紙、半紙、雁皮紙、西ノ内紙、程村紙、薄美濃紙、奉書紙、細川紙、鳥ノ子紙、仙花紙、薄葉紙、清朝紙、唐紙、美濃表紙、大判表紙、半紙表紙、西ノ内表紙、色紙表紙、美濃印刷紙、大半印刷紙、半紙印刷紙、雁皮印刷紙、西ノ内内刷紙、程村印刷紙、細川印刷紙、西洋紙、印刷紙、色紙、西ノ内紙封筒、程村紙封筒、西洋紙封筒、漉返紙封筒、大判紙封筒、雁皮紙封筒、薬袋紙、糊入紙、台紙、吸墨紙、

筆墨文具類	図引紙、試験用紙、渋紙、漉紙、図引布油紙、書類袋、複写紙、謄写版用原紙、辞令用紙、鳥ノ子罫紙、常用罫紙、起案罫紙、帳簿、雑記帳、野帳、手帳、切符、通信簿、のし紙、のし袋等 （筆類） 毛筆、石筆、鉄筆、鉛筆、ボールペン、ペン軸、ペン先等 （墨類） 墨、朱墨、白墨、墨汁、インク、謄写用インク、スタンプインク、絵具等 （その他） 糊、綴紐、字消ゴム、海綿、海綿壺、ピン、綴金、クリップ、画鋲、紙挟等
印　紙　類	郵便切手、郵便葉書、収入印紙等
収 入 証 紙	収入証紙
薪　炭　類	薪、木炭、石炭、コークス、煉炭等
油　脂　類	揮発油、石油、軽油、灯油、モービル油、グリス、カストル油、テレピン油、重油、椿油、丁字油、防湿液、リノリューム油、コールタール、晒蝋、エナメル、ペンキ、漆、ワニス、膠、松脂等医薬用、消毒用、防疫用及び試験用薬品
衛 生 材 料	脱脂綿、繃帯、ガーゼ、絆創膏、注射針、ビーカー、コルペン、硝子円筒、三角架、デッキ、グラス、レトルト、氷嚢、試験管、レントゲンフィルム等
給　与　品	股引、猿又、足袋、シャツ、児童服、手拭、タオル、生地（布類）、糸類、綿等
工事材料品	石材、鉄骨、砂利、セメント、木材（柱、板、丸太）、電柱、竹、亜鉛板、鉄板、銅板、銅線、鉄線、針金、綱線、粗朶、篠簀、簀の子、釘、鎚、鋲、土管、鉄管、鉛管、リノリューム、蛇籠、ヒューム管等
食　　品	米、大麦、小麦、裸麦、大豆、小豆、粉、味噌、醤油、酢、鰹節、肉類、魚類、野菜、乾物、缶詰、ソース、塩、胡麻油、白絞油、種油、鯨油、凝脂、バター、鶏卵、豆腐、蒟蒻、油揚、焼豆腐、粉製食品（パン、麺類、麩、菓子）、弁当（育児食、療養食共）、酒類、飲料、茶、コーヒー、煙草等
雑　　品	（掃除用具）

	箒、塵払、糸屑、鋸屑等
	湯呑、水呑、茶碗、楊子入、皿、土瓶、コップ、瓶類、丼、盃、銚子、茶道具、生地（布類）、糸類、綿、紐類、藁及び加工品（縄、筵、俵）、肥料、飼料等
	（報償用品）
	盃（金、銀、木盃）、時計、盆等
	印刷物（図書を除く）
	蝋、蝋燭、燐寸、石鹸、石鹸入、電球、活字、乾電池、針、水引、空缶、写真材料、写真、綱類、ハンダ、金剛砂、砥石、砥粉、下駄、靴、上靴、草鞋、蹄鉄、刷毛、刷子、束子、ササラ苗木、種子、樹木柄杓、軽石等

(3) 備品受払簿書式例

小分類机類

品目　片そで机　　　　　　　　　　　　　　　単位　脚

課(所)長印	年月日	摘要	規格、寸法、形式等	単価	標示番号	受	払	現在	供用累計	貸付(寄託)累計	備考
	2 4 1	○○から買入れ	イトーキAB型	25,000	1～20	20		20			
	〃 〃	供　用	〃		1～20		20	0	20		
	5 1	○○から買入れ	〃	25,500	21～22	2		2			
	〃 〃	供　用	〃		21～22		2	0	22		
	〃 〃	返　納	〃		1～2	2		20			
	5 20	3.5.17不用決定により○○へ売払い	〃	2,000	1～2		2	0	20		

(4) 物品供用簿書式例

使用区分	専　用		係(課)名	経理係	氏　　　名		埼　玉　太　郎	
標示番号	品　名	供　　用			返　　納		備　　考	
		年　月　日	使用者印		年　月　日	課長印		
8	片そで机	27. 4. 1	埼玉					
10	回転椅子	27. 4. 1	埼玉					
13	脇　　机	27. 4. 1	埼玉		30. 4. 1	石山	事務分担の変更	

注 1　本簿には、備品について記載すること。
 2　使用区分の欄には、専用又は共用の別を記載すること。
 3　本簿は、次の使用区分に従い使用職員ごとに別紙に記載すること。
  (1)　専用　特定職員が専ら使用する場合
  (2)　共用　2人以上の特定職員又は不特定職員が使用する場合、若しくは直接公営企業用に供する場合

(5) 物品供用引継書式例

氏　　　名	使用開始年月日	使用者印	前任者印	課　長印	摘　要
浦　和　一　郎	30. 4. 1	浦和	埼玉	石山	人事異動による。

注 1　使用者及び使用区分ごとに別紙とする。
 2　摘要欄には、引継ぎの理由（異動等）を記入すること。

5 財政状況公表書式例

　普通地方公共団体の長は、毎年2回以上歳入歳出予算の執行状況並びに財産、地方債及び一時借入金の現在高等を住民に公表しなければならない。その公表及び公表回数等は具体的に条例で定むべきである。この場合図表、統計表によってわかりやすくすることも方法である。地方公営企業についても、一般財政と同様にすべきである（地公企法40条）。

○○市（町村）告示第○号
　地方自治法第243条の3の規定に基づき、○○年度決算の概況及び○○年度何半期の財政事情を、次のとおり公表する。
　　○○年○月○日
　　　　　　　　　　　　○○市（町村）長　氏　　　名　㊞
1　市（町村）長の財政方針
2　予算に対する収入及び支出の概況
3　住民の負担の状況
4　公営事業の経理状況
5　財産、公債及び一時借入金の現在高
6　その他市（町村）長において必要と認める事項

注1　公表すべき事項、公表の方法及び公表回数等具体的事項は条例で定めるべきである。例えば、8月1日に公表する場合は、上記のほか前年度決算の概況を記載する。
　2　市町村が出資している法人（自治法221条3項）で、毎事業年度経営状況を説明する書類を作成して次の議会に提出しなければならない（自治法243条の3第2項）。次の議会とは、書類を作成した後の議会でよく、それは義務規定がないので長が、議会の開会日と勘案して出せばよい。

第4 議会の会議手続書式例

1 議会の招集関係書式例

　議会の招集権（自治法101条1項）は長の専属権であって議員にはない。ただし、議長は、議会運営委員会の議決を経て、当該普通地方公共団体の長に対し、会議に付議すべき事件を示して臨時会の招集を請求することができる。また、議員定数の4分の1以上の者から、会議に付すべき事件を示して、臨時会の招集を請求したときは、長は招集しなければならない。長が請求のあった日から20日以内に臨時会を招集しないときは、議長は臨時会を招集できる（同法101条5項）。

　議会には、定例会と臨時会があって（同法102条）、定例会は、条例で定める回数以内（同法102条2項）とし、その回数は条例で定めることとされている。臨時会（同法102条3項）の場合は、必要がある場合にその事件に限って招集される。議会を招集する場合には、開会日の一定期間前（県・市・7日、町村3日）までに、招集する旨の告示をすべきものとされているが、緊急を要する場合はこの告示期間を要さないで招集することができる。なお、臨時会への付議事件については、予めこれを告示すべきものとされているが、緊急事件については告示をしないでも会議に付議することができる（同法102条5項）。また、条例で定めるところにより、定例会・臨時会とせず毎年条例で定める日から翌年の当該日の前日までを会期とすることができる（通年の会期・同法102条の2）。

　次に「招集」とは、議会が活動を開始する前提として、議員に所定の日時・場所に集合することを要求する行為である。招集は告示によって行われ、議員は必ず出頭しなければならない。もし正当な理由がなくして、招集に応じないか又は正当な理由がなくして会議に出席しない場合は懲罰を科せられることがあるから、欠席の場合は必ずその旨を議長に

届け出るべきである。

なお、いったん告示された行為は準法律行為的行政行為であるので、長の都合とか、議会側の都合などで招集告示の取消しや、招集期日の変更を長において自由にすることはできないものと解されている。ただし、「招集目的が既に消滅してしまったとき」は告示の取消しもやむを得ないと解されている。議員からの請求による臨時会の付議事件を長に示すのは議会に権限のある事件で、ただの件名だけでなく内容も備えるべきである。

(1) 定例会招集の告示書式例

```
○○市（町村）告示第○号
  ○○年第○回（○月）○○市（町村）議会定例会を、次のとおり招集する。
    ○○年○月○日
                        ○○市（町村）長　氏　　　名　㊞
 1　期　日　　○○年○月○日
 2　場　所　　○○市（町村）議会議事堂（又は議場）
```

注1　定例会の招集は、県市は開会の日前7日、町村では3日までに告示を行う。日の数え方は、告示から開会までの間に少なくとも中6日又は2日を置くことである（自治法101条7項）。
　2　緊急を要する場合は7日又は3日の日数がなくてもよいが、告示しなくてもよいという意味ではない。
　3　定例会の招集告示には付議事件は不必要である。告示番号は暦年、回数も暦年の回数で示すのが通例であるが国会のような連続でも差し支えない。
　4　継続審査事件は後会（直近の定例会）に継続されるが、もし定例会（臨時会）が開会に至らなかったときは、次の定例会まで継続と解される。
　5　庁舎建築中の場合の議会議事堂の所在地は旧位置のままでもよい。

(2) 臨時会の招集及び付議事件の告示書式例

```
○○市（町村）告示第○号
  ○○年第○回（○月）○○市（町村）議会臨時会を、次のとおり招集する。
    ○○年○月○日
                        ○○市（町村）長　氏　　　名　㊞
```

```
 1 期　日　　○○年○月○日
 2 場　所　　○○市（町村）議会議事堂（又は議場）
 3 付議事件
 (1) ○○年度○○市（町村）一般会計補正予算（第○号）
 (2) 監査委員の選任につき同意を求めることについて
```

注1　臨時会の開会中に緊急を要する事件があるときは、告示を要せず直ちに議案を提出することができる（自治法102条6項）。緊急性の判断は、議案を提案する長又は議員が行う。
　2　緊急事件以外の事件は、議会招集日までに一定の期日のもとにあらかじめ告示しなければならない（自治法102条5項）。
　3　(1)の注2を参照のこと。
　4　付議すべき事件とは、選挙決定又は議決のいずれの形式をとることを問わず議会の意思決定に付すべき事件をさす。なお、付議すべき事件に該当する限り招集日前に発案予定の事件及び閉会中の継続審査となっている事件（議案・請願・陳情・自治法109条の閉会中の継続審査となっている特定事件）についても、長があらかじめ告示して臨時会を招集することは差し支えない。ただし、告示された事件の発案及び請願を上程しなかったときは、その臨時会は流会となる。
　5　正・副議長の選挙及び常任委員の選任、会議規則、委員会条例の改正については、会議自体の進行について必要なものであるとはいえ、このことからこれだけでの臨時会の場合は、これを付議事件として告示すべきである。しかし、他の事件をもって招集されて、その中で選挙、選任、規則の改正をする場合は議会内部のことだから告示しなくても差し支えない。
　6　現在の市長が、9月30日任期満了になる場合でも、諸般の都合で、議会を招集する必要がある場合には、任期満了後の日時、例えば、10月7日臨時会を招集する旨の招集告示をすることができる。

(3) 議員からの臨時会招集請求書式例

```
　　　○○市（町村）議会臨時会招集請求について
　地方自治法第101条第1項の規定により、次の事件について臨時会を招集されるよう請求します。
　　　○○年○月○日
　○○市（町村）長　氏　　名　殿
　　　　　　　　　○○市（町村）議会議員　氏　　　　　名　㊞
　　　　　　　　　　　　　　　　同　　　　氏　　　　　名　㊞
　　　　　　　　　（議員定数の4分の1以上の者の連署）
```

```
                                記
 1  議員の定数条例の改正について
 2  国庫補助金の増額方の意見書について
```

注1 議員の招集請求のできる事項は、発案権が議会にあるものでなければならない（昭27．2．6行実）。予算、組織条例、人事案件、請負契約及び決議等についての請求はできない。
 2 請求は口頭、文書いずれも可。
 3 長は請求に係る事件に他の事件を付加して招集することができる。
 4 議員からの招集請求に招集期日の指定があっても、長は、必ずしもその期日に拘束されないが、必ず招集する義務が生ずる。
 5 臨時会招集告示後撤回要求はできない。しかし、招集の目的が既に消滅したようなときには、告示取消要求もできると解されている。
 6 全員協議会の請求は告示とは関係がない。なお、議長不信任、原子力発電所建設反対決議だけのように、議会の議決事件ではないものを付議事件とする臨時会の招集告示はできない。
 7 選挙後初議会において、議長、副議長の選挙及び常任委員の選任だけをもって、臨時会を招集する場合、長は自治法101条1項の議員定数の4分の1以上からの招集請求によるのが適当な方法である。しかし、長と議会側との話合いのうえで、長が「議長、副議長の選挙及び常任委員の選任について」とする招集告示をすることとしても差し支えない。

(4) 議員の請求に基づく招集及び付議事件の告示書式例

```
○○市（町村）告示第○号
  ○○市（町村）議会議員何某ほか何人の請求により、昭和○○年第○回
（○月）○○市（町村）議会臨時会を次のとおり招集する。
    ○○年○月○日
                  ○○市（町村）長　氏　　　　名　㊞
 1  期　　日    ○○年○月○日
 2  場　　所    ○○市（町村）議会議事堂（又は議場）
 3  付議事件
  (1)  議員の定数条例の改正について
  (2)  国庫補助金の増額方の意見書について
```

注　招集期日に会議時刻を指定しないで告示する。

(5) 付議事件の告示依頼書式例

```
                                    文 書 番 号
                                    ○○年○月○日
○○市（町村）長　氏　　　名　殿
　　　　　○○市（町村）議会議長　氏　　　　　名　㊞
　付議事件の告示について（依頼）
　○月○日招集予定の○○年第○回（○月）本市（町村）議会臨時会において、下記の事件を告示くださるよう依頼します。
　　　　　　　　　　　　　記
1　付議事件名…………について（議長選挙、会議規則、委員会条例の改正について）
```

注1　請願・陳情については議会の開会中であると閉会中であるとを問わずに受け付けるべきである（昭48．9．25行実）。なお、閉会中に提出された請願・陳情でも臨時会において至急に審議する必要のある場合は自治法102条5項により、本会議中に直接付議することでよい（昭43．11．7行実）。ただし、緊急を要しないものは所定の告示が必要である。
　2　議長の辞職許可のための臨時会の招集請求する場合、議長も招集請求者となることができる。なお、臨時会の開会中に正・副議長、議員の辞職許可の必要な場合には告示を要せず議題としうる。
　3　請願・陳情は、請願・陳情○○件あるいは○○ほか○○件と告示してもよい。
　4　臨時会の議長だけの選挙は告示が必要。ただし、議席の指定や閉会中の議員の辞職許可を議会報告する場合は告示は不必要。

(6) 再度招集及び付議事件の告示書式例

```
○○市（町村）告示第○号
　○○年○月○日に招集した第○回（○月）○○市（町村）議会臨時会は応招議員が○人で、議員定数の半数に達しないため、開会することができなかったので、次の同一事件について、第○回（○月）○○市（町村）議会臨時会を地方自治法第113条の規定により再度招集する。
　　○○年○月○日
　　　　　　　○○市（町村）長　氏　　　　　名　㊞
1　期　　日　　○○年○月○日
2　場　　所　　○○市（町村）議会議事堂（又は議場）
3　付議事件
```

(1)　教育委員の選任同意について
　(2)　○○工事請負契約の締結について

注1　長の議会招集に対し、所定の日時及び場所に議員が応招しないため、議員定数の半数に達しない場合には議会を開くことはできない。この場合同一付議事件を付議する議会を開くためには、同一事件について再度招集の告示をする。
　2　再度の招集は必ず同一事件でなければならない。したがって、この場合他の事件を加えると再度招集とならない。
　3　定例会には再度招集はない。

(7)　付議事件の追加告示書式例

```
○○市（町村）告示第○号
　○○年○月○日招集の第○回（○月）○○市（町村）議会定例（臨時）
会に付議する事件を、次のとおり追加する。
　　○○年○月○日
　　　　　　　　　　　○○市（町村）長　氏　　　　名　印
1　○○工事請負契約の締結について
2　和解の申立てについて
```

注1　付議事件は少なくとも招集の日までに告示しなければならないが、議会の開会中で、しかも緊急の事件の場合には、告示をせずに直ちに付議してもよい。
　2　緊急性の認定は、提出した長若しくは議員が行うこととなる。
　3　付議事件の告示以後新しく事件を追加する場合には、当然その告示が必要とされる。

(8)　議長宛定例（臨時）会招集通知書式例

```
　　　　　　　　　　　　　　　　　　　　　文　書　番　号
　　　　　　　　　　　　　　　　　　　　　○○年○月○日
○○市（町村）議会議長　氏　　　名　殿
　　　　　　　　　　　○○市（町村）長　氏　　　　名　印
　○○市（町村）議会定例（臨時）会招集について（通知）
　本日別紙写しのとおり、○月○日第○回（○月）○○市（町村）議会定例（臨時）会を招集する告示をしたので、通知します。
（別紙略）
```

1 議会の招集関係書式例　417

注1　長による議会招集の告知は、告示だけで足りるが、念のため長から議長に通知することが望ましい、
　2　議員に対する議会招集の告知は、この告示通知に基づき、議長から各議員あてに告示の旨を通知するか、又は、長から議員に対して直接通知するか、二つの方法がとられているが、いずれでも差し支えない。
　3　一般選挙後初の議会招集の通知は議長が決まっていないから、長から直接通知するか、あるいは議会事務局長から通知するか、ということになるがいずれでもよい。
　4　長の議会招集通知書に代えて、招集告示の写しを議長に送付するという簡便方法によっている例もあるが、これでも差し支えない。

(9) 議員宛定例（臨時）会招集通知書式例

```
　　　　　　　　　　　　　　　　　　　　　　　　文　書　番　号
　　　　　　　　　　　　　　　　　　　　　　　　○○年○月○日
○○市（町村）議会議員　氏　　　名　殿
　　　　　　　○○市（町村）議会議長　氏　　　　名　㊞
　　○○市（町村）議会定例（臨時）会招集について（通知）
　本日市（町村）長よりきたる○月○日第○回（○月）○○市（町村）議会定例（臨時）会を招集する旨告示をされたから、同日所定の時刻までに議事堂（議場）に参集願います。
　おって、日程（会期予定表）は別紙のとおりであります。
　（別紙略）
```

注1　法令上、長による議会招集告示は招集告示だけでよいが、実際には、長からの議会招集告示に基づき、個々の議員に対して議長名（又は長の名）で通知されるのが通例である。
　2　議事堂とは、本会議場のみならず、正・副議長室、議員控室及び事務局等の広義の場所を指し、議場よりも広い。

(10) 議案、請願、陳情等の写し送付書式例

```
　　　　　　　　　　　　　　　　　　　　　　　　文　書　番　号
　　　　　　　　　　　　　　　　　　　　　　　　○○年○月○日
○○市（町村）議会議員　氏　　　名　殿
　　　　　　　○○市（町村）議会議長　氏　　　　名　㊞
　　議案、請願、陳情等の写し送付について
```

418　第4　議会の会議手続書式例

　○月○日招集の本市（町村）議会第○回（○月）定例（臨時）会の付議議案、請願、陳情その他関係書類を次のとおり送付します。
1　付議議案
　(1)　○○年度○○市（町村）一般会計予算、○○特別会計補正予算
　(2)　財産購入契約締結について
2　請願、陳情文書表（別紙のとおり）
3　委員会審査報告書写し
　(1)　総務、文教………………委員会
4　審議参考資料
　(1)　地方財政計画

注　法令上、付議案件及びこれに関する資料は、開会した後に配付されるが、議員の審議準備の便宜のために議案、請願、陳情その他参考書類で、招集日前に各議員あてに送られている例があり、これを特に否定する必要もないと解されている。

(11)　休会日の開議請求書式例

　　　　　　　　　　　　　　　　　　　　　　　　　　　○○年○月○日
　○○市（町村）議会議長　氏　　　名　殿
　　　　　　　　　○○市（町村）議会議員　氏　　　　　名　㊞
　　　　　　　　　　　　　　　（議員定数の半数以上）

　　　　　　　　　　　休会の日の開議請求書

<u>本　日　は　休　会　の　日　で　あ　る　が、</u>次の理由
○月○日の会議において本日は休会とすることが議決されたが、
により会議を開くよう地方自治法第114条第1項の規定により請求します。
　理　由

注1　開議請求の事実、要件が確認されれば、口頭による請求でも差し支えないが、文書による方が確実である。
　2　必ずしも連署によらず個々の請求で足りる。しかし、議員定数の半数以上の者からの請求であることを議長が確認できる条件具備を欠いてはならない。
　3　原則的には、日曜、休日及び議決による休会日には本会議は開かれないのであるが、議員から自治法114条の請求があれば開議しなければならない。もし議長が事故であれば副議長に、副議長も事故なら仮議長に、仮議長がいなければまず年長議員に請求する。

1 議会の招集関係書式例

⑿ 休会日の開議通知書式例

① 議長が必要と認める場合

```
                                    文 書 番 号
                                    ○○年○月○日
○○市（町村）議会議員　氏　　　名　殿
              ○○市（町村）議会議長　氏　　　　　名　印
　休会日の開議通知について
　○月○日は休会の日であるが（○月○日から○月○日までは休会とすることに議決されているが）、当日（○月○日）は本会議を開く必要があると認め、会議規則第　　条第　　項の規定により、当日午前（後）○時から会議を開くので御出席願います。
```

注　休会日における開議は、議員からの休会日開議請求によらなくても議長権限により開くこともできる。

② 議員の請求による場合

```
                                    文 書 番 号
                                    ○○年○月○日
○○市（町村）議会議員　氏　　　名　殿
              ○○市（町村）議会議長　氏　　　　　名　印
　休会日の開議通知について
　○月○日は休会の日であるが（○月○日から○月○日までは休会とすることに議決されているが）、当日（○月○日）は議員○○○○君ほか○人から会議を開くよう請求があり、地方自治法第114条第１項により、午前（後）○時から会議を開く必要があると認めたので御出席願います。
```

⒀ 議員の開議請求書式例

```
                                    ○○年○月○日
○○市（町村）議会議長　氏　　　名　殿
              ○○市（町村）議会議員　氏　　　　　名　印
                        （議員定数の半数以上の請求）
　開議請求について
　本日の開議は、午前（後）○時○分に閉じられたが、審議を継続したい
```

ので、(午前(後)○時○分に休憩を宣告され、その後再開されていないので、)(又は、開議時刻が過ぎてもまだ開議されないので、)(あるいは、本日は何々の理由により、審議する必要があるので、)直ちに、会議を開かれるよう地方自治法第114条第1項の規定により請求します。

注1 会期中の開議請求の場合であり、招集当日の議会の開会は対象とならない。
 2 会議時間の経過後例えば午後5時に閉議された場合でも開議請求はできる。ただし、閉会日において閉会宣告した後に開議請求することはできない。
 3 出席停止の懲罰議員は、開議請求議員となることができない。
 4 委員会においても上記に準じて行えばよい。

(14) 議員の応招通告書式例

　　　　　　　　　　　　　　　　　　　　　　　　○○年○月○日
○○市(町村)議会議長　氏　　　名　殿
　　　　　　　○○市(町村)議会議員　氏　　　　名　㊞
　　　　　　　応　招　通　告　書
○○年○月○○市(町村)議会定例会／臨時会に応招したから、会議規則第1条の規定により通告します。

注 議員からの応招通告の告知方法は、応招通告書の代わりに、点燈、名札の表示、出席簿への押印など、当該議会が定める適宜な方法によって行えば足りる。

(15) 欠席届書式例

　　　　　　　　　　　　　　　　　　　　　　　　○○年○月○日
○○市(町村)議会議長　氏　　　名　殿
　　　　　　　○○市(町村)議会議員　氏　　　　名　㊞
　　　　　　　欠　席　届
○月○日(から○月○日まで)の会議には次の理由により出席できないから、会議規則第○条の規定により届けます。
　理　由

注1 正当な理由がなく欠席し、議長から招状を受けて、なお故なく応じないときは、懲罰の理由となる(議会の要務による出張の場合は、届出の必要はない。自治法137条)。

2　他市町村長や議員等の選挙応援のために所属議会の本会議を欠席した場合に招状を出されてもなお、欠席している場合は懲罰事由となりうる。
3　欠席はもちろん、遅刻、早退についてもそれぞれ届け出るのがよい。

(16)　出席議員が定足数に達しないときの出席催告書式例

```
                                           文 書 番 号
                                           ○○年○月○日
○○市（町村）議会議員　氏　　　名　殿
　　　　　　　○○市（町村）議会議長　氏　　　　名　㊞
　出席催告について
　本日の会議は、午前（後）○時にいたっても出席議員が定足数に達しないため、会議を開くことができないので、午前（後）○時に会議を開くから、開議時刻までに必ず出席されるよう地方自治法第113条及び会議規則第　　条の規定により催告します。
```

注1　招集当日から応招議員が定足数に満たないときは、流会となる。この場合、長は定例会を除き臨時会の場合は再度招集の措置をなすことができる。
　2　催告は、いったん長の招集に応じた議員（応招しても欠席した議員、退席した議員を含む。）の全員に対して定足数を満たすように会議に出席するよう促すために行うものである。なお、この出席催告は、委員会には適用がないことに留意すべきである。
　3　催告は、本人の住所においても所在不明のときは、その居所へ、かつ、事理を弁識する同居者にしなければならない（到達主義で文書によるのがよいが、場合によっては電話、口頭でもよい）。招集当日も出席催告は可能。
　4　催告の効力は、当該本会議の日のためであり、1回出せばその日中に開かれる休憩前及び休憩後の会議の全部に有効であるが、翌日以降の会議には、効力が及ばない。
　5　出席催告の対象となる会議開会の定足数は最小限3人まで、2人では開けない。

(17)　会議中定足数を欠いたときの出席催告書式例

```
                                           文 書 番 号
                                           ○○年○月○日
○○市（町村）議会議員　氏　　　名　殿
　　　　　　　○○市（町村）議会議長　氏　　　　名　㊞
```

422　第4　議会の会議手続書式例

> 　　出席催告について
> 　本日の会議中、午前(後)○時○分に出席議員が定足数を欠くにいたったため、休憩(会議を中止)しましたが、午前(後)○時から引き続き会議を開きますから、開議時刻までに必ず出席されるよう地方自治法第113条及び会議規則第　　条の規定により催告します。

注1　この出席催告は、定足数以上の議員が出席し、一旦会議を開会したがその後、出席議員が定足数を欠くに至った場合に、会期中の応招議員(招集に応じてもその日の会議に出席しない議員、あるいは、出席しても中途退席した議員を含む。)全員に対して、会議に出席するよう促すために出すものである。
　2　催告書は、本人に手渡すか、本人が所在不明であればその同居人等に手渡し受領印をとるなりして、後日のために確かめておくべきである。
　3　出席時刻は、本人が会議に出席しうる客観的な時間の余裕をみて催告しなければならない。
　4　深夜の出席催告は、後日紛争を残すので適当ではないが、電話をもって代えることもやむを得ない。
　5　議会招集日の最初の場合であっても、応招議員が議員定数の半数以上あれば出席催告は可能(昭29.5.25行実)。

⒅　未応招又は欠席議員に対する招状の書式例

> 　　　　　　　　　　　　　　　　　　　　　　　　　文　書　番　号
> 　　　　　　　　　　　　　　　　　　　　　　　　　○○年○月○日
> ○○市(町村)議会議員　氏　　　名　殿
> 　　　　　　　○○市(町村)議会議長　氏　　　　　名　㊞
> 　　招状(又は出席要求について)
> 　○○年○月定例(臨時)会に正当な理由がなくて招集に応じない(○月○日から○月○日までの会議に欠席した)と認めるので、地方自治法第137条の規定により出席を求めます。

注1　正当な理由とは、出席する意思があっても出席できない病気、災害、拘留等の場合をいう。招状は一種の注意であり法的な出席催告とは違う。
　2　懲罰を科するとき被処分者が議場に出席しない場合にも、招状を発する。
　3　「招状」としても、あるいは「出席要求について」と表現してもよい。

⑲ 秘密会開会要求書式例

> ○○年○月○日
> ○○市（町村）議会議長　氏　　　名　殿
> 　　　　○○市（町村）議会議員　氏　　　　名　㊞
> 　　　　　　　　　　　　（議員3人以上の発議）
>
> 　秘密会の開会について
> 　第○号議案（○○事件）については、秘密会を開いて審議するよう地方自治法第115条第1項の規定により発議します。

注1　秘密会は、議員3人以上の発議により出席議員の3分の2以上の特別多数の議決を要する。また、議長発議によるのも可。
　2　秘密会の発議はここでは文書形式をとっているが文書、口頭のいずれでもよい。採決は討論を行わないでしなければならない。
　3　秘密会の開会は、必要最小限度にとどめるべきであって、議題となっている案件の表決そのものまで秘密会とすることは妥当ではない。
　4　委員会の秘密会とされた案件にわたる事項を本会議で審議しようとするときは、本会議を秘密会とするのが適当。
　5　秘密会の解除は、過半数議決でよい。

2 選挙及び議事一般関係書式例

(1) 会期及び審議予定表

会期日程（会期○日間）

日次	月	日	曜	開議時刻	摘要
第1日	○月	○日	○曜	午前(後)○時	○開会 ○会議録署名議員の指名 ○会期の決定 ○諸報告 ○請願、陳情の報告 ○議案の報告上程 ○提案者の説明
第2日	○月	○日	○曜		○休会（議案調査のため休会）
第3日	○月	○日	○曜	午前(後)○時	○議案に対する質疑 ○議案並びに請願、陳情の委員会付託（第1日目でもよい） ○一般質問（第1日目でもよい）
第4日	○月	○日	○曜	午前(後)○時	○委員会
第5日	○月	○日	○曜	午前(後)○時	○委員会
第6日	○月	○日	○曜	午前(後)○時	○委員長報告 ○委員長報告に対する質疑 ○討論 ○採決 ○一般質問（第1日、第3日目で行わないとき） ○閉会

注1 会期は、議会の初めに決定することを要す。しかし、開会宣告直後という意味ではなく初日中ならよい。
　2 会期は議会運営委員会、委員長会議、全員協議会等であらかじめ協議しているのが実情である。

3 付議される案件数なり、審議能力なり、先例によって会期が決定されるのが望ましいが、最終日において議決により延長又は繰り上げて閉会しても差し支えない。
4 これは定例会の一例で、市町村によって違うが、一般質問は開会冒頭か、又は議案を委員会に付託後、若しくは議案が採決された後に行う等まちまちであるが、付託後、若しくは議案の採決後が規定の趣旨である。

(2) 一般選挙後初議会の議事日程書式例

> ○○年第○回（○月）○○市（町村）議会定例（臨時）会議事日程　第1号
> 　　　　　　　　　　　　○○年○月○日午前（後）○時開議
> 第1　仮議席の指定
> 第2　議長選挙
> 第3　会議録署名議員の指名
> 第4　議席の指定
> 第5　会期の決定
> 第6　副議長の選挙
> 第7　常任委員の選任
> 第8　監査委員の選任同意について

注1　初議会において、臨時議長の議事日程は日程第1～第2まででよく、第3以下は議長が決まってから追加することにしてもよい。
　2　また、初議会の議事日程は当然のことであるから第1～第8までが考えられることから、臨時議長が適宜印刷してあらかじめ配布し、臨時議長及び議長がそれぞれ日程を定めたものとして運用しても差し支えない。
　3　議長選挙において、諸般の事情により容易に選挙ができないときは、議長選挙の前に、臨時議長において議席の指定、会議録署名議員の指名及び会期の決定を行うことも運営上やむを得ない（昭28．4．6行実）。
　4　議案番号（様式中の第1～第8）は、例えば第1号議案を撤回して訂正後その会期内に再提出したときは議案番号を変えて提出するのがよい。
　5　一般選挙後の初議会は、役員改選と議会活動の姿勢を早くつくるためにも、次の定例会を待たずに招集を請求したほうがよい（自治法101条1項）。

(3) 議事日程の書式例

> ○○年第○回（○月）○○市（町村）議会定例（臨時）会議事

426　第4　議会の会議手続書式例

```
　　　　日程　第1号
　　　　　　　　　　　　○○年○月○日午前（後）○時開議
第1　会議録署名議員の指名
第2　会期の決定
第3　議長の辞職許可について
第4　議長の選挙について
第5　…………
第6　決議案第　　　号　　何々（議員提出）
第7　第　　号議案（又は第1号議案ないし第10号議案及び同意第○号な
　　　いし同意第○号一括上程）（長提出）
第8　第　　号議案何々……（議員提出）
第9　報告第　　号（又は報告第1号ないし報告第5号一括上程）（長提
　　　出）
第10　専承認第　　号専決処分について承認の件（長提出）
第11　請願第　　号……………………について（請願、陳情について）
第12　一般質問
```

注1　議事日程は各市（町村）とも区々であるので統一的なものはない。
　2　会議公開の原則に従い、一議事・一議題の原則に基づき一件ずつ日程に記載すべきだが、便宜第○号から第○号までのように一括することもある。請願・陳情等も文書表に記載して開議前に配布するのがたてまえである。
　3　監査、検査報告等は諸報告として行ってもよいし、あるいは報告第○号としても差し支えない。
　4　議事日程は、議長の職権によって作成されるが、何を先にし何を後にするかということの原則はない。ただし、議長等の辞職及び選挙は議会の組織及び構成に関するものであるから先に掲げるのが通例である。
　5　長提出の議案と議員提出の議案については区別したほうがよい。
　　例「長提出第○号議案」又は「議案第○号」に対し「議員提出第○号議案」
　6　議事日程は作成ごとに号数をつける。
　7　この書式例では、一般質問は、日程第12に記載しているが、①諸議案を上程する前に行う方法、②議案の質疑答弁後議案等を委員会に付託してから一般質問を行う方法、③第12のように議案が全部終了後一般質問を行う方法があるが、筆者は②又は③の方法を支持する。臨時会には原則として一般質問は許されない。
　8　本会議中に議事日程を追加の動議又は議長が追加しようとして本会議に諮り、追加が可決されたとしても、既定の日程番号はそのままにし、追加分に対して新しく番号をつける必要がない。
　9　議案番号は通常暦年制であるので、前年から新年に継続審査となった場合に

は、前年の番号をわかりやすい方法で表示すること（○○年議案第○号）。

(4) 議事日程のない開議通知書式例

```
                                              文 書 番 号
                                              ○○年○月○日
○○市（町村）議会議員　氏　　　名　殿
               ○○市（町村）議会議長　氏　　　　　　名　㊞
   開議通知について
   ○月○日は午前（後）○時から会議を開くので、会議規則第　条の規
定により通知します。
```

注　委員会から審査報告が提出されていないが、状況からみて提出が予想されると
　き、あるいは追加議案等が提出されるような場合に、あらかじめ開議通知を行うこ
　とは差し支えない。

(5) 説明員の出席要求書式例

```
                                              文 書 番 号
                                              ○○年○月○日
○○市（町村）長　氏　　　名　殿
   （その他の執行機関宛）
               ○○市（町村）議会議長　氏　　　　　　名　㊞
   説明員の出席要求について
   ○○年第○回（○月）○○市（町村）議会定例（臨時）会に出席するよ
う地方自治法第121条の規定により要求します。
```

注１　出席要求のない場合は、長及び他の執行機関（例　教育委員会、選挙管理委員
　　会、監査委員等）は議会に出席することはできない。
　２　出席要求は口頭、文書のいずれでも差し支えない。要求は議長名で行うべきで
　　ある。議長事故の場合は副議長名、初議会の場合は議長が選挙されてから行うべ
　　きであろう。
　３　監査委員の場合は、合議制の執行機関であるので、自治法242条の３第５項に
　　規定する事項に関するものを除き、全監査委員あてに出席要求をするのが正し
　　い。しかしながら、代表監査委員は、監査委員の庶務処理権限を有することか
　　ら、便宜代表監査委員宛に要求しても差し支えない。
　４　当該団体の事務の一部を他の団体に委託した場合、その事務について受託者の

説明を求めることはできない。しかし、自治法100条の調査権の議決があるときは説明員ではなく、選挙人、関係人、証人として出席要求をすることは可能である。

(6) 説明員の出席通知書式例

```
                                        文 書 番 号
                                        ○○年○月○日
○○市（町村）議会議長　氏　　　名　　殿
            ○○市（町村）長　　　　　　　　氏　　　　名
            ○○市（町村）○○委員会委員長　氏　　　　名
      説明員の出席及び委任について（通知）
  今定例（臨時）会の説明員及び説明委任の氏名を下記のとおり通知します。
  （出席者職氏名を記載すること）
```

注1　説明委任は委任者の一方的通知でよい。
　2　長からの出席通知があった場合、これを議長は文書配布又は口頭で会議の出席議員に対して、その旨告知すべきである。
　3　あらかじめ議事説明員として委任した旨通知のあった場合、議長はこれらの説明員に対して会議に出席を求めることができる。
　4　説明員はその県市（町村）に勤務の公務員に限られ、民間人や国又は他の地方公共団体の職員に対しては、嘱託できない。嘱託というのは、長が教育委員会等の職員に説明をしてもらう場合をいう。またその逆の場合も同じ。
　5　説明員が欠席する場合、議長に通知したほうがよい。

(7) 意見聴取書式例

```
                                        文 書 番 号
                                        ○○年○月○日
○○県（市）人事委員会委員長　氏　　　名　殿
              ○○県（市）議会議長　氏　　　　　名　㊞
      意見聴取について
  何々から提出された次の条例案について、地方公務員法第5条第2項の規定により○月○日までに貴委員会の意見を求めます。
    議案第　　号○○県（市）職員の給与条例の一部改正について
```

注1　文書で求めるのがよいが、口頭で意見を述べてもよい。
　2　人事委員会の意見を聞かないで議決した条例の議決は瑕疵ある行政行為であるので、自治法176条4項により再議すべきである（昭27．7．7行実）。
　3　議会の給与条例に係る人事委員会からの意見聴取義務は、議会が給与条例を議決する上での義務であるから、長が専決した給与条例については、法令上、人事委員会の意見聴取義務はない。

(8) 発言通告書式例

```
                                           ○○年○月○日
○○市（町村）議会議長　氏　　　名　殿
                     議席番号　氏　　　　名　㊞
         発　言　通　告　書
                                        年　月　日
  上記のとおり発言したいので通告します。   午前
                                        午後　時　分受付
```

発言種別	発言事項	要　　旨	答　弁　者

注1　市町村では質疑の場合の発言は通告は会議規則の定めによる。なお、全国町村議会議長会が定める町村議会標準会議規則では、発言通告制を採用しておらず、口頭による発言許可請求を原則としている。
　2　通告書を受理した場合は、受理時間を記入し受付印を押す。
　3　種別欄に質疑、質問、緊急質問、討論、一身上の弁明の区別を記載する。
　4　通告書を招集日前に求めることは適当でないが、便宜仮受付とする意味で受理することもあろう。それゆえに、一般質問は、委員会へ付託後又は議事終了後行うようにすれば問題が少ない。
　5　一般質問については、できるだけ項目を分けたうえ、要旨を記載し全議員及び理事者にも配布した方が能率的な答弁ができてよい。

(9) 発言取消し（訂正）申し出書式例

```
                                           ○○年○月○日
○○市（町村）議会議長　氏　　　名　殿
              ○○市（町村）議会議員　氏　　　　名　㊞
```

430　第4　議会の会議手続書式例

> 　　　発言取消し（訂正）の申し出について
> 　〇月〇日の会議における下記の私の発言は、〇〇〇〇（理由）により取り消（訂正）したいので議会（議長）の許可を得たく会議規則第　　条の規定により申し出ます。
> 　　　　　　　　　　　　　　　記
> 　取り消すべき発言………………………又は（訂正する字句）

注1　発言の取消しは議会の許可が必要で、かつ、会期中に限られる。発言の取消しは議員の発言の全部又は一部。しかし、全部についてはおかしい。理事者の場合は、規定がないので、議長は議事整理権によって取り扱う。
　2　発言の取り消しとは異なり、発言の訂正は議長の許可事項である。

(10)　議員の被選挙権の資格決定要求書式例

> 　　　　　　　　　　　　　　　　　　　　　　〇〇年〇月〇日
> 　〇〇市（町村）議会議長　氏　　　名　殿
> 　　　　〇〇市（町村）議会議員　氏　　　　　名　㊞
> 　　　資格決定要求について
> 　本市（町村）議会議員何某の被選挙権の有無について、疑義があるので、別紙証拠書類を添え会議規則第　　条の規定により決定されるよう要求します。
> 　　　　　　　　　　　　　　　記
> 1　理由（証拠となるべき事実関係）
> （別紙略）

注1　本書式例にいう議員の被選挙権の有無とは、公選法11条及び252条による場合以外であること。
　2　要求の時期は会期中に限られる。
　3　証拠となる郵便物・写真・その他証拠となるべき書類を添付すること。
　4　本書式例の議案の提案権は、議員に専属するものとされていることから、審議対象は議員からの資格決定要求書であるが、決定するときは、決定書案をも、併せて審議する形がよい。

(11)　議員の資格決定の委員会審査報告書式例

> 　　　　　　　　　　　　　　　　　　　　　　〇〇年〇月〇日

○○市（町村）議会議長　氏　　　名　殿
　　　　　　　　　　　　　常任
　　　　　　　　　　　　○○議運委員長　氏　　　　名　㊞
　　　　　　　　　　　　　特別
　　　　　　　委員会審査報告書
　本委員会に付託の○○○○議員の資格の有無について審査の結果、別紙決定書案のとおり決定したから、会議規則第　　条の規定により報告します。
（別紙略）

⑿　議員の被選挙権の資格決定書交付書式例

　　　　　　　　　　　　　　　　　　　　　　　文　書　番　号
　　　　　　　　　　　　　　　　　　　　　　　○○年○月○日
　要求議員　氏　　　名｜
　　　　　　　　　　　　殿
　被要求議員　氏　　　名｜
　　　　　　○○市（町村）議会議長　氏　　　　名　㊞
　　資格決定書の交付について
　○月○日議員何某君から提出された資格決定要求書に基づく議員何某君の資格については、○月○日の本会議において別紙（又は下記）のとおり決定したから、地方自治法第127条第3項において準用する第118条第6項の規定により交付します。なお、この決定に不服があるときは、地方自治法第127条第3項において準用する第118条第5項の規定により、決定があった日から21日以内に　　知事に審査を申し立てることができますので、申し添えます。
　　　　　　　　　　　　　　　記
1　選挙権を有しない。（有する。）

注1　議員の被選挙権の有無の決定の効力については、議会の議決のときからと解されている。
　2　決定書は、おおむね議員の兼業禁止規定の例⑭を参照のこと。
　3　出席議員の3分の2以上の特別多数議決を要する（議長も表決権があることに留意）。

(別紙)　資格決定書（被選挙権を有しない場合）

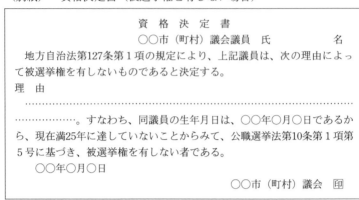

　　　　　　　　　資　格　決　定　書
　　　　　　　　○○市（町村）議会議員　氏　　　　　名
　地方自治法第127条第1項の規定により、上記議員は、次の理由によって被選挙権を有しないものであると決定する。
理　由
　………………………………………………………………………………………
………………。すなわち、同議員の生年月日は、○○年○月○日であるから、現在満25年に達していないことからみて、公職選挙法第10条第1項第5号に基づき、被選挙権を有しない者である。
　○○年○月○日
　　　　　　　　　　　　　　　　　　　　　　　○○市（町村）議会　㊞

注1　資格決定に関する審議は、原則として委員会で審議する。したがって決定書の理由等を議長に委任することは、議員の資格に関する重大事件であるから適当ではない。決定書案について委員会を経て、本会議で審議決定するべきものと解する。提出権者は議員である。
　2　議員の請負禁止は、非営利団体の場合も含まれる（例　市体育協会への市営プール管理委託における体育協会の理事たる当該市議会議員）。
　3　決定書は、決定を求めた議員及び決定を求められた議員に交付する。

⒀　議員の兼業禁止規定による資格決定要求書式例

　　　　　　　　　　　　　　　　　　　　　　　　　　○○年○月○日
○○市（町村）議会議長　氏　　　名　殿
　　　　　　　○○市（町村）議会議員　氏　　　　　名　㊞
　資格決定要求について
　本市（町村）議会議員何某は、地方自治法第92条の2の規定に該当するかどうかについて疑義があるので、別紙証拠書類を添えて会議規則第　条の規定により決定されるよう要求します。
1　議員の氏名
　　理由（証拠となるべき事実関係）
　（別紙略）

注1　議員の請負禁止規定等の該当の有無を主題として決定要求を求める。

2 証拠書類がない場合は受理されないものと解される。
3 要求書は、議会の開会（会期）中であればいつでも提出できる。したがって、本件は閉会中の継続審査とすることも差し支えない。

⑭ 議員の兼業禁止規定による資格決定通知書式例

> 文　書　番　号
> ○○年○月○日
>
> 要 求 議 員　氏　　　名 ｜
> 　　　　　　　　　　　　　殿
> 被要求議員　氏　　　名 ｜
>
> 　　　　○○市（町村）議会議長　氏　　　　　　名　㊞
>
> 　資格決定書の交付について
> 　○月○日議員何某君から提出された資格決定要求書に基づく貴殿の地方自治法第92条の2の規定に該当の有無については、別紙資格決定書のとおり決定したから、地方自治法第127条第3項及び第118条第6項の規定により交付します。なお、この決定に不服がある者は、決定のあった日から21日以内に都道府県知事に対し審査の申立てをすることができます。
>
> （別紙略）

注1　決定に不服あるものとして争い得る者は、専ら決定によってその職を失う当該議員に限られる（昭56.5.14最高裁）。
2　裁決に不服あるものとして出訴することのできる者は、当該失職の議員のみ。
3　資格なしの要求に対し、議会が否決した場合、これを不服として、要求議員は知事に対して審査請求の申立てをすることができない。
4　決定書の交付規定のあるのは、市の会議規則のみ。規定がなくても通知することは可。

⑮ 議員の兼業禁止規定による資格決定書式例

① 議員の職を有する場合

> 　　　　　　　資　格　決　定　書
> 　　　　　　○○市（町村）議会議員　氏　　　　　　名
> 　上記の何某が地方自治法第92条の2の規定に該当するかどうかについて、次のとおり決定する。

> 地方自治法第92条の2の規定に該当しないから、議員の資格を有する。
>   ○○年○月○日
>
>   ○○市（町村）議会　㊞

注1　議員の請負禁止規定の該当の時期は、議会の決定のときからと解される。
　2　出席議員の3分の2以上の多数議決を要する（議長も表決権あり）。

② 議員の職を失う場合

>   資　格　決　定　書
>   ○○市（町村）議会議員　氏　　　　名
>   上記議員は、次の理由により議会の議員の職を失う者であると決定する。
>   （理由）……………………………………………………………………………
>   ……………………………………何某は、○○会社の専務取締役についていることは、地方自治法第92条の2に該当し、議員の職を失う者であると決定した。
>   ○○年○月○日
>
>   ○○市（町村）議会　㊞

注　資格決定の要求の審査は委員会に付託して行う。

⒃　投票による表決要求書式例

>   ○○年○月○日
>   ○○市（町村）議会議長　氏　　　　名　殿
>   ○○市（町村）議会議員　氏　　　　　名　㊞
>   同　　　　氏　　　　　名　㊞
>   同　　　　氏　　　　　名　㊞
>   （出席議員○人以上）
>   投票による表決要求書
>   本日の会議で行う議案第○○号……の件（又は○○の件）の表決は記名（又は無記名）投票によるよう、会議規則第　　条第　　項の規定により要求します。

注1　全国町村議会議長会などが定める標準会議規則には、要求書の規定はなく、ただ要求のみの規定であるから、口頭で議長に申し出てもいっこうに差し支えない

が、議長の議事整理に協力を求める意味で、書面であらかじめ出してもらうのも方法である。
2 採決の結果を議長が宣告し、次の議題に入った後、議員〇人以上から無記名投票の要求がなされても表決のしなおしを行うことができない。
3 表決方法に関する異議の申立は、議員の起立(挙手)による表決宣告に対して決められるものであり、逆に、起立(挙手)によって表決することを求める動議は規則違反であるので、議長は無視してよい。

(17) 投票の効力に関する決定交付書式例

```
                              文 書 番 号
                              〇〇年〇月〇日
(異議申立議員)  氏   名 殿
         〇〇市(町村)議会議長  氏    名 印
  投票の効力に関する決定書の交付について
 〇月〇日に行った選挙の投票の効力に関する異議の申立てについて〇月〇日の本会議において下記(又は別紙)のとおり決定したから、地方自治法第127条第3項において準用する第118条第6項の規定により交付します。なお、この決定に不服があるときは、地方自治法第127条第3項において準用する第118条第5項の規定により、決定があった日から21日以内に都道府県知事に対し、審査の申立てをすることができますので、申し添えます。
                記
1 異議申立議員 氏    名
2 異議に対する決定 投票は効力を有する。(有しない。)
3 理  由
```

注1 本書式による交付書は、投票の効力に関する議会としての意見決定を書面にしたものであり、議長の名をもって作成し、本人に交付するものである。
 2 異議の申立ては、投票が行われてから次の議題に入る前でなければならない。なお、申立ては口頭、文書のいずれでもよい。
 3 この異議の申立ては、選挙の効力と当選の効力の双方の意である。

(18) 投票の効力に関する異議に対する決定書式例

① 一般決定形式による場合

投票の効力に関する決定書

```
　　　　　　　　異議申立人　○○市（町村）議会議員　氏　　　　名
　上記の者から異議の申立てがあった○月○日の議会で行った何々の選挙
の投票の効力に関しては、本市（町村）議会は次の理由により効力を有す
る（有しない）ものであると決定する。
（理　由）　何　々
（異議の要旨）　何　々
（異議ある者の主張にかかる事実についての見解）何　々
　　○○年○月○日
　　　　　　　　　　　　　　　　　　　　○○市（町村）議会　㊞
```

注1　自治法118条6項によるもの。決定書案を委員会で作成させ本会議に報告させる方法と議長が作成して本会議に諮る方法のどちらでもよい。
　2　決定書は、2つの方法があるが、①又は②を参考にされたらよい。

② 判決形式による場合

```
　　　　　　　　　投票の効力に関する決定書
　　　　　　　異議申立人　○○市（町村）議会議員　氏　　　　名
　○○年○月○日の議会において行われた何々の選挙の投票の効力に関す
る異議については、次のとおり決定する。
　　　主　文
　何々の選挙の投票の効力に関する異議については、却下する。
　（棄却する。）（理由があると認め、何々する。）
（理　由）
（異議の要旨）
（異議ある者の主張にかかる事実についての見解）
によって、主文のとおり決定する。
　　　教　示
　本決定に不服あるときは、決定のあった日から21日以内に都道府県知事
に審査の申立てをすることができる。
　　○○年○月○日
　　　　　　　　　　　　　　　　　　　　○○市（町村）議会　㊞
```

⒆　議会の決定に対する知事宛審査の申立書式例

```
　　　　　　　　　　　　　　　　　　　　　　　　　○○年○月○日
```

2 選挙及び議事一般関係書式例　437

```
　都道府県知事　氏　　　名　殿
　　　　　　　　　　　住　　　　　所
　　　　　　　　　　　審査の申立人　氏　　　　　名　㊞
　　　　投票の効力の決定に関する審査の申立書
　○○年○月○日付けでなされた○○市（町村）議会の何々の選挙の投票
の効力に関する異議の決定に不服があるので、地方自治法第258条の規定
により審査を申し立てます。
1　審査の申立てに係る処分
2　処分があったことを知った年月日
3　審査申立ての理由
```

⑳　議員の欠員通知書式例

```
　　　　　　　　　　　　　　　　　　　　　　　文　書　番　号
　　　　　　　　　　　　　　　　　　　　　　　○○年○月○日
　○○市（町村）選挙管理委員会委員長　氏　　　名　殿
　　　　　　　　　○○市（町村）議会議長　氏　　　　　名　㊞
　　　議員の欠員通知について
　本議会の議員中下記のとおり欠員を生じたので、公職選挙法第111条第
1項の規定により通知します。
　　　　　　　　　　　　　　記
1　選挙区
2　住所及び氏名
3　欠員を生じた年月日
4　欠員を生じた理由
```

注1　本書式例による議員の欠員通知は、公選法111条1項3号の規定に基づくもの
　であり、議員に欠員を生じた日から5日以内に議長から選挙管理委員会に通知す
　るものとされている。
　2　本書式例による議員の欠員通知の発信者名は、議長欠員のときは副議長でよ
　い。正・副議長ともに欠員であるか、あるいは長途の遠距離旅行等の場合には、
　事務局長が行ってよいと解する。
　3　公選法111条1項3号によって、議員が総辞職したとき、又は議会が自主解散
　した場合の通知者は、議会の事務局長又はその代理者でよい（昭25.5.1行
　実）。
　4　長に対しては法律上の通知義務はない。

(21) 正・副議長の辞職願書式例

```
                                          ○○年○月○日
○○市（町村）議会 副議長/議 長  氏     名 殿
            ○○市（町村）議会 議 長/副議長  氏        名 ㊞
                  辞  職  願
今般○○ により議 長/のため副議長 を辞職したいから許可されるよう願い出ます。
```

注1　議長の辞職は必ず議会の許可を得てからでないと辞職することはできない（閉会中は辞職することはできないが、議長を含めて、この辞職許可を求めるための臨時会の招集請求は可能である。）。
2　議長の辞表は副議長に出し、副議長がそれを議会に諮り、許否を決定する。
3　議長の不信任議決のあった場合は、議会の単なる機関意思の決定であって、法律上の効果はなく、政治的に解決するほかない。
4　副議長が辞職するときは、開会中であれば、議会の許可を要し、閉会中であれば議長の許可で辞職することができる。次の定例会まで許可保留も可。
5　正・副議長ともに辞職したいときは、開会中の場合は交互に本会議に諮る。
6　辞職の期日を指定することも差し支えない。ただし、議長の辞職を期限付きで許可した直後に、次の議長を選挙することは、議長が欠ける以前で、選挙事由が発生していないから違法（昭33.8.23行実）。
7　副議長が欠員、議長が入院のとき、副議長の選挙は年長議員でよい。
8　副議長が閉会中に辞職した場合、議長は欠員であるとき、年長議員にはそこまで権限はないので、急ぎの場合は、臨時会の招集を求めて行うほか方法はない。
9　副議長が病気で欠席中、議長が辞職したい場合は、年長議員が臨時議長となって副議長を選挙すればよい。

(22) 議員の辞職願書式例

```
                                          ○○年○月○日
○○市（町村）議会議長　氏     名 殿
          ○○市（町村）議会議員　氏        名 ㊞
                辞  職  願
今般○○○○により（のため）、議員を辞職いたしたいので、地方自治
```

2 選挙及び議事一般関係書式例 439

> 法第126条の規定により許可されるよう願い出ます。

注1 議会の開会中の許可手続としては、議長が議題に供して行う。
 2 特定の日付をもって辞職したいときは、その日を明示すべきである。
 3 口頭は紛議を惹起するおそれがあるから文書によるのがよい。
 4 議会の閉会中は、議長の許可だけでよい。その場合議長は許可書を議員に交付する（到達主義）。次の議会まで持ち越してもよい。公示送達的なものではない。
 5 許可前に撤回することができる。
 6 議会は、正当な理由なくして、議員の辞職許可願を拒否することはできない。なるべく尊重して許可すべきである（昭24．8．9最高裁）。
 7 閉会中の辞職許可を次の議会まで保留にして、次の議会の会議で許可することもできる。
 8 議員自ら辞職願に自署した文書又は口頭で申し出るべきであるが、それができない場合、任意代理者によることも可能。

(23) 議運・特別委員会委員の辞任願書式例

> 　　　　　　　　　　　　　　　　　　　　　　　　○○年○月○日
> ○○市（町村）議会議長　氏　　　名　殿
> 　　　　○○議運・特別委員会委員　　氏　　　　名　㊞
> 　　　　　　　　辞　　任　　願
> 　今般一身上の都合により（○○のため）、○○議運・特別委員会委員を辞任したいから、委員会条例第　　条の規定により許可されるようお願いします。

注 必ずしも文書による必要はない。委員会条例に議会の許可の規定があれば閉会中は辞任のみちがないが、議長の許可制ならばいつでも許可できる。

(24) 議員の辞職許可通知書式例

> 　　　　　　　　　　　　　　　　　　　　　　　文　書　番　号
> 　　　　　　　　　　　　　　　　　　　　　　　○○年○月○日
> 氏　　　　　名　殿
> 　　　　　○○市（町村）議会議長　氏　　　　　名㊞
> 　辞職許可通知について
> 　○○年○月○日付けの辞職願は、（○○年○月定例（臨時）会におい

て）許可することを決したので通知します。（許可します。）

注　許可、不許可とも通知すべきである。前掲の⑵の注1～7を参照。
　　なお、許可は到達主義であり、受取人が全く不存在の場合の明文はないが、書留、配達証明郵便を尽くした後、公示送達の方法によるのがよい。

⒆　当選告知書式例

```
　　　　　　　　　　　　　　　　　　　　　　　　　文　書　番　号
　　　　　　　　　　　　　　　　　　　　　　　　　〇〇年〇月〇日
　当選人　氏　　　名　殿
　　　　　　　　〇〇市（町村）議会議長　氏　　　　　　名　㊞
　　当選告知について
　〇月〇日の議会で行った〇〇〇〇選挙において貴殿が〇〇〇〇に当選されたので、告知します。
　なお、当選承諾のうえは、別紙当選承諾書に記名押印のうえ折り返し提出願います。
　（別紙略）
```

注1　議会の行う選挙、正・副議長、仮議長及び一部事務組合議員の当選告知は口頭が通例である。なお、改選後初の議会で、最年長の臨時議長が、議長選挙において副議長が、そのまま議長に当選（指名・投票とも）したときには、そのまま受諾の表示を行うことでよい。
　2　選挙管理委員会委員、同補充員の選挙、補充員の補欠選挙の告知は文書で行う。これらの委員等への就伝に当たっては、本人からの承諾書の提出が必要である。

⒇　当選承諾書式例

①　議員の場合

```
　　　　　　　　　　　　　　　　　　　　　　　　〇〇年〇月〇日
　〇〇市（町村）議会議長　氏　　　名　殿
　　　　　　　　　　　　　　当選人　氏　　　　名　㊞
　　　　　当　選　承　諾　書
　〇月〇日の会議で行われた〇〇選挙による当選を承諾します。
```

注1　正・副議長の当選の場合口頭で行われるのが通例である。しかし、議場にいないときは、本書の提出が必要である。
 2　承諾しないときは、当選者がいないので、再選挙する。

②　議員以外の場合

>　　　　　　　　　　　　　　　　　　　　　　　　　　○○年○月○日
>○○市（町村）議会議長　氏　　　名　殿
>　　　　　　　　　　　　　　住　所
>　　　　　　　　　　　　　　当選人　氏　　　名　㊞
>　　　　　　　当　選　承　諾　書
>　○月○日付け第○号（文書番号）で告知を受けた○○の当選を承諾します。

注　当選告知に対し、承諾しないときは、その人だけについて再選挙を行う。

⑵⑺　選挙管理委員会委員（補充員）の選挙要求書式例

>　　　　　　　　　　　　　　　　　　　　　　　　　　文　書　番　号
>　　　　　　　　　　　　　　　　　　　　　　　　　　○○年○月○日
>○○市（町村）議会議長　氏　　　名｜
>　　　　　　　　　　　　　　　　　｜殿
>○○市（町村）長　　　　氏　　　名｜
>　　　　○○市（町村）選挙管理委員会委員長　氏　　　名　㊞
>　　選挙管理委員会理委員（補充員）の選挙を行うべき事由の発生について
>　○○年○月○日をもって選挙管理委員（補充員）の任期が満了（○○○○が退職）したので、すみやかに選挙（補欠選挙）を行われたく地方自治法第182条第8項の規定により通知します。

注1　議長はこの通知を受けたときは、直ちに議事日程に組まなければならない。ただし、臨時会によらなくても次の定例会まで待つことも差し支えない。
 2　委員及び補充員ともに欠員の場合の議会での選挙は全員1回の投票により決定する方法のほか、個々に選挙管理委員Ａ、Ｂ、Ｃ、Ｄと補充員Ｅ、Ｆ、Ｇ、Ｈと2回に分けて投票する方法があるが、後者の方法がよい（自治法182条2項）。この場合における選挙の執行方法は、2種類（委員と補充員）の選挙を2種類の投票用紙を用いて、1回の投票で行うも可能。
 3　もし、選挙権を有しない者が、委員及び補充員に当選したときは無効である。仮に1名であるときは、会議規則に次点者の繰上当選の規定があればよいが、ない場合は、その1名を選挙するために自治法176条4項により再選挙を行うべき

である。
4　委員の任期満了前の選挙も可能（昭24.10.24行実）。

⑱　長、選挙管理委員会への選挙結果の通知書式例

```
                                        文 書 番 号
                                        ○○年○月○日
○○市（町村）長　　　　　氏　　　名 ┐
                                    │殿
○○市選挙管理委員会委員長　氏　　　名 ┘
            ○○市（町村）議会議長　氏　　　　　　名　㊞
    ○○○○の選挙結果について
  本議会は、○月○日の会議において○○○○の選挙を行った結果、次の
者が当選人と決定したので通知します。
    （当選人の氏名）
    参考（選挙管理委員については、氏名のほかに住所、所属政党その他の
        団体を記載し、同補充員については、これらのほかに得票数又は順
        位を記載する。）
```

⑲　議長不信任決議（動議）書式例

```
                                              ○○年○月○日
○○市（町村）議会議長　氏　　　名殿
            ○○市（町村）議会議員　氏　　　　　　名　㊞
                                  （ほか所定の賛成者）
    議長不信任決議（動議）について
  本議会は議長○○○○君に対し、次の理由により信任しない（不信任と
する）ことを議決する。
    理　由
```

注1　議長不信任決議（動議）が可決されても自治法に規定がなく、全くの事実行為
　　でしかないので、効果はないが、政治的な影響が大きいことから、無視できない
　　のが実態である。
　2　議長、副議長、委員長の不信任決議の場合は、会議規則14条後段の規定によっ
　　て提出すればよい。
　3　動議をもって不信任を提出する場合は、会議規則16条により口頭で提出しても

よい。又は文書に不信任動議と記載して、議長に提出してもよい。
4 この案件の議事の場合当該議長は除斥される。
5 副議長、委員長、副委員長に対しても準じて行えばよい。
6 辞職勧告決議（辞職勧告動議）などもあるが、上記に準ずればよい。
7 議長・副議長人事で、議案審議を巻き添えにしてはいけない。議案審議こそこの場合先議するべきである。
8 委員長の不信任は当該委員会で行ってもよい。
これについても、議長の不信任議決と同様に特別の明文規定がない。

⑽ 委員会付託表書式例

議　案　付　託　表		
付託委員会名	議案番号	件　　　　　　　　名
○○委員会	1 第1号議案 2 第2号議案 3 第3号議案 4 請願第2号	○○年度○○市（町村）一般会計予算 工事請負契約締結について 公民館の設置条例について …………………について
○○委員会	1 第4号議案 2 第5号議案 3 請願第3号	…………………について …………………について …………………について
○○委員会	1 第6号議案 2 第7号議案 3 第8号議案 4 請願第1号	…………………について …………………について …………………について …………………について

注1 予算、決算は各委員会に便宜的に分割付託とするもやむを得ない。この場合は、関係の款・項及び事項別明細書により適当に記載したほうがよい。
 2 文書によらないで、議長が本会議で所属の委員会に付託することを宣告することでもよい。ただし、特別委員会に付託するときは本会議で議決を要する。
 3 分割付託がまずければ、①全員審議か、②特別委員会付託か、③単独の常任委員会に付託して、必要により連合審査会又は委員外議員の発言によって審査を行う方法がある。ただし、全議員による特別委員会を設けることはおかしく、さらに常任委員会ごとの分科会での審査は、実質は分割付託と変わらないものと考える。

(31) 議決（条例・予算）の長への送付書式例

```
                                                文 書 番 号
                                                ○○年○月○日
○○市（町村）長　氏　　名　殿
　　　　　　○○市（町村）議会議長　氏　　　　　　名　印

　議決（条例・予算）の送付について
　○○年第○回（○月）○○市（町村）議会定例（臨時）会において議決
した下記条例（予算）を地方自治法第16条第１項（予算は第219条第１
項）の規定により下記（別紙）のとおり送付します。
                      記
```

議案番号	件　　　　　名	議決年月日	議決の結果
			可　決 否　決 修正可決

注１　条例の制定・改廃の議決があったとき、及び予算の議決のあったときの翌日を
　　第１日として３日以内の意。日曜又は休日にあたったときでも同じ。ただし、そ
　　のときは１日早くするか又はその翌日でもよい。
　２　議決は成立を指すが、なお否及び継続審査も通知するのがよい。
　３　条例及び予算については法律上長に送付し（自治法16条１項、219条１項）、予
　　算の場合は、長は再議しなければ、直ちに知事への報告と住民への公表の義務が
　　あるが（自治法219条２項）、他の事件については規定がない。しかし、前記に準
　　じて通知した方がよいと解する。
　４　予算が成立したときは、予算の議決のときを指す。
　５　副議長が、予算・条例を議長に代わって議事を主宰しても、議長は会期中著し
　　い事故若しくは欠員でなければ、議長名で外部への手続をとる。
　６　予算・条例の本来の原本は長にあるべきで、議会としての議決証明に必要な議
　　事録は議会にあるものと解する。

(32) 議決書の整理書式例

```
(1)　可決の場合
　　　○○年○月○日可決
　　　　　　　　　○○市（町村）議会議長　氏　　　　　　名　印
(2)　修正可決の場合
　　　○○年○月○日朱書とおり修正可決
```

○○市（町村）議会議長　氏　　　　　名　㊞
(3)　否決の場合 　　○○年○月○日否決 　　　　　○○市（町村）議会議長　氏　　　　　名　㊞
(4)　再議の場合 　　○○年○月○日再議の結果可決（否決） 　　　　　○○市（町村）議会議長　氏　　　　　名　㊞

注　審議未了の場合は可否の表明がないので「議決に至らず」として整理するのがよい。

③ 会議録の書式例

　会議録は、会議の次第を記録するために作成するものであり、後日問題が生じた場合の最も重要な証拠となる公文書であるから、会議運営の状況、発言内容、議事の進行について特に慎重を期し、かつ詳細に記載すべきものである。会議録は、別段様式が示されているわけでもなく、要は後日の証拠となる内容を備えていれば足り、書式を示す必要はないと言われるが、その作成にあたっては、次のような事項に注意すべきである。

会議録作成上の注意事項

ア　会議録は、全般的に統一のある書き方がよい。作成の要領として、速記法及びテープレコーダーを反訳してその記録を録音記録する方法と、要点のみにまとめる要点記録の方法がある。最近の傾向としては、会議規則に要点記録と規定されていても録音記録とするのが少なくない。

イ　会議録は、会議の次第を記録しておくものであって単に発言だけでなく、議事運営に関する事実、及びその模様を記載すればよい。
① 開会、閉会に関する事項、及び年月日、時間
② 会議の開閉、延会、中止及び休憩に関する事項及びその日時
③ 応招、不応招、出席、欠席議員の議席番号及び氏名
④ 議事日程
⑤ 説明のため出席した者の職、氏名
⑥ 会議に付した事件
⑦ 会期
⑧ 会議録に署名すべき議員の氏名
⑨ 委員会付託事件
⑩ 議長及び委員長の報告
⑪ 議題となった案件の発議、討論の内容及び発議者、討論者の議席番号及び氏名

⑫　表決の次第　記名投票の場合の氏名
⑬　議事及び選挙の顛末
⑭　発言者の議席番号及び氏名
⑮　その他議会又は議長において必要と認めた事項
⑯　その他の事項
　・質疑、討論、表決の区別とその経過を明らかにする。
　・秘密会であっても公開の会議と同様に正確に記録しておく。
　・議長から訂正又は取消しを命ぜられた発言でも、会議録には記録しておく。
　・会議をありのまま記録し、書記が体裁その他をつくろって、いたずらに修正することは慎しむべきである。しかし、字句の整理や、重複発言の整理は修文の範囲であれば差し支えない。
⑰　会議録は、会議規則に速記法と規定していながらも、速記者によらないでテープレコーダーの使用等もあるが、むしろこの場合は規則から速記法という表現を除いて議長が別に定めた方法によるとした方がよい。
⑱　テープレコーダーは、速記に代わるものとは認められていない。したがって、テープの保存期間として別段の制約がないので、当該会議録が完成するまでの扱いとするのがよい。しかし、技術革新の今日テープレコーダーの記録に対し否定することができない現実に立脚して、会議規則にも、録音機から録音したものを別途訳して記録に替えることを規定しても違法ではないと考える。簡単な表現として、規則に「会議録の調製は会議規則又は議長の定めるところによる」の字句でよい（昭48．6．27行実）。

448　第4　議会の会議手続書式例

4 議会の行う検閲・検査・監査及び100条調査関係書式例

　普通地方公共団体の議会は、当該団体の事務の執行の状況について、検査及び監査委員に対する監査の請求を行う権限が認められている。いわゆる議会の執行機関に対する監視権の一つで、対象は当該団体の事務で、「自治事務」か「法定受託事務」かを問わない（自治事務にあっては地方労働委員会及び収用委員会の権限に属する事務で政令で定めるものを除き、法定受託事務にあっては国の安全を害するおそれがあることその他の事由により対象とすることが適当でないものとして政令で定めるものを除く。）。検査は、①書類及び計算書の検閲、②長その他の執行機関から受ける報告の2方法によって行われる。その方法は書面検査であり、実地検査は許されない。実地検査が必要であれば監査委員に監査を請求するべきである。監査委員は、その結果報告を議会及び長並びに関係ある執行機関又は委員に提出し、かつ、これを公表しなければならない（自治法199条9項）。

(1) 事務検査を要求する場合の決議案書式例

```
　　　事務の検査について
　　地方自治法第98条第1項の規定により、道路工事に関する事務について
　検査の必要があると認められるので、関係書類及び計算書（並びに報告
　書）の提出を求めます。
　　　○○年○月○日
　　○○市（町村）議会議長　氏　　　名　　殿
　　　　　　　　　　○○市（町村）議会議員　氏　　　　　　名　㊞
　　　　　　　　　　　　　　　　　　　　　（所定の賛成者）

　　理　由
```

注1　検査の要求は、口頭による動議によって行うのが通例だが、場合によっては、このように文書によっても差し支えない（昭24.8.15行実）。
　2　監査要求のときは、自治法98条2項とし、1の例による。

(2) 事務の検閲・検査(自治法98条1項)動議提出書式例
① 本会議又は所管常任委員会で行う場合

〇〇年〇月〇日
〇〇市(町村)議会議長　氏　　　名　殿
　　　　〇〇市(町村)議会議員　氏　　　　名　㊞
　　　　　　　　　　　　　　(所定の賛成者)
　　　　〇〇事務の検査に関する動議
　地方自治法第98条第1項の規定により、何々に関する事務を、関係書類及び計算書を検閲することにより(何々の報告を請求することにより)、検査するものとする。(検査するものとし、その事務を何々委員会に付託する。)
提案理由

注1　議会の検査権は、書類及び計算書には経理関係の支出命令書その他の証書書類を含むものである。当該市町村の事務で法定受託事務も含まれるが、政令で定めるものは除かれる。
2　「記」として箇条書に明示するのがよい。
3　所要経費は既定予算の範囲内において、本調査に必要とする概算額を記載する。予算計上のない場合は予算獲得が先決である。
4　要求の動議は(1)の注を参照のこと。

② 特別委員会を設置して行う場合

〇〇〇〇の検査に関する動議
　下記により〇〇〇〇の検査に関する動議を提出します。
記
1　検査事項
　本会議は地方自治法第98条第1項の規定により、次の事項について検査するものとする。
　(1)　〇〇〇〇に関する事項
　(2)　△△△△に関する事項
2　特別委員会の設置
　本検査は地方自治法第109条及び委員会条例第〇条の規定により、委員〇人からなる〇〇〇〇調査特別委員会を設置して、これに付託するものとする。
3　検査権限
　本議会は1に掲げる事項の検査を行うため、地方自治法第98条第1項

```
    の権限を上記特別委員会に委任する。
 4  検査期限
      上記特別委員会は1に掲げる検査が終了するまで、閉会中もなお検査
    を行うことができる。
      ○○年○月○日
    ○○市（町村）議会議長　氏　　　名　殿
              提出者　○○市（町村）議会議員　氏　　　　名　㊞
              賛成者　　　　同　　　　　　　　氏　　　　名　㊞
                                          （所定数以上の者の連署）
```

注1　決議案の形式又は動議の方法のいずれでもよい。
 2　決算については、既に認定済みのものまで遡及調査することは適当ではない。
 3　具体性を伴わない事務に対しても、一般に必要があると議会が認めるときは、広範な検査をすることもできる（昭28.4.1行実）としているが、具体的に特定事項にしぼるのが本来の趣旨である。
 4　予算、契約の積算を知るための検査議決も可能であろう。しかし、応じないこともある。
 5　自治法100条調査権との合併議決も可能である。

(3) 長に対する事務検査（自治法98条1項）請求書式例

```
                                            文　書　番　号
                                            ○○年○月○日
 ○○市（町村）長　氏　　　名　殿
              ○○市（町村）議会議長　氏　　　　名　㊞
    事務の検査について
   ○○年第○回（○月）○○市（町村）議会定例（臨時）会の○月○日の
 本会議において、次の事項に関し、地方自治法第98条第1項の規定により、何々に関する事務の検査を行うことを議決したから、○月○日までに
 次の関係書類及び計算書の提出（次の事項に関する報告）を求めます。
 1　何　々
 2　何　々
```

(4) 監査委員に対する監査及び結果(自治法98条2項)報告請求書式例

```
                                            文 書 番 号
                                            ○○年○月○日
○○市(町村)監査委員　氏　　　名　殿
            ○○市(町村)議会議長　氏　　　　　名　㊞

　監査及び結果報告について
　○○年第○回(○月)○○市(町村)議会定例(臨時)会の○月○日の
本会議において、次の事項に関し、地方自治法第98条第2項の規定により
監査を求め、その結果について報告を請求することを議決したので、○月
○日までに監査のうえ、その結果を報告されるよう請求します。
1　何　々
2　何　々
```

注　臨時会において監査請求を行う場合は、長はあらかじめ付議事件として告示をする必要があるので、議員からこれを付議事件とする開議請求を行うこととなる。ただし、会議中に緊急議決の必要があれば告示がなくても監査請求することは可能と解する。監査委員は、上記の監査期日の拘束は受けない。

(5) 事務の監査請求(自治法98条2項)動議書式例

```
　　○○に関する事務の監査請求について
　地方自治法第98条第2項の規定により、監査委員に対し、○○に関する
事務について(次の事項について)監査を求める動議を提出します。
　　○○年○月○日
○○市(町村)議会議長　氏　　　名　殿
            ○○市(町村)議会議員　氏　　　　　名　㊞
                          (所定の賛成者)

提案理由
```

注1　要求の動議は(1)の注2の例によるが、決議案形式のいずれでもよい。
　2　議会は、その団体が、補助金、交付金、貸付金その他財政的援助を与えている場合自治法98条2項の地方公共団体の事務に該当するから、援助を受けているものの出納その他の事務の執行を監査することにより、それが所期の目的に沿って使用されているかどうかを明らかにする場合、監査することは可能とされるも、

補助団体の出納そのもの等の監査請求は不適当である。なお、監査請求に期限〇月〇日まで（〇月定例会まで）としてもよい。
3　例　私立保育所の経理内容の監査のために、措置費を理由に監査請求をすることは不適当である。その理由は、措置費は国、県、市町村等の当然の負担金であって、財政援助ではないからである。
4　財団法人である開発公社に市町村が全額出資（基本財産）をしている場合、その公社の事業に係る出納その他の事務について監査を請求することができる。

(6) 行政庁に対する議会の意見（自治法99条）書式例

```
                                        文 書 番 号
                                        〇〇年〇月〇日
〇〇大臣（長　官）氏　　名 ｝
〇〇知事（委員長）氏　　名　　殿
              〇〇市（町村）議会議長　氏　　　　　名 印
      〇〇に関する意見書の提出について
  地方自治法第99条の規定により、〇〇に関する意見を別紙のとおり提出
します。
```

```
（別　紙）
                〇〇の意見書
  要　点　……
  理　由　……
```

注　当該地方公共団体の公益性に関するものであること。国・県だけでなく当該団体の執行機関に対しても意見書を提出しうる。

行政庁とは、国又は地方公共団体の意思を決定し、自己の責任において、かつ自己の名をもってその意思を外部に表示する、いわゆる処分権限をもつ機関である。

国会及び裁判所は法による行政庁に該当しないが、国会に対しても意見書の提出はできるので（自治法99条）本書式例を参考に、意見書を作成して提出すればよい。

(7) 行政庁への意見書（自治法99条）提出議案書式例

```
意見書案第〇号
      〇〇に関する意見書の提出について
```

> 　地方自治法第99条及び会議規則第14条の規定により、何々大臣（長官、支分部局、署長等）に対する〇〇に関し別紙のとおり意見書を提出する。
> 　　〇〇年〇月〇日提出
> 　〇〇市（町村）議会議長　氏　　　名　殿
> 　　　　　　　　〇〇市（町村）議会議員　氏　　　　名　㊞
> 　　　　　　　　　　　　　　　　　　　（所定の賛成者）
>
> 　（別　紙）
> 　　　　　　　　　　　意　　見　　書
> ………………
> 提出先
> 提案理由

注　意見書の番号については、議員提出議案第〇号でも、意見書案第〇号若しくは議案第〇は整理番号であるのでいずれでもよく、その議会の慣例に従う。

(8) 自治法100条の事務調査要求書式例
① 議長宛提出文書式例

> 　〇〇に関する地方自治法第100条の事務調査について下記のとおり調査を要求します。
> 　　　　　　　　　　　　　記
> 1　調査の理由　〇〇工事契約の疑義
> 2　調査方法　証人の出頭、証言及び記録の提出、その他必要な議決事項
> 3　経　　費　〇〇万円以内
> 4　〇人で構成する特別委員会を設置しこれに調査権限を委任する。
> 　　〇〇年〇月〇日
> 　〇〇市（町村）議会議長　氏　　　名　殿
> 　　　　　　　　〇〇市（町村）議会議員　氏　　　　名　㊞
> 　　　　　　　　　　　　　　　　　　　（所定の賛成者）

注1　自治法100条の調査は政治・議案・事務の調査で本会議において、動議として口頭によるか又は決議案の文書によって議長に提出すればよいが、いずれも本会議の決決を要し、実地検査はできない。
　2　調査は一般公益性のものであって、議会又は特定議員の特殊な利害関係の調査のための発動は許されない。
　3　委員会で決定されたときは、委員長から議長に要求し、このときは、議長発議

② 自治法100条1項に該当する場合の提出議案書式例

> 　　　　○○に関する事務調査について
> 　地方自治法第100条第1項の規定により、○○に関する事務について、下記のとおり調査する。
> 　　　　　　　　　　　　　記
> 1　調査事項　…………………
> 2　調査方法　……………その他必要な議決事項
> 3　調査に要する経費　………………
> 4　特別委員会の設置及び委任
> 　　○○年○月○日提出
> 　○○市（町村）議会議長　氏　　　名　殿
> 　　　　　　　○○市（町村）議会議員　氏　　　　　　名　㊞
> 　　　　　　　　　　　　　（所定の賛成者）
> 提案理由

注1　調査する事務には政令で議会の調査権の対象から除外されているものは含まれない（自治法100条1項）。
　2　事務調査は市（町村）政一般という包括的な議決の方法はまずい。

③ 自治法100条調査の動議の書式例

> 　　　　　　　　　○○○○の調査に関する動議
> 　下記により○○○○の調査に関する動議を提出します。
> 　　　　　　　　　　　　　記
> 1　調査事項
> 　　本議会は、地方自治法第100条第1項により、次の事項について調査するものとする。
> 　(1)　○○○○に関する事項
> 　(2)　△△△△に関する事項
> 2　特別委員会の設置
> 　　本調査は、地方自治法第109条及び委員会条例第○条の規定により委員○人からなる○○○○調査特別委員会を設置して、これを委託するものとする。
> 3　調査権限

本議会は、1に掲げる事項の調査を行うため、地方自治法第100条第1項（及び同法第98条第1項）の権限及びこれに伴う必要な権限を上記特別委員会に委任する。
4　調査期限
　　　上記特別委員会は、1に掲げる調査が終了するまで閉会中もなお調査を行うことができる。
5　調査経費
　　　本調査に要する経費は、本年度においては、○○円以内とする。
　　○○年○月○日
　　○○市（町村）議会議長　氏　　　名　殿
　　　　　提出者　○○市（町村）議会議員　氏　　　　名　㊞
　　　　　賛成者　　　　　　同　　　　　　氏　　　　名　㊞
　　　　　　　　（所定数以上の者の連署）

注1　動議又は決議案のどちらの形式でもよい。
　2　会議規則には調査を委員会に委託となっているが、委任、付託を含めたものを指していると解している。
　3　動議の場合、口頭あるいは、文書によってもよい。
　4　口頭で動議を読みあげてもよいし、文書にして、議長に提出しておいてもよい。
　5　自治法98条1項の検査事務をあわせて議決してもよい。
　6　自治法100条4項の秘密事項の申立てに対する当該官公署の承認の請求、同法5項の疎明に理由がないときの声明の要求、同条10項の当該地方公共団体の区域内の団体への照会又は記録の提出要求を特別委員会に委任議決することも明記すればできる。
　7　自治法100条1項の調査外のことであるから、議会の告発については、本会議の議決事項にしておくべきである。

④　自治法100条調査の特別委員会の設置を求める動議の書式例

　　　○○○○事務調査特別委員会の設置について
　　○○に関する地方自治法第100条の事務調査について特別委員会の設置を求める動議を提出します。
　　　　　　　　　　　　　　　　　記
1　調査事項（(1)…………(2)…………）
2　地方自治法第100条第1項の規定により選挙人その他の関係人の出頭、証言及び記録の提出を請求する権限及び同条に必要な議決事項並び

に第10項の規定により団体等に対し照会をし又は記録の送付を求める権限を本特別委員会に委任する。
　3　本特別委員会は、1の調査事項の調査が終了するまで閉会中も継続調査することができる。
　4　本特別委員会の委員は〇人とする。
　5　本特別委員会に要する経費は、本年度においては〇〇万円以内とする。
　　　〇〇年〇月〇日
　　〇〇市（町村）議会議長　氏　　　名　殿
　　　　　　　　　〇〇市（町村）議会議員　氏　　　　　名　㊞
　　　　　　　　　　　　　　　　　　（所定の賛成者）

注1　自治法100条の調査をしないただ単なる特別委員会の設置は案件名（又は調査する事務名）、構成する委員数、名称を動議で出し議決されることにより設置される（自治法110条）。
　2　特別委員会に同法100条調査権を付与する場合は、本会議の議決がなければならない。提出方法は、本会議で口頭により通常の動議で発言すればよい。又は書面に書いて賛成者を決議案の形式で議長に会議前でも会議中でも随時提出すればよい。
　3　付託事件については、(1)……の事項、(2)……の事項を明記するのがよい。

(9)　団体等に対する照会又は記録請求書式例

　　　　　　　　　　　　　　　　　　　　　　　　　〇〇年〇月〇日
　（団体等の代表者）　　氏　　　名　殿
　　　　　　　　　〇〇市（町村）議会議長　氏　　　　　名　㊞
　　何々に関する事務調査について
　　本議会は、地方自治法第100条第1項の規定により何々の事務に関する調査を行うため、貴団体に対し照会する（記録の送付を求める）こととなったから、下記の事項について〇月〇日までに回答（送付）されるよう同条第1項の規定により請求します。
　　　　　　　　　　　　　　　記
　1　事　件
　2　照会事項（送付を求める記録）

注　議決が必要である。ただし、議決により委員会に委託も可能である。外部宛は議

長名。

(10) 証人出頭（議長に）要求書式例

```
                                    ○○年○月○日
○○市（町村）議会議長　氏　　　名　殿
                  常任
                ○○議運委員長　氏　　　　　名　㊞
                  特別
            証　人　出　頭　要　求　書
　本委員会は、下記により証人の出頭を求めることに決定したから、会議
規則第　　条の規定により要求します。
                    記
1　証言を求める事件
2　証人の住所及び氏名
3　証言を求める事項
4　出頭を求める日時及び場所
```

(11) 記録提出（議長に）要求書式例

```
                                    ○○年○月○日
○○市（町村）議会議長　氏　　　名　殿
                  常任
                ○○議運委員長　氏　　　　　名　㊞
                  特別
            記　録　提　出　要　求　書
　本委員会は、下記により記録の提出を求めることに決定したから、会議
規則第　　条の規定により要求します。
                    記
1　提出を求める事件
2　提出を求める選挙人その他の関係人
3　提出を求める記録
4　提出期限
```

⑿　証人出頭・記録提出（自治法100条１項）請求書式例

```
                                          文　書　番　号
                                          ○○年○月○日
　住　所
　（選挙人その他関係人）　氏　　　名殿
　　　　　　　○○市（町村）議会議長　氏　　　　　　名 ㊞
　　証人としての出頭（記録提出）請求について
　本市（町村）議会において審議中の何々に関する事務の調査のため、証
人として貴殿の証言（記録提出）を求めることになりましたので、下記事
項御承知のうえ御出席くだされたく地方自治法第100条第１項の規定によ
り請求します。
　なお、正当な理由がなく出頭せず又は証言を拒む場合は、地方自治法第
100条第３項の規定により、６か月以下の禁錮又は10万円以下の罰金に処
せられますので、念のため申し添えます。
　　　　　　　　　　　　　　記
１　事件の件名
２　証言を求める事項（提出を求める記録）
３　出頭の日時　○○年○月○日午前（後）○時（提出期限）
４　出頭の場所
（備考）　当日御出頭の際は、印鑑を御持参ください。
```

注　証人出頭要求及び記録提出要求について便宜一括したが、内容において使い分けすること。

⒀　宣誓書式例

```
　　　　　　　　　　　宣　　誓　　書
　わたしは、○○市（町村）議会から………に関し証言を求められました
が、良心に従って、本当のことを申しあげます。知っていることをかくし
たり、ないことを申し上げたりなど決していたしません。以上のとおり誓
います。
　　○○年○月○日
　　　　　　　　　　　　　　証　人　氏　　　　　　名 ㊞
```

注１　自己に不利益な供述は強要されない（憲法38条）。

2 署名押印は、宣誓がすんでからする。
3 民事訴訟法201条1項。

(14) 官公署の疎明書式例

```
                                          文 書 番 号
                                          ○○年○月○日

  ○○市（町村）議会議長 氏    名 殿
              ○○官公署長 氏        名 印
      証言（記録提出）請求の拒否に関する疎明
  地方自治法第100条第4項の規定により、○月○日における○○○○の
事項に関する証言（記録提出）請求に対して、本庁は、次の理由により拒
否いたします。
  理 由
```

注1 自治法100条4項により、議会が公務員を証人として呼んだ場合、当該職員が
  職務上の秘密に属する旨の申立てを行ったときは、当該職員の所属する官公署の
  承認がなければ、証言又は記録の提出を請求することができない。
 2 当該官公署の承認を議会が求めるときは議会の議決が必要。しかし、委員会に
  権限を委託してあれば、委員会で決め、議長を経て請求すればよい。

(15) 証言（記録提出）拒否についての声明要求書式例

```
                                          文 書 番 号
                                          ○○年○月○日

  （官公署）長 氏    名 殿
              ○○市（町村）議会議長 氏      名 印
      証言（記録提出）拒否についての声明要求
  本市（町村）議会は、○○年○月○日付けの貴職の疎明に関しては理由
がないと認めるから、証言（記録提出）の公の利益を害する旨の声明をさ
れるよう地方自治法第100条第5項の規定により要求します。
```

注1 官公署とは、当該事実が職務上の秘密に属するか否かを認定しうる権限を有す
  る国又は地方公共団体の機関を指す。声明要求の議決が必要。
 2 したがって、行政機関のみならず、議会、司法機関、公団、公庫、公社等も含
  まれる。

3 疎明とは、一応の申し開きをすることをいう。

(16) 告発要求書式例

> 　　　違反事件の告発について
> 　本市（町村）議会は………………に関する事務調査のため、○○年○月○日議第○号で、○○市（町村）○番地の何某に対して出頭及び証言を求めたのであるが、同人は正当の理由がないのに指定期日に出頭しない（記録を提出しない、証言を拒んだ、虚偽の陳述をしたものと認める）ので、別紙告発書のとおり告発することについて、地方自治法第100条第9項の規定により議会の議決を求める。
> 　　○○年○月○日
> ○○市（町村）議会議長　氏　　　名　殿
> 　　　　　　　○○市（町村）議会議員　氏　　　　　名　㊞
> 　　　　　　　　　　　　　　（所定の賛成者）

> （別紙）
> 　　　　　　　　　　告　発　書
> ……………………………………………………………………………………
> ……………………………………………………………………………………
> ……………………………………………………………………………………
> ……………………………………………。

注1　要求の動議は、(8)の③の例。
　2　自治法100条9項に基づく告発は議会の議決を要する。告発の時期はなるべくすみやかに行うべきである。なお、告発まで委員会に委任するのは適当でない。
　3　告発を決議案の形式で提出してもよい。
　4　自治法100条調査の取消し、承認は、本会議の議決が必要。

(17) 議会が行う告発書式例

> 　　　　　　　　　　　　　　　　　　　　　　　　　　文　書　番　号
> 　　　　　　　　　　　　　　　　　　　　　　　　　　○○年○月○日
> ○○地方検察庁検事正　氏　　　名　殿
> （○○警察署長　氏　　　名　殿）

　　　　　　　　〇〇市（町村）議会議長　氏　　　　名　㊞
　　　　　　　　　告　　発　　書
告発人の住所　　　〇〇市（町村）〇〇番地
告発人　　　　　　〇〇市（町村）議会議長　氏　　　　名
被告発人の住所　　〇〇市（町村）〇〇番地
被告発人　　　　職　業　　　　　　　　氏　　　　名
　〇〇市（町村）議会は、議決により〇〇〇〇の事務に関する調査のため、被告発人を選挙人（関係人）として〇月〇日に（までに）当議会に出頭（記録提出）を請求したところ、正当な理由がないのに出頭しない（記録を提出しない、又は証言を拒んだ、証言を求めたところ虚偽の陳述をしたものと認める）ので、別紙証拠書類を添え、地方自治法第100条第9項の規定により告発します。
　添付書類
1　会議録写し
2　証人出頭（記録提出）請求書写し
3　その他証拠となる書類

注1　議会は法人格を有しないから、通常は告発することはできないが本書式例による告発は、自治法100条8項の特別規定によるもので、例外的に認められているものである。
　2　自治法100条9項は、選挙人の出頭、証言等請求権を直接議会に認めた特別規定に付随する特例であり、9項に基づく告発は議会の議決をもって議長名にて行う。
　3　告発の時期については制限がないが、すみやかに行うのがよい。
　4　告発は、刑事訴訟法241条の規定により、検察官又は司法警察員のどちらでもよい。起訴については検察庁の権限である。
　5　添付書類として、通常出頭請求書の写し、会議録の関係部分の抄、証拠書類及びその他の参考資料であるが、場合によっては、会議録などは後でもよい。

5 委員会関係書式例

　地方公共団体の議会は本会議中心が大原則であるが、審議の合理性と能率性の確保の見地から常任委員会、議会運営委員会及び特別委員会を設置することができる。

　設置する場合は、条例で設置する（自治法109条1項）。①常任委員会は、本会議の下審査のための機関として構成され、機能的には予備審査的なものであって、活動は議会の開会中に限られる。②常任委員会は、本会議から議案、請願・陳情、調査事件の付託のほか、所管事務の調査を能動的にすることができる。また、平成24年の自治法改正で、「常任委員会は、その部門に属する当該普通地方公共団体の事務に関する調査を行い、議案、請願等を審査する」こととなった。ただし、予算については、この限りでない。

　さらに議会運営委員会（「議運」ともいう。）を条例で置くことができ（自治法109条3項）、その権能は、①議会運営に関する事項、②議会の会議規則、委員会に関する条例等に関する事項、③議長の諮問に関する事項並びに①、②、③に関する調査を行い、議会運営委員会に係る議案、請願・陳情等を審査することができる。なお、特別委員会は、付託事件又は特定の調査事件について議会の議決によって付託されるので、議会運営委員会を特別委員会とすることは適当でない。

　県、市では常任委員会の大幅な活用を図っているが、町村では議員数が少ないし、会期も短いこと、案件も少ないので、本会議審議が状況に適合している。しかし、時間のかかる複雑な事件の場合には常任委員会への付託とするのがよい。

　なお、住居表示に関する法律5条の2による町又は字の区域の新設等の処分（関係区域内に住所を有する者50人以上の連署によるもの）に関する議案については、議会としてあらかじめ公聴会を開いた後でなければ議決することができないので、必ず開く義務がある（常任委員会、議

5 委員会関係書式例

会運営委員会又は特別委員会)。

(1) 委員会招集通知書式例

① 委員長互選のため議長から委員へ

```
                                    ○○年○月○日
   常任
○○議運委員  氏    名  殿
   特別
                ○○市（町村）議会議長  氏      名  印
              委員会招集通知書
              常任
  委員長互選のため下記により○○議運委員会を招集するので出席願いま
              特別
す。
                    記
1  日  時
2  場  所
```

注 改選後の初議会において、委員会の招集通知は、議長が行う。

② 委員長から議長へ

```
                                    ○○年○月○日
○○市（町村）議会議長  氏    名  殿
              ○○常任、議運、特別委員長  氏    名  印
    委員会招集について（通知）
  下記により委員会を招集しますので、会議規則第    条の規定により通
知します。
                    記
1  開会の日時  ○○年○月○日午前（後）○時
2  場  所
3  事  件
```

注 招集権は委員長でも経費、場所、説明員等の関係から委員長から議長への通知を義務づけてある。なお、委員長の公印を作製しておくのがよい。

③ 委員長から委員へ

```
                                        ○○年○月○日
○○常任、議運、特別委員  氏    名 殿
            ○○常任、議運、特別委員長  氏    名 ㊞
  委員会招集について（通知）
 下記により委員会を招集しますから、出席願います。
                 記
1  開会の日時  ○○年○月○日午前（後）○時
2  場  所
3  事  件
```

注1　委員会の会議は、委員長権限で招集する場合と、委員から請求のあったときの二つの場合があるが、議員への招集通知は双方とも本書式でよい。
　2　副委員長が、委員会を招集するときとは、委員長に欠員若しくは、外国旅行、長期の病気による入院等の場合と考えられる。したがって、国内旅行、入院中であっても連絡がつき指示を得られる限り、委員長名で招集されよう。
　3　休日、休会日であっても、委員長の権限で開会できる。
　4　委員長に事故又は欠員のあるときは、副委員長に招集代行権がある。
　5　正・副委員長とも正当な理由がなくて、招集を拒んだときは、年長委員が招集することと、この場合、懲罰事犯が成立。委員会が招集された後、委員長が委員会を開かない場合の開議請求規定がない。
　6　説明員に対しては、適宜参考的に議長を経由して通知してよい。

(2) 委員会招集請求書式例

```
                                        ○○年○月○日
○○常任、議運、特別委員長  氏    名 殿
            ○○常任、議運、特別委員  氏    名 ㊞
                   （委員定数の半数以上の者）
  委員会招集請求について
 下記の事件について委員会を招集されるよう、委員会条例第　　条の規
定により請求します。
                 記
 事  件
```

注1　当日以外の日の開議請求も可能である（休日、議決休会日とも可能）。
　2　閉会中は継続審査事件だけについて行いうる。

(3) 委員会招集変更通知書式例

```
                                          ○○年○月○日
○○市（町村）議会議長　　氏　　　名 ｜
○○常任、議運、特別委員　氏　　　名 ｜殿
            ○○常任、議運、特別委員長　氏　　　名　印
　委員会招集変更について（通知）
　　月　　日招集の委員会を、都合により下記のとおり変更しますから、
出席願います。（通知します。）
                        記
（変更事項記載）
```

(4) 委員会における証人出頭要求書式例

```
                                          ○○年○月○日
○○市（町村）議会議長　氏　　　名　殿
            ○○常任、議運、特別委員長　氏　　　名　印
　証人出頭要求について
　本委員会は、下記のとおり証人の出頭を求めることを決定したので、会
議規則第　　条の規定により要求します。
                        記
1　証言を求める事件
2　証人の住所及び氏名
3　証言を求める事項
4　出頭を求める日時　○○年○月○日午前（後）○時
5　出頭を求める場所　○○市役所（町村役場）会議室
```

注1　委員長は対外的代表権はないのですべて議長が行う。

　2　証人出頭は議会の議決を要し、場所は議場、委員会室であって、現場等の意ではない。

　3　文書によらず、口頭でもよく、要は議長に要求さえすれば、議長は必要な手続を行うこととなる。

(5) 公聴会開催承認要求書式例

```
                                          ○○年○月○日
○○市（町村）議会議長　氏　　　名　殿
                ○○常任、議運、特別委員長　氏　　　名　㊞
　公聴会開催承認要求について
　本委員会において審査中の案件について、下記により公聴会を開きたい
から、承認されるよう委員会条例第○条の規定によって要求します。
                        記
1　日　時　　○○年○月○日午前（後）○時
2　場　所　　○○市役所（町村役場）会議室
3　案　件
```

注　委員会が公聴会を開くには、議長の承認を得た後、議長名で公示する（昭33. 1. 3行実）。

(6) 公聴会開催告示書式例

```
○○市（町村）議会告示（公示・公告）第○号
　○○市（町村）議会○○常任、議運、特別委員会は、下記の要領で公聴
会を開き特に関心のある方の御意見を伺いたいと思いますから、進んでお
申し出ください。
                        記
1　案　件　　○○条例について
2　日　時　　○○年○月○日午前（後）○時
3　場　所　　○○市役所（町村役場）会議室
4　申し出の方法
　公聴会で意見を述べようとする方はその理由（この案件に真に利害関係
を有する者、又は学識経験を有する者であることを明らかにすること）及
び問題に対する賛否を付して文書で申し出てください。
（住所、氏名、職業、年齢を明記のこと）
5　申出期限　　○○年○月○日
6　公述人の選定及び通知　申し出た方の中から委員会が決定のうえ通知
します。
7　旅費及び日当　公述人には出席当日旅費、日当を支給します。
```

> ○○年○月○日
> 　　　　　　○○市（町村）議会議長　氏　　　　　名　印
> なお、公聴会について問い合わせの向きは○○市（町村）議会事務局（電話○○番）までお申し出ください。

注1　公聴会を開く案件は、予算、条例、請願・陳情等別に範囲には制限がない。場所はどこでもよいが庁内が適当である。
　2　委員会の設置のないところでは公聴会を開催することはできない。必要ならば議会運営委員会又は特別委員会を設ければ開催することができる。
　3　重要事件については公聴会制度を活用し、利害関係人、学識経験者の意見を反映させるよう配慮することが望ましい。しかし、小都市や町村では偏ることが多いので、実際上は開くことが困難である。
　4　公聴会の公示の書式には別に規定はないが、おおむね7日程度の余裕をおくことが適当である。
　5　議員が利害関係人又は学識経験者として公述人になることができる。
　6　学識経験者1人だけでもやむを得ない場合公聴会となりうる。しかし、賛否どちらかに偏ってしまうときは、公聴会の意義を失うので、中止すればよい。

(7) 公聴会公述人（申し出があった者）決定通知書式例

> 　　　　　　　　　　　　　　　　　　　　　　文　書　番　号
> 　　　　　　　　　　　　　　　　　　　　　　○○年○月○日
> 公述人　氏　　　名　殿
> 　　　　　　○○市（町村）議会議長　氏　　　　　名　印
> 　公述人決定について（通知）
> 　○月○日○○市（町村）議会公示第○号により公表した○○常任、議運、特別委員会公聴会について申し出に基づき、貴殿を公述人と決定しましたから○月○日午前（後）○時までに○○に御出席くださるようお願いします。
> 　なお、当日旅費、日当をお渡ししますから印鑑を御持参願います。

注1　正規の公聴会によることなく、運用として、参考人の出席を求めて、意見を求めることもある。参考人はこれに拘束されない。
　2　参考人の場合は、条例及び会議規則により、参考人何某として上記に準じて行い、また、費用弁償等も公聴会に準じて自治法207条に基づき条例で定めるところにより支払わなければならない。
　3　公述人の申し出については、案件に対する賛否が明らかであればよく、別段文

書はいらないが、整理上文書によるのがよい。

(8) 公聴会公述人出席要請書式例

```
                                          文 書 番 号
                                          ○○年○月○日
  公述人　氏　　　名　殿
              ○○市（町村）議会議長　氏　　　　名　㊞
    公聴会出席要請について
    ○○市（町村）議会○○常任、議運、特別委員会において開催の公聴会
  において、何々について、学識経験者（利害関係人）として貴殿の御意見
  を聴取いたしたいから、御多用中恐縮ながら、○月○日午前（後）○時ま
  でに○○に御出席くださるようお願いします。
    なお、出欠を同封のはがきに折り返し御回報賜わりたく、また御出席の
  場合は当日旅費、日当をお渡ししますから、印鑑を御持参願います。
```

(9) 公聴会公述人出席承諾書式例

```
                      承　　諾　　書
    ○月○日付け○○第○号をもって要請のありました○○○○○○に関す
  る公聴会の公述人を承諾します。
      ○○年○月○日
  ○○市（町村）議会議長　氏　　　名　殿
                          住　　所
                          氏　　名　　○　○　○　○　㊞
                          職　　業
                          年　　齢
```

注1　あらかじめ事務局で作っておいて要請書に同封し、できるだけ本人の手数を省略するのがよい。
　2　電話によるのは避けたほうがよい。

(10) 公聴会の開催順序と公聴会席の配置
　ア　委員長の開会あいさつ

イ 委員長の公述人に対する注意
ウ 委員長の傍聴人に対する注意
エ 委員長から事件の概要説明(省略も可)
オ 公述人の発言
カ 委員から公述人に対する質疑(委員長一括質疑も可)
キ 委員長閉会のあいさつ(公述人への謝意を表す)
　① 公述人へは、あらかじめ発言の範囲、時間、順序を決めておく。
　② 公述人は委員に対して質疑しないこと。
　③ 公述人は討論しないこと。
　④ 公述人の順序は、賛否に分け開会の当日会場において抽せんで決めるのがよい。
　⑤ 公聴会は秘密会とすることができないことと、かつ公聴会の記録をつくる。
　⑥ 公聴会の会場は適当な会議室でよい(下図参照)。

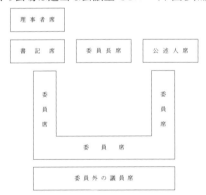

(11) 参考人の出席要請を議長に求める書式例

〇〇年〇月〇日

議長　氏　　名殿

〇〇委員長　氏　　名　㊞

参考人の出席要請について

本委員会は、下記により参考人の出席を求めることに決定したので、○○委員会条例第○条の規定によりお取り計らい願います。
記
1　日　時　　○月○日午前／後○時○分
2　場　所
3　案件（又は調査事件）
4　参考人　　氏　名
　　　　　　　職　業
　　　　　　　住　所
　　　　　　　電　話

(12) 参考人出席要請書式例

　　　　　　　　　　　　　　　　　　　　　　　　文　書　番　号
　　　　　　　　　　　　　　　　　　　　　　　　○○年○月○日
　（参考人）　氏　　　名　殿
　　　　　　　　　　○○市（町村）議会議長　氏　　　名　印
　参考人の出席要請について
　貴台益々ご隆昌のこととお慶び申し上げます。
　さて、本議会の○○委員会において下記の事項についてご意見をお聞かせ頂き議案審査／事件調査に反映させることができれば幸いでありまして、ご多用中誠に恐縮ですが、ご出席下さるようお願いいたします。
記
1　案件（又は調査事項）の意見を求める事項
2　日　時　　○月○日午前／後○時○分
3　場　所
　なお　ご出席の程を同封のはがき（又は電話）で折り返しご回報願いますこととご出席の場合、当日受付に本状をご提示下さるほか旅費等をお渡ししますから、面倒でも印鑑をご持参下さい。
　（連絡先）　○○市（町村）議会事務局××係
　　　　　　　　　　　電話（○○）○○○○番（担当者名）

注1　参考人の出席要請は、委員会において議決をすればよく、これに対して議長は拒絶できない。
　2　参考人の出席要請は、証人や公述人と違うので丁寧な表現がよい。
　3　参考人について委員会条例に規定がなくても自治法115条の2に規定されているので、この規定に基づき参考人を招致することができる。
　4　意見を聞く案件の何々、調査事項の何々と記載するとともに、意見を聞く所要時間に答弁を含めて明記しておく。

⒀　参考人として出席の承諾書式例

```
　　　○○委員会への参考人として出席について（回答）
　○月○日付でご要請のありました○月○日に開催される××議会○○委員会に参考人として出席いたします。
　　　　　　　　　　　　　　　　　　　　　　　　○○年○月○日
○○議会議長　氏　　　名　殿
　　　　　　　　　　　　　　氏　名　　　　　　　㊞
　　　　　　　　　　　　　　職　業
　　　　　　　　　　　　　　住　所
　　　　　　　　　　　　　　電　話
```

⒁　説明員の委員会出席要求書式例

①　委員長より議長へ

```
　　　　　　　　　　　　　　　　　　　　　　　　○○年○月○日
○○市（町村）議会議長　氏　　　名　殿
　　　　　　　　○○常任、議運、特別委員長　氏　　　名　㊞
　　説明員の委員会出席要求について
　本委員会において審査（調査）中の事件について、下記により説明員の出席を求められるよう、委員会条例第○条の規定により要求します。
　　　　　　　　　　　　　記
1　日　時　○○年○月○日午前（後）○時
2　場　所　○○市役所（町村役場）会議室
3　事　件
```

注　委員会における説明員の出席要求を行わず、了解事項で出席しているのが多い実際の運用例においては、問題の生じた場合は、委員長の落ち度となる。それらは事務局の責任となるから、形式的にもきちんとしておいたほうがよい。

② 議長より執行機関へ

```
                                              ○○年○月○日
○○市（町村）長　　氏　　　　名 ⎫
○○委員会委員長　　氏　　　　名 ⎬殿
○○監査委員　　　　氏　　　　名 ⎭
              ○○市（町村）議会議長　氏　　　　名　㊞
　説明員の委員会出席要求について
　○○常任、議運、特別委員会から、委員会条例第○条の規定により、下記のとおり説明員の出席要求があったので出席を求めます。
                       記
1　日　時　○○年○月○日午前（後）○時
2　場　所　○○市役所（町村役場）会議室
3　事　件
```

⑮　委員外議員の発言申し出書式例

```
                                              ○○年○月○日
　○○常任、議運、特別委員長　氏　　　名　殿
              ○○市（町村）議会議員　氏　　　　名　㊞
　委員外議員発言申し出について
　○月○日○○常任、議運、特別委員会において次の事項に関し出席して発言いたしたいから許可されるよう、会議規則第○条の規定により申し出ます。
                       記
事　項　…………
```

注1　委員会において、当該委員会以外の議員に対して出席要求をするときは、委員会の決定に基づき、委員長から行うものであり、委員外議員のほうから発言の申し出がなされる場合は上記の書式により、当該議員が文書又は口頭で委員長に行う。

　2　委員外議員の発言対象となる案件は、付託事件のうち、発言を許可された特定の案件が対象で、付議案件の全部ではない。

3 説明、意見、質疑も可。連合審査会にも認められる。

⒃ 委員外議員への委員会出席要求書式例

```
                                    ○○年○月○日
 ○○市（町村）議会議員　氏　　　名　殿
             ○○常任、議運、特別委員長　氏　　　名　㊞
         委 員 会 出 席 要 求 書
  本委員会は、審査/調査の必要上下記により貴殿の説明（意見）を求めること
 に決定したから出席されるよう会議規則第○条の規定により要求します。
                 記
 1　日　時
 2　場　所
 3　事　件
```

注　委員長には、出席催告権はない。

⒄ 委員の修正案提出書式例

```
                                    ○○年○月○日
   常任
 ○○議運委員長　氏　　　名　殿
   特別

                     常任
               ○○議運委員　氏　　　名　㊞
                     特別

   議案第○号○○○○に対する修正案の提出について
  上記の修正案を別紙のとおり会議規則第○条の規定により提出します。
 （別紙略）
```

注1　委員会においては、修正案は委員1人の提出でよい。
　2　法令、会議規則の定めによる場合の修正は、必ず修正内容を示した文書の提出が必要である（修正内容は一定されていない。）。
　3　修正案は、本会議の修正案の形式によればよい。

⒅ 記録の提出要求書式例

```
                                        ○○年○月○日
○○市（町村）議会議長　氏　　名　殿
                　　　○○常任、議運、特別委員長　氏　　　名　印
　記録の提出要求について
　本委員会は、下記により記録の提出を求めることを決定したから、会議
規則第○条の規定により要求します。
                           記
1　提出を求める事件
2　提出を求める選挙人その他関係人
3　提出を求める記録
4　提出期限　○○年○月○日
```

注　現行自治法上には、議会の記録請求権に関する根拠規定が欠落しており、このため、委員会からの記録要求は、自治法98条又は100条の規定に基づく記録の要求権が本会議から委員会に委任議決されているときに要求できる。しかし、実際上の運用例においては、任意の形で協力を求め、執行機関の方もこれに応じている。

⒆ 所管事務の調査通知書式例

```
                                        ○○年○月○日
○○市（町村）議会議長　氏　　名　殿
                　　　○○常任、議運、特別委員長　氏　　　名　印
　所管事務の調査について（通知）
　本委員会は、下記により所管事務について調査することに決定したか
ら、会議規則第○条の規定により通知します。
                           記
1　事　項
2　目　的
3　方　法
4　期　日
5　その他
```

注1　委員会は、付託事件がなくても、所管事務に関しては、定例会の会期中に限り調査することができる。現実には口頭で処理されている。
　2　閉会中は、特定事件の調査としての議決がなければ開くことができないし、所轄事務の調査についても閉会中の審否案件としての本会議議決がなければできない。
　3　調査結果についての報告の義務はない。行うかどうかは委員会の自由である。

⑳　委員派遣承認要求書式例

　　　　　　　　　　　　　　　　　　　　　　　　　○○年○月○日
　○○市（町村）議会議長　氏　　　名　殿
　　　　　　　　　　○○常任、議運、特別委員長　氏　　　名　印
　　委員派遣承認について（通知）
　　本委員会は、下記により委員を派遣することを決定したから、承認されるよう会議規則第　　条の規定により要求します。
　　　　　　　　　　　　　　　　記
　1　事件の名称及び目的　財産取得及び管理処分について
　2　日　時
　3　場　所
　4　派遣委員の氏名
　5　経　費
　6　その他

注1　原則的には定例会の開会中に限られるべきであるが、例外として、閉会中の継続審査案件及び閉会中の特定事件の調査のための委員派遣が考えられる。
　2　通常の管外行政視察の場合は、委員派遣は考えられない。調査事務に関連して運用されているようである。
　3　会派要務の視察旅行は公務ではないので、拡大解釈をすべきではない。

㉑　所管事務の調査について執行機関宛の通知書式例

　　　　　　　　　　　　　　　　　　　　　　　　　○○年○月○日
　○○市（町村）長　氏　　　名
　行政委員長（委員）氏　　名　殿
　　　　　　　　　　○○市（町村）議会議長　氏　　　　名　印
　　所管事務の調査について（通知）

このことについて、下記のとおり申し出があったので通知します。
　　　　　　　　　　　　　　記
1　調査事項　　○○について
2　目　的　　　○○について説明を求める
3　方　法　　　現地
4　調査する委員会名　　○○常任委員会
5　日　時　　　○月○日○時

⑵ 委員派遣承認書式例

　　　　　　　　　　　　　　　　　　　　　　　　○○年○月○日
○○常任、議運、特別委員長　氏　　　名　殿
　　　　　　　○○市（町村）議会議長　氏　　　　　名　㊞
　委員派遣について（承認）
○○年○月○日付で要請のあった委員の派遣は承認します。

⑶ 所管事務の調査報告書式例

　　　　　　　　　　　　　　　　　　　　　　　　○○年○月○日
○○市（町村）議会議長　氏　　　名　殿
　　　　　　　○○常任、議運、特別委員長　氏　　　　名　㊞
　　　　　　　　　所管事務の調査報告
　本委員会は、所管事務の調査を下記のとおり終了したので、報告します。
　　　　　　　　　　　　　　記
1　調査事項　職員の勤務条件と給与改善について
2　調査結果　別紙のとおり（省略）

注1　付託事件以外について、委員長は報告することができる旨会議規則に規定があれば当然できるが、もしその規定がなくても、自治法及び会議規則において特に禁止している規定は県、市、町村ともないのが実情であるので、必要があれば、その会議で適宜決めることにより、報告することができるものと解する（昭44. 10. 25長野県議会事務局長への行政実例参照）。

2　この調査に関連して管外派遣を行う慣例が多いが、いわゆるこれらも公務出張であるから、報告書の提出が励行されるべきである。
3　報告は文書又は口頭のいずれでもよいが、議場で行う例もある。

⑷　閉会中の継続審査（調査）申し出書式例

```
　　　　　　　　　　　　　　　　　　　　　　　　　　○○年○月○日
○○市（町村）議会議長　氏　　　名　殿
　　　　　　　　　　○○常任、議運、特別委員長　氏　　　名　㊞
　　閉会中継続審査（調査）の申し出について
　本委員会は、下記の事件について閉会中もなお継続審査（調査）を要するものと決定したから、会議規則第○条の規定により申し出ます。
　　　　　　　　　　　　　　　記
1　事　件
2　理　由
```

注1　閉会中の委員会の開会については、議案、請願等の継続審査の議決又は自治法109条の特定事件の閉会中の調査議決がなければ正規の委員会とは認められない。
　2　閉会中は特定事件の調査について本会議の議決のない限り、所管事務といえども調査の権限は認められない。

⑸　閉会中継続審査事件一覧表

```
　　　　　　　　　　　　閉会中継続審査事件一覧表
総務常任委員会
　　1　自主財源の確保及び財政の健全化について
　　2　市有財産の管理状況について
　　3　公営事業について
　　4　広域都市行政について
　　5　職員の定数について
教育民生常任委員会
　　1　教育施設の整備及び青少年問題について
　　2　社会福祉行政について
　　3　保健衛生及び清掃事業について
　　4　公害及び交通安全対策について
```

　　5　国民健康保険の運営状況について
　　6　高齢者対策について
　経済常任委員会
　　1　商工業振興対策について
　　2　観光開発対策について
　　3　農業振興対策について
　　4　農業構造改善及び畜産振興について
　　5　林業振興対策について
　建設水道常任委員会
　　1　都市計画事業について
　　2　住宅対策について
　　3　土木事業について
　　4　水道事業について
　　5　下水道事業について
　　6　市（町村）道の整備について

注１　常任委員会の一般の所管事務調査は、そのうちの一部を特定しなければ自治法109条８項の付議された特定事件には含まない（昭31. 8.18行実）ので、必要に応じて、閉会中審査する部分を特定して特定事件とすべきである。
２　できるだけ具体的に記述しないと特定事件とはいえないおそれがあることに留意すべきである。

⑵⑹　連合審査会開会申入書式例

〇〇年〇月〇日

〇〇常任、議運、特別委員長　氏　　　名　殿

〇〇常任、議運、特別委員長　氏　　　名　印

連合審査会開会について

本（貴）委員会において審査（調査）中の何々の事件について貴（本）委員会の所管事務と関連があるので、会議規則第〇条の規定により〇月〇日午前（後）〇時から連合審査会を開会したいから（開会されるよう）申し入れます。

注　２以上の関係委員会（常任と常任、常任と議運若しくは常任と特別又は特別と特別による場合もある。）の協議によって連合して審査を行うことは差し支えないが、合同審査ということでの運営はあり得ない。主は付託委員会である。

⑵⑺ 連合審査会開会同意（不同意）書式例

```
                                          ○○年○月○日
    常任
○○議運委員長　氏　　　名　殿
    特別
                                    常任
                         ○○議運委員長　氏　　　名　㊞
                                    特別

              連合審査会開会 同　意 書
                          不同意

　貴委員会から○月○日付けで申入れのあった連合審査会開会について、
本委員会は 同 意 す る ことに決定したから回答します。
           同意しない
```

注１　委員会に諮るのがよい。閉会中継続審査事件のない委員会は連合審査権はないと解する。
　２　連合審査に同意して参加するための人員は、当該委員会の委員の半数以上が望ましい。

⑵⑻ 連合審査会開会通知書式例

```
                                          ○○年○月○日
○○常任、議運、特別委員　氏　　　名　殿
             ○○常任、議運、特別委員長　氏　　　名　㊞
                          同　　　　氏　　　名　㊞

　連合審査会開会について
　下記により、連合審査会を開会しますから御出席願います。
                     記
１　連合審査会を開く委員会　○○常任、議運、特別委員会
                          ○○常任、議運、特別委員会
２　開会の日時　○○年○月○日
３　開会の場所
４　事　件
```

注１　主管委員会は、委員定数の半数以上の出席者を要する。また、連合した委員会の委員についても最小限１人は出席しないと当該連合審査会は流会となる。

2　主管委員長又は関係委員長の連名でもよい。
3　議長に対して通知する。

⑵⑼　委員会審査（調査）期限の通知書式例

　　　　　　　　　　　　　　　　　　　　　　　　　　　○○年○月○日
○○常任、議運、特別委員長　氏　　　名　殿
　　　　　　　　　　　　　○○市（町村）議会議長　氏　　　　　名　㊞
　　委員会審査（調査）期限の通知について
　○○委員会に付託した下記の事件は、会議規則第　　条第　　項の規定により、○月○日○時までに審査（調査）を終わるよう期限をつけることに議決されたので通知する。
　　　　　　　　　　　　　　　　記
1　付託事件名

注1　期限は、付託のとき又は委員会で審査（調査）中の事件につけるが、本会議で動議によるのが通例。
　2　本書式例による通知書は、議案、請願、陳情、自治法100条調査、98条の検査等に適用できる。
　3　期限まで報告しない場合は、本会議で審議することになる。

⑶⑽　委員会審査（調査）期限の延期要求書式例

　　　　　　　　　　　　　　　　　　　　　　　　　　　○○年○月○日
○○市（町村）議会議長　氏　　　名　殿
　　　　　　　　　　　　○○常任、議運、特別委員長　氏　　　　　名　㊞
　　委員会審査（調査）期限延期要求について
　○月○日○時までに審査（調査）を終わるよう議決された下記事件は、ただいま審査中で結論を得るに至らないので、なお、審査（調査）を行う必要があるから、○月○日○時まで期限を延期されるよう会議規則第○条第○項の規定により要求する。
　　　　　　　　　　　　　　　　記
1　付託事件名

(31) 委員会審査報告書式例

① 原案可決（否決、修正可決、継続審査）の場合

```
                                            ○○年○月○日
　○○市（町村）議会議長　氏　　　名　殿
　　　　　　　　　○○常任、議運、特別委員長　氏　　　名　㊞
　　　　　　　○○常任、議運、特別委員会審査報告書
第　　号議案　…………
第　　号議案　…………
　本委員会は、○○年○月○日付け付託された上記の議案を審査の結果、原案を可決（否決、修正可決、継続審査）すべきものと決定したから、会議規則第　　条の規定により報告します。
```

注　修正があれば修正内容を添付すること。本書式例にいう「審査結果」とは、同意（不同意）、承認（不承認）、認定（不認定）をいい、継続審査は審査結果にはならない。

② 付帯決議の場合

```
                                            ○○年○月○日
　○○市（町村）議会議長　氏　　　名　殿
　　　　　　　　　○○常任、議運、特別委員長　氏　　　名　㊞
　　　　　　　○○常任、議運、特別委員会審査報告書
第　　号議案　…………
第　　号議案　…………
　本委員会は、○月○日付け付託された上記の議案を審査の結果、原案を可決（修正）すべきものと決定したから、会議規則第○条の規定により報告します。なお、本委員会は第○号議案に対し、次のとおり付帯決議を付することに決した。
　　　　　　　　　　　記
１　「何々」については「何々」の方途を講ずること。
```

注１　付帯決議は、本案議決の条件ではなく、本案と別個に取り扱われるべき性質のものである。が、事件の末尾に加えてもよい。
　２　委員会報告で単に付帯決議が委員会で行われたことを本会議に報告する程度で、本会議の議決の対象としないのが例であるが、これらについて特別の規定がないので、付帯決議を採決することもあり得る。
　３　なお、委員会では付帯決議はなかったが、本会議において、新しく提案され、

これを本会議での付帯決議として採決することも可能。

③ 修正可決の場合(i)

○○年○月○日
○○市(町村)議会議長　氏　　名　殿
　　　　　　　　○○常任、議運、特別委員長　氏　　　名　印
　　　　　　○○常任、議運、特別委員会審査報告書
第　　号議案　…………
　本委員会は、○○年○月○日付け付託された上記の議案を審査の結果、次のとおり修正することに決定したから、会議規則第○条の規定により報告します。
「何々」を「何々」に修正

④ 修正可決の場合(ii)

○○年○月○日
○○市(町村)議会議長　氏　　名　殿
　　　　　　　　○○常任、議運、特別委員長　氏　　　名　印
　　　　　　○○常任、議運、特別委員会審査報告書
1　議案の名称　○○市(町村)職員定数条例の一部を改正する条例案
2　議案の内容　定数「　　人」を「　　人」とする
3　審議の経過
　(1)　○月○日当委員会に付託されたので、審査に先立ち、長より提案説明を聴取のうえ、各委員より質疑を行った。
　　　各委員の質疑並びに提案者の答弁の要旨は次のとおりである。
　　ア　…………
　　イ　…………
　(2)　○月○日○○委員より修正案が提出された。
　(3)　○月○日採決
4　決定　修正可決(多数)
　　修正の内容　何々…………
　　修正の理由　何々…………
　本委員会においては、上記のとおり決定されることを適当と認めるので報告します。

注　委員長報告の要点は、議案の名称、議案の内容、審査方法と経過、決定（賛否の票数）及びその理由、少数意見等について留意すること。

⑤　一般審査報告の場合

> 　　　　　　　　　　　　　　　　　　　　　　　○○年○月○日
> ○○市（町村）議会議長　氏　　名　殿
> 　　　　　　　○○常任、議運、特別委員長　氏　　　名　㊞
> 　　　　　　　委 員 会 審 査 報 告 書
> 　本委員会に付託の事件は、審査の結果、下記のとおり決定したから、会議規則第○条の規定により報告します。
> 　　　　　　　　　　　　　記
>
> | 事件の番号 | 件　　　　　名 | 議 決 の 結 果 |
> |---|---|---|
> | | | （例示）（件名ごとに） |
> | | | 原案可決・修正可決・ |
> | | | 原案否決・同意議決 |
> | | | （別紙のとおり修正可決） |
>
> 別紙（修正の内容）略

注１　希望条項、付帯決議をつけたときはこの報告書に添付すること。
　２　審査報告中に、例外として継続審査分について触れても差し支えない。
　３　口頭報告は経過が中心である。それには委員外議員の発言は入れないが、例外の場合、委員会で決めればよい。

⑫　決算関係審査報告書式例

> 　　　　　　　　　　　　　　　　　　　　　　　○○年○月○日
> ○○市（町村）議会議長　氏　　名　殿
> 　　　　　　　○○常任、議運、特別委員長　氏　　　名　㊞
> 　　　　　　　委 員 会 審 査 報 告 書
> １　○○年度○○一般会計決算について
> ２　○○年度○○特別会計決算について
> 　本委員会は審査の結果下記の意見をつけ認定すべきものと決定したから

報告します。
記
1　認定する。（特に留意事項があればつける。）
2　認定しない。（違法、不当性の意見をつける。）
3　その他

注1　決算については、一部認定、一部不認定はあり得ない。違法・不当の部分については、留意事項なり又は別途意見をつけるのがよい。
　2　決算について国会の決算認定は、認定のみで不認定はないと解されているが、地方議会は不認定とすることもあると解されている（昭31．2．1行実）。
　3　継続審査中の決算を審議未了としてしまったときには、長は次の定例会、臨時会とも再度の提出を必要としない。

(33) 委員会調査報告書式例

```
                                    ○○年○月○日
○○市（町村）議会議長　氏　　　名殿
　　　　　　　　○○常任、議運、特別委員長　氏　　　名 印
　　　　　　　委 員 会 調 査 報 告 書
　本委員会に付託の調査事件について、会議規則第○条の規定により下記
のとおり報告します。
　　　　　　　　　　　　　　記
1　調査事件名
2　調査の経過
3　意　　　見
```

注　この書式例による調査事件の報告は、自治法100条調査の事件のほか、常任委員会の所管事務調査の場合に行うこともできる。なお、特別委員会の委員会報告には、○○対策、××調査など事件の特定性が明確ではない報告が見られるが、あえてこれを問題視することもないと考える。

(34) 少数意見の報告書式例

```
                                    ○○年○月○日
○○市（町村）議会議長　氏　　　名殿
　（委員長経由）
```

　　　　　　　　　　○○常任、議運、特別委員　氏　　　名　㊞
　　　　　　　　　　賛成者（出席委員1名以上）氏　　　名　㊞
　　　　　　　　少 数 意 見 報 告 書
　○月○日○○常任、議運、特別委員会において留保した少数意見を、下記のとおり会議規則第○条の規定により報告します。
　　　　　　　　　　　　　記
1　第○号議案　………
2　意見の要旨　………

注1　付託事件に対する可・否に対するものでなければ少数意見の留保は認められないものと考える。したがって、所管事務の調査結果や付議案件であっても、可・否を決するに至らず、これを継続審査とすることに対して少数意見の留保を行うことは考えられない。委員長個人としては少数意見者であっても当該委員長報告を行う。
　2　委員会の議決に反対した者が少数意見の賛成者となりうる。
　3　少数意見は他に1人以上の賛成者を要する。

㉟　正・副委員長の辞任願書式例

　　　　　　　　　　　　　　　　　　　　　　○○年○月○日
○○ 常任、議運副委員長／特別委員長　氏　　名　殿
　　　　　　　　　○○ 常任、議運委員長／特別副委員長　氏　　名　㊞
　　　　　　　　　辞　任　届
今般○○により／のため○○ 常任、議運委員長／特別副委員長を辞任したいから、委員会条例第○条の規定により許可されるよう願い出ます。

注1　任期の定めのある場合は必要でない。
　2　議会の許可事項とする規定のところは、議長あてに提出する。
　3　副委員長が、そのまま委員長に選任されたとき、副委員長の辞任願いは不必要である。

㊱　正・副委員長の当選報告書式例

　　　　　　　　　　　　　　　　　　　　　　○○年○月○日

```
    ○○市（町村）議会議長　氏　　　名　殿
                    ○○常任、議運、特別委員長　氏　　　名　㊞
       委員長及び副委員長当選報告について
      ○月○日本委員会で委員長及び副委員長の互選を行った結果、下記のと
    おり当選したので報告します。
                        記
    ○○常任、議運、特別委員長　　　氏　　　名
    ○○常任、議運、特別副委員長　　氏　　　名
```

注　この報告は、改選後の委員長が行うのがよい。

(37) 委員会の所属変更申出書式例

```
                                    ○○年○月○日
    ○○市（町村）議会議長　氏　　　名　殿
                    ○○市（町村）議会議員　氏　　　名　㊞
                    同　　　　　　　　　　氏　　　名　㊞
                    委 員 会 所 属 変 更 申 出 書
      都合により委員会の所属を下記のとおり変更されるよう申し出ます。
                        記
      ○○○○　　　　○○委員会から△△委員会へ
      ○○○○　　　　△△委員会から○○委員会へ
        (以下参考)
                                (会派名)
                            責任者　氏　　　名　㊞
```

注1　委員会の所属替は、委員会の定数との関係で出る者と入る者とがいないと成立
　　しないから、複数の変更又は欠員補充以外、1人だけの所属替変更申出を取り上
　　げることは困難である。
　2　全員の所属変更は委員会条例の予想するところではないが、このような場合は
　　申し出が全員からあったものとみなし、個人ごとの変更の申出書は省略してよ
　　い。
　3　議長は、その在職中委員に就かない申し合わせが可能。
　4　所属委員会の変更の場合の議事においては、除斥の必要はない（昭48.9.25行
　　実）。

⑶8 特別委員の辞任願書式例

```
                                              ○○年○月○日
○○市（町村）議会議長　氏　　　名　殿
                  ○○特別委員　氏　　　　　　名　㊞
              辞　　任　　願
　今般○○により○○特別委員を辞任したいから、委員会条例第○条の規
         のため
定により許可されるよう願い出ます。
```

注1　条例に議会の許可としてあれば本会議の許可が必要であり、議長の許可としてあれば議長限りでよい（昭48. 9. 25行実）。ちなみに、議会の全国的団体（三議長会）が定める標準会議規則では、市議会のみ議長限りとされている（委員会条例第14条）。
2　本会議で許可の規定の議会では、当該辞職委員たる議員は除斥される。
3　議長が特別委員に就くことは、会議全体の立場にあるため好ましくないと解する。
4　議会の解散又は議員の任期が満了したときは、当該特別委員会は消滅し、付託事件も消滅する。

⑶9 委員会会議録書式例

```
              委　員　会　会　議　記　録
1　日　時           ○○年○月○日
                   午前（後）　○時○分開会
                   午前（後）　○時○分閉会
2　場　所
3　出席委員
4　事務局職員
5　説明員
6　会議に付した事件
7　議事の経過概要
8　その他必要な事項
                        常任
                   ○○議運委員長　氏　　　　　名　㊞
                        特別
                     （又は署名委員　署　　　　名）
```

注1　本書式例による委員会会議録は、毎日の委員会について記録する。
　2　公聴会の記録も広い意味では、委員会の記録であるが、「○○公聴会の記録」として別に作成されてもよい。
　3　委員会の記録の保存は、議長が定めることとし、永久保存の必要はない。
　4　会議録署名委員の明文規定はないが、証明のために定めてもよいし、委員会で慣例を設けてもよい。
　5　もし、委員長事故のときは副委員長が、副委員長に事故の場合は年長委員が、正・副委員長が欠けているときは、最初の委員会は議長と委員長が署名又は押印する。
　6　連合審査のときは、参加した委員会の委員長が署名又は押印する。

⑷0　議会運営委員会規程書式例

議　会　運　営　委　員　会　規　程
制定　○○年○月○日議会告示第1号

（設置）
第1条　○○市（町村）議会に、議会運営委員会（以下「委員会」という。）を置く。
　（目的）
第2条　委員会は、議会の公正円滑なる運営について協議し、議長の諮問に応ずる。
　（組織）
第3条　委員会は、委員○人をもって組織する。
　2　委員は、各会派の所属議員の比率により、各会派に割り当てる。
　3　前項の割り当てについては、各会派の代表者の協議により定める。各会派の所属議員の比率に変更があった場合もまた同様とする。
　4　委員を選出できる会派は、○人以上の議員を有する会派とする。
　5　各会派で、委員を選出したときは、議長に届け出なければならない。
　（任期）
第4条　委員の任期は、常任委員会の例による。
　2　各会派の所属議員の比率に変更があった場合は、その会派の委員を改選する。
　3　補欠委員の任期は、前任者の残任期間とする。
　（委員長及び副委員長）
第5条　委員会に委員長及び副委員長1人を置く。
　2　委員長及び副委員長は、委員会において互選する。

3 委員長及び副委員長の任期は、委員の任期による。
　（招集）
第6条　委員会は、委員長が招集する。
2　委員の定数の半数以上の者から招集の請求があったときは、委員長は、委員会を招集しなければならない。
　（定足数）
第7条　委員会は、委員の定数の半数以上の委員が出席しなければ、会議を開くことができない。
　（代理出席）
第8条　委員に事故があるときは、その委員が所属する会派の議員の中から、代理者を出席させることができる。
　（議長等の出席）
第9条　議長及び副議長は、委員会に出席し発言することができる。ただし、表決に加わることはできない。
　（議事）
第10条　委員会の議事は、原則として各会派から1人以上の委員が出席しなければ、会議を開くことができない。
　（決定の遵守）
第11条　委員会で決定した事項については各会派の責任において、これを厳守しなければならない。
　（その他）
第12条　この規程に定めるもののほか、委員会については、〇〇市（町村）議会委員会条例（〇〇年条例第〇号）及び〇〇市（町村）議会会議規則（〇〇年〇月〇日議決）を準用する。
　　附　則
　この規程は、〇〇年〇月〇日から施行する。

注1　条例化しない議会運営委員会は議会運営上の協議機関であって、名称は任意に定めればよい。本会議運営は、議長の議事整理に属するものであり、したがって、議長の諮問機関の性格をもたせるべきである。
　　会派の定義として、自治法100条14項の規定による政務活動費の交付対象となる会派として、議長に届け出たものに限定する表現を規程中に用いておくのもよい。
2　議会運営委員会は、自治法109条によって、条例で設けることができる。
3　3条に会派とあるが、会派だけでなく、各常任委員会からも〇人とする規定を設け、会派と委員会の混合方式とするのも方法、会派のない市町村議会では、3

条の規定を単に各委員長をもって構成するとするのも方法でその例が多い。

(41) 議会運営委員会設置要綱書式例

議会運営委員会設置要綱

〇〇年〇月〇日議決

(設置)

第1条 〇〇市(町村)議会(以下「議会」という。)に議会運営委員会(以下「委員会」という。)を置く。

(目的)

第2条 委員会は、議会の運営に関する事項について、各会派の連絡調整をもとに協議し、議会の円滑なる運営を期することを目的とする。

(構成)

第3条 委員会は、各会派に割り当てられた委員〇〇人をもって組織する。

2 各会派に割り当てられる委員の数は、原則としてその所属議員数の按分比による。

3 議長、副議長は、委員会に出席し発言することができる。

(委員長、副委員長及び理事)

第4条 委員会に委員長及び副委員長を置く。

2 委員長及び副委員長は、委員会で互選する。

3 委員長は、委員会を招集し、その議事を主宰する。

4 委員長は、委員会を招集しようとするときは、あらかじめ委員会の日時、場所、事件その他必要事項を記載した通知書を議長に提出しなければならない。

5 議長から要求があったときは、委員長は委員会を招集しなければならない。

6 委員長に事故あるとき又は欠けたときは、副委員長がその職務を行う。

(会議)

第5条 委員会は原則として各会派から1人以上の委員が出席しなければ、会議を開くことができない。

(協議事項)

第6条 委員会の協議事項は、次のとおりとする。

(1)　本会議の運営に関する事項
　(2)　議会の庶務に関する事項
　(3)　その他議長の必要と認める事項
　（決定の遵守）
第7条　委員会で決定した事項については、各会派の責任においてこれを遵守しなければならない。
　（その他）
第8条　この要綱に定めるものの外委員会に必要な事項は、委員会がこれを定める。

注1　法に基づかないで議会内部のものならば区々である。要は内部的な規程でも当該協議機関としての意思決定方法を求めておくのがよい。
　2　全会一致主義を強く貫くと、法、会議規則上の議員の権利を不当に侵す結果となるので、弾力的な表現と他は運用に委せるのがよい。

⑿　交渉団体（会派）結成届書式例

　　　　　　　　　　　　　　　　　　　　　　　　○○年○月○日
○○市（町村）議会 議　長／事務局長　氏　　名　殿
　　　　　　　　　（会派名）
　　　　　　　　　代表者　氏　　　　名　㊞
　　　　　　　会　派　結　成　届
　下記のとおり会派を結成したから届けます。
　　　　　　　　　　　記
1　名　称
2　結成年月日
3　所属議員（別紙のとおり）

注1　本書式例による届け出は、自治法100条14項の規定に基づく政務活動費の交付対象会派の結成届とは異なり、法令に根拠はないが、基本的な考え方として議会運営委員会の中に交渉団体（会派）の規定を設けておくのがよい。あるいは申し合わせとして行ってもよい。
　2　院内において、会派を結成するには、2人以上の議員をもってすることを要する（参議院先例）。

⑷3 会派役員選任(変更)届書式例

```
                                                    ○○年○月○日
  ○○市(町村)議会 議　　長 / 事務局長  氏　　　名　殿

                              (会派名)
                                代表者　氏　　　　　名 ㊞

              会　派　役　員  選任/変更  届

  下記のとおり役員を 選任/変更 したから届けます。
                        記
```

役　職	氏　　　　名		役　職	氏　　　　名

⑷4 会派所属議員異動届書式例

```
                                                    ○○年○月○日
  ○○市(町村)議会議長　氏　　　名　殿
                         (会派名)
                           代表者　氏　　　　　名 ㊞
               所　属　議　員　異　動　届
  下記のとおり所属議員に異動があったから届けます。
                        記
  1  新所属議員名
              ○　○　○　○
              ○　○　○　○
  2  旧所属議員名
              ○　○　○　○
              ○　○　○　○
```

注　本人からの退会届をもって、所属会派を変更したものとして取り扱った例がある（参議院先例95）。

(45) 政務活動費交付要綱書式例

　地方議会特に都道府県や市（全部ではない）で会派が結成され、別に法律上の根拠がなく適宜名称をつけて申し合わせによって議長に報告することとしたものが会派等といわれている。地方議会は政党政治ではないので、国会のように法的に会派が認められていない。国会では、「国会における各会派に対する立法事務費の交付に関する法律」に基づき立法事務費を会派に交付するものの議員個人に対しては交付しないことが明記されている。

　地方議会の会派の政務活動費の支出根拠として、自治法100条14項は、「普通地方公共団体は、条例の定めるところにより、その議会の議員の調査研究その他の活動に資するため…その議会における会派又は議員に対し、政務活動費を交付することができる。」と規定している。

　この種の研究費の公・私の区分が不明確になりやすいし、長も妥協しがちであって、不適切な執行となる例が少なくないので、監査委員は、十分監査して意見の申し出及び公表を行うべきであるし、住民も常に監視し、監査結果に不満があれば、住民訴訟によって適正な財務会計制度を維持する必要がある。

市議会政務活動費交付条例の例

　　○○市議会政務活動費の交付に関する条例
　（趣旨）
第１条　この条例は、地方自治法（昭和22年法律第67号）第100条第14項及び第15項の規定に基づき、○○市議会議員（以下「議員」という。）の調査研究その他の活動に資するため必要な経費の一部として議員に対し政務活動費を交付することに関し、必要な事項を定めるものとする。
　（交付対象）
第２条　政務活動費は、議員の職にある者に対して交付する。
　（交付額及び交付の方法）

第3条　政務活動費は、各月の初日（以下「基準日」という。）に在職する議員に対して交付し、その額は、月額100,000円（以下「基準額」という。）とする。

2　政務活動費は、四半期ごとに各四半期の最初の月の末日（ただし、その日が休日に当たるときは、その日後において、その日に最も近い休日でない日）において、当該四半期の交付該当月数（当該四半期の途中において議員の任期が満了するときは、任期が満了する日の属する月までの月数）に基準額を乗じた額（以下「算定額」という。）を交付する。

3　一の四半期の途中において新たに議員となった者に対しては、議員となった日の属する月の翌月分（その日が基準日に当たる場合は、当月分）から政務活動費を交付する。この場合において、前項の規定にかかわらず、基準日に議員となった者に対しては当該月の末日に、それ以外の日に議員となった者に対しては当該日の属する月の翌月の末日に算定額を交付する。

（議員でなくなったときの政務活動費の取扱い）

第4条　基準日において議員の辞職、失職、除名若しくは死亡又は任期の満了若しくは議会の解散により議員でなくなったときは、当月分の政務活動費は交付しない。

2　政務活動費の交付を受けた議員が一の四半期の途中において議員でなくなったときは、議員でなくなった日の属する月の翌月分（その日が基準日に当たるときは、当月分）以降の政務活動費を返還しなければならない。

（使途基準）

第5条　議員は、政務活動費を別に定める使途基準に従って使用するものとし、市政に関する調査研究その他の活動に資するため必要な経費以外のものに充ててはならない。

（収支報告書の提出）

第6条　政務活動費の交付を受けた議員は、政務活動費に係る収入及び支出の報告書（以下「収支報告書」という。）を作成し、○○市議会議長に提出しなければならない。

2　収支報告書は、前年度の交付に係る政務活動費について、毎年4月30日までに提出しなければならない。

3　政務活動費の交付を受けた議員が議員でなくなったときは、前項の規定にかかわらず、議員でなくなった日から30日以内に収支報告書を提出しなければならない。

（政務活動費の返還）
第7条　政務活動費の交付を受けた議員は、前項の規定により提出した収支報告書に係る当該報告の対象となった期間において交付を受けた政務活動費の総額から当該議員がその期間において市政の調査研究その他の活動に資するため必要な経費として支出した総額を控除して残余があるときは、当該残余の額に相当する額の政務活動費を返還しなければならない。
　（委任）
第8条　この条例に定めるもののほか、政務活動費の交付に関し必要な事項は、規則で定める。
　　　附　則
　（施行期日）
1　この条例は、○○年10月1日から施行する。
　（経過措置）
2　この条例による改正後の○○市議会政務活動費の交付に関する条例（以下「改正後の条例」という。）の規定は、○○年10月分以後の政務活動費について適用し、同年9月分までの政務活動費については、なお従前の例による。
3　この条例による改正前の○○市議会政務活動費の交付に関する条例により交付を受けた○○年4月分から同年9月分までの政務活動費に係る収支報告書については、改正後の条例第6条第2項の規定にかかわらず、同年10月31日までに提出するものとする。

6　請願・陳情関係書式例

　地方議会に請願・陳情書を提出する根拠規定は、請願については自治法109条・124条、陳情については同法109条（「請願等」）である。

　請願は、議員の紹介を必要とし、紹介するときは、当該請願について、願意に賛成で、しかも近いうちに実現性があるものについて行うべきである。1人以上全議員であってもよいが、規則で制限することは不適当である。

　請願は、日本人たると外国人たるとを問わず、また権利能力のない社団の代表者にも認められている。

　地方議会は、法人格を有していないので、市町村議会名で、都道府県議会、裁判所等に提出することは許されない。ただし、請願・陳情ではないが地方公共団体の議会は、国会に対して意見書を提出できるとされていることに留意すべきである（自治法99条）。また、地方議会の議員が一住民として、国会、都道府県議会、市町村議会に提出する場合はある。

　請願は形式、手続が整っていれば、たとえ権限外の事件であっても必ず受理しなければならないが、採択・不採択はあげて議会が判断することとなろう。

(1) 請願・陳情書式例

（表　　紙）

○○○○に関する請願書
　　　　　紹介議員　氏　　　　名　㊞

（内　　容）

件　名　……………………について
要　旨　……………………………
理　由

地方自治法第124条の規定により、上記のとおり請願書を提出します。
　○○年○月○日
○○市（町村）議会議長　氏　　　名　殿（様）
　　　　　　　　　　　　　　住　所
　　　　　　　　　　　　　　氏　　　　　　名　㊞
　　　　　　　　　　　　　（法人名　　代表者名　　㊞）

注1　請願書を議会に提出する場合には、
　(1)　請願の件名
　(2)　要旨及び理由は簡潔にすること
　(3)　請願者の住所氏名（法人はその所在地、名称及び代表者氏名）
　(4)　提出年月日を記入し、議長あてとすること
　2　請願書には、紹介議員が必ず必要であるが、議員の数には制限がない。
　3　陳情書については、法令に別段規定がない。
　4　内容が数件に分かれるときは、別書きとするのがよい。
　5　請願という文字があっても、紹介議員のないものは単なる陳情書の扱いとなる。また、請願の修正はできない。
　6　当該地方公共団体の権限外の事項は不採択のほかない。
　　　請願で、議会の意見書として提出されたいとする趣旨のものがあるが（例、北方領土返還、原潜入港反対等）、議会は、拘束されるものではない。公益に関する事件に該当する場合であっても、意見書の内容いかんによっては、それが外交政策に関連し、外国との交渉に影響を及ぼすこともあるので、関係機関の意見を参考に徴することはもとより、常に慎重な態度をとることが望ましい(昭38. 8.29通達）。
　7　会議最終日の請願書の提出であっても受理する（昭48. 3.26行実）。議会によっては、整理上次回送りの申し合わせをしている先例を見受けるが、それは順守されるべきである（緊急性のものは別である。）。
　8　議会に付議する前、又は審議中に、紹介議員が紹介を取り消し、死亡、辞職等があったとしても、そのまま審議することでよい。が、新たに紹介議員を付するほうがなにかにつけてよい（昭49. 4. 2行実）。
　9　閉会中受理した請願が、議員の改選によって会議に付議されなかった場合は、そのまま改選後の議会の会議に付議することでよいと解する。
　10　請願書の押印で拇印を認める（昭29. 9.30神戸地裁）。

(2)　請願受付整理簿書式例

受理番号	受理年月日	件　　名	請願者住所氏名	紹介議員氏名	採・否	回答	処理機関	備考

(3) 請願処理簿書式例

請 願 処 理 書

受理番号	第○号	件名					○○年○月○日提出
紹介議員				請願者	住所		
					氏名		
要　　旨							
委 員 会	○○年○月○日付託 ○　○　委　員　会	経過			議決	○○年○月○日 採　　否	
議　　会	第○回○○会	経過			議決	○○年○月○日採否	
						○○年○月○日通知	
処理機関			処理要領				
備　　考							

(4) 請願の委員会付託文書表の書式例

○○年第○回（○月）○○議会定例会
請　願（陳情）文　書　表
　　　　　　　　　　　　○○市（町村）議会

受理番号	受理年月日	件　名	請願者の住所	氏　名	請願の要旨	紹介議員氏名	付託委員会名	付託年月日

注1　請願文書表として作成しなくとも、請願（陳情）書をそのまま写しとして

配布してもよい（町村議会）。
2 請願の受理年月日は、会期中であると、閉会中であるとを問わず、すべて招集当日の日にスタンプを押すことがよい（昭48.9.25行実）。
3 請願人の連署のあるものは、何某ほか〇人でよい。紹介議員も数名のときは筆頭議員1人でよい。
4 特別委員会に付託するときは、付託の議決がいる。
5 1通の請願書に2以上の内容にわたる請願の受理番号は、同一番号又は枝番号でよい。
6 1通の請願書中に(1)(2)(3)(4)のごとく内容が数種に及ぶときは、それぞれ分けて、所管の委員会に付託する扱いがよい。
7 請願の付託時期は、会議規則に明文はないが、本会議で必ず日程に掲載し、紹介議員の説明後議長が委員会（常任）に付託することを宣告する（特別委員会の場合は諮る。）のが最善の処理。

(5) 請願紹介議員の委員会出席要求書式例

```
                                        〇〇年〇月〇日
紹介議員　氏　　　名　殿
         〇〇常任、議運、特別委員長　氏　　　名　印
   紹介議員の出席について
 本委員会は、請願の審査上、下記により紹介議員として貴殿の説明を求めることになったから、出席されるよう要求します。
                   記
1 請願（陳情）件名…………
2 日　時　〇〇年〇月〇日午前（後）〇時
3 場　所　〇〇会議室
```

注1 要求がない場合、積極的に委員会に申し出、委員会の許可があれば説明することができる。要求は口頭でも差し支えない。
2 委員会から出席要求されたときは出席の義務を有する。

(6) 請願審査報告書式例

```
                                        〇〇年〇月〇日
〇〇市（町村）議会議長　氏　　　名　殿
              〇〇常任（特別）委員長　氏　　　名　印
              請願（陳情）審査報告書
```

本委員会は○月○日付託された請願（陳情）審査の結果、別紙（下記）のとおり決定したので、会議規則第○条の規定により報告します。

記

請願（陳情）審査報告について

受理番号	件　　　　名	審査結果	意　　　見	措　　置
第　　号	……… について	採　　択	妥　　　当	市町村長送付
第　　号	……… について	不 採 択	不採択の理由	

（別　紙）

受理番号	受理年月日	件　名	請願者の住所及び氏名	紹介議員氏名	委員会の意見	審査結果	措置

注1　結果には、継続審査のほか、事実上の扱いとしては取下げ、又は審査未了等がある。「保留」という表現を用いている例もあるが、表現のしかたとしては、継続審査による表現がよい。

2　付託議案といっしょにして議長に報告してもよい。

3　一部採択、趣旨採択なども事実上の扱いとしてある。

4　継続審査も報告に入れてよい。ただし、審査未了は記載しない。

5　みなし採択、みなし不採択、一部採択、趣旨採択、継続審査、保留、願意了承等審査結果に記載している例があるが、当該議会の慣例である限り、それに従う。

(7) 請願の執行機関への送付書式例

　　　　　　　　　　　　　　　　　　　　　　　　　○○年○月○日

執行機関　　　　　　　殿

　　　　　　　　　　○○市（町村）議会議長　氏　　　　名　㊞

　　請願の送付について

○月○日本会議において採択した請願を、別紙のとおり地方自治法第125

条の規定により送付します。
　（別紙略）

(8) 請願の処理経過及び結果報告請求書式例

　　　　　　　　　　　　　　　　　　　　　　　　　〇〇年〇月〇日
　執行機関　　　　　　　殿
　　　　　　　　〇〇市（町村）議会議長　氏　　　　名　㊞
　　請願の処理経過及び結果報告について
　〇月〇日の本会議において採択した請願を〇月〇日付け送付したが（送付するから）、その処理経過及び結果を（〇月〇日まで）に報告されるよう地方自治法第125条の規定によって請求します。

注１　議会の採択した請願で、執行機関に送付し、その処理経過、又はその結果について報告を求めることができる（自治法125条）。
　２　法的な規定はないが、請願・陳情の不採択の結果はできるだけ請願（陳情）人に通知するのがよい。この場合、紹介議員を経由するか、若しくは、別途その旨紹介議員あて通知しておくのがより親切である。
　３　請願も陳情も形式上の相違であり、内容上は何ら差異がない。明白に法的根拠をもって処理できるのは請願として紹介を得ておくべきである。陳情で紹介議員のないものは単なる供覧扱いとなろう。
　４　請願・陳情はたいていその市町村の事務に関連することに限られる趣旨であるが、たとえ国、県、他の地方公共団体の事務に属する請願が提出された場合受理しても、当該会としては不採択の結論しかない。しかし、当該地方公共団体の利害に密接な関係があれば、別途意見書として（自治法99条）、関係行政庁に提出することもよい。

(9) 請願（陳情）書の取下げ願書式例

　　　　　　　　　　　　　　　　　　　　　　　　　〇〇年〇月〇日
　〇〇市（町村）議会議長　氏　　　　名　殿
　　　　　　　　　　　　　　　住　所
　　　　　　　　　　　　　　　請願者　氏　　　　　名　㊞
　　　　　　　　請願書の取下げ願
　〇年〇月〇日提出した下記の請願書は〇〇により取り下げたいから、許可願います。

```
                          記
1  請願番号
2  受理年月日
3  件 名              （付託委員会名）
4  請願者
5  紹介議員
```

注1 本会議に上程前又は委員会への付託前なら規則に撤回の規定があれば、議長の承認により取り下げることができる（昭48．9．25行実）。取下げは請願者全員から申し出るべきだが、多いときは代表者によることでもよい。
 2 付託後は本会議の承認を要する。
 3 閉会中の継続審査にしておいて、その間に取下げ方を請願人に連絡するのがよい。この場合、次回に報告し承認を要する。
 4 紹介議員を取り消そうとするときは、本会議の承認が必要である。

⑽ 請願の付託替え要求書式例

```
                              ○○年○月○日
○○市（町村）議会議長   氏    名 殿
              ○○常任委員長  氏      名  印
            請願の付託替え要求書
請願件名
 ○月○日付託された上記請願は本委員会の所管に該当しないので付託替えされるよう要求します。
```

注1 特別委員会へ付託替えする場合は、本会議の議決が必要である。
 2 請願の付託替えは、常任委員会間においては、議長権限でよい。しかし、適当な機会を見て本会議にその旨議長から報告する扱いをするのがよい。

⑾ 請願の付託替え通知書式例

```
                              ○○年○月○日
○○常任委員長   氏    名 殿
              ○○市（町村）議会議長  氏      名  印
    請願（陳情）の付託替えについて（通知）
 先に      に付託した下記については貴委員会において審査する
```

ことが適当と認められるので付託替えを通知する。
　1　第　　号　……………

注1　特別委員会から常任委員会への付託替えは、特別委員会設置の経緯から見るとおかしい。
　2　付託替えをしたときは、議長から紹介議員にも連絡しておくのがよい。

⑿　請願（陳情）書の一部訂正願書式例

> 　　　　　　　　　　　　　　　　　　　　　　　　　○○年○月○日
> ○○市（町村）議会議長　氏　　　名　殿
> 　　　　　　　　　　　　　　　　　　住　　所
> 　　　　　　　　　　　　　　　　　　氏　　　　　　名　㊞
> 　　　　　　　　　　　請願（陳情）書一部訂正願
> 　○○年○月○日付けをもって提出した下記については、別紙のとおり一部訂正いたしますから、よろしくお取り計らい願います。
> 　　　　　　　　　　　　　　　記
> 　1　第　　号　……………

注1　一部訂正願いを出すのは、請願（陳情）者全員からか、又は代表者が行うか、代表者がいないときは、提出者全員からの申し出が必要である。
　2　紹介議員の責任で訂正することも運用上ある。
　3　訂正について、議長が承認する先例の議会と、規則に基づき本会議の承認とするところがある（標準会議規則19条）。
　4　正誤表で処理する先例の議会もある。
　5　むしろ、いったん取り下げさせ、その後訂正して再提出をさせている議会もある。
　6　委員会審査中の訂正について、会議規則に認めていればよいが、ないときは本会議の議決が必要である（昭26.10.10行実）。
　7　議会を誹謗したり、平穏性を損なうがごとき願い出の場合は、訂正を認めなくてもよいが、本来請願人の願望であるので、本人の意思を尊重して訂正、撤回は認める扱いが正しい。

⒀　請願（陳情）者への返却通知書式例

> 　　　　　　　　　　　　　　　　　　　　　　　　　○○年○月○日
> （請願者）氏　　　名　殿

504　第4　議会の会議手続書式例

```
　　　　　　　　　　　○○市（町村）議会議長　氏　　　　　名　㊞
　請願（陳情）書の返却について
　この度、下記について取下げ願が承認されましたので、請願（陳情）書
をお返しいたします。
　　　　　　　　　　　　　　　記
1　　　　　　について
```

注1　返却した場合は、紹介議員にも通知する。
　2　請願人に直接返戻しないで、紹介議員に返し、紹介議員から請願人へ返却している議会もある。
　3　請願の取下げの場合は、請願の書面を請願人に返付しないのが通例。

⒁　請願者に対する結果通知書式例

```
　　　　　　　　　　　　　　　　　　　　　　　○○年○月○日
　（請願者）氏　　　名　殿
　　　　　　　　　○○市（町村）議会議長　氏　　　　　名　㊞
　請願の審議結果について（通知）
　○○年○月○日付けで提出された下記の請願は、本市（町村）議会にお
いて採択（不採択、継続審査）となりましたので通知します。
　　　　　　　　　　　　　　　記
1　請願件名
```

注　ハガキに印刷しておくのもよい。

⒂　請願の紹介取消書式例

```
　　　　　　　　　　　　　　　　　　　　　　　○○年○月○日
　○○市（町村）議会議長　氏　　　名　殿
　　　　　　　　　○○市（町村）議会議員　氏　　　　　名　㊞
　請願の紹介の取消しについて
　○○年○月○日で提出された請願人　何　　某　からの
　　　　　について下記の理由により紹介を取り消したいのでよろしくお取り計らい
願います。
　　　　　　　　　　　　　　　記
　理由
```

注1　議員の紹介は賛成の意と解されているが、提出後取り消そうとするときは、議長に申し出る。
 2　議長の権限で認められるか又は本会議の承認が必要かは、会議規則に定めておくべきである（昭49．2．5行実）。規則がなければ、本会議の承認があれば可能である（昭30．3．18行実）。
 3　紹介議員が、付議後に紹介を取り消して全員いなくなったときは、新たに紹介議員を追加するように請願人に連絡すればよい。もしも追加することができないときであっても、請願審査をそのまま審査するべきである（昭49．4．2行実）。紹介議員の死亡、辞職の場合も同様審議の要件でなくて、受理の要件である。
 4　紹介の取消しの時期が問題になるので、疑問を少なくするためには、請願を日程として本会議で付託する方法がよい。付託前は議長限り、付託後は承認をとればよい。

7 懲罰関係書式例

　懲罰は、自治法及び会議規則並びに委員会条例に違反した議員に対する規律を保つために認められているものであり、したがって、議会内の規律違反となる言動に限られるのである。自治法上に具体的に規定されているものとしては、同法129条の議場の秩序維持、同132条の品位の維持、同133条の侮辱に対する処置要求、同137条の欠席議員の懲罰などがあるが、懲罰はこれに限られるものではなく、自治法、会議規則、委員会条例等に違反した行為、すなわち議会の会議運営上議員の非行や義務違反のあるときに科しうるものである。

(1) 懲罰動議の書式例

```
　　　　　　　　　議員何某君に対する懲罰の動議
　次の理由により会議規則第○条第○項の規定により動議を提出します。
　　○○年○月○日
○○市（町村）議会議長　氏　　　名　殿
　　　　　提出者　○○市（町村）議会議員　氏　　　　名　㊞
　　　　　同　　　　　同　　　　　　　　氏　　　　名　㊞
　　　　　　　　（議員定数の8分の1以上の者の連署）
理　由　　何々
```

注1　懲罰動議の提出は、陳謝、戒告、出席停止及び除名等求める懲罰の種類を記載するのとしない方法がある。
　2　県市町村は事犯の日から3日以内に提出しないと時効となる。
　3　懲罰の審査委員会は、常任、特別のいずれでもよいが、ことがらの性質上特別委員会によるのがよい。

(2) 代理弁明要求書式例

　　　　　　　　　　　　　　　　　　　　　　　　　　○○年○月○日

> ○○都(道府県)議会議長(○○常任・議運・特別委員長)殿
> 　　　　○○都(道府県)議会議員　氏　　　　名　㊞
> 　代理弁明要求について
> 　本日(○月○日)の本会議(○○委員会)において議員○○○○君をしてわたしに代わって弁明させたいから、会議規則第○条の規定により要求します。

注1　本書式例による代理弁明は、事犯者本人に代わって弁明を行うほか、本人の弁明の補足的説明も可能である。
　2　市議会標準会議規則では、代理弁明の規定はないから許されない。

(3) 侮辱に対する処分要求書式例

> 　　　　　　　　　　　　　　　　　　　　　　　　○○年○月○日
> ○○市(町村)議会議長　氏　　　　名　殿
> 　　　　○○市(町村)議会議員　氏　　　　名　㊞
> 　処分要求について
> 　○月○日の会議(○○常任・議運・特別委員会)において次のとおり侮辱を受けたので、地方自治法第133条の規定により処分を要求します。
> 1　侮辱を与えた者の氏名
> 2　侮辱の事実又は事情

注1　懲罰事由となる議員の侮辱行為とは、議会の会議又は委員会における議員の行為を指し、政党会派の会議での行為は含まない。
　2　処分は懲罰の意で言葉、行動をも含む。
　3　処分の要求の場合は、議員定数の8分の1以上の動議を要しない。
　4　処分要求の提出期限の規定はないが短期時効(事犯を起こした翌日から3日まで)が適用されるものと解する。
　5　要求があったときは、委員会付託を省略して審査することはできない(標準会議規則)。

(4) 議員除名の動議書式例

> 　　議員除名について
> 　○○○……………………………………………………………………………
> ……………………の理由により、除名したいから会議規則第○条の規定

により動議を提出します。
　　〇〇年〇月〇日
　　〇〇市（町村）議会議長　氏　　　名　殿
　　　　　　　　〇〇市（町村）議会議員　氏　　　　　名　㊞
　　　　　　（議員定数の8分の1以上の者の発議）

注1　懲罰は、その事犯のあった会期中に処理すべきであって、原則的には前回以前の事犯を後の懲罰の対象となし得ない。開会中に発生した懲罰事件の審査が、当該会期中に議了するに至らず継続審査となることもあり得るが、この場合には、原則として、懲罰を科し得ないものと解すべきであろう。ただし、秘密会の秘密漏えいを理由とする懲罰はいつでもよい。秘密会は除く。
　2　除名は、議員の3分の2以上の者が出席し、その4分の3以上の者の同意の議決がなければならない（自治法135条3項）。

(5) 懲罰に対する審決の申請書式例

　　　　　　　　　　　　　　　　　　　　　　　　　〇〇年〇月〇日
　都道府県知事　氏　　　名　殿
　　　　　　　　　　審決の申請人　氏　　　　　名　㊞
　　　　　懲罰に関する審決の申請
　　　　　　住　所　〇〇市（町村）……………………
　　　　　　〇〇市（町村）議会議員　氏　　　　　　　名
　〇〇年〇月〇日になされた〇〇市（町村）議会議員の除名処分は、違法と認められるので、当該処分の取消しを求めるため、地方自治法第255条の4の規定により審決の申請をいたします。
1　審決にかかる処分　　議会議員の除名
2　審決の申請にかかる処分があったことを知った年月日
　　　　　　　　　　　　　　　　　　　　　　　　　〇〇年〇月〇日
3　審決を求める理由　　何々……………………

注1　審決の申請は除名に限られ、申請期間は処分のあった日の翌日から21日以内である（自治法255条の4）。
　2　審決後不服の場合は、裁判所に出訴ができる（自治法256条）。

(6) 懲罰委員会審査報告書式例

>　　　　　　　　　　　　　　　　　　　　　　　○○年○月○日
>○○市（町村）議会議長　氏　　　名　殿
>　　　　　　○○常任、議運、特別委員長　氏　　　　名　印
>　　　　　　　委　員　会　審　査　報　告　書
>　本委員会に付託の「議員○○○○君に対する懲罰」については、審査の結果下記のとおり決定したから、別紙戒告文（陳謝文）を添え、会議規則第○条の規定により報告します。
>　　　　　　　　　　　　　　記
>１　懲罰事犯の有無　（注　懲罰を科すべきものでないと認める。又は懲罰を科すべきものと認める。）
>２　懲罰処分の種類及び内容　（注　本項は第１項の懲罰を科すべきものでないとした場合は不要）
>３　理　由（別紙　陳謝文案・戒告文案）

注　委員長報告は否決されても動議をもって他の懲罰を科することができる。

(7) 戒告文案例

>　　　　　　　　　　戒　　告　　文
>　議員○○○○君は、○月○日の本会議（○○常任・議運・特別委員会）において○○○○の件に関する発言中、……………の言辞を用い（議事中、不穏当な行動をとり）、（他の議員に対して不穏当な言辞を用い）、（不穏当な行動をとり）、議会の体面を汚したことは、議員の職分にかんがみまことに遺憾である。
>　よって地方自治法第135条第１項第１号の規定により戒告する。

注　本会議場で議長が朗読して行う（本人不在でも行う。）。文章は、懲罰委員会で作成し、議会で決定したもの。

(8) 陳謝文案例

>　　　　　　　　　　陳　　謝　　文
>　○月○日の本会議（○○常任・議運・特別委員会）における○○○○の件に関する私の発言中、○○○○の言辞を用いましたことは（議事中、不

穏当な行動をとりましたことは）、（他の議員に対して不穏当な言辞を用いて行動をとりましたことは）、議会の品位を保持し、秩序を守るべき議員の職責を顧みてまことに申しわけありません。
　ここに、誠意を披瀝して衷心から陳謝します。

注1　懲罰を受けた議員が公開の議場で朗読する。欠席したときは(7)の注による。
　2　文章は懲罰委員会でつくったものによるべきである。

(9)　欠席議員に対する招状の書式例

　　　　　　　　　　　　　　　　　　　　　　　　　　○○年○月○日
○○市（町村）議会議員　氏　　　名　殿
　　　　　　　○○市（町村）議会議長　氏　　　　名　印
　　　　　　　　　　招　　　　　状
　○○年第○回（○月）○○市（町村）議会定例（臨時）会に正当な理由がなくて招集に応じない（○月○日から○月○日までの会議に欠席した）と認めるから、地方自治法第137条の規定により出席を求めます。

注1　戒告処分を受ける議員が議場に出席していないときにも招状を発することができる。なおも欠席したときは、不在のままで戒告することとなろう。
　2　蒸発議員には自治法137条の招状を送付、しかる後なおも正当な理由なく欠席した場合、辞職勧告決議をするか、懲罰を科せばよい。
　3　同僚議員の故で同情心からいたずらに放置してはならない。
　4　そうした場合の対応として、報酬の減額条例の制定が望ましい。

第5 提出議案の書式例

1 議案の一般書式例

(1) 議案の意義

議案は、広義と狭義の2通りに解されており、前者の場合は、文書をもって議会の意思決定を求める事件を指し、後者の場合は、自治法112条の団体意思の決定に関する案をいう。長が議会に提出する議案は、法令上団体意思の決定義務が課されている事件について、団体意思の決定機関とされている議会に議決することを求める狭義の議案が中心ではあるが、人事同意議案のように議会の機関意思の決定を求めるものもある。

これに対して、議員が提出する議案には、長に提案権が専属するとされている予算決算、人事案件などを除いて様々なものがあるが、実態的にはこれまで狭義の議案は少なかったといえよう。

(2) 議案の提出

議会の意思決定は、①団体意思の決定、②議会という機関意思の決定、③長が執行の前提要件として議会の意思決定のものに大別できる。

団体意思の決定についての議案の提案権は、①長と議員及び常任委員会、②長だけ、③議員だけの三類型に区分される。この場合、具体の議案が、これらの三類型のいずれに該当するかの判断としては、①「長が条例で」とする規定の場合は長だけの専属、②「議会が条例の規定」のときは議員だけに、③ただ「条例で定める」とする規定のと

きは長、議員及び常任委員会の三者に提案権があると解してよい。

(3) 発案要件

　長の提案については、法律には別段の規定がないが、議員の提案の場合は、①議員定数の12分の1以上、②文書で、③かつ会期中であることである。なお、発案も議長及び委員長にはなく、議員としてだけ認められている。また、常任委員会に議案の提出権が認められた。

　決議は議会側の発案権に属するものであるとの法的根拠はなく、事実上の意思決定と解され、もっぱら議会側の提出として扱われているのが実情である。しかし、近時平和宣言等決議については、長から提出されている事例もみられる。なお、この種の事件は自治法149条にいう議決事件ではない。

(4) 議員の提出議案の書式例

①　自治法112条による場合（その1）

```
                                        ○○年○月○日
○○市（町村）議会議長　氏　　　名　殿
　　提出者　○○市（町村）議会議員　氏　　　　名　㊞
　　賛成者　　　　　同　　　　　　　氏　　　　名　㊞
　　　　（議員定数の12分の1以上の者の連署）
　何々条例の一部を改正する条例案の提出について
　上記の議案を別紙のとおり、地方自治法第112条及び会議規則第○条の規定により提出します。
```

注1　提出者を含めて議員定数の12分の1以上あればよい。全員提出者でもよい。
　2　賛成者の順序は、適宜協議すればよい。提出は会期中に限られる。
　3　未応招議員及び出席停止中の議員は、議案の提出者及び賛成者になれない。しかし、欠席議員はよい。
　4　議案の提出は、議長名又は委員長名をもって提出することはできない。
　5　全員に配布するのがよい。

　（別　紙）

```
第○号議案
```

1 議案の一般書式例

> ○○市（町村）○○条例の一部を改正する条例
> ○○市（町村）○○条例（○○年○○市（町村）条例第○号）の一部を次のように改正する。
> 　第○条中「300円」を「500円」に、「200円」を「400円」に改める。
> 　　　附　　則
> 提案理由　………

注1　議案番号は受理後事務局でつける。暦年番号で一般文書の取扱いと同じ。
　2　議案番号は、「議案第○号」「第○号議案」「議員提出議案第○号」「議第○号」のいずれでもよいが、長提出のものと区別できる表示方法としたほうがよい。
　3　新たに予算を伴うこととなる条例について、予算上の措置が適確に講ぜられる見込みが得られるまでの間の条例の議会提出の制限規定（自治法222条）は議員提案には適用されないが、その趣旨を尊重して運営されるべきである（昭32. 9. 25行実）。

② 自治法112条による場合（その2）

> 第○号議案
> 　　件　名　○○市（町村）○○条例
> 　上記の議案を別紙のとおり、地方自治法第112条及び会議規則第○条の規定により提出します。
> 　　○○年○月○日
> ○○市（町村）議会議長　氏　　　名　殿
> 　　　　　　提出者　○○市（町村）議会議員　氏　　　名　㊞
> 　　　　　　賛成者　　　　同　　　　　　　氏　　　名　㊞
> 　　　　　（議員定数の12分の1以上の者の連署）

注1　12分の1以上の賛成には提出者も含まれる（昭31. 9. 28行実）。だから、全員提出者となったときの数は議員定数の12分の1以上に達していることになる。
　2　議案の提出は、議会の開会中であり、提出の時点としては、議会事務局の担当書記が受け付けたときか議長に提出されたときになる。
　3　別紙は、提出の際に必ず一緒に出されるべきである。

（別　紙）

> 第○号議案
> 　　　○○市（町村）○○条例
> 　（……）
> 　第1条　………………………

```
（……）
第2条 ………………………
    附　則
提案理由 ………………………
```

③ 自治法112条による場合（その3）

```
第○号議案
    ○○市（町村）議会議員定数条例の一部改正について
  上記の議案を別紙のとおり、地方自治法第112条及び会議規則第○条の
規定により提出します。
    ○○年○月○日提出
  ○○市（町村）議会議長　氏　　　名　殿
            提出者　○○市（町村）議会議員　氏　　　　名　㊞
            賛成者　　　同　　　　　　　　氏　　　　名　㊞
                （提出者、賛成者を合計して議員定数の
                12分の1以上の者の連署）
```

（別　紙）

```
第○号議案
  ○○市（町村）議会議員の定数条例（○○年○○市（町村）条例第○
号）は、地方自治法第91条第1項の規定により、○○人とする。
    附　則
  この条例は、公布の日から施行し、次の一般選挙から施行する。
提案理由
  ○○○○、この案を提出する。
```

注1　自治法91条1項により、市町村議会議員の定数は条例で定めることとされている。
　2　議員定数の変更は、議員の任期満了による選挙及び議会の解散又は議員の総辞職のような場合に、その後行われる議員の全部について行われる選挙（一般選挙）から適用される。

④ 自治法112条以外による場合

```
                                        ○○年○月○日
○○市（町村）議会議長　氏　　　名　殿
　　　　　提出者　○○市（町村）議会議員　氏　　　名　㊞
　　　　　賛成者　　　同　　　　　　　　氏　　　名　㊞
　　　　　　　　　（規則に定める人員の連署）
　　何々に関する意見書（何々に関する決議）案の提出について
　上記の議案を別紙のとおり、会議規則第○条の規定により提出します。
（別紙（意見書（決議）案及び提案理由）略）
```

注1　自治法112条以外の議案には、会議規則、意見書、決議案などがあり、この場合も議案は、文書によって提出する。
　2　検閲、検査、監査請求及び100条調査は、決議案又は動議のいずれでもよいが、当該議会の先例による。
　3　前掲②の書式例によってもよい。

(5) 修正動議提出書式例

① 自治法115条の3による場合（議案方式）

```
                                        ○○年○月○日
○○市（町村）議会議長　氏　　　名　殿
　　　　　提出者　○○市（町村）議会議員　氏　　　名　㊞
　　　　　　同　　　　　同　　　　　　　氏　　　名　㊞
　　　　　　　（議員定数の12分の1以上の者の連署）
　　○○条例の一部を改正する条例案（修正案）の提出について
　上記の議案を、別紙のとおり、地方自治法第115条の3及び会議規則第
　条の規定により提出します。
（別紙（予算・条例案（修正等）及び提案理由）略）
```

注　別紙議案の形式は、条例の例による。

② 自治法115条の3による場合（動議方式）

```
　　議案第○号○○○○に対する修正動議
　上記の修正案を別紙のとおり地方自治法第115条の3及び会議規則第
```

```
条の規定により提出します。
  ○○年○月○日
○○市（町村）議会議長　氏　　　名　殿
           提出者　○○市（町村）議会議員　氏　　　　名　㊞
                同　　同　　　　　　　　氏　　　　名　㊞
           （議員定数の12分の1以上の者の連署）
```

注1　自治法115条の3以外の修正動議の場合も前記(5)の①に準じて提出すればよい。
 2　議案の提出者が修正しようとするには、いったん提出した議案を撤回し、修正したうえで、再提出するしか方法はない。なお、この場合の手続については、国会のように「内閣が、各議院の会議又は委員会において議題となった議案を修正し、又は撤回するには、その院の承諾を要する。」（国会法59条）と同趣旨のものを会議規則に規定しておくべきである。
 3　特に予算の増額修正については、長の発案権を侵害しない範囲で可能とする昭和52年10月3日の自治省行政局長通達を参照のこと。
 4　国会にまねて、予算の組替動議を出しているむきもあるが、自治法上における長の予算の提出権、再議権、専決処分権、原案執行権、議会解散権など一連の予算議決過程での調整手段は、二元代表制に基づく長と議会との明確な意思表示を前提に組み立てられており、議会が自らの意見を明確にすることなく、長に組み替えを要求するようなことは適当ではない。したがって、議会は組替動議によることなく、修正、否決若しくは、付帯決議等で議決の態度を貫くのが正しい。

（別　紙）

```
（例1）第○号議案○○○○○○に対する修正案
 第○条中「何々」とあるのは、「何々」に改める。
 第○条中「……」を削除する。
（例2）第○号議案○○○に対する修正案
 第○条中「何々」を「何々」に改める。
```

注1　修正案は、討論終結を宣告するまでは提出することができる。
 2　機関意思の決定の議案については自治法115条の3の適用はない。
 3　修正案の作成要項
  ①　修正案は、修正する部分の原案全文を記載し、原案の削除又は修正される条項及び字句は、わかりやすく表現する。
  ②　原案にそう入又は修正する条項及び字句を、当該部分の上部に小文字で記入する。
  ③　提出後、連署者が死亡又は欠員となっても提出案は有効である。

(6) 予算修正の別紙の書式例

```
（別　紙）予算修正
　　　　　　○○年度○○市町村一般会計予算修正案
　歳入　　　　　　　　　　　　　　　　　　　　　（単位　千円）
```

款	項	原案金額	差引増減 増 / 減	修正金額
1　市　　税	1　市　　税			

歳　入　合　計

歳出

款	項	原案金額	差引増減 増 / 減	修正金額
1　議会費	1　議　会　費			
3　民生費	1　社会福祉費			
	2　児童福祉費			
4　衛生費	1　保健衛生費			
	2　清　掃　費			
8　土木費	1　土木管理費			
	5　都市計画費			

歳　出　合　計

注1　修正案の書式については、法定されたものはないので、適宜の方法で作成して差し支えない。

2　自治法97条の議会の予算修正については、長の発案権を侵害しない範囲で修正することができる（昭52.10.3自治省行政局長通知参照）。

3　予算の修正の法的効力は款・項が対象である。自治法97条の増額修正以外減額（削除も含む。）修正は当然ありうることと解される。

4　修正箇所は、原案の数字を朱線2本で抹消し、そのうえに修正金額を朱書する方法でもよい。

(7) 予算修正書式例

議案第○号○○年度○○町・村一般会計予算修正案
第1条中予算の総額「1,642,590千円」を「1,643,390千円」に改める。
第6条中一時借入れの最高額「20,000千円」を「15,000千円」に改める。
第1表歳入歳出予算中次のとおり改める。

歳入

款	項	金　額
10　使用料及び手数料		57,800千円 ~~57,000~~
	1　使　用　料	45,800 ~~45,000~~
歳　　入　　合　　計		1,643,390 ~~1,642,590~~

歳出

款	項	金　額
2　総　　務　　費		296,450 千円 ~~296,950~~
	1　総 務 管 理 費	234,000 ~~234,500~~
8　土　　木　　費		131,980 ~~130,680~~
	2　道路橋りょう費	41,310 ~~41,810~~
	3　河　　川　　費	12,870 ~~11,070~~
歳　　出　　合　　計		1,643,390 ~~1,642,590~~

注1　修正案の提出については、修正動議の提出を添付する。
　2　修正箇所は、原案数字を朱線2本で抹消し、その上に修正金額を朱書する。
　3　款・項の修正に及ばない事項別明細書だけの修正は法的な修正ではなく、議会としての修正意見である。ただし、この場合の修正も議会としての意見表明であるから、議会の議事手続に修正動議として取り扱い、会議規則17条の後段の規定に基づいて提出すべきである。
　4　款・項の「削除」又は「削る」修正もできるが、この場合の「削除」は当該経費の全部を予算から除去することであり、「削る」は款・項とその金額を除去することである。なお「減額」、「増額」は当該費用の減少又は増加をいう。

5 予算全部を否決されても不信任とは言えない。
6 予算を伴う条例が提出され、当該条例が否決又は修正された場合には、当該予算の額等に変動を生ずることとなり、議会側としては、その予算を修正するのが理論的だが、その変動額が少額である場合には、棚上げして予算は可決することも許されると考えられる。また、修正しないで凍結の方法（政治的執行留保）によることも考えられる。
7 長が自ら修正（訂正）又は差し替えを議会に求め、これを承認するのも方法。

（参考）

歳入歳出予算事項別明細書

歳入

款10使用料及び手数料　項1使用料

目	金額	節		説　明
		区　分	金　額	
3　土木使用料	千円 21,500 ~~20,700~~	2　ブルドーザ、ショベル使用料	千円 2,600 ~~1,800~~	使用料 2,600千円 ~~1,800~~

歳出

款2総務費　項1総務管理費

目	金額	節		説　明
		区　分	金　額	
1　一般管理費	千円 107,049 ~~107,549~~	10　交際費	千円 1,500 ~~2,000~~	町長交際費 1,500千円 ~~2,000~~

款8土木費　項2道路橋りょう費

目	金額	節		説　明
		区　分	金　額	
2　道路維持費	千円 19,117 ~~19,617~~	7　賃　金	千円 2,700 ~~3,200~~	砂利敷人夫賃 2,700千円 ~~3,200~~

款8土木費　項3河川費

目	金額	節		説　明
		区　分	金　額	
1　河川総務費	千円 12,870 ~~11,070~~	7　賃　金	千円 2,150 ~~350~~	河川改修賃金 2,150千円 ~~350~~

注　予算修正案に添付する。

(8) 議案の訂正(正誤)の提出書式例

```
　　　議案の訂正(正誤)について
○月○日提出した議案中、次の理由により(別紙のとおり)訂正(正誤)したいから、会議規則第　　条の規定により提出します。
　　○○年○月○日
　○○市(町村)議会議長　氏　　　名　殿
　　　　　　○○市(町村)議会議員　氏　　　　名　㊞
(別紙(訂正(正誤)の内容)略)
```

注1　長からの提出議案の正誤についても、本書式例に準じて行う。
　2　計算誤り、浄書誤り等は正誤表でよいが、訂正は本会議の承認を要する。

(9) 予算の一部訂正の書式例

```
　　　　　　　　　　　　　　　　　　　　　　　　　文　書　番　号
　　　　　　　　　　　　　　　　　　　　　　　　○○年○月○日
○○市(町村)議会議長　氏　　　名　殿
　　　　　　○○市(町村)長　氏　　　　名　㊞
　　議案の一部修正について
　先に提出しました議案の一部に誤りがありましたので、下記のとおり訂正くださるようお願いいたします。
　　　　　　　　　　　　　　記
1　議第○号　○○年度市(町村)国民健康保険特別会計補正予算(第2号)
　2頁　第1表　歳入歳出予算補正(事業勘定)
　　　(歳入)の表中
```

「
15繰　入　金			1	79,801	79,802
	2 基 金 繰 入 金		1	79,801	79,802
16繰　越　金				1	1
	1 繰　　越　　金			1	1

を」

「
| 16繰　越　金 | | | | 79,802 | 79,802 |
| | 1 繰　　越　　金 | | | 79,802 | 79,802 |

に」

に訂正する。

3頁　第1表　歳入歳出予算補正（事業勘定）
　（歳出）の表　1款　総務費の項の次に次の項を加える。

6監　査　委　員			2,854,139		2,854,139
	1監　査　委　員		2,571,504		2,571,504

4頁　歳入歳出補正予算事項別明細書（事業勘定）
　1．総括（歳入）の表中

「
15繰　入　金	1	79,801	79,802
16繰　越　金		1	1

」を

「
16繰　越　金		79,802	79,802

」に訂正する。

注1　訂正は本会議の承認事項であるから、会議に上程される案件及びその上程順序を出席議員に告知するために議長が作成するものとされる。議事日程への登載を要する。したがって、本書式例による訂正の申し入れは、議長の議事日程作成ができる時間的余裕をもって、会議開催前になされる必要がある。ただし、本会議での審議の過程で訂正の必要が生じ、訂正した上で引き続き審議を進めるような場合であれば、その必要はない。
　2　委員会の審査中であるとき、議案を本会議に戻して訂正（修正を含めて）を諮る必要がない。本会議で承認すれば、当該議案が訂正（修正）され、それが新しい議案となる。念のため承認を当該委員会に通知することで足りる。

(10) 議案（動議）の撤回請求書式例

```
　　　議案（動議）の撤回請求について
　件　名（動議名）　何々
　○月○日提出した上記の事件を、次の理由により撤回したいから、会議規則第○条の規定により請求します。
　理　由　………
　　○○年○月○日
　○○市（町村）議会議長　氏　　名　殿
　　　　　　　　○○市（町村）議会議員　氏　　　　名　㊞
```

注1　撤回の請求については、提出議員の連署が必要であるが、議案の提出に賛成し

た議員まで連署する必要がない。
2 市(町村)長からの撤回事件についても、同様の手続きがよい。
3 提出者以外からの撤回要求の動議は不適当であるので無視してよい。

(11) 議会の指定(自治法180条)する専決処分の議案書式例

> 　　市(町村)長の専決事項の指定について
> 　下記の事項に関しては、市(町村)長において専決処分することができるものとして指定することについて、地方自治法第180条の規定により議会の議決を求める。
> 　　○○年○月○日提出
> 　○○市(町村)議会議長　氏　　　名　殿
> 　　　　　　○○市(町村)議会議員　氏　　　　　名　㊞
> 　　　　　　　　　　　　　　　　　　　　　(所定の賛成者)
> 　　　　　　　　　　　　記
> (例)
> 1　法令の定めるところにより、当該市町村の負担となるべき経費にして○○万円以下の歳入歳出予算の補正をなすこと。
> 2　全額寄附金、負担金を財源とする経費にして○○万円以下の歳入歳出予算の補正をなすこと。
> 3　全額国庫支出金を交付せられる経費にして○○万円以下の歳入歳出予算の補正をなすこと。
> 4　○○万円以下の損害賠償に関すること。
> 5　市町村債の起債並びに償還方法変更(起債の増加又は利率を高めるものを除く。)に関すること。

注1　この専決処分は議会が議決したうえで長が専決処分をすることができるのである。この規定により専決処分をした場合には、次の議会に報告するだけで足りるので、当該専決処分した事件が住民等への告知を要するとされているものを除いて、条例のように公布するまでの必要はない。
2　これは議会としての任意的委任で、府県市に多く町村では少ない。
3　軽易か否かの認定は議会が行うが、内容的には議会として十分検討しておくべきである。
4　この専決は、議決された指定事項に限定され、当該指定された事件は長の権限となる。
5　議会が一旦その議決により委任した事項について議会が議決しても、それは権限のない議決であって無効である。

6　自治法96条10号（権利放棄）、12号（訴えの提起等）、13号（損害賠償）、243条の2（免責）について指定することも差し支えない。

⑿　議会の指定した事項の専決処分の報告書式例（その1）

```
                                                文　書　番　号
                                                ○○年○月○日
○○市（町村）議会議長　氏　　　　名　殿
                　○○市（町村）長　氏　　　　　　名　㊞
　専決処分の報告について
　地方自治法第180条第1項の規定により、議会において指定されている
下記事項について、別紙のとおり専決処分したから、同条第2項の規定に
より報告します。
　　　　　　　　　　　　　記
1　…………について
2　…………について
（別紙（専決処分事項）略）
```

注1　本書式例による報告の対象となる専決処分は、議会の委任によって、長が専決したもので、長の権限に属する事件に限られている。
　2　専決処分を委ねた以上、議会の権限が長の権限となる。
　3　本書式例による長が議会に報告する場合、原則としてできるだけ速やかに報告すべきであり、次の定例会又は臨時会の本会議に報告するのがよい。議長は諸般の報告の中で行えばよい。
　4　長からの報告があった場合、議長はこれを可及的に速やかに諸般の報告の中で行うこととすればよい。定例会又は臨時会に報告されてきながら、何らかの都合で会議に報告できなかった場合には、議長は次の議会に報告しなければならない。

⒀　議会の指定した事項の専決処分の報告書式例（その2）

```
                                                文　書　番　号
                                                ○○年○月○日
○○市（町村）議会議長　氏　　　　名　殿
                　○○市（町村）長　氏　　　　　　名　㊞
　専決処分の報告について
　地方自治法第180条第2項の規定により、議会において指定されている
事項について別紙のとおり専決処分したので報告します。
```

（別　紙）

```
　　　　　　　　　専　決　処　分　書
　地方自治法第180条第1項の規定に基づき、議会の議決により指定された市長の専決処分事項について、次のとおり専決処分する。
　　○○年○月○日
　　　　　　　　　　　○○市（町村）長　氏　　　　　　名　㊞
　市は、消防用自動車の接触により人身及び物件に与えた事故による損害賠償の額を次のとおり決定する。
　1　損害賠償の額　　　　円
　2　損害賠償の相手方　住　　所
　　　　　　　　　　　　氏　　名
　　　（親権者）氏　　名
　　　（　同　）氏　　名
```

2 条例・財務関係議案の書式例

(1) 長の議案送付書式例

```
                                        文 書 番 号
                                        ○○年○月○日
○○市（町村）議会議長  氏    名 殿
                    ○○市（町村）長  氏        名 印
  議案の送付について
  ○○年第○回（○月）○○市（町村）議会定例（臨時）会に提出するた
め、下記議案を説明書及び参考書を添えて送付します。
                      記
第1号議案  ○○年度○○市（町村）一般会計（補正）予算
第2号議案  ○○○○特別会計設置条例案
（別紙（議案）略）
```

注 長の議案提出は、招集日に配布されるのがたてまえであるが、招集前に参考配布している例もある。

(2) 長提出の条例関係の議案書式例

① 給与条例改正案（その1）

```
第○号議案
       …………支給条例の一部を改正する条例
  上記の議案を提出する。
    ○○年○月○日提出
              提出者  ○○市（町村）長  氏        名 印
       …………支給条例の一部を改正する条例
  …………の費用弁償及び報酬支給条例（○○年○○市（町村）条例第○
号）の一部を次のように改正する。
    第○条第○項中「   円」を「   円」に改める。
       附  則
  この条例は、公布の日から施行する。
```

提案理由　最近の経済事情にかんがみ（報酬審議会の答申に基づき）、何々の報酬を適正な額に改めるなどの必要があるので、この条例案を提出します。

② 給与条例改正案（その2）

第○号議案
　　　…………に関する条例
　　○○年○月○日提出
　　　　　　　　　　　　○○市（町村）長　氏　　　　名　印
　　　…………に関する条例
　（何々）
第1条　…………
　（何々）
第2条　…………
　　　附　則
提案理由

③ 給与条例改正案（その3）

第○号議案
　　　…………に関する条例
　（目的）
第　条　…………
　（……）
第　条　…………
　　　附　則
1　…………
2　…………
　　○○年○月○日提出
　　　　　　　　　　　　○○市（町村）長　氏　　　　名　印
提案理由

注　長提出の条例関係の議案例は、③の例が多く用いられている。

(3) 決算認定の議案書式例

```
決第○号
    ○○年度○○市（町村）歳入歳出決算認定について
 地方自治法第233条第3項の規定により、○○年度○○市（町村）一般
会計（○○特別会計）歳入歳出決算を、別紙監査委員の意見をつけて議会
の認定に付する。
    ○○年○月○日提出
                    ○○市（町村）長　氏　　　　　名　㊞
（別紙（歳入歳出決算書及び監査委員の意見書）略）
```

注1　決算の認定議案は、決算年度の翌年度の当初予算審議前に議会に提出しなければならないとされている（自治法233条3項）。
　2　議案番号の表示は、本書式例によるもののほか「決第○号」「認定第○号」などまちまちである。
　3　長は、当該決算に係る会計年度中の各部門における主要な施策の成果を説明する種類、その他事項別明細書、実質収支調書、財産調書について同時に提出しなければならない（自治法233条5項、自治令166条）。
　4　議会の認定を得られないときは、その旨を記載し、公表する。なお、議会が審議未了としたときには、長はあらためて認定を求めるための再提出の必要はない。また、改選前の議会で審議未了としたとき新議会に提出の必要はないと解されている。

(4) 県有地の信託議案書式例

```
第○号議案
      県有地の信託について
 県有地を次のように信託することとする。
    ○○年○月○日提出
                        ○○県知事　氏　　　　　名　㊞
 1  信託の目的  受託者が信託土地に建物を建設し、土地及び建物の管理
                及び運用を行うこと。
 2  信託土地の  所在地
    概要        宅地○平方メートル
 3  信託の受託  住所
    者          ○○信託銀行株式会社
```

		代表取締役　氏　　名
4	信 託 期 間	契約締結の日から32年
5	信 託 報 酬	建物しゅん工までの企画立案、工事監修等に対する信託報酬は定額とし、信託不動産の管理及び運用に対する信託報酬は信託不動産から生ずる賃貸料に一定割合を乗じて得た額とする。
6	信託の計算期及び信託配当	信託の計算期は年１回とし、受託者は各計算期に係る信託配当を○○県に交付する。

（提案理由）

　市有地を信託するためには、地方自治法第96条第１項第７号の規定により議会の議決を経る必要がある。

　これが、この議案を提出する理由である。

注１　財産の取得又は処分に関する条例による。
　２　本書式例による財産の信託案件の議案提出に際しては、信託銀行と仮約を締結して議案の内容となる基本的事項を定めておく必要がある（仮約書省略）。

(5)　市（町村）有地処分の議案書式例

第○号議案
　　　市（町村）有地の処分について
　下記の市（町村）有地を○○会社（工場）の敷地として、何某（住所）に売却することについて、地方自治法第96条第１項第８号の規定により議会の議決を求める。
　　　　　　　　　　　　　記
１　土地の所在地、種別、数量（別紙）
２　売払の方法　　　契約
３　売 払 価 格　　　○○円
４　契約の相手方　住所　氏名
　　○○年○月○日提出
　　　　　　　　　　○○市（町村）長　氏　　　　　　　名　印
提案理由

注　財産の処分については、本書式例にある自治法96条１項８号の規定に基づくもの

のほか、同法237条2項に該当する処分（出資・交換等）に該当し、かつ条例により処分できる処分に該当しないものについても議決を要する。

(6) 土地の処分議案書式例

> 第○号議案
>   土地の処分について
> 次のとおり、土地を売却する。
> 1 売却する土地の所在、種目及び数量
>   ○○市（町村）○○番地
>   宅地　○平方メートル
> 2 売却の相手方
>   ○○市（町村）○○番地
>   財団法人○○県結核成人病予防協会
> ○○年○月○日提出
>   ○○市（町村）長　氏　　　　名　印
> 理　由
> ○○○○用地を処分するについて、契約及び財産の取得又は処分並びに財産の管理等に関する条例第3条の規定により議会の議決を求める。

注1 本書式例にいう条例の規定は、自治法237条2項の規定に基づくものではなく、同法96条1項8号の規定に基づく条例の規定をいうものである。なお、この場合には、関係条例の抜粋を添付するのがよい。
 2 土地の1件とは、土地の買入れ又は売払いの目的を妨げない限度における単位のことである。
 3 いかなる単位をもっているか定めがない。主として経済的一体制を指す。
 4 宅地とか、雑種地面積等が議決後に実態と相違していることが発見されたときは正しくするために、議会に追認の議決を提出するのがよい。

(7) 土地の取得議案書式例

その1

> 第○号議案
>   土地の取得について
> 本年度設置予定の○○○学校用地として、下記の土地を取得しようとする。よって議会の議決に付すべき契約及び財産の取得又は処分に関する条

例第○条の規定により議会の議決を求める。
                         記
1　所　在　地　　　　○○市（町村）○○番地
2　数　　量　　　　　○平方メートル
3　取得の方法
4　取 得 価 格
5　契約の相手方　　　住所　氏名　何某ほか　名
　　○○年○月○日提出
　　　　　　　　　　　　○○市（町村）長　氏　　　　　　　名　印
提案理由

注1　本書式例にいう条例の規定も(6)と同様である。
　2　土地の取得は条例により、議会の議決を要するものは、議決を経てから正式の売買契約を行わないと、否決のこともありうるので、仮契約締結が必要である。
　3　土地を買収するための取得とその取得した土地をすぐ譲与するときに一件の議案で「土地の取得及び譲与」として同時議決を求めることもありうる（除斥の要否に注意）。
　4　契約の相手方が多人数にわたっても、用地確保の目的を同じくしているので、総括するべきである。
　5　変更の場合、数量、金額の議決を要する。

その2

第○号議案
　　　土地の取得について
　地方自治法第96条第1項第8号及び財産の取得又は処分に関する条例第3条の規定に基づき次のとおり土地を取得するものとする。

| 所　在　地 | 地目 | 地積 | 所　有　者 | | 取得価格 取得方法 |
			住　　所	氏　名	
計					

　　○○年○月○日提出
　　　　　　　　　　　　○○市（町村）長　氏　　　　　　　名　印

提案理由

注1　仮契約に基づいて提案する。
　2　対象者が多い場合には、この例による。
　3　議案は、買入金額であって、長の定めた予定価格とは別なものである。
　4　所有単位とした議決ではない。一目的が一件と考えた場合の内訳（自治令121条の2別表4）。

その3

> 第○号議案
> 　　　土地の取得について
> 　○○のため、次のとおり土地を取得するものとする。
> 1　所　在　地
> 2　地　　　積　　　○平方メートル
> 3　地　　　目
> 4　取得価格　　　　○○円
> 5　取得方法
> 6　所　有　者　　住所　氏名
> 　　○○年○月○日提出
> 　　　　　　　　　○○市（町村）長　氏　　　　　名　印

提案理由

注1　仮契約に基づいて提案する。この仮契約は、議会の議決があったときに成立するという内容の契約であり、したがって、議決によって取得契約が可能となる。
　2　条例で定める種類及び金額の双方の要件を同時に満たす場合に議決が必要なのであり、一件の面積、金額が要議決以下であれば議決を要しない。
　　一件とは、個々の契約を一件とみるのではなく、買入目的からみた一件である（昭38.12.19行実）。
　3　財産の取得処分に関する議決は、長の執行行為の前提となる議決であり、議会には修正権限がないと解されている。議会には修正権は及ばない。
　4　議案として必要な事項は、法令に詳しく定めていないが、面積、金額、所在地、地目なども記載するのがよい。形式はまちまちである。
　5　土地と建物とを一体として購入する場合の議会の議決の要否は、やはり、これを分離して、土地及び建物のそれぞれの基準により要議決条件を満たすかどうかを判定して提出するのがよい。
　6　土地の取得又は処分の場合、市町村では条例で面積と金額の定めがある。この

一件とは、田、畑、山林等の一筆ごととか、所有者ごとの契約とかでなく、例えば上水道の水源池又は工場、住宅団地確保のために買い入れようとすること自体が一つの目的となるので、それらが一件として扱われる趣旨のものである。
7 　一件の定義は土地の買入れ又は売払いにおいて、その買入れ又は売払いの目的を妨げない限度として認められる。この限度は個々具体的に定められるべきものであり、例えば市が宅地造成し売り払う場合に、相手が個々の多数区画ごととなるので、分割されれば議決を要すべき面積及び金額以下になる。こうした場合は「その売払いの目的を妨げない限度」内のものとなるか、なれば、議決はいらない。まとまった団地内の区画を売るときは、限度を超えるものとなるので、議決なしで売り払うことは許されないものと解されている（昭38.12.19行実）。

(8) 建物の取得議案書式例

第○号議案
　　　建物取得について
　下記のとおり建物を取得するにつき、議会の議決に付すべき契約及び財産の取得又は処分に関する条例第○条の規定により議会の議決を求める。
　　　　　　　　　　　　　　記
1　建物の目的　○○中学校校舎（増築部分）
2　建物の規模　校舎　鉄筋コンクリート造4階建
　　　　　　　　　　　延1,005.16㎡
3　建物の所在　○○市（町村）○○番地
4　取得金額　金　　　円（以下「取得元金」という。）、取得元金に係る据置期間中の利息（3年据置、年利3.5％）並びに取得元金のうち分割払に係る部分及び取得元金に係る据置期間中の利息に対する支払利息（年利6.5％、○○年度から○○年度分割払）
5　取　得　先
　　○○年○月○日提出
　　　　　　　　　　　○○市（町村）長　氏　　　名　　印
提案理由

(9) 負担付きの寄附の受け入れ承認議案書式例

第○号議案

```
    ○○寄附の受け入れについて
  ○○年○月○日○○市（町村）（住所明記）何某から次のとおり負担付
きの寄附の申し入れがあったので、これを受け入れることにつき、地方自
治法第96条第1項第9号の規定により議会の議決を求める。
                    記
1 寄附物件又は価額  ○○市（町村）何々地内　山林何アール
                              樹木の品種○年生
                              本数の概算
2 寄附目的      何々
3 寄附条件      何々　（山林を売却し、何年間以内に何々を設置する
                こと。）
    ○○年○月○日提出
              ○○市（町村）長　氏          名  印
提案理由
```

注1　自治法96条の負担付きの寄附は、寄附を受ける際、一定の条件が付せられ、その条件に基づく義務の不履行の際には、その寄附が解除されるものに限られる。単に用途を指定した指定寄附は議決の要はない（負担付きの寄附の場合、長は文書上の取り決めを明白にしておく。）。

2　寄附条件の負担が金銭を必要とするときは、自治法222条1項の規定に基づき、本書式例に基づく議案提出と同時に当該経費についての予算化の手続をとること。

(10) 市役所（町村役場）の位置を定める条例議案書式例

```
第○号議案
    ○○市役所（町村役場）の位置を定める条例制定について
  ○○市役所（町村役場）の位置を定める条例を、別紙のとおり制定す
る。
    ○○年○月○日提出
              ○○市（町村）長　氏          名  印
提案理由（別紙略）
```

注1　支所、出張所、地方事務所についても自治法155条1項の規定により、条例で定める（自治法4条3項）。ただし、この場合、提案権は長のみ。

2　提案権は、長及び議員の双方にある。出席議員の3分の2以上の議決。

3 火災又は庁舎改築のため一時的に庁舎を別の場所に移すときは変更ではない。
4 事務所位置変更条例の制定時期は、新事務所の建築着工前に行うことが適当である。住居表示による条例改正は、過半数議決でよい。

(11) 条例で定める契約締結の議案書式例

```
第○号議案
      ○○工事請負契約について
 ○○年○月○日○○市（町村）契約条例第○条の規定に基づき、競争入札（随意請負契約）に付した○○工事について、下記のとおり請負契約を締結するため、地方自治法第96条第1項第5号の規定により議会の議決を求める。
                 記
1 契約の目的 ……………………工事
2 契約の方法
3 契約金額
4 契約の相手方  ○○市（町村）○○番地
            ×××工事株式会社 代表取締役社長
                         氏     名
5 工  期   契約の日から○○年○月○日まで
 ○○年○月○日提出
           ○○市（町村）長 氏       名 ㊞
提案理由
```

注1 自治法96条1項5号の条例で定める契約締結の場合、いかなる事項を議案内容とするかは不明だが、目的、方法、金額、相手方等が必要である（昭25.12.6行実）。
 2 議会の議決を経た契約内容の一部変更の場合も、議決を経なければならない。その場合の契約方法を省略するのは不可。
 3 予算が成立されていることが前提であり、契約だけの議決は不可と解する。契約後の増額分に対し一定率以内自治法180条の専決処分によって定めてもよい。
 4 議決を要する契約は、政令で定める基準に従って条例で定めるものであり、現在、政令で定める規準は、工事又は製造の請負契約(指定都市3億円、市1億5,000万円、町村5,000万円以上)とされている。
 5 別紙として仮契約書を添付すべき義務はないが、参考として出すのは自由。
 6 工事の請負契約を分割する場合、合理的な理由があれば差し支えない。工事場

所は議案に記載しても構わない。
7　議会で契約議案が否決されるとそれは無効となり契約は不成立となる。仮契約段階での相手方の準備行為（資材の買入れ、物資の運搬等）等の責任は負わない。この場合入札及び契約のし直しが必要（昭23.10.30行実）。
8　議決を必要とする契約議決において、議決を経ないでした契約は当然無効（昭23.10.30行実）。ただし、後に議会が追認（追完）すれば政治責任は別として有効。

(12)　諮問に対する答申書式例

```
                                              文 書 番 号
                                              ○○年○月○日
○○県知事　氏　　名 ┐
                    ├ 殿
（執行機関）氏　　名 ┘
              ○○市（町村）議会議長　氏　　　　　　名　㊞
　…………に関する答申について
○○年○月○日付け○○第○号で諮問のあった何々について、下記のとおり答申します。
                              記
　本件は異議はない。
　　（本件は………の理由により、………されるよう要望する。）
```

注　諮問書に基づいて議員提出の形を省略して、議長が発議して議会に諮るか、あるいは関係常任委員のメンバーか、若しくはその地区とか、利害関係議員が提案の形をとる方法もある。

(13)　公有水面埋立に対する議会の意見を求める書式例

```
意見第○号
　　　　公有水面埋立について
　別表地先の公有水面埋立免許の出願に係る意見について異議のない旨、○○○港湾管理者の長に答申したいので、公有水面埋立法第3条第4項の規定により議会の決決を求める。
　　　○○年○月○日提出
　　　　　　　　　　○○市（町村）長　氏　　　　　　名　㊞
　（別　表）
```

埋立位置	埋立面積	埋立地の用途	埋立に関する工事の施工に要する期間
○○市(町村)上の浜地先公有水面	m²	物揚場用地	8 か月

注　参考図を添付すること。

⑭　公有水面埋立に対する議会の意見書式例

```
　　　　　　　　　　　　　　　　　　　　　　文　書　番　号
　　　　　　　　　　　　　　　　　　　　　　○○年○月○日
○○市（町村）議会議長　氏　　　名　殿
　　　　　○○市（町村）議会議員　氏　　　　名　㊞
　　　　　（所定の賛成者　氏　　　　名　㊞）
　　公有水面の埋立に関する意見
　○月○日付け○○市（町村）長から、議会に意見を求められた公有水面
の埋立に対し下記のとおり意見を申し述べる。
　　　　　　　　　　　　　　　記
1　意見なし（あり）（あるときは理由を添付する）
```

注1　意見を述べる形式は定まっていない。議員から文書で発案するか、それとも議長発議の形をとるか、どちらでもよい。
　2　地元議会は、その埋立が適当か不適当かの意見を端的に答えればよい。この意見の開陳は機関意思の決定である。
　3　委員会に付託して審査報告をまつか、それとも本会議で即決してもよく、この種の答申は即決によるのが多い。
　4　意見ありのとき、その理由をつければよく、条件的なものではない。
　5　知事に、地元市（町村）議会で、出席要求をすることはできない。あえて要求するとすれば、自治法100条調査の証人による方法しかない。

⑮　道路線の認定（廃止）の議案書式例

```
第○号議案
　　　　○○市（町村）道路線の認定（廃止）について
　道路法第8条第2項の規定により、○○市（町村）道路線を下記のとお
```

り認定（廃止）する。

記

整理番号	路線名	起　　点	終　　点	延　長	幅　員	摘　　要

　〇〇年〇月〇日提出

　　　　　　　　〇〇市（町村）長　氏　　　　　名　㊞

提案理由

注1　市町村長は、道路法8条2項の規定による路線を認定、又は、同法10条3項による廃止の場合は、あらかじめ当該市町村の議会の議決を要す。この場合、延長、幅員は、議案の要素ではないが、説明項目として重要なので、議案に明示すべきである。なお、路線名、路線の始点及び終点、重要経過地は、議案の要素となる。

2　道路の認定（廃止）の会議の議決は執行の前提となるものである。

(16) 専決処分（自治法179条）の承認を求める議案書式例（その1）

第〇号議案
　　　専決処分の承認を求めることについて
　地方自治法第179条第1項の規定により、別紙のとおり専決処分したので、同条第3項の規定によりこれを報告し、承認を求める。
　　〇〇年〇月〇日提出
　　　　　　　　〇〇市（町村）長　氏　　　　　名　㊞
（別紙略）

注1　専決処分の月日と処分の承認を求める月日を同日にしている例があるが、適当ではない。求める機会は臨時会など早いほうがよい。

2　専決処分の理由の大部分は議会を招集する時間的余裕がないというのであるが、議会の尊重のために極力臨時会を招集するのがよい。なお、軽易な事件については、自治法180条に基づく専決処分の指定議決をしておき、それに該当する事件については長において専決処分をし、早く招集される議会に報告する。軽易な事件の指定議決を求めるのは、議員発案が正しい。提出要領は機関意思の決定の手続きと同じ。

3　文書番号としては、「承認第〇号」がよいが、実情としては、「議案第〇号」

「専承第○号」などまちまちである。
4　自治法179条の専決処分の報告承認の報告が提出されてきた場合、議長は議題に供さず又は供しても議会は全然審議しないで当該会期が閉会となってしまった場合の処分事件については、再度提出の要はない。報告したことにより、長の法律上の責任は果たされたものであって、審議の有無又は結果の承認・不承認は議会内部のことであるからである。
5　審議中議員の任期満了となってしまったときは、改選後の議会に再提出の必要はない（昭34．4．22行実）。
6　審議未了の専決処分事件について、長は再提出した場合、議会は受理を拒む理由はない。前記4と同じ扱いでよい。

⒄　専決処分（自治法179条）の承認を求める議案書式例（その2）

専承第○号
　　専決処分した水門管理瑕疵に係る事故の和解及び損害賠償額
　　の決定について
　地方自治法（昭和22年法律第67号）第179条第1項の規定により、○○年○月○日次のとおり専決処分したので、同法同条第3項の規定により、これを報告し、議会の承認を求める。
1　事故発生年月日　　○○年○月○日
2　事故発生場所
3　相手側、相手側の損害物件及び賠償額　別紙のとおり
4　事故の原因　浸水
　　○○年○月○日報告
　　　　　　　　　　　　　　○○市（町村）長　氏　　　　　　名　印
提案理由

（別　紙）

相　手　側	相手側の損害物件	賠　償　額
○○株式会社　代表取締役 　　　　氏　　　名	倉　庫、原　料	円

⒅ 専決処分した上告提起の議案書式例

専承第○号
　　　専決処分した報告の提起について
　地方自治法（昭和22年法律第67号）第179条第1項の規定により、○○年○月○日別紙のとおり上告の提起を専決処分したので、同法同条第3項の規定により、これを報告し、議会の承認を求める。
　　○○年○月○日報告
　　　　　　　　　　　　　○○市（町村）長　氏　　　名　㊞
提案理由

（参　考）
1　訴訟当事者
　　被上告人　住　　　所　　氏　　　名
　　上　告　人　団体
2　事案の概要
3　第1審判決（○○勝訴）
4　第2審判決（○○敗訴）

⒆ 学校の設置議案書式例

第○号議案
　○○市（町村）立学校条例（○○年○○条例第○号）の一部を次のように改正する。
　　　第○条第○号の表中
　「○○市（町村）立○○小学校○○市（町村）○町○丁目○番○号」の次に「○○市（町村）立○○小学校○○市（町村）○町○○番地」を加える。
　　　附　則
　この条例は、○○年○月○日から施行する。
　　○○年○月○日提出
　　　　　　　　　　　　　○○市（町村）長　氏　　　名　㊞
提案理由

注1　学校の設置及び管理については、個別又は統一による条例が必要である（学校教育法2条1項、自治法244条の2）。
　2　条例中に、小学校、中学校の名称と位置を明示する。ただし、条例中に名称及び位置についてこれを別表に掲げる形式でもよい。学校の名称変更の改正条例案に対し、議会が修正することは可能と解する。
　3　本書式例による議案の表示方法のうち、例えば、条例案の別表中「A・B小学校」を廃止して「C中学校」を設けるとした記載方法もある（この際、原案C中学校を議会は「D中学校」に修正することもできる。）。

⒇　区域外の地方公共団体内に公の施設を設置する議案書式例

第○号議案
　　　　区域外の公の施設の設置について
　地方自治法第244条の3の規定により、下記のとおり何市（町村）と協議のうえ、何々を設置するものとする。
　　　　　　　　　　　　　記
1　設置場所　　○○市（町村）○○番地
2　敷　　地　　○○○○アール（　　　坪）
3　建　　物　　○○平方メートル（　　　坪）（構造も記載）
4　建物見取図　別紙のとおり
5　経費の負担　何々（両団体において負担若しくは設置団体において負担）
6　使用の条件　何々は、何市（町村）及び何市（町村）の住民の使用に供するものとし、使用料及び手続は条例の定めるところによる。
　　○○年○月○日提出
　　　　　　　　　　　○○市（町村）長　氏　　　　　　　名　㊞
提案理由

㉑　公の施設設置の協議を受けた団体の議案書式例

第○号議案
　　　　区域外の公の施設の設置について
　地方自治法第244条の3の規定により、○○年○月○日何市（町村）から別紙のとおり、区域外の公の施設の設置について協議がなされたので、これについて異議のない旨回答するものとする。

```
　　　　○○年○月○日提出
　　　　　　　　　　○○市（町村）長　氏　　　　　名　印
提案理由
（別紙略）
```

⑿ 他の団体の財産又は公の施設の使用議案書式例

```
第○号議案
　　　　○○市（町村）立何々を本市（町村）住民の使用に供させる
　　　　ことについて
　地方自治法第244条の３第２項の規定により、本市（町村）は何市（町村）と協議のうえ、下記の協定条件によって何市（町村）立何々を本市（町村）の住民の使用に供させるものとする。
　　　　　　　　　　　　　記
　　　　　　　協　定　条　件
１　使用料は何市（町村）何々条例の定めるところによる。
２　何　々
　　○○年○月○日提出
　　　　　　　　　　○○市（町村）長　氏　　　　　名　印
提案理由
```

⒀ 指定金融機関の設置議案書式例

```
第○号議案
　　　　指定金融機関の設置について
　地方自治法施行令第168条第２項の規定により、何市（町村）に属する現金の出納のため指定金融機関を設置し、下記の者をして取り扱わしめるものとする。
　　　　　　　　　　　　　記
　株式会社○○銀行又は○○○○○
　　○○年○月○日提出
　　　　　　　　　　○○市（町村）長　氏　　　　　名　印
提案理由
```

注1 旧自治法施行令166条1項の市金庫事務取扱者中その他の者に当たるものは、銀行法にいう普通銀行以外の金融機関をいい、現在においては、貯蓄銀行、信託銀行、農業及び漁業協同組合等がある（昭29.7.1行実）。新施行令施行の際、現に取り扱う「その他の者」は新令の収納代理金融機関とみなされる（昭和38年改正時の附則4条）。
2 指定金融機関、指定代理金融機関、収納代理金融機関との契約締結方法は、①指定金融機関にあっては議会の議決を経て、一つの金融機関を指定し、②指定代理金融機関及び収納代理金融機関は長限りで指定すればよく、地域と数に制限はない。また議決の要がない（自治令168条）。

⑷ 損害賠償の免除の議案書式例

第○号議案
　　損害賠償の免除について
　会計管理者何某は、○○年○月○日何々により歳計現金（何々）を亡失（き損）したのであるが、これは下記の理由により避けることができなかった事故によるものと（何々と）認められるので、地方自治法第243条の2第8項の規定により、この賠償を免除するものとする。
　　　　　　　　　　　　　記
1　理　由　…………
2　監査委員の意見　別紙のとおり
　　○○年○月○日提出
　　　　　　　　　　　　○○市（町村）長　氏　　　名　印
提案理由

⑸ 損害賠償の額を定める議案書式例

第○号議案
　　損害賠償の額を定めることについて
　○○年○月○日午前（後）○時○○市（町村）の消防自動車が何々の途中大字何々において、大字何々何某（何歳）を誤って○○したので、これに対する損害を下記のとおり賠償するものとする。
　　　　　　　　　　　　　記
損害賠償額　金　　　　　　円
　　○○年○月○日提出

　　　　　　　　　　○○市（町村）長　氏　　　　　名　㊞

提案理由

注1　本書式例による議案は、自治法96条1項13号に基づくものであり、地方公共団体が、国家賠償法の規定により賠償義務を負う場合又は私法的な関係において民法上の損害賠償責任を負う場合ともに、議会の議決を要するものである。
　2　3の場合の示談による見舞金等についても自治法96条1項12号の和解として議決を要する（昭26.8.15行実）。
　3　地方公営企業の業務に関する損害賠償の額の決定については、条例で定めるものを除き議会の議決を要しない（地公企法40条2項）。
　4　長は自治法179条に基づく損害賠償金額の専決処分も可。また同法180条による委任議決があるときも処分ができる。なお、判決に基づく損害賠償額に対しては、議会の議決は不要である（昭48.4.12行実）。
　5　議会の議決又は長の専決処分はないが、損害賠償について概算払いをしようとするとき、市町村の規則で、損害賠償金の一定の金額の範囲内のものであれば、その損害賠償義務があることについて争いがない限り、概算払いをすることができる（昭42.8.7行実）。

⒃　自動車事故の損害賠償の議案書式例

第○号議案
　　　損害賠償の額を定めることについて
　自動車事故による損害を次のとおり賠償することについて議決する。
1　相手方
　　　　　　○○市（町村）○町○番地
　　　　　　　甲　野　太　郎
　　　　　　　甲　野　花　子
2　事故の概要
　　○○年○月○日午後5時30分ごろ○○市（町村）○町○番地先の道路上において、○○市（町村）職員が職務上市（町村）有自動車を運転中に過失により相手方の長男○○（当時○歳）を死亡させたもの。
3　損害賠償額
　　金　800万円
　　　　内訳｜精神的損害に対する賠償の金額　600万円
　　　　　　｜葬儀の費用その他損害に対する賠償の金額　200万円

```
○○年○月○日提出
                        ○○市（町村）長　氏　　　　　名　㊞
提案理由
　自動車事故による損害を賠償するため、地方自治法第96条第1項第13号の規定により、この案を提出するものである。
```

注　賠償額の少ないものは、あらかじめ自治法180条の長の専決事項に指定し、処分している団体もある。指定議決の発案は議会に専属する。

(27)　権利放棄の議案書式例

```
第○号議案
　　　権利の放棄について
                        住　所
                        氏　名
　上記の者は、本市（町村）に対し、何々の代金○○○円を○○年○月○日までに納付すべきところ、下記の理由によって納付できないので、徴収を放棄するものとする。
                        記
　理　由　…………
　　○○年○月○日提出
                        ○○市（町村）長　氏　　　　　名　㊞
提案理由
```

注1　市町村が権利者であって、権利者の意思行為により権利を消滅させることであり、市町村がその権利を行使しない場合は本号に該当しない。
　2　債権又は物件の無償譲渡は財産の処分であって本号に該当しない。
　3　法律若しくはこれに基づく政令又は条例で定める税の減免、使用料、手数料の減免、職員の賠償責任の免除等の場合は個別の議決は不要。

(28)　寄附受領議案書式例

```
第○号議案
　　　寄附受領について
　下記のとおり寄附を受領するにつき、地方自治法第96条第1項第9号の規定により議会の議決を求める。
```

```
　　　○○年○月○日提出
　　　　　　　　　○○市（町村）長　氏　　　　　名　㊞
　　　　　　　　　　記
1　寄附を受ける物件
　　　土　　地
　　　　寄附の目的　　消防器具置場用地として
　　　　所　　在
　　　　地　　目　　宅地
　　　　面　　積　　　㎡
2　寄附者
　　　住　　所　氏　　名
3　寄附条件
　　寄附目的以外の目的に使用したときは、当該物件を寄附者に返還しなければならない。
```

注　寄附を受ける際に、市（町村）の負担を伴う一定の条件が付され、その条件に基づく義務を履行しない場合に当該寄附が解除される性質のもので、単に用途を指定した寄附は含まない。

⑳　議会の議決に付すべき事件の議案書式例

```
議第○号
　　　議会の議決に付すべき事件に関する条例
　地方自治法（昭和22年法律第67号）第96条第2項の規定により、議会の議決に付さなければならない事件は、次に掲げる事件とする。
1　○○市（町村）総合振興計画
2　○○市（町村）土地利用計画
3　その他市（町村）民に重大な影響を及ぼす計画並びに長期の計画
　　　附　則
　この条例は、○○年○月○日から施行する。
　　○○年○月○日提出
　　　　　　　提出者　○○市（町村）議会議員　氏　　　名　㊞
　　　　　　　賛成者　　　　　　同　　　　　　氏　　　名　㊞
　　　　　　　　　　　　　（自治法第112条の数）

提案理由
```

注1 条例の発案権が議会に属する限り、議員提出としてなんら差し支えないが、議会がいさみ足になって、条例の制定を急ぐあまり、朝令暮改になるようではいけない。
 2 都道府県では、かなりの件数があるが、市町村には少ない。

(30) 人事委員会の意見聴取書式例

```
                                    文 書 番 号
                                    ○○年○月○日
○○人事委員会委員長  氏    名 殿
           ○○市（町村）議会議長  氏       名 ㊞
  意見聴取について
 次の条例案について地方公務員法第5条第2項の規定により（○月○日までに）貴委員会の意見を求めます。
 議案番号
 件  名
```

注1 本書式例に基づく給与条例の制定改廃に係る意見徴取は、人事委員会設置の市に限られる（地公法7条1項、2項）。
 2 職員定数条例の制定・改廃については、意見を聞く必要はない（昭26.10.20行実）。
 3 給与に関する条例を長は自治法179条により専決処分した場合でも、人事委員会の意見を聞くのが適当である。
 4 意見を聞かずに議会が議決したときは、瑕疵ある行為となる。

(31) 市（町村）内の公共的団体の活動の総合調整の議案書式例

```
第○号議案
      ○○市（町村）内の公共的団体の活動の総合調整について
 本市（町村）内に公共的団体の活動について地方自治法第96条第1項第14号に基づく総合調整を図る必要があるので、次の基準を設定することについて議会の議決を求める。
 1 ……団体の事務報告について
 2 ……団体の会務運営方針及び活動に関する書類及び帳簿類の提出について
 3 ……団体の事務執行について視察すること
```

```
 4 ………………
   ○○年○月○日提出
                   ○○市(町村)長  氏      名 印
提案理由
```

注1 区域内を主たる活動の中心としている公法人、私法人又は法人格を有しないものたるとを問わず広く対象とする。
 2 公共的団体とは、一般公共の福祉を増進するものであればよい(例 農業協同組合、漁業協同組合、森林組合、生活協同組合、商工会議所等の各種産業経済団体、老人ホーム、各種厚生社会事業団体、青年団、婦人団体、体育会、文化団体等)。
 3 市(町村)長は、その区域内の公共的団体等の活動に対する総合調整権の発動は具体的には自治法157条による。活動の性格は、その団体の公共的な活動を指し、私的活動は含まない。いかに公共的活動といえども、その公共的団体の内部組織(役員の選任行為)には入れない(昭29.7.26行実)。

(32) 財政調整基金の処分議案書式例

```
第○号議案
     財政調整基金の処分について
  本市は、○○年度において財政調整基金を下記のとおり処分するものとする。
     ○○年○月○日提出
                   ○○市(町村)長  氏      名 印
                         記
 1 金  額    ○億円
 2 使  途    ○○○○建設資金特別貸付に充当
```

注1 基金は条例(自治法241条)によらなければならない。
 2 金融機関への預金、国債、地方債等の証券の買入れ等確実な方法によって運用する(地財法4条の3)。
 3 その用益はすべて積立金に繰り入れなければならない。
 4 処分の場合は、災害のため、大規模建設事業、経済情勢の変動に対する財源、減収の補てん、地方債の繰上げ償還等。
 5 基金を全部処分するときは、当該条例を廃止したうえで当該処分をすべきである。

(33) 一般財団法人施設整備センター出捐議案書式例

第○号議案
　　　一般財団法人○○文化施設整備センター(仮称)出捐について
　○○年度において、一般財団法人○○文化施設整備センター(仮称)に対し、次の金額の範囲内で出捐を行うものとする。
　　出捐額　　　　円
　　○○年○月○日提出
　　　　　　　　　　　　　○○市(町村)長　氏　　　名　印
提案理由

注1　出捐とは、当事者の一方がその意思に基づいて、財産上の損失をして他方に利得させることをいう。
　2　出資も義務も含む。
　3　一般財団法人への寄附財産は議会の議決を要する(自治法237条2項)。

(34) 農業共済損害防止特別積立金取崩し議案書式例

第○号議案
　　　○○年度○○市農業共済事業の損害防止実施に伴う特別積立
　　　金の取崩しについて
　○○年度○○市農業共済事業の損害防止実施に伴う費用負担につき次のとおり特別積立金を取り崩したいので、○○市農業共済条例(○○年○○市条例第○号)第○条第○項の規定により、議会の議決を求める。
　　○○年○月○日提出
　　　　　　　　　　　　　○○市(町村)長　氏　　　名　印
　　　　　　　　　　　　　記
　○○年度○○市農業共済事業の損害防止実施に伴う特別積立金の取崩し予定額
　1　農作物共済勘定

区　分	○○年末積立金残高	○○年度取崩し予定額	取崩し金額の用途
水　稲	円	円	水陸稲種子消毒、苗代防除、防除指導
陸　稲			

麦			麦種子消毒
計			

2 家畜共済勘定

区　分	○○年末積立金残高	○○年度取崩し予定額	取崩し金額の用途
家　畜	円	円	家畜一般損害防止

提案理由

㉟ 土地改良事業施行議案書式例

第○号議案
　　　○○市営○○土地改良事業の施行について
　○○市営○○土地改良事業を施行したいので、土地改良法（昭和24年法律第195号）第96条の2第2項の規定により議会の議決を求める。
　　○○年○月○日提出
　　　　　　　　　　　　○○市（町村）長　氏　　　　　　名　㊞
　　　　　　　　　　　　　　　記
1　施 行 年 度　　○○年度から○○年度まで
2　名　　　称　　○○市営○○土地改良事業（かんがい排水事業）
3　工 事 場 所　　○○市××町字○○番地の2地先から○○市××町字○○番地先まで
4　工 事 概 要　　かんがい排水事業
　　　　　　　　　　　用排水工延長　　　m（三面コンクリート）
5　概 算 事 業 費　　　　　円
6　施 行 方 法　　直営
7　計 画 概 要 図　　別紙のとおり（省略）

㊱ 農業共済事業事務費賦課関係議案書式例

第○号議案
　　　○○年度○○市農業共済事業に係る事務費賦課総額及び賦課
　　率について

〇〇年度〇〇市農業共済事業の運営に係る事務費賦課総額及び賦課率を次のとおり定めたいので、〇〇市農業共済条例（〇〇年〇〇市条例第〇号）第5条第2項の規定により議会の議決を求める。
　〇〇年〇月〇日提出

　　　　　　　　　　　〇〇市（町村）長　氏　　　　名　㊞
記
〇〇年度農業共済事業事務費賦課総額及び賦課率

賦　課　方　式	賦　　課　　率	賦　課　総　額
水　稲　共　済　割	共済金額の1,000分の5	円
陸　稲　共　済　割	共済金額の1,000分の5	
麦　　共　　済　　割	共済金額の1,000分の5	

(37)　消防自動車購入契約の追認議決書式例

第〇号議案
　　　小型動力ポンプ積載車自動車購入契約について（追認）
　〇〇年〇月〇日地方自治法第96条第1項第7号で議決された小型動力ポンプ積載車用自動車購入契約について、地方自治法の一部改正に伴い地方自治法第96条第1項第8号の議決であったことの追認を求める。
　〇〇年〇月〇日提出
　　　　　　　　　　　〇〇市（町村）長　氏　　　　名　㊞
提案理由

注　法律改正に伴う議決の誤認に対して追認を求めることにより改正法の規定による議決として効力が生ずるもの。

③ 議会の同意を要する人事議案の書式例

　特別職等でこれを任命する場合に、議会の同意がなければ、選任できないものがある。例えば、副市（町村）長（自治法162条）、監査委員（同法196条）、教育委員（地教行法4条）、人事（公平）委員（地公法9条）、公安委員（警察法39条）、土地収用委員（土地収用法第52条）、固定資産評価員（地税法404条）、固定資産評価審査委員会委員（地税法423条）、農業委員（農業委員会等に関する法律8条1項）等である。これらの根拠法中「選任」「任命」の表現がなされているが、「選任」は、ある人をある地位につかせる行為であり、「任命」は、単独の任命権者が、ある人を公職につかせる行為をいう。このような場合、議会の同意がなければ選任又は任命をすることができないものであり、理論的には、長は自治法179条による専決処分も不可能ではないが、制度の趣旨からして、極力自粛すべきものである。なお、かりに議会で否決された場合、長は専決処分をすることはできない。

(1) 副市（町村）長の選任同意議案書式例

```
第○号議案（又は同意案第○号）
　　副市（町村）長の選任について
　○○市（町村）副市（町村）長に下記の者を選任したいから、地方自治法第162条の規定により議会の同意を求める。
　　　　　　　　　　　　　　記
　　　　　　　　　　　住　　所
　　　　　　　　　　　氏　　名
　　　　　　　　　　　　　　　　　　　　　○○年○月○日生
　○○年○月○日提出
　　　　　　　　　　○○市（町村）長　氏　　　　名　㊞
提案理由
```

注1　理由には何某の任期満了でも欠員増員のいずれでもよい。

2　略歴書の添付が望ましい。

(2) 教育委員会教育長（委員）の任命同意議案書式例

第○号議案（又は同意案第○号）
　　　教育委員会教育長（委員）の任命について
　下記の者を教育委員会の教育長（委員）に任命したいから、地方教育行政の組織及運営に関する法律第4条第1項（第2項）の規定により議会の同意を求める。
　　　　　　　　　　　　　　　記
　　　　　　　　　　　　　住　所
　　　　　　　　　　　　　氏　名
　　　　　　　　　　　　　　　　　　　　　○○年○月○日生
○○年○月○日提出
　　　　　　　　　　○○市（町村）長　氏　　　　　　名　㊞
提案理由

注　教育長及び教育委員は、地方公共団体の議会の議員若しくは長、地方公共団体の執行機関の委員若しくは監査委員又は地方公共団体の常勤の職員と兼務することを禁止されている（地教行法6条）。教育委員の任命の議会の同意において、同一政党に所属する者に該当するものを提出してはならないと解する。

(3) 教育委員会教育長（委員）の罷免同意議案書式例

第○号議案（又は同意案第○号）
　　　教育委員会教育長（委員）の罷免について
　本市（町村）教育委員会教育長（委員）何某を、地方教育行政の組織及び運営に関する法律第7条第1項の規定により罷免したいから、議会の同意を求める。
　　○○年○月○日提出
　　　　　　　　　　○○市（町村）長　氏　　　　　　名　㊞
提案理由

注1　罷免の場合の理由
　　①心身の故障のため職務の遂行にたえないと認める場合、②職務上の義務違反、③その他委員たるに適しない非行があると認められるときである。
2　地教行法4条4項により、教育長及び委員は2分の1以上が同一政党に所属し

ているときは議案として提案することができないこと及び任命後該当するに至ったときは、同法7条の諸規定により罷免される。

(4) 人権擁護委員候補者の推薦の意見書式例

```
諮問第○号
      人権擁護委員候補者の推薦について
  下記の者を人権擁護委員の候補者として推薦したいので、議会の意見を
求める。
                     記
                  住  所
                  氏  名
                            ○○年○月○日生
  ○○年○月○日提出
                  ○○市（町村）長  氏      名 印
```

注1 人権擁護委員は、市町村長が、当該市町村の議員の選挙権を有する住民で、人格識見高く広く社会の事情に通じ、人権擁護について理解する社会事業家、教育家のうちから市町村議会の意見を聞いて推薦する候補者について、法務大臣が知事の意見を聞いて委嘱する（人権擁護委員法6条）。
 2 「適任」又は「不適任」等の意見がよい。不適任の場合、同一会期中不適任者を再議決することはできない。

(5) 監査委員、人事（公平）委員、各種行政委員等の選任同意議案書式例

```
第○号議案（又は同意案第○号）
      何々委員会委員の選任について
  下記の者を何々委員会委員に選任したいから、○○○第○条第○項の規
定により議会の同意を求める。
                     記
                  住  所
                  氏  名
                            ○○年○月○日生
  ○○年○月○日提出
                  ○○市（町村）長  氏      名 印
提案理由
```

注 ①監査委員は原則として、一般職の職員との兼務は禁止されている（自治法196条2項）。②公安委員は地方公共団体の議会の議員又は常勤の職員の兼職禁止（警察法42条2項）、公平委員は議会の議員及び委員会が属する地方公共団体の特別職員及び一般職の職員の兼職の禁止（地公法9条9項）。

4 議会における特別議案の書式例

　議会において原則としては、過半数の議決により当該団体の意思の決定が行われるのであるが、例外として特別の議決を要する場合もある。例えば地方公共団体の事務所（庁舎）の位置（自治法4条3項）、長の不信任議決（同法178条3項）、議決について異議があるときは、長は再議を求めることができる（同法176条1項）等がある。

(1) 長の不信任議決議案書式例

第○号議案
　　　市（町村）長の不信任について
　現市（町村）長何某は、何々によって市（町村）長として最も不適任であると認め、信任しないものとする。
　　○○年○月○日提出
　　　　　　　　○○市（町村）議会議員　氏　　　　　　名　㊞
　　　　　　　　　　　　　　　　　　　　（賛成者連署）

提案理由
　現市（町村）長何某は、就任以来懸案の問題を解決することなく、いたずらに今日まで放置してきたものであり、当議会が再三この処理経過を求めたにもかかわらず、言を左右にして応じないのみか、一片の誠意もなく、市（町村）政担当者としての能力が欠如している者といわざるを得ない。

注1　不信任案提案権は、議員だけに専属するものであるが、提出の場合は、不信任の旨を明らかにし、提出は会議規則によるべきである（自治法178条1項）。単に辞職を勧告する類のものは不信任とはいえない。
　2　議決は、現在議員の3分の2以上が出席した会議で出席議員の4分の3以上の同意がなければならない（自治法178条3項）。もし、信任案が出席議員数の4分の1しか賛成がなく、当該信任が少数で否決されたとき、それをもって不信任が決まったという反対解釈には問題がある。つまり4分の3の数の人が賛成しな

かったからとしてそれが真に信任に反対したものとみなすことになり得るか、これには反対者もあれば態度保留もあるからである。
　しかし、投票によったときは別である。投票によるのが安全である。
3　解散後の議会で再び不信任を議決する場合は過半数でよい。
4　非常災害復旧の費用若しくは、感染症予防のため緊急を要する経費を議会が削除したりまたは減額し、長はこれを再議に付したが、再度これを削減した場合は、長は不信任議決のあったものとみなして、議会を解散させることができる（自治法177条3項）。
5　長以外の者に対しての不信任議決が行われても、効果はない。

(2) 長の不信任議決通知書式例

① 自治法178条1項による場合

```
　　　　　　　　　　　　　　　　　　　　　　　　　文　書　番　号
　　　　　　　　　　　　　　　　　　　　　　　　　○○年○月○日
○○市（町村）長　氏　　　名　殿
　　　　　　　　○○市（町村）議会議長　氏　　　　　名　㊞
　　市（町村）長の不信任議決について（通知）
　○○年○月○日第○回（○月）○○市（町村）議会定例（臨時）会において、出席議員○○人中○人の同意をもって貴職に対して不信任の議決をしたので、地方自治法第178条第1項の規定により通知します。
```

注　理由のいかんにかかわらず、不信任の旨の議決ならば適法な不信任議決となる（昭21.12.27行実）。したがって、辞職勧告議決も客観的に不信任の議決と認められればたりると解される。予算の否決をもって直ちに不信任とはならない。要は疑問の生じないように法の根拠条文を記入又は口頭で説明する。

② 自治法178条2項による場合

```
　　　　　　　　　　　　　　　　　　　　　　　　　文　書　番　号
　　　　　　　　　　　　　　　　　　　　　　　　　○○年○月○日
○○市（町村）長　氏　　　名　殿
　　　　　　　　○○市（町村）議会議長　氏　　　　　名　㊞
　　　　　　　　　不 信 任 議 決 通 知 書
　本議会は、解散後初めて招集された議会の○月○日の会議において、再び貴職を信任しないと議決したから、地方自治法第178条第2項の規定に
```

より通知します。

注1　行方不明となった町長に対し、不信任議決の通知書を発し、夫人が受領したとき当該通知は有効（昭26.7.18行実）。なお、長の住所地に通知すればよい。
　2　議会で行った長の不信任議決を議会は撤回することはできない（昭29.4.9行実）。
　3　一部事務組合に関しては管理者及び組合議会議員が住民の直接選挙による場合以外は、自治法178条1項の不信任は準用されない（昭28.3.14行実）。

(3) 議会の解散通知書式例

```
　　　　　　　　　　　　　　　　　　　　　　　　　文　書　番　号
　　　　　　　　　　　　　　　　　　　　　　　　　○○年○月○日
○○市（町村）議会議長　氏　　　名　殿
　　　　　　　　　○○市（町村）長　氏　　　　　　名　印
　議会の解散について
　○○年○月○日、貴職から、○○年第○回（○月）○○市（町村）議会定例（臨時）会において、私に対し不信任の議決をした旨の通知があったので、地方自治法第178条第1項後段の規定により議会を解散するから通知します。
```

注1　議会解散通知は文書でするのが適当であり、文書が到達すれば受理しなくても効力がある。
　2　議長から不信任議決の通知でなされた日から10日以内でなければならない（10日以内とは通知を受けた日の翌日からの意）。
　3　10日以内に解散しないときは、解散権の喪失とともに長は失職する。
　4　議会が解散されたときその旨を長は選挙管理委員会に通知すべきものと解すべきである。

(4) 議会の自主解散通知書式例

```
　　　　　　　　　　　　　　　　　　　　　　　　　文　書　番　号
　　　　　　　　　　　　　　　　　　　　　　　　　○○年○月○日
○○市（町村）長　　　　　　氏　　　名｜
○○選挙管理委員会委員長　　氏　　　名｜殿
　　　　　　　　○○市（町村）議会事務局長　氏　　　　　名　印
```

558　第5　提出議案の書式例

> 議会の解散について
> ○○議会は、○月○日の会議において地方公共団体の議会の解散に関する特例法に基づき解散することを議決したので通知します。

注1　この解散については、議員提出であるが、機関意思の決定であるので、意見書、決議案の提出手続きと同じ。口頭の動議も可能である。
　2　議決に当たっては、議員数の4分の3以上の者の出席と、その5分の4以上の同意があれば有効。表決の方は規則に定める方法でよく、表明した者の数を確認できればよい。
　3　本件については、質疑、討論、採決は当然であり、かつ先決動議である。

(5) 議会の解散の告示書式例

> ○○市（町村）告示第○号
> 　○○年○月○日○○市（町村）議会議長何某から、○○年第○回（○月）○○市（町村）議会定例（臨時）会において、私に対し不信任の議決をした旨通知があったので、地方自治法第178条第1項の規定により議会を解散した。
> 　　○○年○月○日
> 　　　　　　　　　　　　○○市（町村）長　氏　　　　　　名　印

注　解散議決の手続きが適法か否か、選挙管理委員会は調査すべきである。

(6) 長の退職申し出の同意通知書式例

> 　　　　　　　　　　　　　　　　　　　　　　　　文　書　番　号
> 　　　　　　　　　　　　　　　　　　　　　　　　○○年○月○日
> ○○市（町村）長　氏　　　名　殿
> 　　　　　　　　　○○市（町村）議会議長　氏　　　　　　名　印
> 　市（町村）長の退職申し出について同意
> 　○○年○月○日付け申し出のあった退職については、○○年○月○日第○回○○市（町村）議会定例（臨時）会において同意（承認）したから通知します。

注1　市（町村）長は、退職しようとするときは、その退職しようとする日前20日までに議長に申し出、また、その期日前に退職しようとするときは、議会の同意が

必要である。なお、この議案の発案権は議長にある。
2 緊急事件として臨時会の招集ができる。なお、退職すべき日以前であれば、申し出を撤回することも可（昭23.6.12行実）。

(7) 長の退職申立ての選挙管理委員会への通知書式例

```
                                        文 書 番 号
                                        ○○年○月○日
○○市（町村）選挙管理委員会委員長　氏　　　名　殿
            ○○市（町村）議会議長　氏　　　　　名　印
　○○市（町村）長の退職申立について（通知）
　○○市（町村）長から○月○日付けで○月○日をもって退職したい旨の申立てがあったので、公職選挙法第111条第1項の規定により通知します。
```

注　長が退職の申立てをした場合には、申立ての日から5日以内（翌日を第1日として）に、議会の議長から当該市町村の選挙管理委員会に通知する。

(8) 再議による不信任解散通知書式例

```
                                        文 書 番 号
                                        ○○年○月○日
○○市（町村）議会議長　氏　　　名　殿
            ○○市（町村）長　氏　　　　　名　印
　議会の解散について
　○○年○月○日修正議決せられた議案第○号○○年度○○市（町村）一般会計予算（補正）（第○号）については、非常の災害による復旧施設費減額のうえ議決せられたものであるので、○○年○月○日理由を示して再議に付したが、同日再度当該経費を減額する議決をしたので、地方自治法第177条第3項の規定により、不信任議決とみなして議会を解散する。
```

注1　選挙管理委員会への通知は長と同とされている。
　2　告示も不信任議決の場合と同様に扱う。

(9) 再議（再選挙）請求書式例

> 　　　　　　　　　　　　　　　　　　　　　　　　文　書　番　号
> 　　　　　　　　　　　　　　　　　　　　　　　　〇〇年〇月〇日
> 　〇〇市（町村）議会議長　氏　　　名　殿
> 　　　　　　　　〇〇市（町村）長　氏　　　　　　名　印
> 　　再議（再選挙）請求について
> 　〇〇年第〇回（〇月）〇〇市（町村）議会定例（臨時）会において、〇月〇日議決された、…………………については、次の理由により異議がある（権限をこえ、又は違法である）から、地方自治法第176条第1項（第4項若しくは第177条）の規定により再議を求める。
> 　理　由
> 　　　………………………………

注1　再議に付するのは、当該条例又は予算の執行前であること。否決された議決に対しては、再議に付しえない（昭26.10.12行実）。ただし、自治法177条1項、2項にあっては、再議は可能。
　2　一般的拒否権（自治法176条1項）として再議に付するのは、当該条例又は予算執行の前であること。
　3　再議の異議の理由には、執行不能、越権、違法、会議規則違反等の区分に従い、具体的に理由を付すること。
　4　再選挙の請求は、議会が選挙の越権、違法又は会議規則違反の場合に限られる。
　5　再議に付された議決は、当該議決のときにさかのぼって効力を停止する。
　6　再議する議案全部を議会へ返戻の形をとる。ただし、審議の対象は異議ある部分。
　7　議員提出の条例案について修正議決し、それを長が再議し、3分の2の同意が得られないときは、当該条例は廃案になる（昭39.4.9行実）のに比べ、長の場合は原案を諮ることができ矛盾がある。

⑽　収支執行不能の議決に関する再議の書式例

> 　　　　〇〇年度〇〇市（町村）一般会計予算（補正）の再議について
> 　〇〇年〇月〇日修正議決せられた第〇号議案〇〇年度〇〇市（町村）一般会計予算（補正）は、歳入及び歳出に関し、次の理由のとおり執行することができないものがあると認めるので、地方自治法第176条第1項の規定により再議に付する。

```
 理　由
　何　々
　○○年○月○日
○○市（町村）議会議長　氏　　名　殿
　　　　　　　　　○○市（町村）長　氏　　　　　名　㊞
```

注　なお、収支に関し執行不能な議決をしたときは、長において、これに対抗する手段はなく、当該議決は法律上有効に成立する。この場合は過半数議決でよい。

(11)　条例議決の知事に対する審査請求書式例

```
　　　　　　　○○市（町村）○○条例の議決の審査請求書
１　請求の趣旨
　○○市（町村）議会において、○○年○月○日何々条例が議決されたので、当該条例の議決は違法と認め、地方自治法第176条第４項の規定により、○○年○月○日再議に付したところ、同日同じ議決があったので、同条第５項の規定により審査の請求をします。
２　要　求
　○○年○月○日の○○市（町村）議会の何々条例の議決を取り消す旨の裁定を求めます。
３　理　由
　何　々
４　関係書類
　(1)　……………
　(2)　……………
　　○○年○月○日
○○県知事　氏　　名　殿
　　　　　　　　　○○市（町村）長　氏　　　　　名　㊞
```

注　条例案の議案録（写）その他必要な資料を添付する。

(12)　義務費の削除又は減額に関する再議の書式例

```
　　　　○○年度○○市（町村）一般会計予算（補正）の再議について
○○年○月○日修正議決せられた議案第○号○○年度○○市（町村）一
```

般会計予算(補正)は、次のとおり本市(町村)の義務に属する経費を減額したものであるから、地方自治法第177条第1項の規定により再議に付する。

　理　由
　　……………………………
　○○年○月○日
　○○市(町村)議会議長　氏　　　名　殿
　　　　　　　　　○○市(町村)長　氏　　　　　　名　㊞

注　①法律の規定によって負担する経費、②法律の規定に基づき当該行政庁の職権によって命ずる経費、③その他義務について削除、減額修正したときは、長は理由を示して経費、収入につき再議する。「削除」は、当該費用の全部を予算から削除することで、「減額」は、当該費用の一部を予算から除去することで、いずれも修正である。

⒀　非常災害の応急復旧費又は感染症予防費の削除又は減額に関する再議の書式例

　○○年○月○日修正議決せられた第○号議案○○年度○○市(町村)一般会計予算(補正)は、次のとおり非常災害による復旧施設費(又は感染症予防費)を減額したものであるから、地方自治法第177条第1項の規定により再議に付する。

　理　由
　　……………………………
　○○年○月○日
　○○市(町村)議会議長　氏　　　名　殿
　　　　　　　　　○○市(町村)長　氏　　　　　　名　㊞

注　感染症予防法の規定により負担する経費(同法57条)はもちろんのこと、およそ感染症に関係する経費が緊急避くべからざるものの一切を含むものである。ただし、感染症の啓蒙宣伝費は含まれない。この再議に対し、なおも、当該経費を削除し、又は減額したときは、長は原案執行を行うか、若しくは不信任とみなして議会を解散することができる。

⑭ 教育委員会の意見聴取書式例

```
                                    文 書 番 号
                                    ○○年○月○日
○○市（町村）教育委員会委員長　氏　　　名　殿
              ○○市（町村）長　氏　　　　名　印
    予算及び条例案に対する意見の聴取について
  第○回○○市（町村）議会定例（臨時）会に、別紙のとおり○○に関す
る予算及び○○条例案を提出するが、地方教育行政の組織及び運営に関す
る法律第29条の規定により、貴委員会の意見を聞きますから、○月○日ま
でに回答されるようお願いします。
（別紙（予算及び条例案）略）
```

⑮ 議決の効力を失わせる議案の書式例

```
第○号議案
      請負契約をしないことについて
  ○○年○月○日第○号議案で議決を経た「請負契約について」の件
は、その効力を失わせるものとする。
  ○○年○月○日提出
              ○○市（町村）長　氏　　　　名　印
提案理由
```

注1　一般的には有効に行われた議決は取り消すことはできないのがたてまえである。前の議決が手続き上重大な瑕疵があって、違法であるような場合に行う取消議決は単なる無効確認のための行為である。

2　議決により、また議決に基づく執行により法律効果が確定し、行為が完了するものについては、このような議決はできない。が、上記の場合の議決は諸般の事情により確認のための便法であると解したい。

⑯ 再議の一覧

再議の種類	根拠条文	再議に付する期限	再度議決の要件	当初の議決と同様な再度議決があった場合の効果及び長の措置

(1) 議決に対し異議があるとき（任意）	自治法176条1〜3項	議決書送付のあった日の翌日から10日以内	出席議員の3分の2以上過半数議決なら再議は不成立となり、廃案となる。ただし再議に付された議決と異なった内容の議決がなされたときは、新たな議決と解される（昭23.9.20行実）。	その議決は確定する。
(2) 法令、会議規則に違反又は越権の議決及び選挙と認めたとき（義務）	自治法176条4〜7項	期限の定めがない。	その事件の議決要件による（例）不信任議決の場合から出席議員の3分の2	(1) 知事へ審査の請求をし、裁定を求め。 (2) 裁定に不服のあるときは裁判所へ出訴して違法性を争うことができる。
(3) 義務費を削除又は減額した場合（義務）	自治法177条1項2号、2項	期限の定めがない。	過半数議決	長に原案執行権がある。
(4) 非常災害応急復旧費又は感染症予防費を削除又は減額した場合（義務）	自治法177条1項2号、3項	期限の定めがない。	過半数議決	長は不信任議決とみなすことができる。したがって解散の理由となる（自治法177条3項。）

(17) 議会の海外旅行承認書式例

　　　　　　　　　　　　　　　　　　　　　　　○○年○月○日
○○市（町村）議長　氏　　　名　殿
　　　　　　○○市（町村）議会議員　氏　　　名　㊞
　　　　　　　　　　　　同　　　　氏　　　名　㊞
　　　　　　　　　　　　同　　　　氏　　　名　㊞

　　海外渡航承認について
　このたび、○○市議会議長会主催の第○次○○県市議会議員友好訪中団の一員として、下記により海外渡航することになりましたので、ご承認くださるようにお願いいたします。

                          記
1 期　　間　　自○月○日　　　至○月○日
2 出　張　地　　○○市、○○市、○○市
3 目　　的　　日中友好条約の精神を尊重し、中国を参観しながら、日中
　　　　　　　両国人民の平和と繁栄に寄与する。

注　議員の海外旅行については、公務災害の適用として種々意見もあるが、単に議長の事務統理権のみに依存することなく、公費による出張であれば、本会議においてきちんと承認を得て出発するのが適切な処置である。

第6 事務組合・協議会の設立手続書式例

1 事務組合に関する書式例

ア 組合の意義

　地方公共団体の組合は、特別地方公共団体と呼ばれ（自治法1条の3第3項）、一般的権能を持つ普通地方公共団体ではなく、自治法上特別に地方公共団体たる性格を与えたものであるという考え方に立つものである。

　事務組合は、事務の共同処理方式の一つであって、他の協議会、機関の共同設置又は事務委託等と似たものであるといえる。

イ 組合に適用される法律

① 組合を構成する団体に都道府県が加入している場合は府県に関する規定が準用される（自治法292条）。

② 市及び特別区に加入する場合は市の規定が準用される（同法同条）。

③ 町村だけが加入するものは町村に関する規定が準用される（同法同条）。

④ 複合組合は、市町村の事務又は、市町村長若しくは、市町村の委員会若しくは、委員の権限に属する国、他の地方公共団体の事務に関し相互に関連するものを共同処理するための市町村の一部事務組合である。しかし複合組合も基本的には自治法284条1項の一部事務組合には変わりはない。

ウ 組合の事務

　一部事務組合は教育、衛生、民生、ごみ処理、消防、老人ホー

ム、コミュニティーセンター、スポーツセンター等の事務につき可能で、範囲には別段の制限はない。

(1) 事務組合の設置議案書式例

```
第○号議案
      何々組合の設置について
 何市、何町及び何村は、何々に関する事務を共同処理するため、別紙規
約により何々組合を設置するものとする。
    ○○年○月○日提出
                ○○市（町村）長　氏        名　印
提案理由
```

(2) 事務組合の設置許可申請書式例

```
                                              ○○市文書番号
                                              ○○町文書番号
                                              ○○年○月○日
  ○○県知事　氏    名　殿（様）
                ○○市（町村）長　氏        名　印
                        同        氏        名　印
    ○○組合設置許可申請について
 別紙規約により何事務組合を設置したいので許可願いたく、地方自治法
第284条第2項の規定により、関係書類を添え申請いたします。
 （関係書類）
 1  理由書
 2  関係市（町村）の議会の議決書及び会議録の写し
 3  規　約
```

注　組合を設置するため関係市町村で協議をなすには、関係市町村議会の議決に基づき長がなすべきである。県によっては省略している。

(3) 一部事務組合の規約書式例

○○事務組合規約

第1章　総　則

(名称)

第1条　この組合は、何々組合という。

(組織)

第2条　この組合は、何市、何町及び何村（以下「組合市町村」という。）をもって組織する。

(共同処理する事務)

第3条　この組合は、何々に関する事務を共同処理する。

(事務所の位置)

第4条　この組合の事務所は、○○市（町村）大字……番地○○市役所（町村役場）に置く。

第2章　議　会

(職員の定数及び選挙方法)

第5条　組合の議会の議員（以下「組合の議員」という。）の定数は○人とし、その選出区分は次のとおりとする。

　　○市　　　　○人
　　○町　　　　○人
　　○村　　　　○人

2　前項の組合の議員は、組合市町村の議会においてその議会の議員のうちから選挙する。

(任期及び失職)

第6条　組合の議員の任期は、○年とする。

2　補欠議員の任期は、前任者の残任期間とする。

3　組合の議員が、組合市町村の議会の議員でなくなったときは、同時にその職を失う。

(補欠選挙)

第7条　組合の議員が欠けたときは、直ちに補欠選挙を行わなければならない。

第3章　執行機関

(設置及び選任の方法)

第8条　組合に管理者（組合長）、副管理者（副組合長）を置く。

2　管理者及び副管理者は、組合市町村の長の協議によりこれを定める。

（任期）
第9条　管理者及び副管理者の任期は、組合市町村の長の職にある期間とする。
　（職務権限）
第10条　管理者は、組合を統轄し及び代表し並びに組合の事務を管理し及び執行する。
2　副管理者は、管理者を補佐し、管理者に事故があるとき、又は欠けたときは、その職務を代理する。
　（職員）
第11条　組合に吏員その他の職員を置き、管理者がこれを任免する。
2　職員の定数は、組合の条例で定める。
　（監査委員）
第12条　組合に監査委員○人を置く。
2　監査委員は、管理者の組合の議会の同意を得て、組合の議員及び識見を有する者のうちから、それぞれ○人を選任する。
3　監査委員の任期は○年とする。
　（経費）
第13条　組合の経費は、組合の事業（財産）から生ずる収入及びその他の収入をもってこれに充て、なお不足すると認められるときは、次の割合をもって組合市町村が負担する。
　　○市　　　　　割
　　○町　　　　　割
　　○村　　　　　割
　（地方自治法の準用）
第14条　この規約に規定すべき事項で、この規約に定めのないものについては、地方自治法（昭和22年法律第67号）中、市（町村）に関する規定を準用する。
　　附　則
　この規約は、○○年○月○日から施行する。

注1　組合議会議員の選挙方法については、自治法118条1項〜4項までの規定が準用されるが、選出、選任、互選でなく選挙とすること。
　2　組合議会は、規約の範囲外の事項又は規約に矛盾する議決を行うことはできない。あいまいな表現はやめて多条文になってもよいから明文化すること。
　3　役場の位置は、規約で定めるべきもので、他町村に定めても違法ではない。な

お、管理者の所在する市（町村役場）役所と一部事務組合の庁舎が別々の場合もあり得る。例えば、消防長の勤務する消防庁舎と管理者のいる建物とが全く別であっても、事務所の位置を消防庁舎内とすることは一向に差し支えない。
4　組合議員は規約で全く自由に定めてもよいが、長や副市（町村）長や職員が議員になる規定はやめ、関係市町村議会議員中から選挙する規定がよい。
5　組合規約案を議会が修正することが可能である。この場合は、議員定数の12分の1以上の修正動議。議会で修正されたら、長は他の構成団体（市町村）と協議する。しかし他の団体が同意しないときはさらに意見調整が必要である。不調のときは、規約として構成団体全部の合意に達しない限り有効とならない。
6　規約中に「選出」又は「互選」などの文言があって、そのために解釈上争いが少なくない。自治法287条1項に規約事項とされているこの規定は、同法292条に規定する法律又はこれに基づく政令の特別の定めに該当するものである。そこで「選出」は、同法292条に基づき同法118条1項から4項までの準用。「互選」は、同法118条1項から4項までの選挙とは違った選出方法を指すと解する。
7　管理者、副市（町村）長、議長及び副議長を充て職とする規約がよい。

(4) 複合事務組合の規約書式例

○○複合事務組合規約

（組合の名称）
第1条　この組合は、○○複合事務組合（以下「組合」という。）という。
　（組合を組織する地方公共団体）
第2条　組合は、何市、何町、何村（以下「関係市町村」という。）をもって組織する。
　（組合の共同処理する事務）
第3条　組合は、次に掲げる事務を共同処理する。
　(1)　○○に関する事務
　(2)　○○施設の設置及び管理、運営に関する事務（何村に係るものを除く。）
　(3)　‥‥‥‥‥‥
　（組合の事務所の位置）
第4条　組合の事務所は、○○に置く。
　（組合の議会の組織及び議員の選挙の方法）
第5条　組合の議会の議員の定数は○○人とし、関係市町村の議会において、議員の中から、何市にあっては○人を、何町にあっては○人を、何

村にあっては○人を、それぞれ選挙する。
2 組合の議会の議員に欠員を生じたときは、当該欠員となった議員を選挙した関係市町村の議会は、直ちに補欠選挙を行わなければならない。
（特別議決）
第6条 組合の議会の議決すべき事件のうち、関係市町村の一部に係るものの議決については、当該事件に関係する市町村から選出されている議員の出席者の過半数の賛成を含む出席議員の過半数でこれを決する。
（理事会）
第7条 組合に理事会を置く。
2 理事は、関係市町村の長（関係市町村長が当該市町村の議会の同意を得て指名した関係市町村の職員）をもって充てる。
3 理事会に代表理事1人を置く。
4 代表理事は、理事が互選する。
5 代表理事は、理事会に関する事務を処理し、理事会を代表する。
6 前各項に定めるもののほか、理事会の組織及び運営に関し必要な事項は、理事会が定める。
（監査委員）
第8条 組合に監査委員○人を置く。
2 監査委員は、理事会が組合の議会の同意を得て、財務管理又は事業の経営管理について専門の知識又は経験を有する者（以下「知識経験を有する者」という。）及び組合の議会の議員のうちから選任する。この場合において、議員のうちから選任する監査委員の数は○人とする。
3 監査委員の任期は、知識経験を有する者にあっては4年とし、議員のうちから選任される者にあっては議員の任期による。
　ただし、後任者が選任されるまでの間は、その職務を行うことを妨げない。
（事務局）
第9条 組合に事務局を置く。
2 事務局に事務局長その他の職員を置く。
3 事務局長その他の職員は理事会が任免する。
4 事務局長その他の職員の定数は条例で定める。
（経費の支弁の方法）
第10条 組合の経費は、組合の事業により生ずる収入、関係市町村の負担金、その他の収入をもって充てる。
2 前項の負担金の総額及び関係市町村の負担すべき額は、理事会が組合

議会の議決を経て定める。
　　附　則
1　この規約は、○○（都道府）県知事の許可のあった日から施行する。
2　組合は、○○年○月○日をもって解散する○○一部事務組合の事務を承継する。

(5) 複合事務組合の理事会規程書式例

○○複合事務組合理事会規程
（代表理事の職務）
第1条　代表理事は、理事会を総理する。
2　代表理事に事故があるとき、又は代表理事が欠けたときは、代表理事があらかじめ指名する理事がその職務を代理する。
　（招集）
第2条　理事会は、代表理事が招集する。
2　理事の○分の1以上から会議の目的たる事項を示して開催の請求があったときは、代表理事は、理事会を招集しなければならない。
3　理事会を招集するには、代表理事は、あらかじめ理事に対し招集の日時及び場所並びに会議の目的たる事項を通知しなければならない。
　（議事）
第3条　理事会は、理事の過半数の出席がなければ開会することができない。
2　理事会の議事は、出席した理事の過半数の同意をもって決し、可否同数のときは、代表理事の決するところによる。
　（書面表決等）
第4条　やむを得ない理由のため、会議に出席できない理事は、あらかじめ、通知された会議の目的たる事項について、書面をもって表決し、又は他の理事を代理人として表決を委任することができる。この場合において、前条の規定の適用については、出席したものとみなす。
　（議事録）
第5条　理事会の議事については、会議の次第及び出席した理事の氏名を記載した議事録を作成しなければならない。
2　議事録には出席理事全員が署名しなければならない。
　（雑則）

第6条　この規程の施行に関し必要な事項は、理事会において別に定める。
　　附　則
この規程は、○○年○月○日から施行する。

(6) 事務組合の設置の規約変更許可申請書式例

　　　　　　　　　　　　　　　　　　　　　　　　　　　文　書　番　号
　　　　　　　　　　　　　　　　　　　　　　　　　　　○○年○月○日
○○県知事　氏　　　名　殿
　　　　　　　　　　　　　○○組合管理者　氏　　　　　　名　㊞
　　何々組合規約（組織、処理事務）変更許可申請について
　何々組合規約を別紙のとおり変更（何々組合組織市（町村）に何々市（町村）を加え組合規約を別紙のとおり変更）（何々組合組織市（町村）から何々市（町村）を除き、組合規約を別紙のとおり変更）（何々組合の共同処理する事務及び組合規約を変更）したいので、地方自治法第286条第1項の規定により、関係書類を添えて申請いたします。
　（関係書類）
1　理由書
2　関係市（町村）の議会の議決書及び会議録の写し
3　変更規約
4　現行規約

(7) 事務組合の規約変更の議案書式例

第○号議案
　　　何々組合の規約（組織、処理事務）変更について
　何々組合規約を別紙のとおり（何々組合組織市町村に何村を加え、組合規約を別紙のとおり）（何々組合組織市町村から何村を除き、組合規約を別紙のとおり）（何々組合の共同処理する事務を何々の事務に変更し、組合規約を別紙のとおり）変更するものとする。
　　　○○年○月○日提出
　　　　　　　　　　○○市（町村）長　氏　　　　　　名　㊞

> 提案理由

注 組合規約の変更は、自治法286条により変更は関係地方公共団体と協議し知事の許可を要する。

(8) 事務組合に新たに加入する団体の議案書式例

> 第○号議案
> 　　　　何々一部事務組合への加入について
> 　地方自治法第286条第1項の規定により、何々に関する事務を共同処理するため、○○年○月○日から次の規約により何々一部事務組合に加入するものとする。
> 　　○○年○月○日提出
> 　　　　　　　　　　　　　　○○市（町村）長　氏　　　　名　㊞
> 何々一部事務組合規約（別紙）
> 提案理由

注1　加入する地方公共団体及び関係地方公共団体の協議が必要である。
　2　この協議案は関係地方公共団体のいずれでも提示できる。
　3　協議案は関係地方公共団体の議会の議決を経て、関係地方公共団体の長が当該地方公共団体を代表して協議する。

(9) 事務組合から脱退する団体の議案書式例

> 第○号議案
> 　　　　何々一部事務組合からの脱退について
> 　地方自治法第286条第1項の規定により、○○年○月○日から何々一部事務組合を脱退するものとする。
> 　　○○年○月○日提出
> 　　　　　　　　　　　　　　○○市（町村）長　氏　　　　名　㊞
> 提案理由

注1　組合から脱退しようとするときは、関係地方公共団体の協議が整わなければならない（自治法286条）。協議不調のときは脱退できない。
　2　理由は、組合の成立は協議という公法上の契約を前提とするからである（昭27.6.27行実）。

(10) 事務組合の解散の知事への届出書式例

```
                                              ○○市文書番号
                                              ○○町文書番号
                                              ○○村文書番号
                                              ○○年○月○日
○○県知事　氏　　　名　殿（様）
            ○○市（町村）長　氏            名　印
                        同　　氏            名　印
                        同　　氏            名　印
    何々組合の解散届出について
  ○○年○月○日を限り、何々組合を解散することになりましたので、地方自治法第288条第1項の規定により、関係書類を添えて届け出ます。
  （関係書類）
  1　理由書
  2　解散に関する関係市（町村）議会の議決書及び会議録の写し
  3　財産処分に関する関係市（町村）議会の議決書及び会議録の写し
```

(11) 事務組合の解散の議案書式例

```
第○号議案
      何々組合の解散について
  ○○年○月○日を限り、何々組合を解散するものとする。
      ○○年○月○日提出
                  ○○市（町村）長　氏            名　印
提案理由
```

注1　解散とは、組合の法人格を喪失せしめることである。
　2　解散しようとするときは、関係地方公共団体の協議により知事に届け出る（自治法288条）。
　3　解散を決定する主体は組合でなく、関係地方公共団体である。
　4　解散の効果は、届出の到達したときと解される。

⑿ 事務組合の解散による財産処分の協議書式例

> 財産処分に関する協議書
> 　地方自治法第289条の規定により、何々一部事務組合の解散に伴う財産処分を次のとおり定める。
> 1　何市に所属させる財産は、次のとおりとする。
> 　⑴　何々
> 　⑵　何々
> 2　何町に帰属させる財産は、次のとおりとする。
> 　⑴　何々
> 　⑵　何々
> 　　○○年○月○日
> 　　　　　　　　　　　○○市（町村）長　氏　　　　名　印
> 　　　　　　　　　　　　　　同　　　　氏　　　　名　印

⒀ 事務組合の財産処分の議案書式例

> 第○号議案
> 　　　　何々一部事務組合の解散に伴う財産処分について
> 　地方自治法第289条の規定により、何々一部事務組合の解散に伴う財産処分を、別紙のとおり関係市町村長と協議のうえ定めるものとする。
> 　協議内容　…………
> 　　○○年○月○日提出
> 　　　　　　　　　　　○○市（町村）長　氏　　　　名　印
> 提案理由

注1　財産処分は知事の許可を要しない。
　2　財産処分は関係地方公共団体の協議による（自治法290条）。協議不調のときは処分不可能である。

⒁ 組合議員の辞職許可通知書式例

> 　　　　　　　　　　　　　　　　　　　　　文　書　番　号
> 　　　　　　　　　　　　　　　　　　　　　○○年○月○日

○○市（町村）議会議長　　氏　　　名　殿
　　　　　　　　　○○組合会議長　氏　　　　　名　印
　　　　　組合議員の辞職許可の通知
　本○○組合議員○○○○殿が、○月○日付で辞職が許可されたので通知します。
　なお、後任者の決定あり次第ご通報願います。

⒂　組合議員の当選通知書式例

　　　　　　　　　　　　　　　　　　　　　　　　文　書　番　号
　　　　　　　　　　　　　　　　　　　　　　　　○○年○月○日
○○組合議会議長　　氏　　　名　殿
　　　　　　　　　○○市（町村）議会議長　氏　　　　　名　印
　　　　　組合議員の当選者の通知
　本市（町村）の○○組合議員に当選（選任・互選）した者は下記のとおりであり、通知します。
　　　　　　　　　　　　　　　記
1　氏　　　名　　生年月日　　住　　　所
2　当選年月日　　○○年○月○日

注1　組合議員の選挙の方法は、一切規約に委されているが、規約に関係市町村の議員の中から選挙するとした規定に則っていれば、公選法関係の該当部分、つまり自治法118条1項（投票の効力規定を除く。）の議会で行う選挙の準用となる。
　2　母体の市町村議員で組合議員である者が、母体の議員を辞職、リコール、除名、死亡等により職を離れた場合は、当該市町村議会で選挙しなければならない。
　3　正・副議長の任期が、規約にあればその規定により、なければ市町村の議員の任期による。
　4　市町村議会の議長Aが、都合により辞職許可されたが、即日議長に再選された場合、その間組合議長であったAは、一時組合議長を失格し中断していて継続されないので再び組合議長の選挙を行うべきである（昭32.6.21行実）。
　5　組合議員が12月19日に任期満了になるので母体の市議会で後任者を選挙したが、明年4月に改選し、当選した場合には組合議員の身分は継続しないので、改めて選挙すべきである（昭32.6.21行実）。
　6　組合議員のみを辞職しようとするときは、組合議会の許可、閉会中は議長の許可でよい。

⒃ 組合議会招集告示書式例

```
○○組合告示第○号
  ○○年○○○組合議会定例（臨時）会を次のとおり招集する。
    ○○年○月○日
                        ○○○組合管理者　氏　　　　　名　㊞
 1　期　　　日　　○○年○月○日
 2　場　　　所　　組合会議室
 3　付議事件　　（定例会には不必要）
```

注　①会議室は、組合事務所以外であればその所在地を記載する。②なお、招集時刻を指定してもよい。③付議事件の告示は、臨時会だけ必要（例　議長辞職許可、議長選挙、組合長（管理者）等が議会で手続きを必要とする場合）。臨時会の場合、すべての事件の告示が必要。

⒄ ○○年度○○広域市町村圏組合一般会計予算

第○号議案　○○年度○○広域市町村圏組合一般会計予算
　○○年度○○広域市町村圏組合一般会計予算は、次に定めるところによる。
　（歳入歳出予算）
第1条　歳入歳出予算の総額は、歳入歳出それぞれ1,899,070千円と定める。
 2　歳入歳出予算の款項の区分及び当該区分ごとの金額は、「第1表　歳入歳出予算」による。
　（地方債）
第2条　地方自治法第230条第1項の規定により起こすことができる地方債の起債の目的、限度額、起債の方法、利率及び償還の方法は、「第2表　地方債」による。
　（一時借入金）
第3条　地方自治法第235条の3第2項の規定による一時借入金の借入れの最高額は、100,000千円と定める。
　（歳出予算の流用）
第4条　地方自治法第220条第2項ただし書の規定により歳出予算の各項の経費の金額を流用することができる場合は、次のとおりと定める。

> (1) 各項に計上した給料、職員手当等及び共済費に係る予算額に過不足を生じた場合における同一款内でのこれらの経費の各項の間の流用。
> ○○年○月○日提出
> 　　　　　　　　　　○○広域市町村圏組合
> 　　　　　　　　　　　　　　管理者　氏　　　　　名

第1表　歳入歳出予算（略）

第2表　地方債（略）

注　「○○年度○○広域市町村圏組合一般会計予算」と表題に記載してもよい。

⒅ 事務組合予算告示書式例

> ○○年○○○組合議会定例会において議決された○○年度○○○組合一般会計予算を地方自治法第219条第2項の規定によりこれを公表する。
> 　　○○年○月○日
> 　　　　　　　　　　○○○組合管理者　氏　　　　　名

注　議長から、組合長に議決された予算を送付し、組合長は、異議があるときは、送付を受けた日から10日以内に理由を示して再議することができる。

② 協議会に関する書式例

ア 協議会の意義

総務省推進の広域市町村圏の行政機構として一部事務組合又は協議会（自治法252条の2）があるが、協議会の性格は、普通地方公共団体は、普通地方公共団体の事務の一部若しくは普通地方公共団体の長、委員会、委員の権限に属する国、他の地方公共団体その他公共団体の事務の一部を共同して管理し及び執行し、若しくは普通地方公共団体若しくは普通地方公共団体の長その他の執行機関の権限に属する事務の管理及び執行について連絡調整を図り、又は広域にわたる総合的な計画を共同して作成するための機関である。

① 事務の一部を共同して管理、執行するためには、各団体間で協議して、規約を定めなければ設置することはできない。

② 協議会を設けるためには、先に協議、つまり関係各団体間が、それぞれ対等の立場で合議することであって、そのためには、それぞれの議会の議決を経、協議会を設置したことと規約の告示を各団体が行い、かつ知事に届け出なければならない。

③ この協議会は、一部事務組合のような法人格をもつものでなく、いわば、関係市町村の共同の執務組織ともいうべきもので、協議会固有の財産又は職員を有しないのがたてまえとされている。

④ 広域市町村圏を策定するためには、協議会方式を採用している例が多い。特に総合的な計画を作成した場合は、その計画を体して、事務を処理し、又は権限に属する事務を管理、執行しなければその意味を失うものである。広域圏では、例えば、上水道、下水道、じんかい、汚物、火葬場、墓地公園、緑地、道路、住宅等の計画を共同して作成する場合適切な制度である。

イ 協議会の役員

① 協議会は会長及び委員をもって組織するが、規約によって、常勤、非常勤でもよい。それは、関係市町村の特別職又は一般職員中

から選任される。しかし、議員を充てるのは避けるほうがよいと思う（自治法252条の3）。
② 協議会の規約には、ⓐ名称、ⓑ協議会を設ける関係市町村名、ⓒ協議会を管理し、執行する事務又は協議会の作成する計画項目、ⓓ協議会の組織、会長、委員の選任方法、ⓔ協議会の経費の支弁方法を定めなければならない（同法252条の4）。
③ 協議会の管理、執行したものの効力は、直ちに関係市町村長又はその他の執行機関に帰属する（同法252条の5）。

(1) 協議会の設置議案書式例

```
第○号議案
　　　○○地区広域市町村圏推進協議会の設置について
　地方自治法（昭和22年法律第67号）第252条の2第1項の規定により○○地区広域市町村圏の振興整備に関する計画を策定し、その実施の連絡調整を図るため次のとおり規約を定め○○地区広域市町村圏推進協議会を設置するものとする。
　　　○○年○月○日提出
　　　　　　　　　　　　○○市（町村）長　氏　　　　　名　㊞
提案理由
```

注1　協議会の設置に当たっては、あらかじめ関係市町村長間で協議し、協議が整ってから、当該市町村の議会に規約案を提出する。施行日について、十分確約をしておくべきだが、それぞれの市町村議会は何月何日招集とすることの統一が困難である。たとえ申し合わせて統一しても、議決についてまで何月何日と統制することはむずかしいこともある。ときには、流会や会期延長すらのところもあり得る。

2　議会における規約の審議は協議会に加入するか否かであるが、関係市町村議会のA市だけが、その規約の一部に反対となれば、規約が不成立となり協議会は発足しないこととなるので、規約の再度交渉がなされよう。ところがその他の市町村では既に議決済みで、その修正に応じないとすれば、全部の施行も遅れる。協議会の成立も不可能となるので、結局は、ぐずついているA市だけ加入しないで、議決済みの市町村だけで成立させるようにするかどうか。しかし、A市が中核であるとき、その協議会からA市が未加入では意味がないことが多いので、いずれにせよ、若干遅れてもA市が加入するとなると、既に施行月日まで決めて他

市町村が議決している場合、A市は施行後であっても遡及適用の議決もやむを得ない。ただし、A市が加入の議決をするまでは、既に議決されている他の関係市町村の規約をA市の施行日に合わせるための規約の改正（専決処分も可）をするのも方法。協議会の不成立にならないように、事前によく打合わせをしておくべきである。

(2) 協議会の知事への設置届出書式例

```
                                        文 書 番 号
                                        ○○年○月○日
○○県知事　氏　　　名 殿（様）
                      ○○市（町村）長　氏　　　名 印
    ○○広域市町村圏協議会の設置届出書
  地方自治法第252条の２第２項の規定により、○○広域市町村圏の振興
整備に関する計画の策定及びその実施の連絡調整に関する事務を処理する
ため、○○広域市町村圏協議会を設置したので、別添の書類とともにお届
けいたします。
  （添付書類）
  (1)　協議会の設置を必要とした理由（その経緯概要を含む。）
  (2)　規約の写し
  (3)　関係市町村協議会の議決書及び会議録の関係部分の写し
  (4)　その他（協議会の事務に要する経費の見積額と関係市町村の負担の
      見積額）
```

注　知事への届出書の文書番号は参加する市町村ごとの番号と届出者も各市町村長の連名による扱い。

(3) ○○広域市町村圏協議会の規約書式例

```
    第１章　総　則
  （協議会の目的）
第１条　この協議会（以下「協議会」という。）は、協議会を設ける市町
  村（以下「関係市町村」という。）が共同して○○広域市町村圏の振興
  整備に関する計画を策定し、及びその実施の連絡調整を図ることを目的
  とする。
```

（協議会の名称）
第2条　協議会は、○○広域市町村圏協議会という。
　（協議会を設ける市町村）
第3条　協議会は、次の市町村をもって、これを設ける。
　○○　市
　○○　町
　○○　町
　○○　町
　○○　町
　○○　村
　○○　村
　○○　村
　○○　村
　（協議会が担任する事務）
第4条　協議会は、次に掲げる事務を行う。
　(1)　○○広域市町村圏振興計画の策定に関すること。
　(2)　前号に掲げる事務を行うための基礎調査等に関すること。
　(3)　○○広域市町村圏振興計画実施の連絡調整に関すること。
　(4)　その他協議会の目的達成のために必要な事項に関すること。
　（協議会の事務所）
第5条　協議会の事務所は、○○県○○市○○町○番○○号○○市民会館内に置く。
　　　第2章　協議会の組織
　（組織）
第6条　協議会は、会長1人、副会長1人、委員7人をもって組織する。
　（会長及び副会長）
第7条　会長は、関係市町村長が協議して定めた市町村長をもって、これに充てる。
2　副会長は、委員の互選によってこれを定める。
3　会長及び副会長の任期は2年とする。
4　会長は非常勤とする。
　（委員）
第8条　委員は、会長である市町村長を除く、他の関係市町村長をもってこれに充てる。

2　委員は、非常勤とする。
　（会長及び副会長の職務代理）
第9条　会長は会務を総理し、協議会を代表する。
2　副会長は会長を補佐し、会長に事故があるとき又は会長が欠けたときは会長の職務を行う。
　（審議会の設置）
第10条　協議会の諮問機関として審議会を設ける。
2　審議会の構成その他については、各関係市町村長の協議により別に規程で定める。
　（職員）
第11条　協議会の担任する事務に従事する職員（以下「職員」という。）の定数及び当該定数の各関係市町村別の配分については、関係市町村長が協議により定める。
2　各関係市町村長は、前項の規定により配分された定数の職員をそれぞれ当該市町村の職員のうちから選任するものとする。
3　会長は、職員が心身の故障のため職務の遂行に堪えられないと認めるとき、又は職務上の義務違反その他職員たるに適しない非行があると認めるときは、その解任を求めることができる。
　（職員の職務）
第12条　会長は、職員の中から主任の者（以下「事務局長」という。）を定めなければならない。
2　事務局長は、会長の命を受け協議会の事務を掌理する。
3　事務局長以外の職員は、上司の指揮を受け協議会の事務に従事する。
　（事務処理のための組織）
第13条　協議会の事務を円滑に処理するために必要な組織を設けることができる。
　　　第3章　協議会の会議
　（協議会の会議）
第14条　協議会の会議は、協議会の担任事務に関し、基本的な事項を決定する。
　（協議会の招集）
第15条　協議会の会議は、会長がこれを招集する。
2　委員半数以上の者から会議の招集の請求があるときは、会長はこれを招集しなければならない。

3　会議開催の場所及び日時は、会議に付すべき事件とともに、会長があらかじめこれを委員に通知しなければならない。
　（会議の運営）
第16条　協議会の会議は、在任委員の半数以上が出席しなければこれを開くことができない。
2　会長は、協議会の会議の議長となる。
3　協議会の会議の議事その他会議の運営に関し必要な事項は、協議会の会議で定める。
　　　第4章　協議会の財務
　（経費の支弁の方法）
第17条　協議会の事務に要する費用は、次の割合をもって各関係市町村が負担する。
　　　　均等割　　　30パーセント
　　　　人口割　　　70パーセント
2　前項の規定により関係市町村が負担すべき額は、各関係市町村が遅くとも年度開始前60日までにその協議により決定しなければならない。この場合においては、関係市町村長は、あらかじめ協議会に、協議会が要する経費の見積に関する書類を求めることができる。
3　各関係市町村は、前項の規定による負担金を年度開始直後直ちに協議会に納付しなければならない。
　（歳入歳出予算）
第18条　協議会の歳入歳出予算は、前条第3項の規定により納付される負担金並びに補助金及び繰越金その他の収入をその歳入とし、協議会の事務に要するすべての経費を歳出とするものとする。
　（歳入歳出予算の調製等）
第19条　協議会の会長は、毎会計年度歳入歳出予算を調製し、年度開始前に協議会の会議を経なければならない。
2　協議会の会計年度は地方公共団体の会計年度による。
3　第1項の規定により歳入歳出予算が協議会の会議を経たときは、会長は、当該歳入歳出予算の写をすみやかに各関係市町村に送付しなければならない。この場合においては、会長は、当該年度の事業計画その他財政計画の参考となるべき事項に関する書類を添えなければならない。
　（歳入歳出予算の補正）
第20条　関係市町村長は、協議会に係る既定の予算の追加その他の変更を

必要と認める場合においては、その協議により当該既定予算の追加その他の変更すべき額を決定する。
2　協議会は、協議会に係る既定予算の追加その他の変更を必要と認めるときは、その旨を関係市町村長に申し出るものとする。
3　前項の申し出があったときは、関係市町村長は、直ちに第1項の協議をしなければならない。
4　第1項の規定により関係市町村長が協議会に係る既定予算の追加その他の変更すべき額を決定したときは、前3項の規定の例により、これを行うものとする。この場合においては、第17条第2項中「前項の規定により」とあるのは「協議会に係る既定予算の追加その他の変更のため」、「遅くとも年度開始前60日までに」とあるのは「すみやかに」、同条第3項中「年度開始直後直ちに」とあるのは「直ちに」、第19条第1項中「毎会計年度歳入歳出予算を調製し、年度開始前に」とあるのは「補正予算を調製し、すみやかに」と読み替えるものとする。
　（出納及び現金の保管）
第21条　協議会の出納は、会長が行う。
2　協議会に属する現金は、会長が協議会の会議を経て定める銀行その他の金融機関にこれを預け入れなければならない。
　（協議会出納員）
第22条　会長は、職員のうちから協議会出納員を命ずることができる。
2　協議会出納員は、会長の命を受けて協議会の出納その他の会計事務を掌る。
3　会長は、その事務の一部を協議会出納員に委任することができる。
　（決算等）
第23条　会長は、毎会計年度終了後2月以内に協議会の決算を作成し、協議会の会議の認定を経なければならない。
2　前項の規定により決算が協議会の会議の認定を経たときは、会長は、当該決算の写をすみやかに各関係市町村長に送付しなければならない。この場合においては、会長は、当該年度の事業報告書その他必要な書類をこれに添えなければならない。
　（契約）
第24条　協議会の予算の執行に伴う契約で協議会の規程で定めるものについては、会長は、協議会の会議を経なければ、これを締結することができない。

（その他の財務に関する事項）

第25条　この規約に特別の定めがあるものを除く外、協議会の財務に関しては、地方自治法（昭和22年法律第67号）に定める普通地方公共団体の財務に関する手続きの例による。

第5章　補則

（事務処理の状況の報告等）

第26条　協議会は、毎会計年度少なくとも1回以上、協議会の事務の処理状況を記載した書類を各関係市町村長に提出するものとする。

2　各関係市町村長が協議して定める市町村の監査委員は、毎会計年度1回以上協議会の出納を検査しなければならない。この場合においては、監査の結果を各関係市町村長に報告しなければならない。

（費用弁償等）

第27条　会長、委員及び職員は、その職務を行うために要する費用の弁償等を受けることができる。

2　前項の費用弁償等の額及び支給方法は規程で定める。

（協議会解散の場合の措置）

第28条　協議会が解散した場合においては、各関係市町村がその協議によりその事務を承継する。この場合においては、協議会の収支は、解散の日をもって打ち切り、会長であったものがこれを決算する。

2　前項の規定による決算は、事務を承継した各関係市町村長においてこれを監査委員の審査に付し、その意見を付して議会の認定に付さなければならない。

（協議会の規程）

第29条　協議会は、その会議を経て、この規約に定めるものを除くほか、協議会の担任する事務に関して必要な規程を設けることができる。

2　前項の規程のうち公表を要するものがあるときは、会長は、直ちに各関係市町村長に当該規程を送付し、これを公表することを求めることができる。

附　則

1　この規約は、○○年○月○日から施行する。

2　協議会が設けられた年度の予算に関しては、第17条第2項中「遅くとも年度開始前60日までに」とあるのは「すみやかに」、同条第3項中「年度開始直後直ちに」とあるのは「直ちに」、第19条第1項中「年度開始前に」とあるのは「すみやかに」と読み替えるものとする。

(4) ○○年度○○広域行政推進協議会会計予算書式例

第○号議案
　　　　　○○年度○○広域行政推進協議会会計予算
　○○年度広域行政推進協議会会計予算は、次に定めるところによる。
　（歳入歳出予算）
第1条　歳入歳出予算の総額は、歳入歳出それぞれ7,600千円と定める。
2　歳入歳出予算の款項の区分及び当該区分ごとの金額は「第1表　歳入歳出予算」による。
　　○○年○月○日提出
　　　　　　　○○広域行政推進協議会会長　氏　　　　名

第1表　歳入歳出予算（略）

第7　書簡文・賞状等の例文

１　書　簡　文

　通常用いられている書簡文は、案内状、礼状、あいさつ状、依頼状、照会状等が多い。したがって、長やその補助機関が法令によって執行するいわゆる権限行使をするために出す文書ではない。

　書式としては、発番号を付けるもの、番号なしで扱うもの、また公印を押すもの、押さないものの２通りあって、その内容によって判断するものといえよう。しかし、純然たる私文書的なものは、もちろん公印も私印も押さないまま発信されるのが慣例である。

　用語は、できるだけ平易で誠意のこもった「話しことば」が望ましく、特に出張したり、ある用件で依頼したりしたときは、帰庁後速やかに先方へ礼状を出すのが常識である。相当の時日を経てからではまずい。

　また、公用文としての書簡文では、安否の問い合わせ等は書かなくてもよいが、時候のあいさつを書いたほうがよいのではなかろうか。

　本書において、文例が２種類示されているが、それは、発信年月日の次に宛名、そして発信人の氏名のタイプ、これを強いて分類すれば、公文書タイプであり、次に、発信年月日、発信人の氏名それから宛名としたタイプは書簡文のタイプである。こうした分類としての根拠は明確でなく、通常縦書きの書簡文の書き方からすれば、前段のタイプとなり、公文書の場合は、宛名が先に書かれるのが特徴である。なお、郵便はがきについて、次のような書き方が行われている。

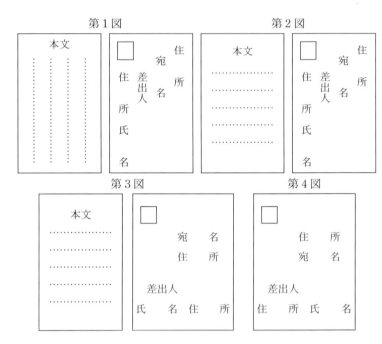

第1図　第2図　第3図　第4図

(1) 書簡用語

① 書き出し

（往信）　拝啓、謹啓、恭啓、奉啓、前略、冠省

（返信）　拝復、謹復、復啓、謹答、拝読、前略

② 結　　び

草々、早々、不一、不備、拝具、頓首、敬具、敬白、謹言、謹白、再拝、失敬

③ 書き出しと結びとのつり合い

拝啓——敬具・敬白

謹啓・恭啓——謹言・謹白

前略・冠省——早々・草々・不一

④ 時　　候

1月　初春、新春、年頭、余寒、春寒の候、寒さ堪えがたい、近年にない寒さ、厳寒のみぎり、大寒の候、骨をさす

2月　晩冬、残冬、残雪の候、残寒きびしいおりから、春雪もはかなく、雪どけの水もようやくぬるみ

3月　早春、浅春、軽暖、盛春、春暖の候、軽暖の候、春寒ややゆるみ、桃の三月、風まだ寒く、山野の春光、春とはまだ名ばかりの寒さ

4月　春暖、陽春、春和、仲春、春風麗和の候、暮春の候、若草もえる季節、春光あまねく、行く春をおしみ

5月　暮春、残春、惜春、晩春、初夏の候、向暑の候、春色ようやく衰えて、吹く風も春めいて、新緑若葉にはえて、新緑の候

6月　初夏、立夏、薄暑、梅雨の候、向暑のみぎり、暑気にわかに加わり、初ぜみの声きくころ、ようやく農繁の節となり、連日の降雨

7月　盛夏、炎暑、酷暑、暑さきびしく、炎威しのぎがたく、大暑（盛暑）の候、夕風の涼味うれしく、夏祭りのにぎわいのころ

8月　残暑、晩夏、早涼、残暑の節、朝夕涼味を覚え、立秋とは名のみ、青草をむすような強い日ざし、残暑かえってきびしく

9月　初秋、新秋、涼の秋、新涼、新秋の候、秋気ようやく催し、一雨ごとに涼しく、虫の音も美しく、秋の夜長く、新涼の候

10月　仲秋、秋涼、秋長、秋涼の候、快の涼風のころ、灯火親しむの候、秋晴の候、スポーツの秋、読書の季節、紅葉もそろそろ見ごろ

11月　晩秋、暮秋、深冷、季秋、向寒のみぎり、霜寒の候、暮秋の候、そろそろ火ばちの恋しいころ、夕風はだ寒く身にしむ、取り入れの秋

12月　初冬、寒冷、歳末寒冷の候、年内余日なく、年末ご多忙のおりから、荒涼たる冬となり、クリスマスが近づき、厳寒（厳寒、大寒）の候

⑤　祝賀、見舞その他

新　　年

新正、賀春、賀正、新春、謹賀新年、恭賀新年、平和の新春、希望

に輝く新春

新　築
　ご落成、木の香も高く、ご普請めでたく、ご完成

寿　宴
　還暦（60歳）、古稀（70歳）、喜寿（77歳）、米寿（88歳）

風　雨
　風雨、洪水、出水、水害、暴風、本日の新聞にて御地出水の由、昨夜非常の暴風にて被害が少なくないとのこと

火　事
　火災、火難、近火、出火、類焼、鎮火

弔　慰
　死亡、逝去、長逝、遠逝、他界、夭逝、早逝、ご死亡の悲報に接し、ご急病にてご逝去の由

贈　与
　進呈、奉呈、呈上、ご恵贈、ご投与、贈献

(2) 案　内　状
① 会合開催についての案内状

> 拝啓　希望の新春を迎え、ますます御清栄のこととお喜び申し上げます。旧年中は、格別の御指導をいただき、厚くお礼申し上げます。
> 　さて、本年第1回○○○○○を次の日程により開催しますが、どうぞ皆様お誘い合わせのうえ御来場くださいますよう御案内申し上げます。
>
> 　　　　　　　　　　　　　　　　　　　　　　　　　　　　　敬具
> 　○○年○月○日
> 　○○○○様
> 　　　　　　　　　　　　○○市（町村）長　氏　　名　㊞
> 　　　　　　　　　　　　　　　　記
> 1　日　時
> 2　場　所

注1　「拝啓」ではじめたときは、「敬具」で結ぶ。時候のあいさつを略して「ますます御清栄のこと……」とするのも方法である。

あいさつの場合、書簡文と公用文の書き方がある。
2　書簡文には、普通押印しないのが例であるが、敬意を表し、特に押印することも差し支えない。
3　上記の文章配置は、書簡文形式ではあるが、発信年月日の次に受信者名がきているのは、おおむね公文書スタイルである。
4　下記のイの文章配置は、書簡文を横書きとしたもので、発信年月日の次に発信者名、そして受信者名がきている。このタイプは普通手紙など私信に多いタイプである。下記以下の書式例に注意し、起案者は、その目的、趣旨等から考えて、どちらかの方法によればよい。

②　○周年記念式典の案内状

謹啓　○○の候御尊台ますます御隆昌のこととお喜び申し上げます。
　さて○○会が創立されてから各位の絶大なる御指導と御鞭撻により本年をもって○周年を迎えることになりました。
　つきましては、下記のとおり記念式典及び祝賀会を催したく御多用のところまことに恐縮に存じますが御臨席賜わりますようお願い申し上げます。

敬具

　　○○年○月○日
　　　　　　　　　　　　　　　○○○会長　氏　　　　名　㊞
　○○○○　様
　　　　　　　　　　　　記
1　名　称　○○会創立○周年記念式典及び祝賀会
2　日　時　○○年○月○日○時
3　会　場　○○会館　　　　○○市○町○番○号　電話○○番
　誠に恐縮に存じますが、○月○日までに同封のハガキに出欠の旨を御回報下さるようお願い申し上げます。

③　名刺交換会の案内状

新年おめでとうございます。
　輝かしい○○年の新年を迎え貴殿の御健勝と限りない御発展をお祈り申し上げます。さて本年も恒例の名刺交換会を下記により行いますので、御出席くださるよう御案内申し上げます。

　　○○年○月○日
　　　　　　　　　　　○○市（町村）長　氏　　　　名　㊞

○○○○　様
　　　　　　　　　　　　　記
1　日　時　○○年○月○日　午前○時から午後○時まで
2　場　所　○○市民会館ホール（町村公会堂）
3　行事次第
　(1)　開会の辞
　(2)　市（町村）長あいさつ
　(3)　議長あいさつ
　(4)　懇　談
　(5)　万歳三唱

④　成人式開催の案内状

　新年の喜びとともに「成人の日」をお迎えになりますことを心からお祝い申し上げます。
　この意義ある日に成人となられた方々の前途を祝福いたしたく次のとおり「成人式」を開催いたしますから御出席くださるよう御案内申し上げます。
　　○○年○月○日
　　　　　　　　　　　○○市（町村）長　氏　　　　名　㊞
　○○○○　様
1　日　時　○○年○月○日　午前10時から
2　場　所　○○市（町村）市民会館（公民館）
3　式次第
　(1)　市（町村）長祝辞
　(2)　誓いのことば
　(3)　記念講演　○○大学教授　氏名
　(4)　アトラクション
　　　映画

⑤　敬老慰安会開催の案内状

謹啓　初秋の候ますます御健勝のこととお喜び申し上げます。
　来る９月○日は敬老の日でありますので、当市（町村）及び○○市（町村）社会福祉協議会との共催により、同日下記により敬老慰安会を開催す

ることになりました。
　何とぞ御来場のうえ一日を楽しくお過ごしいただきたく御案内申し上げます。

　　　　　　　　　　　　　　　　　　　　　　　　　　　　　　　敬具

　　〇〇年〇月〇日
　　　　　　　　　　　　　　〇〇市（町村）長　氏　　　　　名　㊞
　〇〇〇〇　様
　　　　　　　　　　　　　　　　記
1　日　時　〇〇年〇月〇日　午後1時から
2　場　所　〇〇市（町村）市民（公）会館大ホール
3　番　組
　(1)　福　引
　(2)　〇〇小学校児童の合唱
　(3)　民謡コンクール

⑥　市民体育大会開会式開催の案内状

謹啓　秋冷の候皆様にはますます御健勝のこととお喜び申し上げます。
　さて、第〇回市（町村）民体育大会を下記のとおり、開催することになりました。特に今年は、待望の体育会館も完成し体育施設も一段と充実いたしましたので、これらの施設を利用してなお一層の市（町村）民皆スポーツ運動を推進いたしたく下記のとおり開会式を行います。
　つきましては、公私とも御多用のことと存じますが、ぜひとも御出席くださいますようお願い申し上げます。

　　　　　　　　　　　　　　　　　　　　　　　　　　　　　　　敬具
　　　　　　　　　　　　　　　　記
　　〇〇年〇月〇日
　　　　　　　　　　　　　　　　　　　　〇〇市（町村）
　　　　　　　　　　　　　　　　　　　　〇〇市（町村）教育委員会
　　　　　　　　　　　　　　　　　　　　〇〇市（町村）体育協会
　〇〇〇〇　様
　　　　　　　　　　　　　　　　記
1　日　時　〇月〇日午前9時
2　場　所　〇〇市（町村）立体育会館
　なお、雨天の場合は中止します。

注 案内状例全体注意事項
① 案内文には文書番号を付けないのが通例。
② 書き出しが「謹啓」などの場合は、終わりに「敬具」を付けるのがよい。
③ 宛先は多数にわたるときは、「各位」などでよいが、できれば宛先を記載する方が受け取った人は満足感をもつ。
④ 「なお書き」や「追って書き」は小文字とした方が体裁がよい。
⑤ 文体は縦書きが書簡としてふさわしいが官公庁の場合横書きが例となっているので、横書きとしてもよい。
⑥ 宛名の敬称は「殿」にかわり、「様」を用いる団体がほとんどである。
⑦ 発信者名を団体名とする場合もある。

(3) 礼　　　状

① 職員出張に対する礼状の場合

謹啓　貴下ますます御清栄のこととお喜び申し上げます。

　さて先般、貴県の○○管理及び福利厚生関係面の調査について、本課職員を派遣させましたおりには、なにくれとなく御高配にあずかりまして、ありがとうございました。帰任しました職員一同も、異口同音に感謝いたしているような次第であります。

　御教示いただきました諸事項につきましては、早速、今後の人事給与等管理面に活用させていただきたく考えておりますが、今後ともよろしくお願い申し上げます。

　まずは、とりあえずお礼を申し述べました。

　最後に貴下の御健勝のほどお祈り申し上げるとともに、関係職員のかたがたにもよろしく御伝言くださいますようお願い申し上げます。

謹言

○○年○月○日

○○県人事課長　氏　　　　　名　㊞

○○県○○課長　殿（様）

② 教示等に対する礼状の場合

拝啓　過日当課員が貴庁を訪問の節は、御多用中のところ、○○事務について種々御教示にあずかり、そのうえ貴重な資料まで御恵与賜わりまことにありがたく厚くお礼申し上げます。

　向後ともよろしく御指導くださいますようお願い申し上げ、お礼のごあ

いさつといたします。

　　　　　　　　　　　　　　　　　　　　　　　　　　　　　　敬具

　○○年○月○日
　○○○○　殿（様）
　　　　　　　　　　○○市（町村）○○課長　氏　　　　名　㊞

(4) 依 頼 状

　　　　　　　　　　　　　　　　　　　　　　　○○第　　号
　　　　　　　　　　　　　　　　　　　　　　　○○年○月○日
　○○○○　殿（様）
　　　　　　　　　　　○○課長　氏　　　　　　名　㊞
　　○○○○の調査について
　上記のことについて、年度末御多忙のところ恐縮でございますが、今後の参考としたいので、次により職員を派遣しますから、よろしく御取り計らい願います。
　　　　　　　　　　　　　　記
1　期　　日　○○年○月○日
2　派遣職員　　　氏　　名
3　調査事項
　(1)　職員団体との交渉について
　(2)　自動車事故に対する取扱いについて
　(3)　人事、給与等の諸調査

(5) 委 嘱 状

　謹啓　時下ますます御清祥のこととお慶び申し上げます。
　　第○回○○○大会は各方面の多大な御支援御協力を得ていよいよ○月○日に開催する運びとなりました。
　　つきましては、貴下を別紙委嘱状のとおり役員（顧問、役員、何々）に御委嘱申し上げることにいたしましたので、御多忙とは存じますが、御承引のうえ○○の遂行のために御協力くださるようお願いいたします。

```
                                                          敬具
    ○○年○月○日
                              ○○会会長　氏　　　　名　印
  ○○○○　様
```

(6) 市（町村）長就任のあいさつ状

```
謹啓　○○の候ますます御清栄のこととお喜び申し上げます。
　さて、私儀このたび行われました市（町村）長選挙におきまして三選の
栄に浴し、引き続き市（町村）政を担当することになりました。
　もとより微力でありますが、あらたなる意欲をもって明るく住みよい○
○市（町村）建設のために専心努力いたす所存であります。
　なにとぞ今後ともいっそうの御支援と御協力を賜わりたく略儀ながら書
中をもってごあいさつ申し上げます。
                                                          謹言
  ○○年○月○日
                              ○○県○○市（町村）長　氏　　　　名
```

(7) 市（町村）長再選就任のあいさつ状

```
謹啓　○○の候ますます御清栄のこととお喜び申し上げます。
                                                        さて私こと
　このたびの市（町村）長選挙にあたりましては皆様方のあたたかい御支
援をいただきまして当選の栄に浴し再び市（町村）政を担当することにな
りました。
　もとより微力ではございますが、これまでの貴重な経験を生かし新たな
決意と情熱をもって豊かな活力にあふれる住みよいまちづくりのために専
心努力いたす所存でございます。
　なにとぞ今後ともいっそうの御指導・御鞭撻を賜わりますようお願い申
し上げます。
　まずは略儀ながら書中をもって就任のごあいさつといたします。
                                                          謹言
  ○○年○月○日
                              ○○市（町村）長　氏　　　　名
```

(8) 議長・副議長就任のあいさつ状

謹啓　○○の候いよいよ御清栄のこととお喜び申し上げます。

さて、私ども、このたび○○市（町村）議会議長並びに副議長に就任いたしました。

もとより微力ではございますが市（町村）政の進展と市民の福祉を増進させるため専心努力を傾注し最善をつくす所存でございますのでなにとぞ今後ともよろしく御指導・御鞭撻を賜わりますようお願い申し上げます。

まずは略儀ながら書中をもってごあいさつ申し上げます。

　　　　　　　　　　　　　　　　　　　　　　　　　　　　謹言

　○○年○月○日

　　　　　　　　　　　○○市（町村）議会議長　　氏　　　　名
　　　　　　　　　　　○○市（町村）議会副議長　氏　　　　名

(9) 議長・副議長辞任のあいさつ状

謹啓　○○の候いよいよ御清栄のこととお慶び申し上げます。

さて、私ども、このたび○○市（町村）議会議長並びに副議長の職を辞任いたしました。

在職中は公私ともに格別御懇情と御支援を賜わり誠にありがたく衷心よりお礼申し上げます。

今後ともいっそうの御指導・御交誼を賜わりますようお願い申し上げます。

まずは略儀ながら書中をもってお礼かたがたごあいさつ申し上げます。

　　　　　　　　　　　　　　　　　　　　　　　　　　　　謹言

　○○年○月○日

　　　　　　　　　　　○○市（町村）議会議員　　氏　　　　名
　　　　　　　　　　　　　　　　　　　同　　　　氏　　　　名

(10) 部（課）長就任のあいさつ状

謹啓　○○の候ますます御健勝のこととお喜び申し上げます。

さて、私ことこのたびはからずも○○部（課）長を命ぜられました。○○部（課）長在職中は公私とも格別の御厚情、御援助をいただきまことに

感謝にたえません。
　ここにつつしんでお礼申し上げますとともに今後いっそうの御厚情と御指導とを賜わりますようお願い申し上げます。
　まずはとりあえずお礼かたがたごあいさつ申し上げます。
                                                                謹言
　○○年○月○日
                              ○○市○○部（課）長　氏　　　　名

(11) 叙勲のあいさつ状

拝啓　○○の候ますます御清祥のこととお慶び申し上げます。
　このたび、天皇誕生日に当たり○等○○○○章を拝受し光栄に感激いたしております。
　これひとえに皆様方の多年にわたるお導きの賜ものと心から厚くお礼を申し上げます。
　今後も健康に留意しいっそう社会のために尽くしたいと存じますので何とぞよろしくお願い申し上げます。
　まずは略儀ながら書中をもってお礼のごあいさつ申し上げます。
                                                                敬具
　○○年○月○日
                                              氏　　　　名

注　この種のあいさつ状は縦書きによることと、封書によるのがよい。

② 賞状・表彰状・感謝状

(1) 賞状は、品評会、展覧会、共進会、卒業式、記念式典等で優秀な成績をおさめた者を賞するときに用いられる。
(2) 表彰状は、一般の模範となるような個人、団体等の行為を賞揚し、一般に顕彰するときに用いられる。
(3) 感謝状は、事務事業を遂行するに当たり、積極的に協力又は援助した者に対し、感謝の意を表すときに用いる。
(4) 記念品、記念品料及び金一封を贈るという文言は、表彰者が○○市（町村）長氏名を記載した場合は、公選法199条の２の規定から適当ではない。しかし、○○市（町村）又は○○市（町村）長のみとして表彰者の氏名が記載されていなければ、記念品等の文言を付しても差し支えない。感謝状も同じ。
(5) 作成上の注意
　ア　書き方
　　① 全体を感じよく書きあらわすことが必要である。書き出しは一般文書のように１字分空けない方がよい。
　　②・賞状、表彰状、感謝状等の氏名には、必要に応じ、敬称の「殿」又は「様」「あなた」「きみ」が使われるが、手紙や公用文などでも、これまで「貴殿」「貴下」などを用いたが、この頃は親しみやすいことばが使われている。
　　　・「氏」は、書きことばで、話しことば用には一般に「さん」が用いられるし、「くん」は男子学生用のことばで、女子の小・中学の児童・生徒には「くん」よりも「様」の方がやさしくてきこえもよい。
　　　・賞状には「殿」「様」「君」等を用いないとするのが通例であるが、書き入れる方が格好がよい。表彰状、感謝状には「殿」「様」が多い。また、等級を表わすこともある。
　　③ 句読点をつけない。また、行を改めないでただ１字分だけ空け

て書くのが例。
④　この種のものは横書きもあるが、一般的でなく、縦書きが多い。

イ　用字と用語のつかい方
①　内容はなるべく慣用語を用い、やさしい文体とする。
②　文字は「ます」「である」のどちらを用いてもよいが、通常は、
　・賞状は「である」体、例えば「賞する」「贈る」等、本例では「ます」体を用いた。
　・表彰状・感謝状は「ます」体、例えば「感謝の意を表します」「表彰します」等
③　用字、用語は、常用漢字表及び現代仮名遣いによる。
④　本文のはじめに「右者」「右の者」等は不必要である。
　賞状等では、呼びかけの文句は不必要である。要すれば「貴下」「あなたは」としたほうがよい。
⑤　「ここに」「よって」の語句は、場合によって書いてよい。

(1) 賞　　状

①　事務能率向上運動における賞状

```
　　　　　　　　　賞　　　状
○○○○
あなたは　○○年度事務能率向上運動にあたり優秀な成績をおさめ著しい
貢献をされましたので　これを賞します
　○○年○月○日
　　　　　　　　　　　○○市（町村）長　氏　　　　名　印
```

②　共進会における団体への賞状

```
　　　　　　　　　賞　　　状
○○○○　会
○○市（町村）主催の○○年度○○共進会において優秀な成績をおさめら
れたことは○○○の向上に貢献するところ多大であります　よってここに
```

```
賞します
    ○○年○月○日
                    ○○市(町村)長　氏　　　　名　印
```

③　商工会共同主催会における入賞の賞状

```
                    賞　　　状
    1等                                          ○○○○
あなたは　○○市(町村)　○○市(町村)商工会共同主催の○○において頭書の成績をおさめられたので　これを賞します
    ○○年○月○日
                    ○○市(町村)長　氏　　　　名　印
```

注　氏名に対する肩書及び「殿・様」はつけないほうがよいとされている。

④　盆踊り大会におけるチーム入賞の賞状

```
                    賞　　　状
    第○位
                                          ○○チーム
○○市(町村)主催の盆踊り大会の各町内会　各職場の連として参加したうち　審査の結果頭書の成績をおさめられたので　これを賞します
    ○○年○月○日
                    ○○市(町村)長　氏　　　　名　印
```

⑤　市役所体育大会名誉会長市長の賞状

```
                    賞　　　状
    第○位
                                          ○○○○
○○市役所秋季体育大会で頭書の成績をおさめられたので　これを賞します
    ○○年○月○日
                    ○○市役所体育大会
                    名誉会長○○市長　氏　　　　名　印
```

⑥ 市民体育大会会長の賞状

```
              賞      状
  マラソン第○位
                                    ○○○○
○○市　○○市教育委員会　○○市体育協会主催の第○回○○市民体育大
会において頭書のとおり優秀な成績をおさめられたので　その栄誉をたた
えこれを賞します
    ○○年○月○日
            ○○市民体育大会会長　氏        名　㊞
```

⑦ 各種大会における教育委員会の賞状

```
              賞      状
  ○○○○
あなたは（各種大会名を記入する）においてよく健闘され頭書の成績をお
さめられました　よってここにその栄誉をたたえこれを賞します
    ○○年○月○日
                          ○○市（町村）教育委員会　㊞
```

(2) 表　彰　状

① 表彰規程に基づく職員表彰

```
              表　彰　状
  ○○○○　様
あなたは　本市（町村）職員として勤続○○年よく上司の意を体し精励恪
勤その成績まことに優秀であります　ここに○○市（町村）表彰規程に基
づきこれを表彰します
    ○○年○月○日
                    ○○市（町村）長　氏        名　㊞
```

注　表彰理由が本文中に明らかにされているので、被表彰者の肩書は必要ないのでは
　　なかろうか。以下感謝状も同じ趣旨。「○○○○様・殿」左上又は右下に書くのは
　　随意。

② 事業功績による表彰

```
              表  彰  状
  ○○○○ 様
 あなたは ○○事業の重要性を深く認識し多年その改善と発展のため尽力
 されその功績は顕著であり他の模範であります よってこれを表彰します
   ○○年○月○日
                    ○○市（町村）長 氏      名 印
```

③ 総会における功績表彰

```
              表  彰  状
  ○○○○ 様
 あなたは ○○○○○○に尽力されその功績はまことに大であります 第
 ○○回○○総会にあたり表彰します
   ○○年○月○日
                    ○○市（町村）長 氏      名 印
```

④ 功労者表彰条例に基づく表彰

```
              表  彰  状
  ○○○○ 様
 あなたは 永年にわたり公共の職務に精励し○○市（町村）政の進展と住
 民福祉の向上に多大の貢献をされました ここにその功をたたえ○○市
 （町村）功労者表彰条例に基づき表彰します
   ○○年○月○日
                    ○○市（町村）長 氏      名 印
```

⑤ 法律施行○○周年記念の表彰

```
              表  彰  状
  ○○○○ 様
 あなたは ○○年余にわたり○○として○○○の推進に努められるととも
 に○○の振興に協力されました このことは他の模範であります ○○○
 ○法施行○○周年を迎えるにあたり表彰します
   ○○年○月○日
                    ○○市（町村）長 氏      名 印
```

⑥ 団体表彰

```
                    表　彰　状
  ○○町会　様
貴町会は　多年にわたり地域の○○に率先して尽力し○○に努められ著し
い成果をあげられました　特に○○の普及と実践活動に積極的に参画され
たことは他の模範であります　よってこれを表彰します
　　○○年○月○日
                        ○○市（町村）長　氏　　名　　印
```

⑦ 議長会会長による職員表彰

```
                    表　彰　状
  ○○市　○○○○　様
あなたは　市議会議員として30年の長きにわたって市政の発展に尽くされ
その功績が特に著しいものがありますので　第○回定期総会にあたり本会
表彰規程によって特別表彰をいたします
　　○○年○月○日
                    全国市議会議長会会長　氏　　名　　印
```

⑧ 民生委員に対する表彰

```
                    表　彰　状
  ○○○○　様
あなたは　○年の永きにわたり民生委員として住民福祉の増進に寄与され
たその功績は誠に顕著であります　よって憲法記念日にあたり表彰します
　　○○年○月○日
                        ○○市（町村）長　氏　　名　　印
```

⑨ 福祉資金寄附による表彰

```
                    表　彰　状
  ○○○○　様
あなたは　社会福祉資金として多額の金員を寄附され社会福祉の向上に寄
与すること誠に大であります　よって憲法記念日にあたり表彰します
　　○○年○月○日
                        ○○市（町村）長　氏　　名　　印
```

⑩ 永年自治功労の表彰

```
                  表 彰 状
  ○○○○ 様
あなたは　永年にわたり市（町村）政発展に寄与された功績は誠に顕著で
あります　よって憲法記念日にあたり表彰します
    ○○年○月○日
                    ○○市（町村）長　氏　　　　　　名　印
```

⑪ 議会議員の表彰

```
                  表 彰 状
  ○○○○ 様
あなたは　○年の永きにわたり市（町村）議会議員として市（町村）政発
展に寄与された功績は誠に顕著であります　よって憲法記念日にあたり表
彰します
    ○○年○月○日
                    ○○市（町村）長　氏　　　　　　名　印
```

⑫ 農業委員会委員の表彰

```
                  表 彰 状
  ○○○○ 様
あなたは　○年の永きにわたり農業委員会委員として本市（町村）農業行
政の推進に寄与された功績は誠に顕著であります　よって憲法記念日にあ
たり表彰します
    ○○年○月○日
                    ○○市（町村）長　氏　　　　　　名　印
```

⑬ 町内会長の表彰

```
                  表 彰 状
  ○○○○ 様
あなたは　○○○○町内会長として町内自治の振興に寄与し市（町村）政
発展に協力されたその功績は誠に顕著であります　よって憲法記念日にあ
たり表彰します
```

○○年○月○日

　　　　　　　　　　　○○市（町村）長　氏　　　名　印

⑭　中学校クラブの表彰

表　彰　状

　○○○中学校　　○○○クラブ
みなさんの○○○クラブは　○○○○○○○されました　これは他の模範
となりますので　表彰します
　　○○年○月○日

　　　　　　　　　　　○○市（町村）長　氏　　　名　印

⑮　教育功績による教育委員会の表彰

表　彰　状

　○○○○　様
あなたは　多年にわたり学校教育に専念し本市（町村）の教育の振興に寄
与せられその功績はまことに顕著であります　よってこれを表彰します
　　○○年○月○日

　　　　　　　　　　　　　　　○○市（町村）教育委員会　印

⑯　職員表彰規程に基づく団体の表彰

表　彰　状

　○○県××浄水場
みなさんの浄水場は職員が一致協力して給水事業にとりくみ顕著な成績を
あげました　この業績は他の模範であります　ここに○○県職員表彰規程
により表彰します
　　○○年○月○日

　　　　　　　　　　　　　○○県知事　氏　　　名　印

⑰　選挙における連名による表彰

表　彰　状

　○○市（町村）選挙管理委員会　○○○○　様
あなたは　○○年○月○日執行の参議院議員通常選挙にあたりその管理執
行および明るい選挙の推進に努力されました　このことは他の模範であり

ますので　表彰します
　　○○年○月○日
　　　　　　　○○県選挙管理委員会委員長　氏　　　　名　印
　○○県市（町村）選挙管理委員会連合会会長　氏　　　　名　印

(3) 感　謝　状

① 消防団員への感謝状

感　謝　状
　○○○○　様（○○消防団）
多年本市（町村）消防の職にあって精励し民生の保全に尽くされた功労はまことに大であります　よってここに感謝の意を表します
　　○○年○月○日
　　　　　　　　　　　○○市（町村）長　氏　　　　名　印

② 自治振興功労者への感謝状

感　謝　状
　○○○○　様
時勢の推進を明察し地方住民恒久の福祉のためによく世論を啓発して○○○○の実現に努力されもって地方自治確立のため尽くされた功績はまことに多大であります　ここに深く敬意と感謝の意を表します
　　○○年○月○日
　　　　　　　　　　　○○市（町村）長　氏　　　　名　印

③ 寄贈者への感謝状

感　謝　状
　○○○○　様
このたび本市（町村）に対しあなたの格別の御芳志により○○○を御寄贈いただきましたことはまことに感謝にたえないところであります　ここに深く感謝の意を表します
　　○○年○月○日
　　　　　　　　　　　○○市（町村）長　氏　　　　名　印

④ 工事施行者への感謝状

```
            感 謝 状
 ○○○○ 様
貴殿が○○市（町村）の何々の建設にあたり工事の施工において細心の注
意と綿密なる管理により　所定の期間内に完成されたことに対し深く感謝
の意を表します
   ○○年○月○日
                 ○○市（町村）長　氏　　名　印
```

⑤ 建築技術者への感謝状

```
            感 謝 状
 ○○○○ 様
あなたは　市立中学校校舎建築にあたり近代的な技術をもってりっぱな施
設を完成されました　よって落成記念式典にあたり深く感謝の意を表しま
す
   ○○年○月○日
                 ○○市（町村）長　氏　　名　印
```

⑥ 功労者への感謝状

```
            感 謝 状
 ○○○○ 様
あなたは　○○○○に際し○○され○○○○に寄与されました　○○○○
にあたり深く感謝の意を表します
   ○○年○月○日
                 ○○市（町村）長　氏　　名　印
```

⑦ 体育協会理事への感謝状

```
            感 謝 状
 ○○市（町村）体育協会理事　○○○○　様
あなたは　体育協会役員として多年にわたり体育の振興に尽力され今日の
隆盛に導かれた功績はまことに抜群であります　○○○にあたり深く感謝
の意を表します
```

2 賞状・表彰状・感謝状

　　○○年○月○日
　　　　　　　　　　○○市（町村）長　氏　　　　　名　㊞

⑧　寄附者への感謝状

　　　　　　　　　　　感　謝　状
　○○○○　様
あなたは　○○市（町村）老人ホームに対し老人の娯楽用具費として○○万円を寄附されました　老人福祉厚生事業の充実に寄与するところまことに大であります　ここに深く感謝の意を表します
　　○○年○月○日
　　　　　　　　　　○○市（町村）長　氏　　　　　名　㊞

⑨　ＰＴＡ会長への感謝状

　　　　　　　　　　　感　謝　状
　○○○○　様
あなたは　○○市（町村）立○○小（中）学校ＰＴＡ会長として会務に精励されＰＴＡ活動を振興し学校運営の円滑化に寄与された功績は著しいものがあります　会長退任に際し深く感謝の意を表します
　　○○年○月○日
　　　　　　　　　　　　　　　　○○市（町村）教育委員会　㊞

⑩　教育振興功労者への感謝状

　　　　　　　　　　　感　謝　状
　○○○○　様
あなたは　永年にわたり本市（町村）教育の振興に尽くされその功労はまことに多大であります　よってここに感謝の意を表します
　　○○年○月○日
　　　　　　　　　　　　　　　　○○市（町村）教育委員会　㊞

⑪　納税貯蓄組合への感謝状

　　　　　　　　　　　感　謝　状
　○○納税貯蓄組合　様
　○○（納税協力）組合　様

貴組合は　全組合員協力してよくその目的を達成され市（町村）財政に寄与された功績が顕著であります　よってここに感謝の意を表します
　　〇〇年〇月〇日
　　　　　　　　　　　　〇〇市（町村）長　氏　　　　　　名　印

⑫　徴税協力市町村への感謝状

　　　　　　　　　　感　謝　状
　〇〇市（町村）　　様
貴市（町村）は　〇〇年度都（道府県）税の徴収確保に積極的に協力され都（道府県）財政に寄与された功績が顕著であります　よってここに感謝の意を表します
　　〇〇年〇月〇日
　　　　　　　　　　　　〇〇都（道府県）知事　氏　　　　　名　印

⑬　市町村税務職員への感謝状

　　　　　　　　　　感　謝　状
　〇〇〇〇　様
あなたは　多年にわたり都（道府県）の徴税事務に協力され都（道府県）財政に寄与された功績が顕著であります　よってここに感謝の意を表します
　　〇〇年〇月〇日
　　　　　　　　　　　　〇〇都（道府県）知事　氏　　　　　名　印

⑭　納税協力者への感謝状

　　　　　　　　　　感　謝　状
　〇〇〇〇　様
あなたは　多年にわたり納税思想の普及高揚をはかり税務行政に貢献された功績が顕著であります　よってここに感謝の意を表します
　　〇〇年〇月〇日
　　　　　　　　　　　　〇〇都（道府県）知事　氏　　　　　名　印

2 賞状・表彰状・感謝状

⑮ 寄贈者への感謝状

```
                感　謝　状
　○○○○　様
あなたは　このたび重ねての御労作によるみごとな○○を市民会館に寄贈
されました　これは市（町村）政に対する深い御理解と御協力によるもの
であり深く感謝の意を表します
　　○○年○月○日
                      ○○市（町村）長　氏　　　　　　名　㊞
```

⑯ 前会長への感謝状

```
                感　謝　状
　○○市　○○○○　様
あなたは　全国市議会議長会会長として会務運営の重責にあたられ本会の
使命達成につくされその功績は誠に著しいものがありますので第○回定期
総会にあたり深甚な感謝の意を表します。
　　○○年○月○日
              全国市議会議長会会長　氏　　　　　　名　㊞
```

⑰ 町内会長への感謝状

```
                感　謝　状
　○○○○　様
あなたは　○○○○町内会長として町内自治の振興に寄与し市政発展に協
力されたその功績は誠に顕著であります　よって憲法記念日にあたり感謝
の意を表します
　　○○年○月○日
                      ○○市（町村）長　氏　　　　　　名　㊞
```

⑱ 教育委員への感謝状

```
                感　謝　状
　○○○○　様
あなたは　○期○年の永きにわたり教育委員として本市（町村）教育行政
の振興に尽くされた功績は誠に顕著であります　よって憲法記念日にあた
```

> り感謝の意を表します
>   〇〇年〇月〇日
>
>   〇〇市（町村）長　氏　　　名　印

⑲　永年勤続教職員への感謝状

> 　　　　　　　　　　　感　謝　状
>   〇〇〇〇　様
> あなたは　永年にわたり教職員として教育の振興に寄与されました　よって憲法記念日にあたり感謝の意を表します
>   〇〇年〇月〇日
>
>   〇〇市（町村）長　氏　　　名　印

⑳　清掃事業従事者への感謝状

> 　　　　　　　　　　　感　謝　状
>   〇〇〇〇　様
> あなたは　多年にわたり清掃事業に従事してよく職務に精励されたことは他の模範であります　よって憲法記念日にあたり感謝の意を表します
>   〇〇年〇月〇日
>
>   〇〇市（町村）長　氏　　　名　印

③ 電子メール

　現在では、公務においても電子メール（以下、単に「メール」という）によるやりとりは欠かせないものになっている。内部の打合せにおいてはもちろんのこと、時には住民からの問合せ等に対してメールで回答するなど、さまざまな場面でのコミュニケーション手段として重要な役割を担っている。円滑な意見交換や意思疎通を図るには、どのような作法や書き方が考えられるのか。メール作成については慣習としての性格が色濃いものであるだけに、今後変化していくことが予想されるが、今現在で妥当と思われるところを以下に述べることとする。

(1) 表題は内容がひと目でわかるものに

　メール作成の第一歩は表題であるが、メールの内容がひと目でわかるものが理想であろう。そのためには、内容を端的に示すキーワードをいかに掬い取れるかがポイントになるが、そのためには本文をひととおり書き終えたのちに、もう一度、表題を推敲してみることも大切である。

　必要に応じて、時には【緊急】【重要】という言葉を表題の頭に付けることも有効であろう。しかし、これを多用すると、ここぞという時の効果を減殺させることにもなるので真に緊急性、重要性がある場合にのみ使用するべきである。回答が必要な場合は件名の後に（〜日まで要回答）と表記する。

　読み手の注意等を引く表題とするためには、内容を端的に示した短文を使うという方法もある。これにより要点が即座にわかるとともに、親近感が湧くという効果もある。

(2) 本文の書き出しにはあいさつ文を

　本題に入る前に、まずはあいさつを入れるとよい。「拝啓」や「前略」などを使用する必要はないが、「お疲れさまです」「最近の仕事の

調子はいかがですか」、あるいは外部の人に対しては「お世話になっております」など、相手への気遣いの言葉を一言入れるとよいであろう。出来れば、いろいろなバリエーションがあるとさらによい。

急ぎの場合には、本文から書き始めることもあるが、そこは相手によって自粛することも大切である。たとえ紋切り型になっても、あいさつを入れておくほうが無難な場合が多い。

(3) 本文は体裁・内容とも読みやすくを第一に

体裁として、画面が文字だらけで真っ黒という印象を読み手に与えることはできるだけ避けたい。そのためには、意味のまとまりごとに1行空きとなっていると読みやすい。また、1行の長さも20字から30字程度で折り返すとよいであろう。

内容としては、まず要件（結論）を端的に伝えることが大切である。結論を後回しにして、だらだらと書くのはよろしくない。結論を最初に書き、その後に補足的なことを書き添えるようにするとよいであろう。

(4) 送る前に見直す

本文を書き終えたら必ず内容・誤字脱字をチェックする習慣をつけたい。メールの場合は送信ボタンを押してしまってからでは取り消すことができないだけに慎重に行いたい。

(5) メール作成例

>　＜表題＞「パンフレットの納期が10日に変更になりました」
>　＜本文＞
>　企画課　○○様
>
>　おつかれさまです。
>
>　このたびいろいろとお力添えいただきましたパンフレットの納期が当初9日を予定しておりましたが、交通事情等、諸般の事情により10日に変更に

なりました。

この点につき、ご了承賜りますようお願い申し上げます。

搬入の時間等の詳細につきましては追ってご連絡いたします。

総務課　△△　（内線□□□□）

第8 接遇関係の例文

1 電話の応対のことば用例

(1) 一般的な原則
① 難しいことばを使わない。
② まぎらわしいことばはさける。
③ 専門語をなるべく使わない。
④ よく知らないことばは使わない。
⑤ 正確に、明るく、ていねいに。
⑥ 簡潔に。

(2) 電話を受けたとき
ア ベルがなったら、すぐに出る。
　① 来客と応対中の場合

> 電話でございますので、少しの間失礼させていただきます。

　② 電話に出るのが少し遅れた場合

> お待たせしました。〇〇市（町村）役所（役場）〇〇課でございます。

イ さきに、こちらの役所名、課名又は名前をいう。

> はい。〇〇市（町村）役所（役場）〇〇課でございます。

ウ 相手方がよくわからない場合は、確かめる。

> ○○課長ですか。

> 失礼ですが、どちら様でございますか。

エ まちがいの電話は、ていねいに切る。

> お間違いのようです。こちら○○市（町村）役所（役場）でございますが。

オ その他
 ① 名指しの人に、迅速、正確に取り次ぐ。
 ② 自分に取り次がれた電話は、すぐに出る。
 ③ 電話を受けたとき、重要事項については、メモを作成し、供閲する。

（次ページ口頭電話受信用紙書式例参照）

口頭電話受信用紙書式例

部長	課長	課長補佐	係長	課員	施行取扱上の注意

| 受理（信） | 課 | 係 |
| 年　月　日　午前/後　時　分　（氏名） | | |

発信者　　　　　　　郡／市　　　　　　町／村　大字
　　　　　　　　　　　　　　　　　　　　　　　　　　様から

受理（信）責任者　　　　　部　　　　課　　　　係
　　　　　　　　　　　　　　　　　　　　　　　　あて

件　名

要　件

処　理

□電話　　□また電話する　□（　）番へ電話してください
□来訪　　□また来庁する　□要件は言わなかった
□伝言（達）□急用がある　　□特別な要件はなかった

注1　該当の□にレすること。
　2　決裁欄は、適宜に改めること。

(3) 電話を取り次ぐとき

① 相手をあまり待たせないように取り次ぐ。

> A　少々お待ちください。
> B　大変お待たせいたしました。○○でございますが……。

〔注〕　Aが電話を受け、Bに「だれから」かを告げる際は、送話口を手でおさえて、取り次ぐようにする。

（不在の場合）

> A　せっかくですが、○○はただ今出張中（会議中）でございますが……。

相手――「そうですか。」

> A　おさしつかえなければ、代わってご用件を承っておきましょうか。

相手――「では、お願いいたします。」

> A　私は○○係の○○と申します。

〔注〕　不在中にきた電話は、必ず先方の氏名、伝言、かかってきた時刻をメモし、名指し人にまちがいなく伝えること。

悪い例――A「今おりませんが。」
　　　　　相手「そうですか。」
　　　　　A「そのうち帰ってくると思います。どうもご苦労さまでした。」

ことづけ用紙書式例

こ と づ け			受付者
年　　月　　日			
様が　午前/午後　　時　　分受			
□電話をかけてこられました。	□おみえになりました。		
□（　）	番に電話してほしいとのことです		
□	においでくださいとのことです		

```
□ことづけは
　　　　　　　　　　　　　　　　　　　　　　　　　　　　　
　　　　　　　　　　　　　　　　　　　　　　　　　　　　　
　　　　　　　　　　　　　　　　　　　　　　　　　　　　　
　　　　　　　　　　　　　　　　　　　　　　　　　　　　　
　　　　　　　　　　　　　　　　　　　　　　　　　　　　　
　　　○○市（町村）　　　　　　○○課（係）
```

(長く待たせる場合)

> A　ただ今呼びにいっておりますから(電話中でございますから)少々お待ちください。

〔注〕　途中でも、1度でも2度でも、1分間に1度ぐらい電話口に出ること。

(帰庁時間がわかっている場合)

> A　○○は、ただ今外出しておりますが、○時ごろには戻ると思いますから、戻り次第お電話するようにいたしましょうか。

相手——「では、そのようにお願いいたします。」

> A　お電話は何番でございましょうか。

② 同姓の者がある場合は、確かめる。

相手——「○○さんをお願いします。」

> A　○○は2人おりますが、何係の○○でしょうか。

③ 権限外のことや、判断しかねる場合は、速やかに担当者又は責任者と代わる。

> 私にはわかりかねますので、担当の者と代わりますから、少々お待ちください。
> (電話の内容を要領よく伝えて早く代わる。)

〔注〕 よくわからないことをそのまま聞き続け、最後に他の係に代わってもらうことは、相手が再び同じことを繰り返さなければならず、不愉快な気持ちとなる。

悪い例――「少々お待ちください。」（電話の内容を伝えずに代わる。）

④ 上司から依頼されて申し込んだ電話が出た場合

> A　こちら○○事務所長ですが、○○さんをお願いいたします。

相手――「はい、少々お待ちください。」

> （ここで代理と代わって本人が出る。）

〔注〕 相手が出る前に、すぐ上司に取り次ぎ直接出てもらう。

悪い例――A「こちら○○事務所長ですが、○○さんをお願いいたします。」
　　　　相手「はい。少々お待ちください。」
　　　　「○○でございますが。」
　　　　A「所長と代わりますから、少々お待ちください。」

(4) 電話をかけるとき

ア　相手をよく確かめる。

相手が名のって出た場合は、ただちにこちらの名前を名のること。

> こちら○○課でございますが、○○課の○○さんをお願いします。

（交換台を通じた場合）

> こちら……○○事務所をお願いします。
> 交換台……○○事務所が出ましたから、どうぞ。
> こちら……こちら○○市（町村）役所（役場）○○課の○○と申しますが、○○事務所の○○さんをお願いいたします。
> 相手の交換台……○○課の○○でございますね。少々お待ちくださいませ。

（○○さんが出る。）

相手――はい、○○ですが、……

> こちら……わたくし○○市（町村）役所（役場）の○○ですが、実

> は……

〔注〕 交換台を通じて互いに呼び出すときは、まず、これらの交換台に相手の事務所名だけをいって、名指し人までいわないこと。申込者が相手よりも先に電話口に出て待つこと。

  イ 簡単なあいさつをする。

> いつもお世話になっております。

  ウ 相手が不在のときは、こちらの名を告げる。

> わたくし、○○課の○○と申します。それではまた後ほどお電話いたしますから、お帰りになりましたら、よろしくお伝えください。

   ① 伝言を依頼したときは電話に出た相手を確かめる。

> 失礼ですが、どなた様でしょうか。

   ② 後ほど再度かける旨を告げる。

> また○時ごろお電話いたします。

  エ 間違ってかけたときは、ていねいに謝まる。

> 間違いまして、失礼いたしました。

  オ 終わりのあいさつを忘れないこと。

> どうもありがとうございました。

> 失礼いたしました。

> 失礼いたします。

(5) 通話中のとき

  ① 通話中に相手を待たせる場合は、理由を告げる。

> ただいま、調べておりますから、少々お待ちください。

> 担当の係に聞いてまいりますから、少々お待ちください。

> 少々時間がかかりますから、後ほど、こちらからお電話させていただきます。

〔注〕 相手をあまり待たせないこと。もしあまり長く待たせるときは、途中で幾度も、理由又は経過をいうこと。

② 電話が途中で切れたら、かけた方からかけ直す。

> ただいま途中で電話が切れまして、失礼いたしました。

③ 聞きとりにくい場合は、聞きかえす。

> お電話が少々遠いようでございますので、恐れ入りますが、もう少し大きな声でお願いいたします。(もう一度お願いいたします。)

(6) 電話のかけ方・受け方の注意事項

ア 相手の電話番号をよく確かめる。

イ 話す内容、順序をあらかじめメモしておく。

ウ 必要な資料をそばに置いておく。

エ 交換台に申し込んだら、席をはずさない。はずすときは、隣の人に用件を頼むか、一度取り消すようにする。

オ 電話のかけ方・受け方のよしあしは、相手の感情に影響を与え、ひいては役所全体の信用等をあげたり、損なったりする。

カ 通話中は、特に次のことに留意する。

① 数字、場所、日時、氏名をはっきり発言する。

② 語尾をはっきり発言する。(あります、ありません。)

③ おだやかに話し、大声を出さない。

④ 早口で話すと、間違いやすい。

⑤ 用件に落ちがないようにする。「いつ」「どこで」「だれが」「な

にを」「いかに」「なぜ」をチェックする。
⑥ 不必要に長いあいさつは抜きにする。
⑦ 適当な敬語、敬称を用いる。例えば、相手方には、○○市（町村）さんと「さん」をつける。
   こちらの場合は、原則として敬称はつけない。
      ○○課長（係長）は、○○は、
キ 電話器の扱いをたいせつにする。

(7) 好ましい応対用語例
ア 好ましい用語例と、好ましくない用語例

好ましい用語例	好ましくない用語例
わたくし、わたし、わたしども	おれ、わし、うち
あなた、○○さん	あんた、○○君
あの方、あのお方	あの人、あいつ
男（女）の方、○○課の方	男（女）の人、○○の人
ございません	ないです
どなた様ですか	だれですか
存じません	知りません、わかりません
少々お待ちください	ちょっと待ってください
いたしかねます	できません、やれません
お電話をお願いします	電話してください
ただいま席をはずしております	いま席にいません
どうぞお入りください	入ってください
はい	ええ、へえ、うん
いかがでございましょうか	どうですか
お願いできませんでしょうか	やってくれませんか

〔注〕　好ましい用語をつかっても、誠意がなければ、口調、内容が一致せず、好感をもたれるわけにはゆかないことに留意する。

イ 応対用語例
① 自他を呼ぶ場合
   ・自分の上司を……○○（姓で呼ぶ）
   ・自分を指しては……「わたし」「わたくし」

- 客を呼ぶときは……「〇〇さん」「あなた」
- お客の同伴者を呼ぶときは……お連れさま、お連れの方、お子様

② 感謝の意を表す場合

「ありがとうございました。何分よろしくお願い申します。」「いろいろお手数をおかけしまして恐れ入ります。」「ありがとうございました。」

③ 相手に対する返事

「はい。」「はい、さようでございます。」「はい、かしこまりました。」

④ 電話の前から離れるとき

「まことに恐れ入りますが、少々お待ちください。」

⑤ 相手から催促を受けたとき

「どうもすみません。」「長らくお待たせしましてすみません。」「もうすぐでございますから、少々お待ちください。」

⑥ 相手に尋ねるとき

「失礼ですが、どちらさまでいらっしゃいますか。」「どのようにいたしましょうか。」「ご住所はどちらでございましょうか。」

⑦ 相手に断わるとき

「せっかくでございますが、ご希望にそいかねますので。」「おことばはごもっともでございますが、なにぶん……。」

⑧ 相手を煩わすとき

「まことに恐縮ですが。」「ご面倒でも……。」「いろいろとお手数をおかけして恐れ入りますが……。」

⑨ 自分でわからないことを聞かれたとき

「ただいま係にお取り次ぎいたしますから、少々お待ちください。」「係の者が用件をお伺いいたします。」「わたしにはちょっとわかりかねますので係に尋ねてまいりますから、しばらくお待ちください。」

⑩ 相手からの苦情にわびるとき

「それはどうも失礼いたしました。」「さようでございますか、ま

ことに不行き届きで申しわけございません。」「ご親切にご注意いただきましてありがとうございました。」
⑪　電話口に呼び出しを求められたとき
　「失礼ですが、どちらさまでございますか。」「少々お待ちください。すぐに呼んでまいります。」「お待たせしました。ただいま代わります。」「あいにく会議中（出張中）でございます。〇時ごろにはもどると申しておりました。」「お差し支えなければ、私がご用件をお伺いいたしておきます。」

2 秘書役その他の応対の心得

1 秘 書 役

　辞書によると、「秘書」というのは、秘密の文書などをいい、これを扱う人を通常秘書又は秘書役という。現在秘書官などの職名が国家公務員中にあるが、これらは、大臣の命を受けて秘密の事務を扱う公務員のことである。国会議員、官公庁及び民間会社その他各般の業種の中にも該当するし、これらの人のいる場所を秘書課（係）といい、その人を秘書課長とか秘書係長又は秘書と呼んでいる。

　さて、秘書の任務は、ただ客との間の応対だけでなく、業務が複雑でしかも責任の度は重い。職務を果たす場合、言語、行動はむろんのこと、その他いわゆる気がきくということが大きな要件でもある、といって気がききすぎてもいけないのでその辺の節度がなかなか難しい。

　以下、秘書役の人々の心得として、必要最小限のものを記述してみよう。

(1) 原則的心得

① 　秘書は、「上司」に属して「上司」の事務を取り扱うものであるから、その職務遂行に当たっては、必ず、「上司」の意思に基づいて行動しなければならない（秘書の仕える何某をここでは便宜上、上司とした。）。

② 　秘書は、「上司」の意思に基づかないで、自己の一存にて言動する場合には、相手側に、それが、自分一個人の行為であることを明白に認識させなければならない。

③ 　秘書は、「上司」によかれと念願して「気をきかし」ても、「上司」の意思に基づかないときは、「間が抜け」た結果になりがちで、「上司」を却てマイナスにすることになるので、「過ぎたるはなお及ばざるが如し」という言葉を忘れてはならない。

④ 秘書は、万事について、いたずらに、気を使い過ぎたり、取越し苦労をせず、あくまで、「上司」の指示を受けて行動するようにしなければならない。
⑤ 秘書は、「上司」が「仕事について常に創意工夫し考えている人」であることを考慮し、絶えず、その黙想を乱さぬように配慮しなければならない。
⑥ 秘書は、常に格別の注意をもって、「上司」が、「時間」を十分に活用し、「仕事」を順調に進捗しうるように配慮しなければならない。
⑦ 秘書は、周囲から常に注視されており、したがって、「思わぬ時に、思わぬ所で、思わぬ眼が」動いていることに思いを致し、言動には特に注意しなければならない。
⑧ 秘書の言動いかんによっては、「上司」の意思、行動、人格、手腕、識見にまで影響するものであるから、思わぬ誤解をもたらすことがあるので細心の注意を払わなければならない。

(2) 応　対
　ア　面会を約束している者に対して
　　① まず感じよく迎え、しばらく控室で待機してもらう。そのときは、新聞やお茶などを出す。しかる後、「上司」に連絡し指示を受けること。
　　② 「上司」が急用その他の事故のため、約束の時間に在室しない場合には、懇切にその事由を説明し、十分納得していただくように配慮すること。
　イ　突然の来訪者に対して
　　① まず感じよく迎え、控室で待機してもらう。「上司」に来客のない時は、適宜に、「上司」に来訪者の名刺とその用件とを報告し指示を受けること。
　　② 「上司」が他の来客と用談中の場合は、その客が入室してから、何分かが経過している時に限り、「上司」に対し来訪者のあることを報告し、指示を受けること。

③　先からの来訪者がある場合、もし、用談が未だ何分間も経過していないときは、例えば10分、20分間と時間が過ぎてから入室報告し指示を受けること。このとき、来訪者の氏名等は口頭によらないで、メモに書いて「上司」だけが知りうることのできるように配慮すること。

④　突然の来訪者に対しては、情況に応じ、秘書役の判断によって、当日の面会を謝絶することもできよう。

　　ただしこの場合、来訪者の気持を損じないように「上司」が外出中、旅行中、会議中などと事情を申し上げてくれぐれも不愉快な感じを与えないように注意すること。

ウ　不在中の来訪者に対して

①　必ず名刺をもらい用件を聞いておくこと。

②　名刺を持参しない人のときは、住所氏名を書き留めておくこと。

③　熟知の来訪者のときは、「来訪者日誌」に時間及び氏名を書いておくこと。

④　不在中の来訪者については、「上司」が帰室したとき、直ちに報告すること。

エ　信書の処理

①　私信や親展文書については、「上司」の文書箱に入れておく。「上司」が切る場合と秘書役が切る場合がある。秘書役のときは必ず「上司」の面前でハサミを入れて渡す。

②　返信、調査を命じられたときは、その要旨を聞き、かつメモをとる。なお、重要な事項については、反復し確認しておく。

③　各種の会議、行事の案内に関しては、早く出・欠席を通知し、あいさつ、祝辞などの必要なものは準備しておく。また、出・欠席の場合「芳名」などは消し相手方の「行」は「様」と書き加えておく。

④　調査については、秘書役自らするときと主管課（係）に回付するものとがある。それらの処理については適宜判断し、処理状況を記載しておくこと。

オ　電話の応対について
① 電話はお互いに見えない場所で行うのでよく注意し、落ち付いた口調で、ゆっくりと身を入れて聞くこと。
② 言葉遣いは丁重に、特に発音が明瞭であるように注意すること。
　　反復するものは反復し、メモすべきものには、忘れずに相手の人、要件、返事する場合の住所、電話番号等を記載する。
③ 絶対に、あいまいな応答はしないで、イエスかノーかを明確にしておくこと。
④ 「上司」への伝言等は必ず「電話受信用紙」に書き込み、遅滞なく「上司」に報告すること。

(3) 報告等の仕方

① 「上司」に指示を受けようとするとき、又は報告を行おうとするときは、文書であろうと、口頭であろうと、一律に、来客のないときを選ぶこと。
　　ただし、急を要する場合は、適宜の判断をして行動する。
② たとえ、来客のない場合でも、もし「上司」が考え込んでいるときは、なるべくその時刻をさけるように心掛けること。

〔注〕　「上司」というのは、県庁や市役所、町村役場の知事、市長、町村長である。あるいは、局長、部長秘書などもそれに該当しよう。

(4) 客人より依頼を受けたとき

① 客人より依頼を受けて、電話等をかけるときは、ただ先方を呼び出すことだけをすること。
　　断じて「こちらは県庁、市役所、役場の○○○の○○○ですが」などといわずに相手に電話が通じたら直ちに依頼者に受話機を渡すようにすること。
② 心の進まぬ依頼に対しては、ハッキリと、しかし、丁寧に断わること。

(5) 執務予定表の作成

出席しなければならない行事、部内の会議、書類の決裁、新聞記者会見、来訪者、陳情者との面接などこなさなければならない日程を整理するためには、予約方式によることとなる。

① その場合、ふつう毎日の執務予定表を秘書が備え、申込みに応じ記入していく。

月　　日（　）の執務予定

時　間	件　　名	場　　　所	主　管　課　等

〔注〕1　「時間」は、15分か30分刻みで入れる。短時間のものでもできるだけ詳細に記入すること。
　　　2　少なくとも1か月ぐらい先まで決められるようにしておくこと。

② 翌週の事業、行事等の日程は、一覧表にまとめ、コピーして関係者に配付するとよい。

週間事業（行事）予定表（　年　月　日～　年　月　日）

日・曜	時刻	事業予定	場所会場	主管課等	市長	副市長	部長				特記事項
1（月）	9:30 13:30	……の集い ………会議	○○市民会館 庁議室	……課 ……課	○	○					
2（火）											
3（水）											
4（木）											
5（金）											

6 (土)											
7 (日)											

2 一 般 職 員

(1) 来客があったとき
① 仕事をやめて、会釈して迎える。
② ハキハキ要領よく応対する。
③ 指名されたときは、速やかに本人へ知らせる。
④ 指名されないときは、用件をよく聞いて該当の係へ連絡する。
⑤ 尋ねられたことがわからないときは、それがわかる人又は係へ連絡する。
⑥ 客が立て込んだときは、先着順に対応する。

(2) 客を案内するとき
① 教えるときは、わかりやすく、ていねいに。
② 自分が案内するときは先に立って。
③ 出入口のドアを開けて客を先に入れる。
④ 目的の人又は係に来意を告げて引き継ぐ。

(3) 客と応対するとき
① 相手に不快な感じを与えるような態度をしないこと。
② 相手の話をよく聞いて理解してから返事をする。
③ 自分の処理すべき問題か、また即答すべきかどうかを慎重に判断して答える。

付　　録

1 議会の権限に関する地方自治
　法上の規定 ……………………………640

2 中央官庁関係等住所一覧 …………661

〔1〕 官公庁　661
〔2〕 地方公共団体　663
〔3〕 報道関係　667

1 議会の権限に関する地方自治法上の規定

権限事項	種別	根拠条項	摘要
第1編 総則			
○ 市町村の名称変更	条例	3条3項	都道府県知事と協議
○ 地方公共団体の事務所の位置の決定又は変更	条例	4条1項・3項	特別議決 $\frac{2}{3}$
○ 地方公共団体の休日	条例	4条の2、1項～3項	
第2編 普通地方公共団体			
第1章 通則			
○ 市町村の廃置分合及び境界変更に係る申請及びその場合の財産処分について協議	議決	6条4項	
○ 従来市町村の区域に属しなかった地域の編入を内閣が定める場合における関係市町村の意見	議決	7条の2、2項	
○ 町村を市に、市を町村に、村を町に又は町を村とする場合における申請	議決	8条3項（7条6項）	
○ 都道府県知事が市町村の廃置分合又は境界変更の計画を決定、変更する場合	意見	8条の2、2項	
○ 前項についての関係市町村の意見	議決	8条の2、3項	
○ 都道府県知事に対する市町村の境界に関する争論の調定又は裁定の申請	議決	9条4項	
○ 市町村の境界を都道府県知事が決定する場合における関係市町村の意	議決	9条の2、3項	

権　限　事　項	種別	根拠条項	摘　　要
見			
○　公有水面のみに係る市町村の境界変更等に関する関係市町村の同意	議決	9条の3、5項	
○　公有水面埋立地の所属市町村を定める場合の関係市町村の同意又は意見	議決	9条の4（9条の2、1項・3項、9条の3、1項・5項)	
○　市町村の区域内にあらたに生じた土地の確認	議決	9条の5、1項	
第3章　条例及び規則			
○　普通地方公共団体における法第2条第2項の事務に関する事項	条例	14条1項	
○　普通地方公共団体が義務を課し、又は権利を制限すること	条例	14条2項	法令に特別の定めがある場合を除く
○　条例違反者に対する2年以下の懲役若しくは禁錮、100万円以下の罰金、拘留、科料若しくは没収又は5万円以下の過料	条例	14条3項	法令に特別の定めがあるものを除く
○　市町村長の署名、施行期日の特例その他条例・規則等の公布に関する必要事項	条例	16条4項・5項	規則等については、法令又は条例に特別の定めがあるときを除く
第5章　直接請求			
○　直接請求による条例の制定又は改廃の請求	議決（条例)	74条3項	
○　直接請求代表者への意見陳述機会の付与	付与	74条4項	
○　直接請求による監査の結果報告	受理	75条3項	
○　直接請求による副知事、副市（町村）長、選挙管理委員、監査委員、公安委員会の委員の解職	同意	86条3項87条1項	特別議決 $\frac{2}{3}$（出席 $\frac{3}{4}$)

権限事項	種別	根拠条項	摘要
第6章　議会			
○　市町村議会の議員の定数の変更	条例	91条2項	
○　市町村の廃置分合又は境界変更による著しい人口の増減により行う議員の任期中における町村議会の増員の定数増減	条例	91条4項	
○　町村に議会を置かず総会を設けること	条例	94条	
○　条例を設け又は改廃すること	議決（条例）	96条1項1号	この条項各号に発案権がないものは各種権限事項を参照
○　予算を定めること	議決	96条1項2号	
○　決算を認定すること	認定	96条1項3号	
○　地方税の賦課徴収又は分担金、使用料、加入金若しくは手数料の徴収に関すること	議決	96条1項4号	法律又はこれに基づく政令に規定するものを除く
○　議会の議決を経るべき契約の種類及び金額を政令で定める基準に従って定めること	条例	96条1項5号	
○　その種類及び金額について政令で定める基準に従い条例で定める契約を締結すること	議決	〃	
○　財産を交換し、出資の目的とし、若しくは支払手段として使用し、又は適正な対価なくしてこれを譲渡し、若しくは貸し付けること	条例	96条1項6号	
	議決	〃	条例で定める場合を除く
○　不動産を信託すること	議決	96条1項7号	
○　前号に定める場合を除くほか、議会の議決を経るべき財産の取得又は	条例	96条1項8号	

1 議会の権限に関する地方自治法上の規定

権限事項	種別	根拠条項	摘要
処分の種類及び金額を政令で定める基準に従って定めること	議決	96条1項8号	
○ 前号に定める場合を除くほか、その種類及び金額について政令で定める基準に従い条例で定める財産の取得又は処分をすること	議決	96条1項9号	
○ 負担付きの寄附又は贈与を受けること	議決	96条1項9号	
○ 権利を放棄すること	議決(条例)	96条1項10号	法律若しくはこれに基づく政令又は条例に特別の定めがある場合を除く
○ 議会の議決を経るべき重要な公の施設の長期かつ独占的な利用を定めること	条例	96条1項11号	
○ 条例で定める重要な公の施設につき条例で定める長期かつ独占的な利用をさせること	議決	〃	
○ 普通地方公共団体がその当事者である審査請求その他の不服申立て、訴えの提起、和解、あっせん、調停及び仲裁に関すること	議決	96条1項12号	
○ 法律上その義務に属する損害賠償の額を定めること	議決	96条1項13号	
○ 普通地方公共団体の区域内の公共的団体等の活動の総合調整に関すること	議決	96条1項14号	
○ 法第96条第1項第1号から第14号に規定するもののほか、法律又はこれに基づく政令により議会の権限に属する事項	条例	96条1項15項	

権　限　事　項	種別	根拠条項	摘　　要
○　法第96条第１項に定めるものを除くほか、普通地方公共団体の議会の議決すべきもの	条例	96条２項	法定受託事務に係るものにあっては国の安全に関することその他の事由により議会の議決とすることが適当でないものとして政令で定めるものを除く
○　法律又はこれに基づく政令により議会の権限に属する選挙	選挙	97条１項	
○　予算の増額修正	議決	97条２項	
○　普通地方公共団体の事務（自治事務にあっては地方労働委員会及び収用委員会の権限に属する事務で政令で定めるものを除き、法定受託事務にあっては国の安全を害するおそれがあることその他の事由により議会の検査の対象とすることが適当でないものとして政令で定めるものを除く。）に関する書類及び計算書の検閲、当該町村の長又は委員の報告の請求、事務の管理、議決の執行及び出納の検査	検閲 請求 検査	98条１項	
○　監査委員に対する当該普通地方公共団体の事務（自治事務にあっては労働委員会及び収用委員会の権限に属する事務で政令で定めるものを除き、法定受託事務にあっては国の安全を害するおそれがあることその他の事由により議会の検査の対象とすることが適当でないものとして政令で定めるものを除く。）に関する監	請求	98条２項	

権　限　事　項	種別	根拠条項	摘　　要
査及びその結果の報告の請求			
○　普通地方公共団体の公益に関する事件についての国会又は関係行政庁に対する意見書	提出	99条	
○　普通地方公共団体の事務（自治事務にあっては労働委員会及び収用委員会の権限に属する事務で政令で定めるものを除き、法定受託事務にあっては国の安全を害するおそれがあることその他の事由により議会の検査の対象とすることが適当でないものとして政令で定めるものを除く。）に関する調査、選挙人その他の関係人の出頭及び証言並びに記録の提出の請求	調査請求	100条1項	
○　選挙人その他の関係人の証言又は記録の提出が公の利益を害する旨の官公署による声明	要求	100条5項	
○　普通地方公共団体の事務に関する調査を終了すること	議決	100条8項	
○　選挙人その他の関係人が法第100条第3項又は第7項の罪を犯したときの告発	告発	100条9項	
○　調査を行うための普通地方公共団体の区域内の団体等に対する照会又は記録の送付の請求	照会請求	100条10項	
○　調査に要する経費の額の決定及びその額の超過支出	議決	100条11項	
○　議員の派遣	議決	100条12項	会議規則121条による
○　会派又は議員に対して政務活動費を交付することを定めること及びこ	条例	100条13項	

権　限　事　項	種別	根拠条項	摘　要
の場合において当該活動費の交付対象、額及び交付方法を定めること	条例		
○　政務活動費の交付を受けた会派又は議員が当該活動費に係る収入及び支出の報告書を議長に提出することを定めること	条例	100条14項	
○　官報又は公報その他政府若しくは都道府県からの刊行物の送付	受理	100条17項	
○　議会図書室の設置	設置	100条19項	
○　定例会の回数を定めること	条例	102条2項	
○　通年の会期	条例	102条の2	
○　議会の会期及び延長並びに開閉に関する事項	議決	106条6項	
○　議会の議長及び副議長の選挙	選挙	103条1項	
○　議長の訴訟の代表	代表	105条の2	
○　議会の仮議長の選挙	選挙	106条2項・3項	
○　議会の仮議長の選任の委任	委任		
○　議会の議長及び議会閉会中の副議長の辞職の許可	許可	108条	
○　議会の常任委員会、議会運営委員会又は特別委員会の設置	条例	109条1項	
○　議会の常任委員会における当該町村の事務の調査及び議案、請願等の審査	調査等	109条2項	
○　議会の議会運営委員会における当該議会の運営、会議規則、委員会に関する条例等、議長の諮問に関する事項の調査及び議案、請願等の審査	調査審査	109条3項	
○　議会の特別委員会における付議事件の審査	審査	109条4項	

1 議会の権限に関する地方自治法上の規定

権　限　事　項	種別	根拠条項	摘　　要
○ 議会の委員会の公聴会開催と利害関係者又は学識経験者からの意見の聴取及び参考人からの意見聴取	公聴聴取	109条5項	
○ 議会の閉会中における委員会に対する付議事件の審査	審査	109条8項	
○ 議会の委員の選任その他必要な事項を定めること	条例	109条9項	
○ 議会に対する議案の提出（予算を除く。）	受理	112条1項	定数の12分の1以上の賛成必要
○ 請求により開議された会議又は議員中異議あるときの閉会又は中止	議決	114条2項	
○ 議会の秘密会の開会	議決	115条1項	議長又は3人以上の発議特別議決[条]
○ 議案に対する修正動議の発議	受理	115条の3	定数の12分の1以上の発議
○ 議会の議長及び議員が自己及び一定の親族の一身上の事件等に関する会議に出席し発言すること	同意	117条	
○ 議会において行う選挙の投票の効力に関する異議の決定	決定	118条1項	
○ 議会の選挙において指名推選によること、指名方法の決定、指名推選の場合の当選人の決定	議決 同意	118条2項・3項	
○ 議会の会議規則の制定	議決	120条	
○ 長からの事務に関する説明書の提出	受理	122条	
○ 会議録署名議員の決定	議決	123条2項	2人以上の議員
○ 請願書の提出	受理	124条	
○ 採択送付した請願の処理の経過及び結果の報告の請求	送付請求	125条	

権　限　事　項	種別	根拠条項	摘　　要
○　議会の議員の辞職	許可	126条	閉会中は議長の許可
○　公職選挙法又は政治資金規正法の規定に該当以外の議員の資格決定	決定	127条1項	特別議決 $\frac{2}{3}$
○　議会の会議又は委員会において侮辱を受けた議員からの訴えの受理及び当該訴えに基づく処分	受理処分	133条	
○　議会の議員に対する懲罰	議決	134条1項 135条2項・3項	除名の場合は特別議決 $\frac{2}{3}$（出席 $\frac{3}{4}$）議員の定数の8分の1以上の者の発議
○　市町村の議会事務局の設置	条例	138条2項	
○　事務局長、書記長、書記その他の常勤の職員の定数	条例	138条6項	
第7章　執行機関			
○　執行機関の附属機関の設置	条例	138条の4、3項	政令で定める執行機関を除く
○　長の法定期日前の退職	同意	145条	
○　市町村の支所又は出張所の設置	条例	155条1項	
○　支所若しくは出張所の位置、名称及び所管区域	条例	155条2項	
○　法156条1項の行政機関の設置	条例	156条1項	
○　前項の行政機関の位置、名称及び所管区域	条例	156条2項	
○　長の部課の設置	条例	158条1項	
○　市町村に副市町村長を置かないこと	条例	161条1項	
○　副市町村長の定数	条例	161条2項	
○　副市町村長の選任	同意	162条	
○　長の職務を代理する副市町村長の法定期日前の退職	承認	165条1項	

1 議会の権限に関する地方自治法上の規定

権　限　事　項	種別	根拠条項	摘　　要
○　職員の定数	条例	172条3項	臨時又は非常勤を除く
○　長の異議により再議に付された議会の議決	議決	176条1項・3項	特別議決~~を~~
○　議会の違法、越権の議決又は選挙の再議又は再選挙	議決選挙	176条4項	
○　前項の再議又は再選挙がなお違法、越権として請求した審査の裁定に不服がある場合の出訴	出訴	176条7項	裁定のあった日から60日以内
○　議会が法定経費を削除又は減額した場合の再議	議決	177条1項	
○　長に対する不信任	議決	178条1項・3項	特別議決~~を~~（出席~~を~~）
○　長の議会解散権行使後の最初の議会における再度の不信任議決	議決	178条2項・3項	出席~~を~~
○　長の専決処分の次の議会への報告	承認	179条3項・4項	
○　議会の委任による長の専決処分事項の指定	議決	180条1項	
○　前項の委任による専決処分の議会への報告	受理	180条2項	
○　選挙管理委員及び補充員の選挙	選挙	182条1項・2項	
○　選挙管理委員又は補充員の選挙を行うべき事由が生じたときの通知の受理	受理	182条8項	
○　選挙管理委員が職務の遂行に堪えないとき、又は職務上の義務違反その他選挙管理委員たるに適しない非行があるときの罷免	議決	184条の2、1項	公聴会の開催
○　選挙管理委員会の書記長、書記そ	条例	191条2項	臨時の職を除く

権限事項	種別	根拠条項	摘要
の他の常勤の職員の定数			
○ 監査委員の選任	同意	196条1項	公聴会の開催
○ 監査委員が職務の遂行に堪えないとき、又は職務上の義務違反その他監査委員たるに適しない非行があるときの長の罷免	同意	197条の2、1項	
○ 監査委員からの監査結果の報告の受理	受理	199条9項	
○ 監査結果に基づき、又はそれを参考として措置をしたとき	通知	199条12項	
○ 町村の監査委員に事務局を置く	条例	200条2項	臨時の職を除く
○ 監査委員の事務局長、書記その他の常勤職員の定数	条例	200条6項	
○ 監査委員に関する必要な事項	条例	202条	法律及びこれに基づく政令に定めるものを除く
○ 執行機関の附属機関の職務権限	条例	202条の3、1項	
第8章 給与その他の給付			
○ 職員以外の非常勤の者に対する報酬の日割支給の特例	条例	203条の2、4項	
○ 議会の議員に対する報酬、費用弁償及び期末手当の額並びにその支給方法	条例	203条4項	
○ 法第204条第1項の職員に対する諸手当の支給	条例	204条2項	
○ 給料、手当及び旅費の額並びにその支給方法	条例	204条3項	
○ 給与その他の給付についての審査請求に対する長の決定に係る諮問	意見	206条3項・4項	諮問があった日から20日以内
○ 議会等の請求による出頭者、参考人並びに公聴会参加者に対する実費	条例	207条	

権　限　事　項	種別	根拠条項	摘　　要
弁償			
第9章　財務			
○　特別会計の設置	条例	209条2項	
○　毎会計年度の予算	議決	211条1項 96条1項2号	
○　長による予算に関する説明書の提出	受理	211条2項	
○　既定予算の追加、変更及び一会計年度のうち一定期間に係る暫定予算	議決	218条1項・2項 96条1項2号	
○　特別会計で業務量の増加により増加する収入に相当する金額を充当できる経費を定めること	条例	218条4項	
○　特別会計の事業の経費で事業の経営に伴う収入をもって充てるもので条例で定めるものについて業務量の増加により必要経費に不足を生じた場合、業務量の増加により増加する収入に相当する金額を当該経費に使用した場合の報告の受理	受理	218条4項	
○　分担金、使用料、加入金及び手数料に関する事項	条例	228条1項	
○　分担金、使用料、加入金及び手数料の徴収に関する過料規定	条例	228条2項・3項	
○　分担金、使用料、加入金及び手数料の徴収に関する処分についての審査請求の決定における諮問	意見	229条4項・5項	諮問があった日から20日以内
○　使用料又は手数料の徴収について証紙による収入方法を行う場合	条例	231条の2、1項	
○　分担金、使用料、加入金、手数料及び過料その他の歳入についての不	条例	231条の3、2項	

権　限　事　項	種別	根拠条項	摘　　要
履行等に関する手数料及び延滞金の徴収規定			
○　分担金、使用料、加入金、手数料等の滞納処分等に対する審査請求の決定における諮問に対する意見	意見	231条の3、7項・8項	諮問があった日から20日以内
○　決算の認定	認定	233条3項96条1項3号	
○　決算に係る会計年度の主要な成果の説明書類の提出	受理	233条5項	
○　歳計剰余金への編入	条例又は議決	233条の2	
○　監査委員からの出納検査又は監査の結果の報告の受理	受理	235条の2、3項	
○　財産を交換し、出資の目的とし、若しくは支払手段として使用し、又は適正な対価なくしてこれを譲渡し又は貸し付けること	条例又は議決	237条2項96条1項6号	238条の4、1項の規定の適用がある場合を除く
○　普通地方公共団体の財産である土地を当該団体を受益者として、政令で定める信託目的により、信託すること	議決	237条3項96条1項7号	
○　市町村の公有財産の使用に係る旧慣の変更又は廃止及び新たに使用しようとする者の許可	議決	238条の6、1項・2項	
○　行政財産の使用権に関する審査請求の決定に係る諮問	意見	238条の7、4項・5項	238条の7、1項に規定する審査請求を除く　諮問があった日から20日以内
○　普通地方公共団体が特定の目的のため財産を維持し、資金を積立、又は定額の資金を運用するための基金	条例	241条1項	

権　限　事　項	種別	根拠条項	摘　　要
の設定			
○ 定額資金運用のための基金設定に係る運用の状況についての書類提出の受理	受理	241条5項	
○ 基金の管理及び処分に関する必要な事項	条例	241条8項	241条2項〜7項に定めるものを除く
○ 監査委員による住民監査請求に基づく監査に係る勧告	受理	242条4項	住民監査請求があった日から60日以内
○ 監査委員による住民監査請求に基づく監査に係る勧告を受けた必要な措置及び監査委員に対するその旨の通知	措置通知	242条9項	勧告に示された期間内
○ 長による普通地方公共団体に損害を与えた職員の賠償責任の全部又は一部の免除	同意	243条の2、8項	
○ 普通地方公共団体に損害を与えた職員の賠償責任に関する処分についての審査請求に対する長の決定に係る諮問	意見	243条の2、12項・13項	諮問があった日から20日以内
○ 財政状況の作成及びその公表に関する事項	条例	243条の3、1項	
○ 法第221条第3項の法人の経営状況を説明する書類の提出の受理	受理	243条の3、2項	
第10章　公の施設			
○ 普通地方公共団体の公の施設の設置及び管理に関する事項	条例	244条の2、1項	
○ 普通地方公共団体の重要な公の施設及びその中で特に重要なものの指定	条例	244条の2、2項	
「特に重要な公の施設の長期かつ独占的利用のうち議会の同意を要す			

権　限　事　項	種別	根拠条項	摘　　要
るものを指定」			
○　条例で定める特に重要な公の施設について、これを廃止し、又は条例で定める長期かつ独占的な利用をさせる場合	同意	244条の2、2項	特別議決
○　公の施設の管理の法人等（指定管理者）への委託	条例	244条の2、3項	
○　公の施設の指定管理者の収入とする利用料金を定める場合	条例	244条の2、8項	公益上必要な場合を除く
○　普通地方公共団体の区域外における公の施設の設置に関する関係普通地方公共団体の協議	議決	244条の3、1項・3項	
○　他の普通地方公共団体の公の施設を自己の住民の利用に供させる場合における当該他の普通地方公共団体との協議	議決	244条の3、2項・3項	
○　公の施設の利用権に関する処分についての審査請求の決定に係る諮問に対する意見	意見	244条の4、3項	諮問があった日から20日以内
第11章　国と普通地方公共団体との関係及び普通地方公共団体相互間の関係			
○　普通地方公共団体の協議会設置に関する規約制定の協議	議決	252条の2、3項	
○　協議会を構成する普通地方公共団体の数の増減、協議会の規約の変更又は協議会の廃止に関する協議	議決	252条の6	
○　普通地方公共団体の委員会、委員、附属機関、長、職員、専門委員等の共同設置に必要な規約設定に関する協議及び共同設置する普通地方	議決	252条の7、3項	政令で定める委員会は除く

1 議会の権限に関する地方自治法上の規定　655

権　限　事　項	種別	根拠条項	摘　　要
公共団体の数の増減、規約の変更、共同施設の廃止に関する協議			
○ 普通地方公共団体が共同設置する委員会の委員の選任	選挙	252条の9、1項	
○ 普通地方公共団体が共同設置する委員会の委員又は附属機関の委員その他の構成員の選任	同意	252条の9、2項	
○ 共同設置する委員会の委員若しくは委員又は附属機関の委員その他の構成員に対する解職請求による解職	同意	252条の10	
○ 普通地方公共団体の事務又はその執行機関の権限に属する事務の委託、委託事務の変更、事務委託の廃止に関する協議	議決	252条の14、3項	
○ 臨時選挙管理委員に対する給与について定めること	条例	252条の17の10	
第13章　外部監査契約に基づく監査			
○ 外部監査人の監査の適正かつ円滑な遂行	協力	252条の33、1項	
○ 外部監査人の説明	要求	252条の34、1項	
○ 外部監査人に対する意見	意見	252条の34、2項	
○ 長による外部監査契約の解除	同意	252条の35、2項	
○ 包括外部監査を導入すること	条例	252条の36、1項	
○ 長による包括外部監査契約の締結	議決	〃	
○ 包括外部監査人が財政援助団体等の出納等を監査することができるこ	条例	252条の37、4項	

権　限　事　項	種別	根拠条項	摘　要
とを定めること			
○　包括外部監査人による監査結果に関する報告の提出	受理	252条の37、5項	
○　監査委員による包括外部監査人の監査結果についての意見の提出	受理	252条の38、4項	
○　包括外部監査人の監査の結果に基づき、又は当該監査の結果を参考として措置を講じたとき	通知	252条の38、6項	
○　個別外部監査を導入すること（事務監査請求に係るもの)	付議	252条の39、4項	
○　個別外部監査を導入すること（議会からの請求に係るもの)	条例	252条の40、1項	
○　個別外部監査を導入すること（長からの要求に係るもの)	条例	252条の41、1項	
○　個別外部監査を導入すること（財政的援助を与えているもの等に係る要求に係るもの)	条例	252条の42、1項	
○　個別外部監査を導入すること（住民監査請求に係るもの)	議決	252条の43、3項	
○　事務監査請求に係る個別外部監査請求について監査委員の監査に代えて個別外部監査契約に基づく監査によること	議決	252条の39、5項	
○　個別外部監査契約に基づく監査の請求	請求	252条の40、1項	
○　法199条6項の要求に係る監査について監査委員の監査に代えて個別外部監査契約に基づく監査によること	議決	252条の41、4項	
○　法199条7項の要求に係る監査について監査委員の監査に代えて個別	議決	252条の42、4項	

1 議会の権限に関する地方自治法上の規定

権限事項	種別	根拠条項	摘要
外部監査契約に基づく監査によること			
○ 長による個別外部監査契約の締結	議決	252条の39、6項、252条の40、4項、252条の41、4項、252条の42、4項、252条の43、3項	
○ 長による包括外部監査人と個別外部監査契約を締結した旨の報告	受理	252条の39、11項、252条の40、4項、252条の41、4項、252条の42、4項、252条の43、3項	
○ 個別外部監査人による監査結果に関する報告の提出	受理	252条の39、12項、252条の40、6項、252条の41、6項、252条の42、6項	
○ 監査委員による個別外部監査人の監査結果についての意見の提出	受理	252条の39、14項、252条の40、6項、252条の41、6項、252条の42、6項	
○ 個別外部監査人の監査の結果に基づき、又は当該監査の結果を参考として措置を講じたとき	通知	252条の39、14項、252条の40、6項、252条の41、6項、252条の42、6項	
○ 個別外部監査人が法252条の29の	同意	252条の44	

権　限　事　項	種別	根拠条項	摘　　要
規定により監査することができなくなったと認められる場合の個別外部監査契約の解除			
第14章　補則			
○　市町村の区域内の町、字の新たな区画若しくは廃止又はその区画若しくは名称の変更	議決	260条1項	政令で特別の定めをする場合を除く
○　他の普通地方公共団体と共同して行う火災、水災、震災その他の災害による財産の損害に対する相互救済事業の委託	議決	263条の2、1項	
第3編　特別地方公共団体			
第3章　地方公共団体の組合			
○　一部事務組合の設立に関する協議	議決	284条2項 290条	
○　広域連合の設立に関する協議	議決	284条3項 291条の11	
○　一部事務組合を組織する地方公共団体の数の増減、共同処理する事務の変更、組合規約の変更の協議	議決	286条1項 290条	
○　一部事務組合の名称、事務所の位置又は経費の支弁の方法のみに係る規約の変更	議決	286条2項 290条	
○　一部事務組合の理事の指名	同意	287条の2、3項	
○　一部事務組合の解散、財産処分の協議	議決	288条〜290条	
○　広域連合を組織する地方公共団体の数の増減、処理する事務の変更、広域連合規約の変更の協議	議決	291条の3、1項 291条の11	

権　限　事　項	種別	根拠条項	摘　　要
○ 広域連合の事務所の位置又は経費の支弁の方法のみに係る規約の変更	議決	291条の3、3項 291条の11	
○ 広域連合の解散、財産処分の協議	議決	291条の10、1項 291条の13 （289条） 291条の11	
第4章　財産区			
○ 財産区の財産又は公の施設の管理及び処分又は廃止については、この法律中地方公共団体の財産又は公の施設の管理及び処分又は廃止に関する規定によること	条例 議決 等	294条1項	法律又はこれに基づく政令に特別の定めがあるものを除く
○財産区の議会又は総会を設置すること	条例	295条	
○ 財産区の議会の議員の定数、任期、選挙権、被選挙権及び選挙人名簿並びに総会の組織に関する事項について定めること	条例	296条1項	
○ 財産区管理会を設置すること	条例	296条の2、1項本文	財産区の議会又は総会を設ける場合は設置できない
○ 市町村等の廃置分合又は境界変更に伴う財産処分の協議により財産区を設ける場合の財産区管理会の設置	議決	296条の2、1項但書 7条5項 283条	
○ 財産区の財産又は公の施設の管理及び処分又は廃止に当たり財産区管理会の同意を要する重要なものを定めること	条例	296条の3、1項	

権限事項	種別	根拠条項	摘要
○ 財産区管理委員の選任、財産区管理会の運営その他財産区管理会に関し必要な事項を定めること	条例	296条の4、1項本文	296条の2、296条の3に定めるものを除く
○ 協議により財産区管理会を置く場合の財産区管理委員の選任、財産区管理会の運営その他財産区管理会に関し必要な事項	議決	296条の4、1項但書 296条の2、1項但書 7条5項	
○ 市町村等の廃置分合又は境界変更に伴う財産処分の協議により設けた財産区の財産区管理会に関する協議の内容を変更すること	条例	296条の4、2項 296条の2、1項但書 7条5項	

2 中央官庁関係等住所一覧

(平成30年10月1日現在)

〔1〕 官公庁

名　　　称	郵便番号	住　　　所	電話番号
人　事　院	100-8913	千代田区霞が関1－2－3	03－3581－5311
内　閣　府	100-8914	千代田区永田町1－6－1	03－5253－2111
宮　内　庁	100-8111	千代田区千代田1－1	03－3213－1111
公正取引委員会	100-8987	千代田区霞が関1－1－1　中央合同庁舎第6号館B棟	03－3581－5471
国家公安委員会	100-8974	千代田区霞が関2－1－2　中央合同庁舎第2号館2F	03－3581－0141
個人情報保護委員会	100-0013	千代田区霞が関3－2－1　霞が関コモンゲート西館32F	03－6457－9680
警　察　庁	100-8974	千代田区霞が関2－1－2	03－3581－0141
金　融　庁	100-8967	千代田区霞が関3－2－1　中央合同庁舎第7号館	03－3506－6000
消　費　者　庁	100-8958	千代田区霞が関3－1－1　中央合同庁舎第4号館	03－3507－8800
復　興　庁	107-0013	千代田区霞が関3－1－1　中央合同庁舎第4号館	03－6328－1111
総　務　省	100-8926	千代田区霞が関2－1－2　中央合同庁舎第2号館	03－5253－5111
公害等調整委員会	100-0013	千代田区霞が関3－1－1　中央合同庁舎第4号館10F	03－3581－9601
消　防　庁	100-8927	千代田区霞が関2－1－2　合同庁舎2号館	03－5253－5111
法　務　省	100-8977	千代田区霞が関1－1－1　中央合同庁舎第6号館	03－3580－4111
公安審査委員会	100-8977	千代田区霞が関1－1－1	03－3580－4111

官庁名	郵便番号	所在地		電話番号
公 安 調 査 庁	100-0013	千代田区霞が関1−1−1 合同庁舎第6号館	中央	03—3592—5711
外 務 省	100-8919	千代田区霞が関2−2−1		03—3580—3311
財 務 省	100-8940	千代田区霞が関3−1−1		03—3581—4111
国 税 庁	100-8978	千代田区霞が関3−1−1		03—3581—4161
文 部 科 学 省	100-8959	千代田区霞が関3−2−2		03—5253—4111
ス ポ ー ツ 庁	100-8959	千代田区霞が関3−2−2		03—5253—4111
文 化 庁	100-8959	千代田区霞が関3−2−2		03—5253—4111
厚 生 労 働 省	100-8916	千代田区霞が関1−2−2 合同庁舎第5号館	中央	03—5253—1111
中 央 労 働 委 員 会	105-0011	港区芝公園1−5−32		03—5403—2111
農 林 水 産 省	100-8950	千代田区霞が関1−2−1		03—3502—8111
林 野 庁	100-8952	千代田区霞が関1−2−1		03—3502—8111
水 産 庁	100-8907	千代田区霞が関1−2−1 庁舎第1号館	合同	03—3502—8111
経 済 産 業 省	100-8901	千代田区霞が関1−3−1		03—3501—1511
資源エネルギー庁	100-8931	千代田区霞が関1−3−1		03—3501—1511
特 許 庁	100-8915	千代田区霞が関3−4−3		03—3581—1101
中 小 企 業 庁	100-8912	千代田区霞が関1−3−1		03—3501—1511
国 土 交 通 省	100-8918	千代田区霞が関2−1−3 合同庁舎第3号館	中央	03—5253—8111
観 光 庁	100-8918	千代田区霞が関2−1−3 合同庁舎第3号館	中央	03—5253—8111
気 象 庁	100-8122	千代田区大手町1−3−4		03—3212—8341

	〒	住所	電話
海 上 保 安 庁	100-8976	千代田区霞が関2—1—3	03—3591—6361
環 境 省	100-8975	千代田区霞が関1—2—2　中央合同庁舎第5号館	03—3581—3351
原子力規制委員会	106-8450	港区六本木1—9—9	03—3581—3352
防 衛 省	162-8801	新宿区市谷本村町5—1	03—5366—3111
防 衛 装 備 庁	162-8870	新宿区市谷本村町5—1	03—3268—3111
会 計 検 査 院	100-8941	千代田区霞が関3—2—1	03—3581—3251
衆議院事務局(大代)	100-8960	千代田区永田町1—7—1	03—3581—5111
参議院事務局(大代)	100-8961	千代田区永田町1—7—1	03—3581—3111
裁判官弾劾裁判所（大代）	100-0014	千代田区永田町1—11—16　参議院第2別館南棟	03—3581—3111
最 高 裁 判 所	102-0092	千代田区隼町4—2	03—3264—8111

〔2〕　地方公共団体

〔都道府県庁〕

	〒	住所	電話
北 海 道	060-8588	札幌市中央区北3条西6丁目	011—231—4111
青 森 県	030-8570	青森市長島1—1—1	017—722—1111
岩 手 県	020-8570	盛岡市内丸10—1	019—651—3111
宮 城 県	980-8570	仙台市青葉区本町3—8—1	022—211—2111
秋 田 県	010-8570	秋田市山王4—1—1	018—860—1111
山 形 県	990-8570	山形市松波2—8—1	023—630—2211
福 島 県	960-8670	福島市杉妻町2—16	024—521—1111

茨 城 県	310-8555	水戸市笠原町978－6		029－301－1111
栃 木 県	320-8501	宇都宮市塙田1－1－20		028－623－2323
群 馬 県	371-8570	前橋市大手町1－1－1		027－223－1111
埼 玉 県	330-9301	さいたま市浦和区高砂3－15－1		048－824－2111
千 葉 県	260-8667	千葉市中央区市場町1－1		043－223－2110
東 京 都	163-8001	新宿区西新宿2－8－1		03－5321－1111
神 奈 川 県	231-8588	横浜市中区日本大通1		045－210－1111
山 梨 県	400-8501	甲府市丸の内1－6－1		055－237－1111
長 野 県	380-8570	長野市大字南長野字幅下692－2		026－232－0111
新 潟 県	950-8570	新潟市中央区新光町4－1		025－285－5511
富 山 県	930-8501	富山市新総曲輪1－7		076－431－4111
石 川 県	920-8580	金沢市鞍月1－1		076－225－1111
福 井 県	910-8580	福井市大手3－17－1		0776－21－1111
岐 阜 県	500-8570	岐阜市藪田南2－1－1		058－272－1111
静 岡 県	420-8601	静岡市葵区追手町9－6		054－221－2455
愛 知 県	460-8501	名古屋市中区三の丸3－1－2		052－961－2111
三 重 県	514-8570	津市広明町13		059－224－3070
滋 賀 県	520-8577	大津市京町4－1－1		077－528－3993
京 都 府	602-8570	京都市上京区下立売通新町西入ル藪之内町		075－451－8111

大	阪	府	540-8570	大阪市中央区大手前2丁目	06—6941—0351
兵	庫	県	650-8567	神戸市中央区下山手通5—10—1	078—341—7711
奈	良	県	630-8501	奈良市登大路町30	0742—22—1101
和	歌 山	県	640-8585	和歌山市小松原通1—1	073—432—4111
鳥	取	県	680-8570	鳥取市東町1—220	0857—26—7111
島	根	県	690-8501	松江市殿町1	0852—22—5111
岡	山	県	700-8570	岡山市北区内山下2—4—6	086—224—2111
広	島	県	730-8511	広島市中区基町10—52	082—228—2111
山	口	県	753-8501	山口市滝町1—1	083—922—3111
香	川	県	760-8570	高松市番町4—1—10	087—831—1111
徳	島	県	770-8570	徳島市万代町1—1	088—621—2500
愛	媛	県	790-8570	松山市一番町4—4—2	089—941—2111
高	知	県	780-8570	高知市丸ノ内1—2—20	088—823—1111
福	岡	県	812-8577	福岡市博多区東公園7—7	092—651—1111
佐	賀	県	840-8570	佐賀市城内1—1—59	0952—24—2111
長	崎	県	850-8570	長崎市尾上町3—1	095—824—1111
熊	本	県	862-8570	熊本市中央区水前寺6—18—1	096—383—1111
大	分	県	870-8501	大分市大手町3—1—1	097—536—1111
宮	崎	県	880-8501	宮崎市橘通東2—10—1	0985—26—7111

| 鹿 児 島 県 | 890-8577 | 鹿児島市鴨池新町10—1 | 099—286-2111 |
| 沖 縄 県 | 900-8570 | 那覇市泉崎1—2—2 | 098—866-2333 |

〔政令指定市〕

北 海 道 札 幌 市	060-8611	札幌市中央区北1条西2丁目	011—211-2111
宮 城 県 仙 台 市	980-8671	仙台市青葉区国分町3—7—1	022—261-1111
埼 玉 県 さいたま市	330-9588	さいたま市浦和区常盤6—4—4	048—829-1111
千 葉 県 千 葉 市	260-8722	千葉市中央区千葉港1—1	043—245-5111
神 奈 川 県 横 浜 市	231-0017	横浜市中区港町1—1	045—671-2121
神 奈 川 県 川 崎 市	210-8577	川崎市川崎区宮本町1	044—200-2111
神 奈 川 県 相 模 原 市	252-5277	神奈川県相模原市中央区中央2—11—15	042—754-1111
新 潟 県 新 潟 市	951-8550	新潟市中央区学校町通1番町602—1	025—228-1000
静 岡 県 静 岡 市	420-8602	静岡市葵区追手町5—1	054—254-2111
静 岡 県 浜 松 市	430-8652	浜松市中区元城町103—2	053—457-2111
愛 知 県 名 古 屋 市	460-8508	名古屋市中区三の丸3—1—1	052—961-1111
京 都 府 京 都 市	604-8571	京都市中京区寺町通御池上ル上本能寺前町488	075—222-3111
大 阪 府 大 阪 市	530-8201	大阪市北区中之島1—3—20	06—6208-8181
大 阪 府 堺 市	590-0078	堺市堺区南瓦町3—1	072—233-1101
兵 庫 県 神 戸 市	650-8570	神戸市中央区加納町6—5—1	078—331-8181
岡 山 県 岡 山 市	700-8544	岡山市北区大供1—1—1	086—803-1000

広島県広島市	730-8586	広島市中区国泰寺町1－6－34	082—245—2111
福岡県北九州市	803-8501	北九州市小倉北区城内1－1	093—582—2525
福岡県福岡市	810-8620	福岡市中央区天神1－8－1	092—711—4111
熊本県熊本市	860-8601	熊本市中央区手取本町1－1	096—328—2111

〔3〕 報道関係

〔新聞〕

㈱朝日新聞社東京本社	104-8011	中央区築地5－3－2	03—3545—0131
㈱産業経済新聞社東京本社	100-8077	千代田区大手町1－7－2	03—3231—7111
㈱日本経済新聞社東京本社	100-8066	千代田区大手町1－3－7	03—3270—0251
㈱毎日新聞社東京本社	100-8051	千代田区一ツ橋1－1－1	03—3212—0321
㈱読売新聞社東京本社	100-8055	千代田区大手町1－7－1	03—3242—1111
日経産業新聞	100-8066	千代田区大手町1－9－5　日本経済新聞社内	03—3270—0251
日経　Ｍ　Ｊ	100-8066	千代田区大手町1－9－5　日本経済新聞社内	03—3270—0251
㈱日刊工業新聞社	103-8548	中央区日本橋小網町14－1	03—5644—7000
東京新聞	108-8010	千代田区内幸町2－1－4　中日新聞社東京本社内	03—6910—2211

〔通信社〕

㈱共同通信社	105-7201	港区東新橋1－7－1　汐留メディアタワー	03—6252—8000
㈱時事通信社	104-8178	中央区銀座5－15－8	03—6800—1111

〔放送〕

㈱テレビ朝日	106-8001	港区六本木6―9―1	03―6406―1111
㈱テレビ東京（ＴＸ）	106-8007	港区六本木3―2―1　六本木グランドタワー	03―6632―7777
㈱ＴＢＳテレビ	107-8006	港区赤坂5―3―6	03―3746―1111
日本テレビ放送網㈱	105-7444	港区東新橋1―6―1	03―6215―4444
㈱フジテレビジョン	137-8088	港区台場2―4―8	03―5500―8888
東京メトロポリタンテレビジョン㈱（ＴＯＫＹＯ　ＭＸ）	102-8002	千代田区麹町1―12	03―5276―0009
日本放送協会（ＮＨＫ）	150-8001	渋谷区神南2―2―1	03―3465―1111
㈱ニッポン放送（ＪＯＬＦ）	100-0006	千代田区有楽町1―9―3	03―3287―1111
㈱文化放送（ＪＯＱＲ）	105-8002	港区浜松町1―31	03―5403―1111
スカパーＪＳＡＴ㈱	107-0052	港区赤坂1―8―1　赤坂インターシティＡＩＲ	03―5571―7800

〔その他〕

政府刊行物センター	100-0013	千代田区霞が関1―4―1　日土地ビル1Ｆ	03―3504―3885
（公社）日本広報協会	160-0022	新宿区新宿1―15―9　さわだビル10Ｆ	03―5367―1701
（一社）日本新聞協会	100-8543	千代田区内幸町2―2―1	03―3591―4401
（公社）日本新聞販売協会	103-0013	中央区日本橋人形町2―7―10　エル人形町5Ｆ	03―5643―7681
（公社）日本専門新聞協会	105-0001	港区虎ノ門1―2―12　第2興業ビル	03―3597―8881
（一社）日本地方新聞協会	160-0017	新宿区左門町6　小野商ビル602	03―5379―1531
㈱日本プレスセンター	100-0011	千代田区内幸町2―2―1　日本プレスセンタービル	03―3580―1581

(公社)日本印刷技術協会	166-8539	杉並区和田1—29—11	03—3384—3111
(一社)日本雑誌協会	101-0062	千代田区神田駿河台1—7　日本雑誌会館内	03—3291—0775
(一社)日本書籍出版協会	162-0828	新宿区袋町6　日本出版会館	03—3268—1302

新版　起案例文集　第2次改訂	
平成30年12月10日	第1刷発行
令和6年8月10日	第5刷発行

編　集　自治体法務研究所

発　行　株式会社　ぎょうせい

〒136―8575　東京都江東区新木場1―18―11
URL:https://gyosei.jp

フリーコール　0120―953―431

ぎょうせい　お問い合わせ　検索　https://gyosei.jp/inquiry/

印刷　ぎょうせいデジタル㈱
＊乱丁・落丁本はお取り替えいたします。

Ⓒ2018　Printed in Japan
ISBN978―4―324―10518―4
(5108441―00―000)
〔略号：起案例新2〕